13가지 핵심 머신러닝 모델을 직접 구현하며 레벨 업!

데이터 과학자를 위한 실전 머신러닝

머신러닝 용어 지도 수록

현장에서 자주 쓰는 모델을 철저하게 파헤쳐서
머신러닝 입문자를 실무의 세계로 안내한다!

배기웅 지음

이지스퍼블리싱

세상의 속도를 따라잡고 싶다면 **Do it!**
변화의 속도를 즐기게 됩니다.

Do it!

데이터 과학자를 위한 실전 머신러닝

Do it! Hands-on Machine Learning for Data Scientists

초판 발행 • 2023년 8월 14일

지은이 • 배기웅
펴낸이 • 이지연
펴낸곳 • 이지스퍼블리싱(주)
출판사 등록번호 • 제313-2010-123호
주소 • 서울특별시 마포구 잔다리로 109 이지스빌딩 4층(우편번호 04003)
대표전화 • 02-325-1722 | **팩스** • 02-326-1723
홈페이지 • www.easyspub.co.kr | **페이스북** • www.facebook.com/easyspub
Doit! **스터디룸 카페** • cafe.naver.com/doitstudyroom | **인스타그램** • instagram.com/easyspub_it

총괄 • 최윤미 | **기획 및 책임 편집** • 한승우 | **IT 2팀** • 한승우, 신지윤, 이소연
교정교열 • 안동현 | **표지 및 본문 디자인** • 트인글터 | **인쇄** • 명지북프린팅 | **베타테스터** • 김동하, 김예진, 유소현
마케팅 • 박정현, 한송이, 이나리 | **독자지원** • 박애림, 오경신
영업 및 교재 문의 • 이주동, 김요한(support@easyspub.co.kr)

ISBN 979-11-6303-496-4 93000
가격 30,000원

인공지능은 인류가 연구하고 있는
가장 심오한 것 중 하나입니다.
불이나 전기보다 더 심오합니다.

Artificial intelligence is one of the most profound things
we're working on as humanity.
It is more profound than fire or electricity.

순다르 피차이(알파벳 최고경영자)
Sundar Pichai

13가지 핵심 머신러닝 모델을 직접 구현하며 기초를 벗어나 진짜 현장에서 필요한 역량을 기르는 책

머신러닝의 대중화에 힘입어 필자가 처음 공부하기 시작한 십수 년 이전부터 지금까지도 수많은 입문용 서적과 자료가 만들어지고 있다. 필자도 그 가운데 하나로 머신러닝을 처음 접했다.

하지만 머신러닝을 연구와 업무에 직접 적용하기 시작하면서 많은 어려움을 겪었고 입문과 실전 사이의 간극이 넓다는 것을 깨달았다. 머신러닝의 모든 이론과 다양한 실습 코드는 서적과 인터넷에서 쉽게 찾을 수 있었으나, 상황마다 그때그때 어떤 기법을 택하는 것이 좋을지 지식이 얕았던 필자로서는 알 수 없었다. 또한 다른 사람이 인터넷에 공개한 머신러닝 코드를 정확히 해석하기가 어려워 **잘 알지도 못한 채 작성자가 설명하는 대로 따라 사용하곤 했다. 그러다 보니 조건이 조금만 달라져도 코드 전체를 사용하지 못하는 경우가 많았다.**

십여 년 동안 이러한 과정을 거치며 필자가 내린 결론은, 실력을 향상하려면 몇몇 주요한 기본 모델의 이론과 사용법을 완벽하게 터득하는 데에 집중해야 한다는 것이다. **기본 모델을 깊게 이해할수록 다른 모델의 이해도 함께 깊어졌으며, 비로소 많은 모델들이 서로 동떨어져 있지 않고 기본 모델과 많은 부분을 이론적으로 공유한다는 것을 깨닫기 시작했다.** 이 과정에서 기본 머신러닝 모델들을 직접 간단하게 구현해 보기 시작했으며, 이런 모델들과 최적화된 패키지는 어떤 점에서 차이가 발생하는지를 탐구했다. 그리고 이 즈음에 책을 집필하기 시작했다.

이 책은 선형 모델, 트리 모델을 포함한 13가지의 기본 머신러닝 모델을 집중적으로 공부한다. 모델의 이론을 깊게 알아보고 실습을 통해 모델을 직접 구현함으로써 **독자가 주요 머신러닝 모델의 동작 원리를 정확하게 이해하도록 돕는 것이 이 책의 주요 목적이다.** 또한 파이썬 패키지로 구현된 모델을 살펴보며 하이퍼파라미터 하나하나의 의미를 살펴본다. 이 과정을 이해하면 할수록 **실제 업무나 연구에서 머신러닝 모델링을 수행할 때 변화에 유연해지며 불필요한 시도를 줄일 수 있다.** 예를 들어 변경이 불필요한 하이퍼파라미터를 그리드 서치 후보에서 제외할 때마다 최적화에 소요되는 시간은 지수적으로 감소한다.

이처럼 기본 모델의 원리와 응용법을 처음부터 끝까지 자세히 숙지할 수 있다면 이 책에서 다루지 않는 다른 머신러닝 모델의 원리도 빠르게 이해하고 활용할 수 있을 것이다.

《Do it! 데이터 과학자를 위한 실전 머신러닝》이 출판될 수 있도록 도움을 주신 이지스퍼블리싱 이지연 대표님과 한줄 한줄 책을 검토하며 좋은 의견을 더해 주신 안동현 편집자님, 한승우 팀장님께 감사의 마음을 전하고 싶다.

배기웅 드림

"이 책을 먼저 공부해 본 독자의 한마디!"

단순히 패키지만 소개하면서 알고리즘을 구현하는 것이 아니라 **머신러닝 모델을 직접 구현하면서도 상세한 수학 이론까지 소개해 주는 책**입니다. 그래서 다루는 내용의 깊이가 상당합니다. 하지만 그만큼 설명이 자세하고 친절하여 머신러닝을 조금만 알고 있다면 충분히 무리 없이 읽을 수 있습니다. 머신러닝을 처음 공부하는 사람도 다른 교재나 인터넷 검색을 함께 활용한다면 이해하는 데 어려움이 없을 것입니다.

• **김동하**_경영정보학과 대학생

두껍지 않은 책이지만 많은 내용이 압축되어 들어 있습니다. 특히 **실제로 일할 때 많은 도움이 되었습니다.** 예를 들어 결정 트리는 평소에 자주 쓰는 모델이라 익숙하다고 생각했는데, 이 책에 정리된 내용을 읽어 보니 머릿속에서 알고 있다고 여겼던 지식이 새롭게 정리되어 지금 진행하는 프로젝트에 이 모델을 더 적절하게 활용할 수 있었습니다.

• **김예진**_데이터 과학자를 꿈꾸는 화학공학부 4학년

이 책을 읽으며 이미 알고 있던 머신러닝의 개념을 다시 복습해 볼 수 있었고, **다양한 코딩 실습**으로 실력을 더 키울 수 있었습니다. **실무에 필요한 개념들로 꼼꼼히 구성**한 점이 좋았고, 주요 하이퍼파라미터도 상세하게 정리되어 편하게 공부할 수 있었습니다. 또한 장 마지막의 **되새김 문제**를 통해 각 장에서 배운 내용과 코드를 활용하여 **문제를 직접 해결하면서 복습**할 수 있었습니다.

• **유소현**_성신여자대학교 수학과 4학년

실습 환경 버전 안내

이 책에서는 주피터 노트북 환경을 사용하여 머신러닝 모델을 구현합니다. 다음은 이 책을 집필할 때 사용한 파이썬과 파이썬 패키지 버전입니다. 원활한 실습을 위해 버전을 동일하게 설정해 주세요.

```
python == 3.7.3
numpy == 1.21.4
pandas == 1.3.5
scipy == 1.7.3
scikit-learn == 1.0.2
```

```
statsmodels == 0.13.1
lime == 0.2.0.1
seaborn == 0.11.2
matplotlib == 3.1.0
jupyter == 1.0.0
```

머신러닝 모델을 6단계로 학습해 보세요

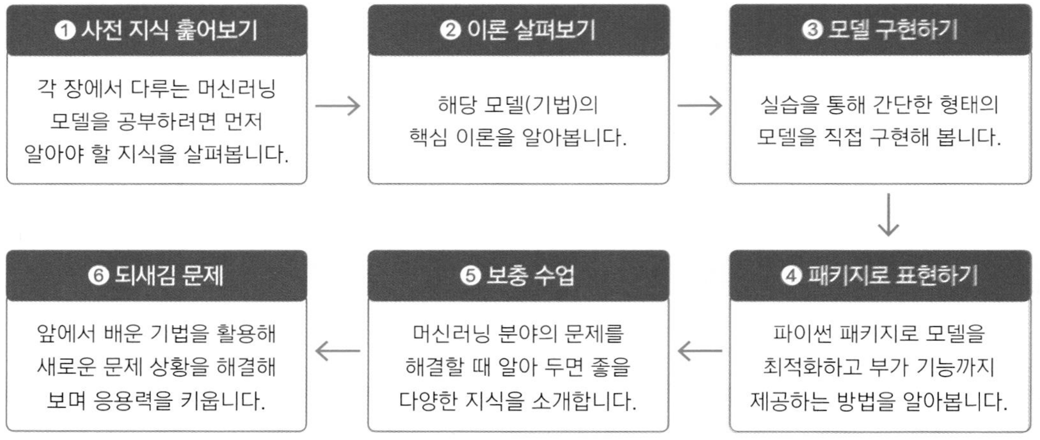

머신러닝 용어 지도 수록 — 머신러닝의 세계를 한눈에 볼 수 있어요

머신러닝의 다양한 분야와 종류, 개념을 한눈에 파악할 수 있는 용어 지도를 370쪽부터 수록했습니다. 지도를 살펴보면서 머신러닝의 세계는 어떻게 구성되는지, 그중 이 책을 통해 어떤 부분을 배웠는지 알아보세요. 그리고 앞으로 머신러닝의 어떤 곳을 탐험할지도 함께 즐겁게 고민해 보세요.

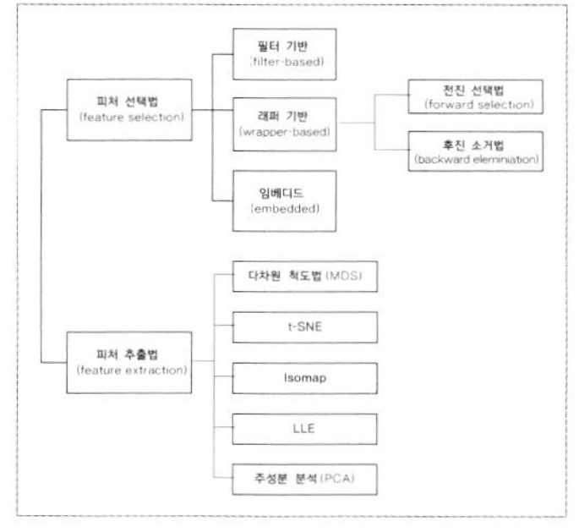

완성 소스 파일 제공 — 이 책에 나오는 예제의 완성 소스 파일을 내려받으세요

이 책에 실린 모든 예제의 완성 소스 파일은 이지스퍼블리싱 홈페이지 자료실과 저자 깃허브에서 모두 내려받을 수 있습니다. 예제를 풀고 나면 꼭 완성 소스 파일과 비교하며 학습해 보세요.

- **이지스퍼블리싱 홈페이지**: www.easyspub.co.kr → 자료실 → 책 제목 검색
- **저자 깃허브**: : github.com/giwoong2/doit_hands-on_ML

Do it! 스터디룸 — 친구와 함께 공부하고 책 선물도 받아 가세요

이지스퍼블리싱에서 운영하는 네이버 카페 '두잇 스터디룸'에서 같은 고민을 하는 친구들과 함께 공부해 보세요. 내가 잘 이해한 내용은 남을 도와주고 내가 잘 이해하지 못한 내용은 도움을 받으면서 공부하면 복습 효과도 누릴 수 있습니다. 서로서로 코드와 개념 리뷰를 하며 훌륭한 개발자로 성장해 보세요 (회원 가입과 등업 필수).

- **두잇 스터디룸**: cafe.naver.com/doitstudyroom

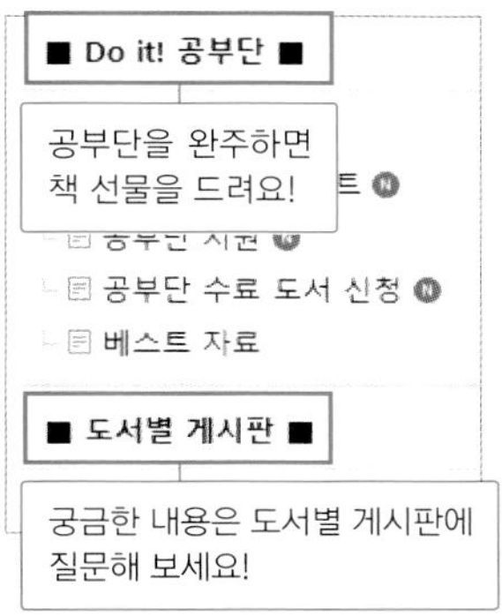

이지스 소식지 — 매달 전자책을 한 권씩 보내 드려요

이지스퍼블리싱 홈페이지에서 회원 가입을 하여 매달 정기 소식지를 받아 보세요. 신간과 책 관련 이벤트 소식을 누구보다 빠르게 확인할 수 있습니다. 매달 전자책 한 권을 받을 수 있는 이벤트도 진행하고 있답니다.

온라인 독자 설문 — 보내 주신 의견을 소중하게 반영하겠습니다!

오른쪽 QR코드를 스캔하여 이 책에 대한 의견을 보내 주세요. 더 좋은 책을 만들도록 노력하겠습니다. 의견을 남겨 주신 분께는 보답하는 마음으로 다음 6가지 혜택을 드립니다.

❶ 추첨을 통해 소정의 선물 증정
❷ 이 책의 업데이트 정보 및 개정 안내
❸ 저자가 보내는 새로운 소식
❹ 출간될 도서의 베타테스트 참여 기회
❺ 출판사 이벤트 소식
❻ 이지스 소식지 구독 기회

15차시 **완성**

"목표를 세우면 완독할 확률이 올라갑니다."

스스로 완독 계획을 세우고 공부해 보세요.
전문가 양성을 위한 강의용 교재로도 좋습니다.

마당	장	완료 날짜
첫째마당 머신러닝 준비하기	**1장** 머신러닝과 파이썬	/
둘째마당 선형 모델을 이용한 지도 학습	**2장** 최소 제곱법 모델(OLS)	/
	3장 로지스틱 회귀 모델	/
	4장 라쏘 모델	/
	5장 릿지 회귀 모델	/
셋째마당 트리 모델을 이용한 지도 학습	**6장** 결정 트리 모델	/
	7장 랜덤 포레스트 모델	/
	8장 그레이디언트 부스팅 트리 모델(GBT)	/
넷째마당 기타 지도 학습 모델	**9장** K-최근접 이웃 모델(KNN)	/
	10장 서포트 벡터 머신 모델(SVM)	/
	11장 다층 퍼셉트론 모델(MLP)	/
다섯째마당 비지도 학습 모델	**12장** K-평균 군집화 모델	/
	13장 계층적 군집화 모델	/
	14장 주성분 분석 모델(PCA)	/
최종 복습하기		/

첫째마당

머신러닝 준비하기

1장 머신러닝과 파이썬

둘째마당

선형 모델을 이용한 지도 학습

2장 최소 제곱법 모델

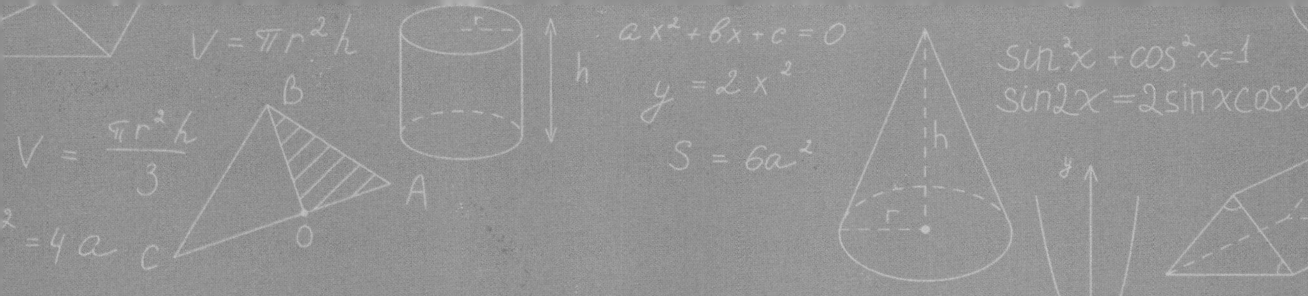

Preparations for Machine Learning

첫째마당

머신러닝 준비하기

첫째마당에서는 먼저 머신러닝이 무엇이고 왜 사용하는지 알아본다. 앞으로 이 책에서 소개할 여러 머신러닝 모델을 학습하기 위해서는 먼저 머신러닝에 대해 충분히 파악해야 한다. 또한 알고리즘 개념을 이해하고 모델을 구현하고 실행할 때 사용하는 파이썬 패키지 환경을 설정하고 사용법을 익혀야 한다. 첫째마당에서 머신러닝 모델을 학습하기 위한 모든 준비를 빠르게 끝내 보자.

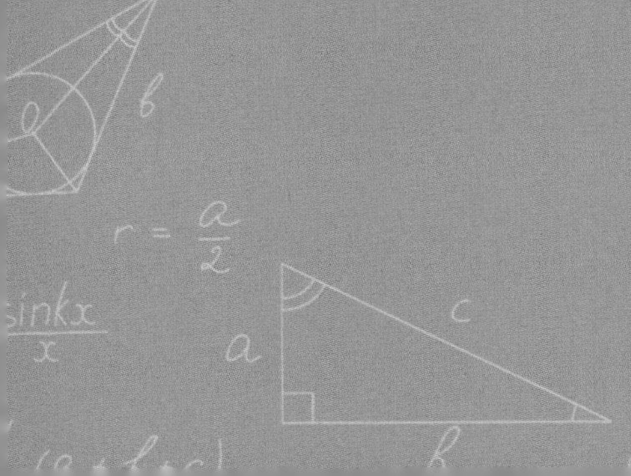

1장

머신러닝과 파이썬

이 장에서는 먼저 머신러닝의 정의와 머신러닝 모델을 구현하려면 알고 있어야 할 알고리즘의 핵심 개념인 시간 복잡도와 공간 복잡도를 알아본다. 그리고 독자가 실습을 문제없이 따라 할 수 있도록 이 책의 실습에 사용하는 파이썬 버전과 패키지의 버전을 소개한다. 마지막으로 머신러닝을 수행하는 일반적인 절차를 소개하고, 이때 사용할 데이터셋과 기본적인 데이터 전처리 과정도 살펴본다.

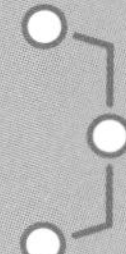

1.1 머신러닝 알아보기

1.1.1 머신러닝은 왜 생겨났을까?

고전적인 프로그램의 개념은 입력값이 있을 때 목표를 달성할 수 있는 알고리즘을 구현한 후 이를 통해 목푯값을 얻는 것이었다. 예를 들어, 주어진 숫자를 빠르고 효율적으로 정렬하는 문제를 풀고자 수많은 연구가 이루어졌으며, 그에 따라 버블 정렬bubble sort, 퀵 정렬quick sort, 힙 정렬heap sort 등 다양한 정렬 알고리즘sorting algorithm을 발견했다.

하지만 이러한 접근으로는 실제의 수많은 자연 과학, 사회 과학적 현상을 설명하는 알고리즘의 구성이 극히 제한적이었다. 다만 관측을 통해서 입력값에 해당하는 요인과 그 요인이 주어졌을 때의 결과인 출력값을 확보했을 뿐이었다. 시간이 지남에 따라 인과 관계causal relation 혹은 상관관계correlation를 모델링하는 기법이 등장하고 데이터 처리 기술이 발전함에 따라 우리의 관심은 점차 입력값과 출력값이 주어졌을 때의 알고리즘을 추정하는 쪽으로 방향이 바뀌었다. 이러한 패러다임 덕분에 머신러닝이 발전하였다.

1.1.2 이 책에서 배우는 머신러닝 모델 한눈에 보기

이 책에서는 선별한 주요 머신러닝 기법의 원리와 이론을 학습한다. 또한, 이론을 토대로 파이썬 프로그래밍으로 직접 구현하고 파이썬 머신러닝 패키지가 이 기법을 어떻게 작성하는지를 탐구한다. 머신러닝은 지도 학습, 비지도 학습, 강화 학습 등으로 구분할 수 있으며 이 중 이 책에서는 강화 학습을 제외한 나머지 두 영역을 포괄적으로 다룬다.

데이터 과학data science이라는 큰 영역에서 머신러닝은 통계 추론과 함께 큰 두 줄기를 구성한다. 머신러닝은 통계 추론과 일부 공유하는 영역이 있으나 이 책에서는 개념의 독립성을 위해 통계 추론 영역을 가능한 한 배제하고 머신러닝 이론을 전개한다. 그러므로 이 책의 학습 목표는 다음 벤 다이어그램으로 표현할 수 있다.

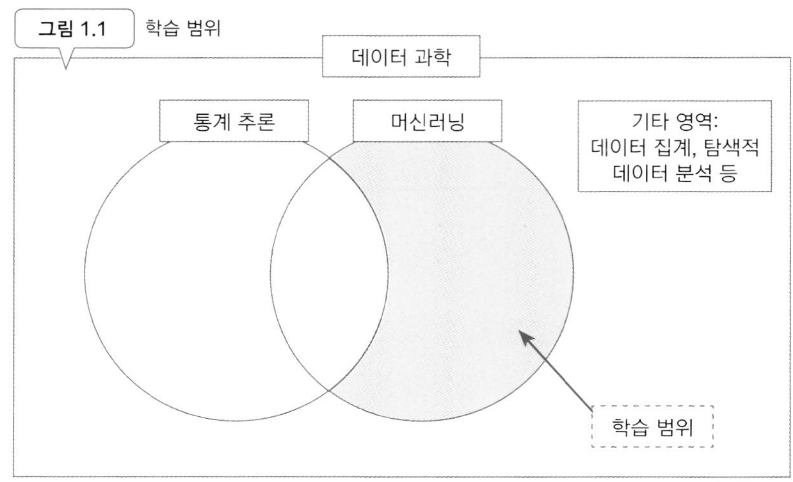

그림 1.1 학습 범위

한편, 머신러닝은 목적에 따라 지도 학습supervised learning, 비지도 학습unsupervised learning, 강화 학습reinforcement learning 등 세 가지 카테고리로 구분할 수 있다.

주어진 문제와 정답으로 공부하는 지도 학습

지도 학습은 입력 피처feature와 입력 피처에 해당하는 목표 변수의 쌍이 주어졌을 때 이 관계를 모델링하여 입력으로 들어온 새로운 피처로 목표 변수를 예측한다. 마치 선생님이 학생에게 문제와 정답을 모두 제시해 주고 학생이 그것을 학습하여 새로운 문제를 풀어나가는 것과 같다. 목표 변수가 범주형 변수라면 분류classification 문제, 수치형 변수라면 회귀regression 문제로 구분된다.

스스로 공간을 탐험하는 비지도 학습

이와 달리 비지도 학습은 피처 공간만 주어진 상태에서 이를 학습하여 피처 공간의 분포를 모델링하고 인사이트를 도출한다. 마치 주어진 공간을 탐험하며 건물의 위치와 도로의 구조 등을 파악하는 과정과 같다. 비지도 학습에는 피처 데이터를 수 개의 군집cluster으로 모델링하는 군집화clustering, 비정상 패턴인 데이터를 찾는 이상값 탐지outlier detection, 정보를 크게 손실하지 않으면서 피처를 저차원으로 축소하는 차원 축소dimensionality reduction 등이 있다.

보상으로 최적의 행동 순서를 찾는 강화 학습

마지막으로 강화 학습은 순차적 보상 문제를 모델링하여 주어진 환경에서 에이전트^agent^의 행동 순서를 최적화하는 영역이다. 앞선 두 학습과 목적과 범위가 많이 달라 이 책에서는 다루지 않는다.

1.1.3 이 책의 학습 구성 한눈에 보기

많은 책에서 지도 학습을 분류 문제와 회귀 문제로 나누어 서술하는 것과 달리, 이 책에서는 구조에 따라 연관 모델을 묶은 후 같은 구조하에서 분류 문제와 회귀 문제를 같이 학습하도록 한다. 사실 많은 경우 분류 문제와 회귀 문제는 매우 작은 수정만으로 서로 전환될 수 있다. 예를 들어, 2장의 최소 제곱법(OLS) 모델과 3장의 로지스틱 회귀 모델은 링크 함수^link function^를 제외하고는 구조가 같으며, 6장의 결정 트리 모델에서 분류 트리와 회귀 트리도 분할 기준^split criteria^과 예측값 산출 방법을 제외하고는 동일하다. 따라서, 지도 학습 모델을 구조별로 구분한 후 이를 학습하는 것이 각 머신러닝 모델의 특성을 파악하는 데에 유용할 것으로 생각한다.

[그림 1.2]는 이렇게 분류했을 때 머신러닝 모델의 계층 구조를 나타낸다. 계층 구조의 가장 아래는 이 책에서 학습할 모델의 목록이다.

그림 1.2 머신러닝 모델의 계층 구조

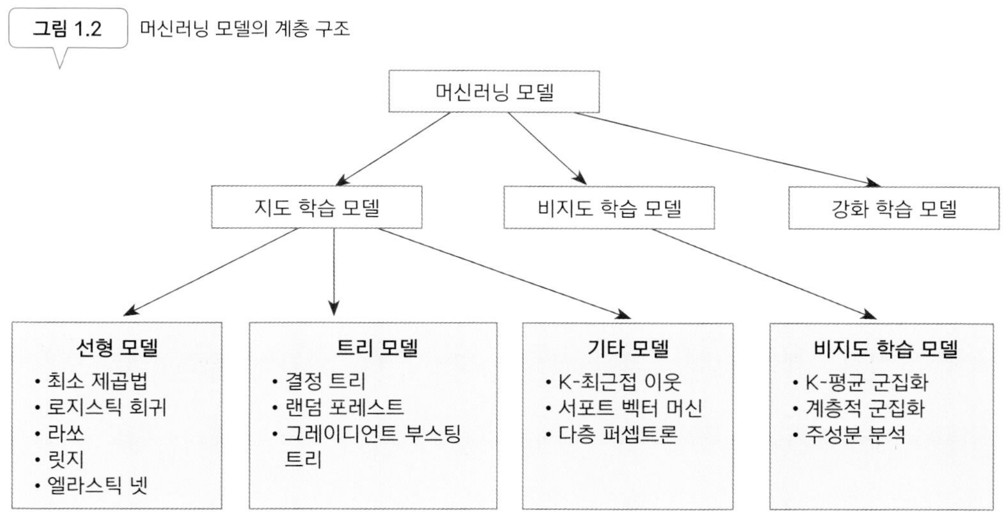

1.2 머신러닝에 쓰는 알고리즘 개념 이해하기

앞서 설명한 것처럼 알고리즘은 넓은 뜻에서는 문제를 해결하는 절차이지만, 이 책에서의 알고리즘은 많은 경우 주어진 머신러닝 문제의 최적해를 구하는 수학적 최적화mathematical optimization 알고리즘 또는 머신러닝 모델 그 자체를 뜻한다. 최적화 알고리즘은 정의한 비용 함수cost function를 최소화하는 알고리즘, 기법, 접근 방법 등을 뜻하며 최대하강법steepest descent과 뉴턴법Newton's method을 포함해 다양하다. 이들 최적화 알고리즘 중 일부는 이 책에서 소개하고 이론을 전개할 때 활용할 것이다.

이 책에서 기법을 구현할 때 어떤 알고리즘을 사용할 것인가를 고민하였다. 그 결과, 해당 기법 하나만을 위한 지엽적인 알고리즘 구현을 지양하고자 했고 다양한 기법에 쉽게 응용할 수 있고 중요하면서도 지금도 많이 사용하는 알고리즘을 우선 소개하고자 하였다. 한 기법에 대해서도 다양한 알고리즘이 소개되는데, 이를 학습하고 구현할 때 알고리즘은 다음 요소를 종합적으로 고려하는 과정에서 발전하고 제안되었음을 염두에 두어야 한다.

시간 복잡도

같은 형태의 해를 구할지라도 그 해를 계산하는 데에 걸리는 시간을 고려해야 한다. 계산 시간은 데이터의 크기와 형태에 따라 달라질 수 있어 비교하는 방법이 필요하며, 이를 시간 복잡도time complexity 개념을 사용하여 정형화할 수 있다. 시간 복잡도는 $O(n^p)$ 등의 빅오big-O 표기법으로 표현할 수 있다.

다음은 행렬곱의 시간 복잡도를 구하고 이를 빅오 표기법으로 표현하는 예이다.

빅오 표기법 표현 예

[문제]

$p \times q$ 행렬 $A=(a_{ij})_{1\le i\le p,\ 1\le j\le q}$와 $q \times r$ 행렬 $B=(b_{jk})_{1\le j\le q,\ 1\le k\le r}$의 곱 $C=AB$ 계산에 걸리는 시간 복잡도는?

[해설]

풀이를 단순히 하고자 가장 간단한 알고리즘으로 풀이하도록 한다. C는 다음과 같은 형태이다.

$$C = \begin{pmatrix} c_{11} & c_{12} & \cdots & c_{1q} \\ c_{21} & c_{22} & \cdots & c_{2q} \\ \vdots & \vdots & \ddots & \vdots \\ c_{p1} & c_{p2} & \cdots & c_{pq} \end{pmatrix}$$

각 원소의 값은 다음과 같이 계산할 수 있다.

$$c_{ik} = \sum_{j=1}^{q} a_{ij} b_{jk}$$

하나의 원소 c_{ik}를 계산하는 데에 필요한 연산의 횟수는 $O(q)$이고 $1 \le i \le p$와 $1 \le k \le r$에 대해 이를 반복해야 하므로 총 연산 횟수는 $O(pqr)$이 된다.

A와 B가 모두 $n \times n$ 크기의 정방 행렬일 때 위의 방식을 적용하면 행렬곱의 시간 복잡도는 $O(n^3)$이 된다. 다양한 형태의 행렬곱 계산에는 실제로 많은 수의 고도화된 방법이 있다. 예를 들어, 정방 행렬의 행렬곱 계산의 경우 Strassen(1969)의 알고리즘의 시간 복잡도는 약 $O(n^{2.8074})$이며, Alman & Williams(2021)의 알고리즘은 약 $O(n^{2.373})$이다. 이렇듯 다양한 측면에서 행렬곱의 시간 복잡도를 줄일 수 있으나 이 부분의 논의는 이 책의 범위를 벗어난다. 관심이 있는 독자는 행렬 곱셈 계산 복잡도matrix multiplication computational complexity 등의 키워드로 자료를 찾아보기 바란다. 이 책에서는 특별한 때를 제외하고는 행렬곱의 시간 복잡도로 $O(pqr)$을 가정한다.

공간 복잡도

같은 형태의 해를 구할지라도 그 해를 계산할 때에 소요되는 메모리를 고려해야 하며, 그 메모리는 공간 복잡도space complexity 형태로 표현한다. 이 책에서는 알고리즘을 설명할 때 시간 복잡도를 주로 다루지만 공간 복잡도도 구현 시 반드시 고려해야 하는 중요한 대상이다.

입력값의 작은 변동에 대한 예측값의 안정성

정확한 해를 구할 수 있다 하더라도 그 해가 불안정하여 피처값의 작은 변동에도 크게 바뀐다면 사용하기 어려울 수 있다. 머신러닝에서 다루는 거의 모든 학습 데이터에는 오차항error term이 있고, 테스트 데이터에는 학습 데이터에서 확인하지 못한 예상치 못한 형태의 오차항이 있을 수 있다. 좋은 머신러닝 모델은 이러한 오차항에 민감하지 않은 예측값을 산출해야 한다.

1.3 실습 환경 설정하기

1.3.1 이 책에서 사용하는 파이썬 패키지 살펴보기

이 책에서는 파이썬 버전 3.7.3과 주피터 노트북jupyter notebook 환경을 사용하여 머신러닝 모델을 구현하고 최적화 함수를 설명한다. 이때 여러 내장 패키지를 포함해 다음 표의 추가 외부 패키지를 사용한다. 같은 하이퍼파라미터 제시와 정답 일치성 등을 위해 패키지의 버전 또한 함께 제시한다.

```
numpy == 1.21.4
pandas == 1.3.5
scipy == 1.7.3
scikit-learn == 1.0.2
statsmodels == 0.13.1
lime == 0.2.0.1
seaborn == 0.11.2
matplotlib == 3.1.0
jupyter == 1.0.0
```

▶ scikit-learn을 설치한 후 파이썬 내부에서는 import sklearn을 통하여 scikit-learn을 불러와 사용한다. 설명의 편의성을 위해 이 책에서는 scikit-learn을 sklearn으로 쓰도록 한다.

각 패키지는 개략적으로 다음과 같은 연결 구조를 가진다. 우선 numpy와 pandas는 데이터를 표현하고 정의하는 뼈대를 구성한다. scipy는 각종 통계량을 계산하고 알고리즘을 푸는 계산기 역할을 수행한다. sklearn과 statsmodels는 각각 numpy, pandas, scipy 위에서 짜인 머신러닝 패키지와 통계학 패키지라고 볼 수 있다. 예를 들어, sklearn에서는 비용 함수를 최적화하는 알고리즘을 solver 하이퍼파라미터로 선택하는데, solver는 많은 경우 scipy에 구현된 부분을 가져와서 사용한다. 마지막으로 lime은 8장에서 소개할 XAIeXplainable AI를 위해 간단히 살펴보며, matplotlib과 seaborn은 그래프를 그릴 때 사용한다.

한 가지 유의해야 할 사실은 sklearn은 데이터 분석을 머신러닝 관점에서 집중적으로 다루고 있다는 것이다. sklearn은 머신러닝에 최적화된 모듈과 클래스, 함수 구조를 가지나 확률 및 통계에 대한 부분은 상당히 제한적으로만 제공한다. 예를 들어, 최소 제곱법 모델에서 계수의 유의성 검정과 모델의 유의성 검정은 간단한 식을 통해 도출 가능하나 sklearn 패키지의 LinearRegression 클래스는 이를 제공하지 않는다. 검정을 위해서는 statsmodels 패키지의 OLS 클래스를 활용해야 한다.

여기서 잠깐!

필요한 패키지 한 번에 설치하기

pip 기능을 이용하면 필요한 패키지를 한 번에 설치할 수 있다. 앞서와 같이 패키지 이름과 버전을 나열한 텍스트 파일을 requirements.txt로 저장한 다음, 명령 프롬프트나 터미널에서 해당 파일 경로로 이동하여 `pip install -r requirements.txt` 명령어를 실행하면 requirements.txt 파일 안의 패키지가 표시한 버전에 맞게 모두 설치된다.

각 장의 패키지 표현 부분에서는 sklearn 등에서 제공하는 머신러닝 클래스의 기본 사용법과 주요 하이퍼파라미터 등을 설명한다. 주요 하이퍼파라미터는 다음과 같이 표 형태로 정리하였다.

하이퍼파라미터	주요값	기본값	의미
penalty	'l1', 'l2', 'elasticnet', 'none'	'l2'	규제 페널티 'none': 규제 페널티 없음, 'l2': L2 규제 적용, 'l1': L1 규제 적용, 'elasticnet': L1 규제와 L2 규제를 같이 적용

해당 표에서는 전체 하이퍼파라미터 중 학습 목적에 적합한 중요한 것만 선별했다. 주요값 항목은 해당 하이퍼파라미터가 가질 수 있는 값을 의미한다. 이때 callable 등의 사용자 지정 함수나 RandomState instance 등 활용이 이 책의 범위를 벗어나는 값은 포함하지 않았다.

사용할 수 있는 하이퍼파라미터의 전체 목록을 학습하고 싶은 독자는 sklearn 웹 페이지에서 원하는 클래스의 API[1]를 확인하는 것을 추천한다. 예를 들어, 결정 트리decision tree의 분류 알고리즘 하이퍼파라미터를 추가로 더 살펴보고 싶은 독자는 sklearn.tree.DecisionTreeClassifier 클래스 문서[2]에서 확인할 수 있다.

1 https://scikit-learn.org/stable/modules/classes.html

2 https://scikit-learn.org/stable/modules/generated/sklearn.tree.DecisionTreeClassifier.html

마지막으로 sklearn 클래스에서 공통으로 자주 사용하는 하이퍼파라미터를 소개한다.

- random_state 하이퍼파라미터: 학습에 랜덤성을 지닌 머신러닝 함수에는 random_state 하이퍼파라미터가 있으며 이 값을 지정하면 랜덤성을 제어할 수 있다. 예를 들어, 1.4절에서 살펴볼 [예제 1.1]의 train_test_split() 함수는 데이터를 학습 데이터와 테스트 데이터로 분할하며 random_state값에 따라 분할 결과는 달라진다. 랜덤하지만 반복적인 결과를 얻으려면 random_state을 정해진 값으로 고정하면 된다. 각 함수가 어느 부분에서 랜덤성이 있는지를 살피는 것도 학습에 도움이 될 것이다. 이 책에서는 같은 결과가 나오도록 할 목적과 학습자의 디버깅이나 재현을 목적으로 랜덤성이 있는 클래스나 함수에는 random_state를 포함한다.
- n_jobs 하이퍼파라미터: 학습 과정에서 병렬 처리가 가능한 기법에는 사용할 코어 개수를 지정하는 n_jobs 하이퍼파라미터가 있다. 설정하지 않으면 일반적으로 1개의 코어만을 사용해 학습을 수행한다. -1을 지정하면 컴퓨터에 있는 모든 코어를 사용하여 학습을 진행한다. 이 하이퍼파라미터는 학습 결과인 모델 파라미터 값에는 영향을 끼치지 않으며 속도에만 영향을 끼친다. 이 책에서는 기법별 패키지 표현을 설명할 때 n_jobs 관련 내용은 기술하지 않았다.

1.4 머신러닝 절차 빠르게 체험하기

교차검증법을 적용하지 않는다면 머신러닝 모델링은 보통 [그림 1.3]의 절차에 따라 진행한다. 분석 목적과 데이터 형태에 따라 일부 절차를 생략하거나 추가할 수 있다.

그림 1.3 일반적인 머신러닝 절차

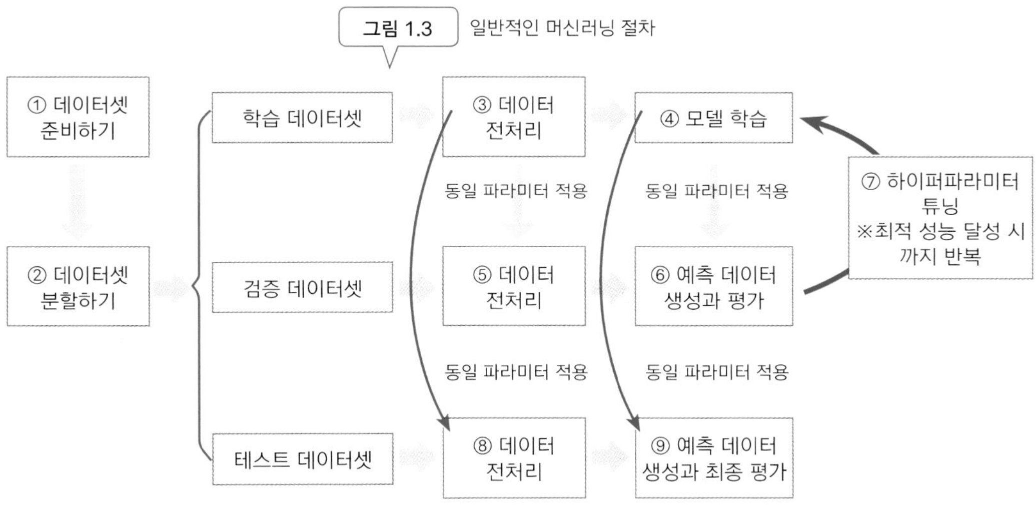

학습 데이터셋의 전처리와 모델 학습 규칙은 검증 데이터셋과 테스트 데이터셋에도 동일하게 적용된다. 학습 데이터셋과 검증 데이터셋 쌍을 이용한 하이퍼파라미터 튜닝은 최적 성능이 달성될 때까지 반복된다.

1.4.1 데이터셋 준비하기

첫 번째 절차는 분석을 위한 데이터셋을 준비하고 피처와 목표 변수target variable를 정의하는 과정이다. 목표 변수가 수치형 변수라면 회귀regression 분석, 범주형 변수라면 분류classification 분석을 위한 것이며, 군집 분석 등의 비지도 학습에서는 목표 변수를 정의하지 않는다.

이 책의 내용을 실습할 때 많은 경우 회귀 분석에서는 당뇨병 데이터셋diabetes dataset을, 분류 분석에서는 붓꽃 데이터셋iris dataset, 유방암 데이터셋breast cancer dataset, MNIST 데이터셋MNIST dataset을 사용한다. 이들 데이터셋은 각각 `sklearn.datasets` 모듈의 `load_diabetes()`, `load_iris()`, `load_breast_cancer()`, `load_digits()` 함수를 이용하여 불러올 수 있다.

442건의 샘플로 구성된 당뇨병 데이터셋에는 나이, 성별, BMI 지수, 평균 혈압과 여섯 가지의 혈청 측정치 등 총 10개의 피처가 있으며 이에 대응하는 목푯값으로 1년 후의 당뇨병 진행 정도를 나타내는 값이 있다.

```
from sklearn.datasets import load_diabetes

df = load_diabetes(as_frame=True)['frame']
df
```

실행 결과

	age	sex	bmi	bp	s1	s2	s3	s4	s5	s6	target
0	0.038076	0.050680	0.061696	0.021872	-0.044223	-0.034821	-0.043401	-0.002592	0.019908	-0.017646	151.0
1	-0.001882	-0.044642	-0.051474	-0.026328	-0.008449	-0.019163	0.074412	-0.039493	-0.068330	-0.092204	75.0
2	0.085299	0.050680	0.044451	-0.005671	-0.045599	-0.034194	-0.032356	-0.002592	0.002864	-0.025930	141.0
3	-0.089063	-0.044642	-0.011595	-0.036656	0.012191	0.024991	-0.036038	0.034309	0.022692	-0.009362	206.0
4	0.005383	-0.044642	-0.036385	0.021872	0.003935	0.015596	0.008142	-0.002592	-0.031991	-0.046641	135.0
...	...	...	...	...	...	...	...	...	...	...	...
437	0.041708	0.050680	0.019662	0.059744	-0.005697	-0.002566	-0.028674	-0.002592	0.031193	0.007207	178.0
438	-0.005515	0.050680	-0.015906	-0.067642	0.049341	0.079165	-0.028674	0.034309	-0.018118	0.044485	104.0
439	0.041708	0.050680	-0.015906	0.017282	-0.037344	-0.013840	-0.024993	-0.011080	-0.046879	0.015491	132.0
440	-0.045472	-0.044642	0.039062	0.001215	0.016318	0.015283	-0.028674	0.026560	0.044528	-0.025930	220.0
441	-0.045472	-0.044642	-0.073030	-0.081414	0.083740	0.027809	0.173816	-0.039493	-0.004220	0.003064	57.0

442 rows × 11 columns

붓꽃 데이터셋은 150개의 샘플로 구성되며 꽃받침 길이, 꽃받침 폭, 꽃잎 길이, 꽃잎 폭 등 네 가지 피처를 이용해 해당 붓꽃이 Setosa, Versicolour, Virginica 중 어느 종에 속하는지를 분류하는 목적으로 사용한다.

```
from sklearn.datasets import load_iris

df = load_iris(as_frame=True)['frame']
df
```

실행 결과

	sepal length (cm)	sepal width (cm)	petal length (cm)	petal width (cm)	target
0	5.1	3.5	1.4	0.2	0
1	4.9	3.0	1.4	0.2	0
2	4.7	3.2	1.3	0.2	0
3	4.6	3.1	1.5	0.2	0
4	5.0	3.6	1.4	0.2	0
...	...	...	...	...	...
145	6.7	3.0	5.2	2.3	2
146	6.3	2.5	5.0	1.9	2
147	6.5	3.0	5.2	2.0	2
148	6.2	3.4	5.4	2.3	2
149	5.9	3.0	5.1	1.8	2

150 rows × 5 columns

유방암 데이터셋은 유방암 진단 관련 정보를 제공하는 데이터셋이다. 569건의 샘플과 30개의 피처로 구성된다. 목푯값 1은 악성 종양^malignant tumer^, 0은 양성 종양^benign tumer^으로 정의한다.

```
from sklearn.datasets import load_breast_cancer

df = load_breast_cancer(as_frame=True)['frame']
df
```

실행 결과

	mean radius	mean texture	mean perimeter	mean area	mean smoothness	mean compactness	mean concavity	mean concave points	mean symmetry	mean fractal dimension	...	worst texture	worst perimeter	worst area	worst smoothness	cc
0	17.99	10.38	122.80	1001.0	0.11840	0.27760	0.30010	0.14710	0.2419	0.07871	...	17.33	184.60	2019.0	0.16220	
1	20.57	17.77	132.90	1326.0	0.08474	0.07864	0.08690	0.07017	0.1812	0.05667	...	23.41	158.80	1956.0	0.12380	
2	19.69	21.25	130.00	1203.0	0.10960	0.15990	0.19740	0.12790	0.2069	0.05999	...	25.53	152.50	1709.0	0.14440	
3	11.42	20.38	77.58	386.1	0.14250	0.28390	0.24140	0.10520	0.2597	0.09744	...	26.50	98.87	567.7	0.20980	
4	20.29	14.34	135.10	1297.0	0.10030	0.13280	0.19800	0.10430	0.1809	0.05883	...	16.67	152.20	1575.0	0.13740	
...	...	...	...	...	...	...	...	...	...	...	...	...	...	...	...	
564	21.56	22.39	142.00	1479.0	0.11100	0.11590	0.24390	0.13890	0.1726	0.05623	...	26.40	166.10	2027.0	0.14100	
565	20.13	28.25	131.20	1261.0	0.09780	0.10340	0.14400	0.09791	0.1752	0.05533	...	38.25	155.00	1731.0	0.11660	
566	16.60	28.08	108.30	858.1	0.08455	0.10230	0.09251	0.05302	0.1590	0.05648	...	34.12	126.70	1124.0	0.11390	
567	20.60	29.33	140.10	1265.0	0.11780	0.27700	0.35140	0.15200	0.2397	0.07016	...	39.42	184.60	1821.0	0.16500	
568	7.76	24.54	47.92	181.0	0.05263	0.04362	0.00000	0.00000	0.1587	0.05884	...	30.37	59.16	268.6	0.08996	

569 rows × 31 columns

MNIST 데이터셋은 0에서 9까지 숫자의 손 글씨를 나타내는 64개(가로 8픽셀, 세로 8픽셀)의 피처값과 해당 샘플의 숫자값을 제공하는 분류용 데이터셋으로, 1,797건의 샘플이 있다. 각 피처는 0에서 255까지의 픽셀값으로 구성되며 255에 가까울수록 검은색에서 흰색에 가까워진다. 전체 픽셀을 그림으로 표현하였을 때 목표 변수가 무엇인지 쉽게 확인할 수 있는데, 예를 들어 다음 픽셀은 클래스 레이블 값 0에 대응한다.

그림 1.4 MNIST 데이터셋의 샘플. 클래스 레이블 0에 대응하는 샘플로, 가로 8개, 세로 8개의 픽셀로 이루어진다.[1]

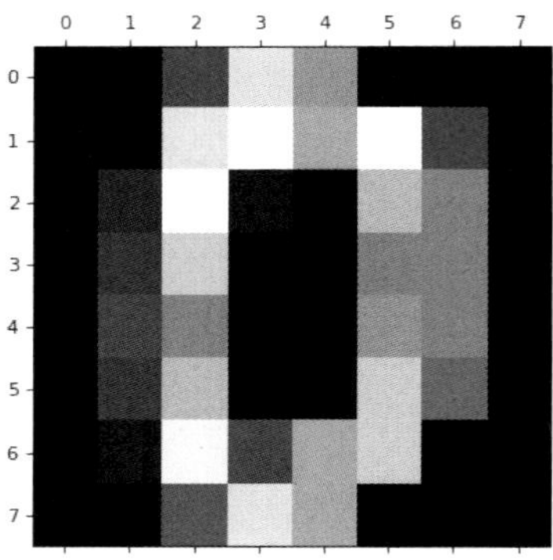


```
from sklearn.datasets import load_digits

df = load_digits(as_frame=True)['frame']
df
```

실행 결과

	pixel_0_0	pixel_0_1	pixel_0_2	pixel_0_3	pixel_0_4	pixel_0_5	pixel_0_6	pixel_0_7	pixel_1_0	pixel_1_1	...
0	0.0	0.0	5.0	13.0	9.0	1.0	0.0	0.0	0.0	0.0	...
1	0.0	0.0	0.0	12.0	13.0	5.0	0.0	0.0	0.0	0.0	...
2	0.0	0.0	0.0	4.0	15.0	12.0	0.0	0.0	0.0	0.0	...
3	0.0	0.0	7.0	15.0	13.0	1.0	0.0	0.0	0.0	8.0	...
4	0.0	0.0	0.0	1.0	11.0	0.0	0.0	0.0	0.0	0.0	...
...	...	...	...	...	...	...	...	...	...	...	...
1792	0.0	0.0	4.0	10.0	13.0	6.0	0.0	0.0	0.0	1.0	...
1793	0.0	0.0	6.0	16.0	13.0	11.0	1.0	0.0	0.0	0.0	...
1794	0.0	0.0	1.0	11.0	15.0	1.0	0.0	0.0	0.0	0.0	...
1795	0.0	0.0	2.0	10.0	7.0	0.0	0.0	0.0	0.0	0.0	...
1796	0.0	0.0	10.0	14.0	8.0	1.0	0.0	0.0	0.0	2.0	...

1797 rows × 65 columns

1 출처: https://scikit-learn.org/stable/modules/generated/sklearn.datasets.load_digits.html

그 외에도 와인 품질의 다중 분류 데이터셋인 **와인 데이터셋**을 사용한다. 추가로 문제에 따라 sklearn.datasets 모듈의 make_classification() 함수와 make_regression() 함수로 분류 문제와 회귀 문제의 연습용 데이터셋toy dataset을 생성하여 사용할 때도 있다.

1.4.2 데이터셋 분할하기

다음 절차는 데이터를 학습, 검증, 테스트 데이터셋으로 분할하는 것이다. 일반적으로 검증 데이터는 하이퍼파라미터를 튜닝하는 데 사용하며, 테스트 데이터는 최종 성능을 확인하고 모델을 평가하는 데 사용한다. 안정적인 모델링에 필요한 절차이나 검증 데이터는 분석에 따라 별도로 정의하지 않을 때도 있으며 이때는 학습 데이터로 학습한 모델을 테스트 데이터에 바로 적용한다. 분석 모델이나 상황에 따라 테스트 데이터도 정의하지 않고 학습 데이터만으로 학습 프로세스가 끝날 때도 있다.

데이터셋 분할은 sklearn.model_selection.train_test_split() 함수로 수행한다. train_test_split() 함수는 피처 행렬 X와 목표 변수 y를 인수로 받아 랜덤하게 X와 y를 학습 데이터셋과 테스트 데이터셋으로 분할하며, 이때 분할 비율 test_size와 랜덤성 제어 하이퍼파라미터 random_state를 지정한다. numpy 배열과 pandas의 DataFrame, Series에 모두 적용할 수 있다.

Do it! 예제 1.1 학습 데이터셋과 테스트 데이터셋 분할하기

이번 예제에서는 연습용 데이터셋에 train_test_split() 함수를 적용하여 데이터셋 분할을 실습한다.

```
import numpy as np
from sklearn.model_selection import train_test_split

X, y = np.arange(120).reshape((30, 4)), list(range(30))

print('X의 첫 5개 샘플:\n', X[:5, :], '\n')
print('y의 첫 5개 샘플:\n', y[:5])
```

실행 결과

```
X의 첫 5개 샘플:
 [[ 0  1  2  3]
 [ 4  5  6  7]
 [ 8  9 10 11]
 [12 13 14 15]
 [16 17 18 19]]

y의 첫 5개 샘플:
 [0, 1, 2, 3, 4]
```

이제 train_test_split() 함수로 X와 y를 각각 학습 데이터와 테스트 데이터로 분할한다. 테스트셋의 비율은 33%로 지정하며 random_state에 값을 설정해 각 실행에 따른 랜덤성이 발생하지 않도록 한다. 첫 줄에 각 데이터의 샘플 개수를 출력하고 그다음 줄부터 학습 데이터와 테스트 데이터의 첫 5개 샘플을 출력한다.

```
X_train, X_test, y_train, y_test = train_test_split(X,
                                                    y,
                                                    test_size=0.33,
                                                    random_state=1234)

print('데이터셋 분할:', len(X_train), len(y_train), len(X_test), len(y_test), '\n')
print('X_train의 첫 5개 샘플:\n', X_train[:5, :], '\n')
print('y_train의 첫 5개 샘플:\n', y_train[:5])
```

실행 결과

```
데이터셋 분할: 20 20 10 10

X_train의 첫 5개 샘플:
 [[ 88  89  90  91]
 [ 96  97  98  99]
 [  0   1   2   3]
 [  8   9  10  11]
 [108 109 110 111]]

y_train의 첫 5개 샘플:
 [22, 24, 0, 2, 27]
```

순서에 상관없이 랜덤하게 뒤섞인 것을 확인할 수 있다. 데이터의 수집 방식에 따라 위쪽 행과 아래쪽 행의 샘플 분포가 다를 수 있는데, 이때 위쪽 행을 학습 데이터, 아래쪽 행을 테스트 데이터로 정의하여 학습하면 모델의 테스트 데이터 기준 성능이 크게 떨어질 수 있다. `train_test_split()` 함수는 데이터 순서를 섞어 이러한 상황을 방지한다.

검증 데이터를 정의하려면 학습 데이터셋에 다시 한번 `train_test_split()` 함수를 적용하면 된다. 같은 비율로 분할하고 첫 줄에 각 데이터셋의 크기를, 둘째 줄부터 학습 데이터셋의 첫 5개 샘플을 출력한다.

```
X_train, X_val, y_train, y_val = train_test_split(X_train,
                                                  y_train,
                                                  test_size=0.33,
                                                  random_state=1234)

print('데이터셋 분할:', len(X_train), len(y_train), len(X_val), len(y_val),
      len(X_test), len(y_test), '\n')
print('X_train의 첫 5개 샘플:\n', X_train[:5, :], '\n')
print('y_train의 첫 5개 샘플:\n', y_train[:5])
```

실행 결과

```
데이터셋 분할: 13 13 7 7 10 10

X_train의 첫 5개 샘플:
 [[88 89 90 91]
 [64 65 66 67]
 [76 77 78 79]
 [24 25 26 27]
 [36 37 38 39]]

y_train의 첫 5개 샘플:
 [22, 16, 19, 6, 9]
```

학습 데이터셋을 다시 학습 데이터셋과 검증 데이터셋으로 분할했으므로 원래 학습 데이터셋의 일부 샘플 구성이 달라진 것을 확인할 수 있다.

이번 예제에서 최종 데이터셋은 학습 데이터 13건, 검증 데이터 7건, 테스트 데이터 10건으로 구성하였다. 두 번째 `train_test_split()` 함수를 적용할 때 학습 데이터셋이 아닌 테스트 데이터셋에 이를 적용해도 차이는 발생하지 않으나 테스트 데이터셋은 처음의 정의 후 최종 테스트 전까지는 어떠한 정보도 사용하지 않는다는 개념에 따라 학습 데이터셋을 분할하는 것이 좋다.

1.4.3 데이터 전처리

다음으로 결측값 처리, 이상값 처리, 피처 스케일링, 파생 변수 생성 등 데이터 전처리 과정을 수행한다.

피처 스케일링에서는 표준 스케일링standard scaling과 최소-최대 스케일링min-max scaling 등을 널리 사용한다. 표준 스케일링은 피처별로 평균과 분산이 0과 1이 되도록 선형 변환하는 데이터 표준화 과정이다.

$$X_i^{(\text{Standard})} = \frac{X_i - \mu_i}{\sigma_i}$$

표준 스케일링은 `sklearn.preprocessing.StandardScaler` 클래스[2]로 수행할 수 있다. `StandardScaler` 클래스는 학습 데이터를 기준으로 (μ_i, σ_i) 쌍을 계산(학습)하는 `fit()` 메서드와 계산 결과를 다른 데이터셋에 적용해 표준 스케일링을 수행하는 `transform()` 메서드, 그리고 (μ_i, σ_i) 쌍을 계산함과 동시에 해당 데이터셋에 바로 스케일링 결과를 적용하는 `fit_transform()` 메서드를 제공한다.

표본표준편차와 모표준편차

패키지에 따라 표준편차를 정의하는 방식이 다름에 유의해야 한다. `numpy`는 표준편차 함수 `numpy.std()`의 기본값이 모표준편차로 지정되어 있다. `sklearn` 또한 표준편차를 모표준편차로 정의하고, 이에 따라 표준 스케일링 또한 모표준편차를 1이 되도록 피처를 스케일링한다. 반면에 `pandas`의 표준편차 함수 `pandas.DataFrame.std()`는 표준편차를 표본표준편차로 정의한다.

이러한 패키지별 차이는 머신러닝 프로그래밍 과정에서 다양한 차이가 생길 수 있다. 예를 들어, 학습된 `StandardScaler` 객체는 피처별 표준편차에 해당하는 `scale_` 어트리뷰트를 가지는데, 이 값은 `pandas.DataFrame.std()` 함수값과 다르다.

이와 같은 이유로 표준편차를 사용할 때 패키지별 표준편차 함수 혼용은 지양하는 것이 좋다. 샘플 개수가 늘어남에 따라 모표준편차와 표본표준편차의 차이는 점점 줄어들지만 그럼에도 이러한 혼용은 분석을 왜곡할 위험이 있다.

2 https://scikit-learn.org/stable/modules/generated/sklearn.preprocessing.StandardScaler.html

한편, 최소-최대 스케일링은 피처별로 최솟값과 최댓값이 각각 0과 1이 되도록 선형 변환하는 데이터 정규화 과정이다.

$$X_i^{(\text{Min-max})} = \frac{X_i - \min(X_i)}{\max(X_i) - \min(X_i)}$$

최소-최대 스케일링은 `sklearn.preprocessing.MinMaxScaler` 클래스[3]로 수행할 수 있다. `MinMaxScaler` 클래스 역시 `StandardScaler` 클래스와 마찬가지로 `fit()` 메서드, `transform()` 메서드, `fit_transform()` 메서드가 있다. 사용자 지정 설정을 통해 최솟값과 최댓값을 원하는 범위로 변환할 수도 있다.

특정 피처의 값이 모두 같다면?

만약 특정 피처가 단일값으로만 이루어지면 $\sigma_i=0$, $\max(X_i)=\min(X_i)$가 되어 표준 스케일링이나 최소-최대 스케일링을 정의할 수 없으므로 조심해야 한다. 단일값으로 이루어진 피처는 학습에 도움이 될 수 없으며 일반적으로 분석에서 배제하는 것이 좋다. 한편, 단일값 피처는 데이터셋을 여러 방식으로 분할해서 모델링을 수행할 때 우연히 발생할 수 있으므로 분할된 그룹별로 스케일링을 적용하고자 할 때에 주의해야 한다.

데이터셋 분할 측면에서 데이터의 전처리 과정 중 조심해야 할 점이 있다. 테스트 데이터셋은 분석 시작과 동시에 분할되어야 하며, 따라서 전처리보다 데이터셋 분할이 선행되어야 한다는 것이다. 그리고 학습 데이터셋 전처리를 수행한 후 전처리에 사용한 수치 관련 규칙을 포함한 모든 규칙은 테스트 데이터에 똑같이 적용되어야 한다. 예를 들어 한 피처 F_1이 학습 데이터에서 범위 10에서 100 사이에 분포하고 있고 이를 최솟값 0, 최댓값 1인 최소-최대 스케일링으로 변환할 때 각 샘플값에서 10을 차감한 후 90으로 이를 나누어야 하는데, 이때 테스트 데이터에서도 테스트 데이터의 실 분포와 관계없이 10을 차감한 후 90으로 나누어 스케일링하는 것이 바람직하다. 테스트 데이터에서도 F_1의 분포를 최솟값 0, 최댓값 1로 변경하는 규칙을 적용하는 것을 고려할 수도 있으나 규칙은 수치를 기준으로 사전에 결정하는 것이 좋다. 여러 가지 이유가 있지만 예를 들어 다음 상황을 생각할 수 있다.

3 https://scikit-learn.org/stable/modules/generated/sklearn.preprocessing.MinMaxScaler.html

- 최솟값 0, 최댓값 1로 변경하는 규칙은 테스트 데이터에서 일부 샘플이 추가되거나 삭제될 경우 기존 샘플이 이에 영향을 받게 된다. 최댓값과 최솟값이 변경될 수 있기 때문이다.
- 테스트 샘플이 한 건이라면 스케일링은 불가능하다. 또한, 테스트 샘플의 수가 적다면 F_1값이 상수로만 주어진 우연한 상황이 발생할 수 있으며 이때 스케일링은 오류를 일으킨다.

마지막으로, 필요한 경우 학습 데이터에는 없지만 발생할 수 있는 상황을 염두에 두어 규칙을 구성할 수 있다. 예를 들어, 피처 F_1이 학습 데이터셋에서는 결측값이 없었지만 테스트 데이터셋에서만 우연히 결측값이 발생한다면 오류가 발생할 수도 있으므로 필요한 경우 이에 대한 방어 로직을 작성하는 것이 좋다.

예를 들어, 테스트 데이터가 주어졌을 때 학습 데이터의 평균으로 결측값을 대체하는 과정을 선행적으로 추가할 수 있다. 단, 모든 방어 로직을 미리 작성할 수는 없으므로 탐색적 데이터 분석(explanatory data analysis, EDA) 등을 통해 주어진 데이터를 살핀 후 필요한 로직을 추가할 것을 추천한다. 탐색적 데이터 분석은 통계량 집계와 시각화와 같은 방법을 통해 메인 데이터 분석 이전에 필요한 인사이트를 도출하는 과정이다.

Do it! 예제 1.2 최소-최대 스케일링

이번 예제에서는 학습 데이터셋에 피처 스케일링을 수행한 후 이를 테스트 데이터셋에 적용하는 것을 차례대로 진행한다. 피처 X와 목푯값 y가 정의된 상태에서 전체 데이터셋을 학습 데이터셋과 테스트 데이터셋으로 분할하는 상황을 가정한다.

```
import numpy as np
from sklearn.model_selection import train_test_split

X, y = np.arange(120).reshape((30, 4)), list(range(30))
X_train, X_test, y_train, y_test = train_test_split(X,
                                                    y,
                                                    test_size=0.33,
                                                    random_state=1234)
```

학습 데이터셋의 피처에 최소-최대 스케일링을 적용한 후 같은 규칙을 테스트 데이터셋에 적용하려면 fit() 메서드와 transform() 메서드를 사용한다. 스케일링한 테스트 데이터셋의 첫 5개 샘플을 출력하면 다음과 같다. print() 함수 내부에서 소수점을 세 자리까지만 표현하고자 np.array2string() 함수를 사용했다.

```
from sklearn.preprocessing import MinMaxScaler

scaler = MinMaxScaler()

scaler.fit(X_train)
X_test_scaled = scaler.transform(X_test)

print(f"X_test_scaled의 첫 5개 샘플: \n{np.array2string(X_test_scaled[:5, :], precision=3,
floatmode='fixed')}")
```

실행 결과

```
X_test_scaled의 첫 5개 샘플:
[[0.241 0.241 0.241 0.241]
 [0.345 0.345 0.345 0.345]
 [0.138 0.138 0.138 0.138]
 [0.034 0.034 0.034 0.034]
 [0.966 0.966 0.966 0.966]]
```

각 행에서 모든 값이 같은 이유는 각 피처의 관측값 간 간격이 모두 동일하기 때문이다. 최소-최대 스케일링은 샘플을 모두 같은 간격으로 이동했을 때 같은 결과를 얻는다shift invariant.

▶ 최소-최대 스케일링과 표준 스케일링 모두 주어진 피처에 상수값을 곱한 후 다른 상수값을 더하는 선형 변환linear transformation 이므로 스케일링 전에 샘플에 모두 같은 값을 더하거나 0이 아닌 값을 곱해도 스케일링을 통해 얻는 최종적으로 얻는 변환값은 동일하다.

한편, 학습 데이터셋에 스케일링을 바로 적용하고 싶다면 fit() 메서드와 transform() 메서드를 차례대로 사용하는 대신 fit_transform() 메서드를 적용하여 한 번에 스케일링을 수행할 수 있다.

```
scaler = MinMaxScaler()

X_train_scaled = scaler.fit_transform(X_train)

print(f"X_train_scaled의 첫 5개 샘플:\n{np.array2string(X_train_scaled[:5, :],
precision=3, floatmode='fixed')}")
```

실행 결과

```
X_train_scaled의 첫 5개 샘플:
[[0.759 0.759 0.759 0.759]
 [0.828 0.828 0.828 0.828]
 [0.000 0.000 0.000 0.000]
 [0.069 0.069 0.069 0.069]
 [0.931 0.931 0.931 0.931]]
```

1.4.4 학습 데이터를 이용한 모델 학습

데이터 전처리가 끝났다면 목적을 위한 적절한 모델을 선택한다. 모델은 모수적 모델parametric model 또는 별도의 모델 파라미터를 가지지 않는 비모수적 모델nonparametric model로 구분된다. 각 모델은 가정에 따라 고유의 하이퍼파라미터를 가지며, 모델 선택에 이어 하이퍼파라미터의 값까지 결정한 후 학습 데이터로 모델을 학습하게 된다. 모델의 학습은 예측값과 실제 주어진 목푯값을 비교하여 비용 함수 등의 비교 지표를 산출하고 이것을 최적화하는 것으로, 최적화 알고리즘을 통해 이를 달성할 수 있다.

하지만 이 과정에서 최적화된 모델은 학습 데이터를 기준으로 달성된 것으로, 학습에 사용하지 않은 데이터가 들어올 때에도 성능이 비슷한지를 검토해야 한다. 즉, 일반화 성능을 확인하려면 테스트 데이터로의 적용이 필요하다. 테스트 데이터에서의 실제 목푯값과 모델을 통한 예측값을 비교하여 최종 성능을 산출하게 되는데, 회귀 문제의 경우 평균 절대 오차(mean absolute error, MAE), 평균 제곱 오차(mean squared error, MSE), 평균 절대비 오차(mean absolute percentage error, MAPE) 등의 지표를 고려할 수 있으며, 해당 지표는 각각 `sklearn.metrics` 모듈의 `mean_absolute_error()`, `mean_squared_error()`, `mean_absolute_percentage_error()` 함수로 계산할 수 있다.

한편, 분류 모델의 경우 정확도accuracy, 정밀도precision, 재현율recall, F1 점수F1-score 등의 지표를 사용할 수 있다. 해당 지표는 각각 `sklearn.metrics` 모듈의 `accuracy_score()`, `precision_` score(), recall_score(), f1_score() 함수로 계산할 수 있다. 마지막으로 군집화 모델에서는 Rand 지수Rand index, 실루엣 계수silhouette coefficient 등의 지표를 사용할 수 있으며, sklearn.metrics 모듈의 rand_score() 함수와 silhouette_score() 함수로 각각 계산할 수 있다.

하지만 이 접근법에는 사용자가 하이퍼파라미터의 값을 추측하거나 선행 연구 도메인에서의 값을 선택할 수밖에 없다는 결점이 있다. 이를 해결하려면 학습 데이터 전체로 학습을 수행하는 대신 이를 학습 데이터와 검증 데이터로 나누어 하이퍼파라미터별로 모델을 학습하고 성능을 측정한 후 최선의 하이퍼파라미터를 선택하는 작업을 수행해야 한다. 이를 하이퍼파라미터 튜닝이라 한다.

1.4.5 학습 데이터와 검증 데이터 쌍을 이용한 하이퍼파라미터 튜닝

학습 데이터로 학습된 모델을 검증 데이터에 적용했을 때 최고의 성능을 내는 하이퍼파라미터를 찾는 작업을 하이퍼파라미터 튜닝hyperparameter tuning이라 한다. 여러 가지 하이퍼파라미터 조합에 대하여 모델 학습과 평가를 반복한다.

교차검증법cross validation은 학습 데이터와 검증 데이터를 미리 분할하지 않고 주어진 데이터를 여러 방법으로 학습 데이터와 테스트 데이터로 분할하여 성능을 테스트하는 하이퍼파라미터 튜닝법이다. 데이터셋의 크기가 크지 않을 때 우연에 의한 편향된 성능 측정을 줄이고자 제안되었다. sklearn.model_selection 모듈의 cross_val_score() 함수를 통해 계산할 수 있다.

1.4.6 테스트 데이터셋에 대한 최종 성능 측정과 평가

마지막으로 테스트 데이터셋에 모델을 적용하고 성능을 측정하여 일반화 가능성generalizability을 확인한다. 앞서 언급했듯이 테스트 데이터셋은 이 과정에서 처음으로 사용되어야 한다. 테스트 데이터셋에서 성능이 준수하다면 이 모델은 일반화에 성공한 것으로 볼 수 있다. 하지만 테스트 데이터셋에서의 성능이 학습 데이터셋에서의 성능에 비해 크게 낮다면 모델이 학습 데이터에만 지나치게 지엽적으로 학습된 상황인 과적합overfitting을 의심해야 한다. 과적합이 발생했다고 판단한다면 각종 규제regularization를 포함하여 다시 학습하는 방법을 고려한다.

1장에서 살펴본 내용

이 장에서는 머신러닝과 알고리즘의 개념에 대해 간단히 살펴본 후 코드 실행에 필요한 패키지 환경을 알아보고 마지막으로 대략적인 머신러닝 절차를 파악했다.

머신러닝의 첫 번째 절차로 데이터셋을 학습 데이터, 검증 데이터, 테스트 데이터로 분할하는 방법을 알아봤지만, 그 외에 교차검증법, LOOCV를 포함한 다른 분할법도 데이터의 크기나 상황에 따라 사용할 수 있다. 또 다른 분할법에 대해서는 2장 이후에 다시 살펴볼 것이다.

머신러닝 절차 수행 중 가장 강조하고 싶은 점은 모델 학습 시 테스트 데이터의 어떤 정보도 흘러 들어가지 않도록 해야 한다는 것이다. 실제로 데이터를 분석할 때에는 분석가가 의도하지 않은 방식으로 정보가 직간접적으로 전해지는 일이 많으며, 이 경우 테스트 데이터에서의 예측력이 실제보다 (매우) 과대 계산될 수 있다.

이제 2장부터 14장까지 13개의 머신러닝 모델에 대하여 하나씩 살펴본다. 첫 시작은 최소 제곱법(OLS) 모델이다. 최소 제곱법 모델은 이론이 간단하고 결과에 대한 해석 또한 쉬운 기본적인 회귀 모델로, 이를 먼저 학습한 다음 둘째마당에서 최소 제곱법 모델과 유사한 다양한 선형 모델을 살펴보겠다.

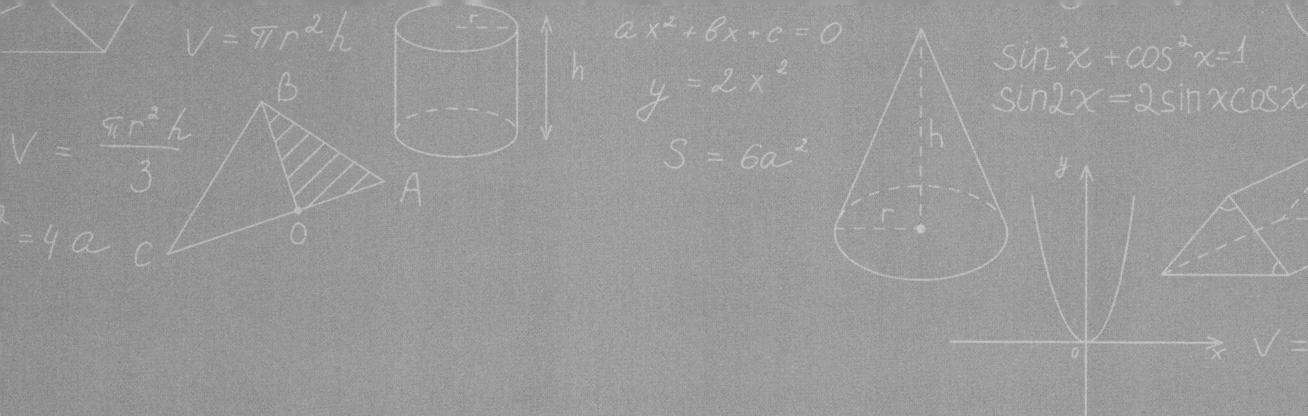

Supervised Learning with Linear Models

둘째마당

선형 모델을 이용한 지도 학습

둘째마당에서는 선형 모델을 이용해 분류와 회귀 문제 등의 지도 학습 문제를 해결하는 방법을 소개한다. 머신러닝에서 선형 모델은 가장 기본적이면서도 중요한 모델으로, 이후에 학습할 다른 지도 학습 모델과도 높은 관련이 있다.

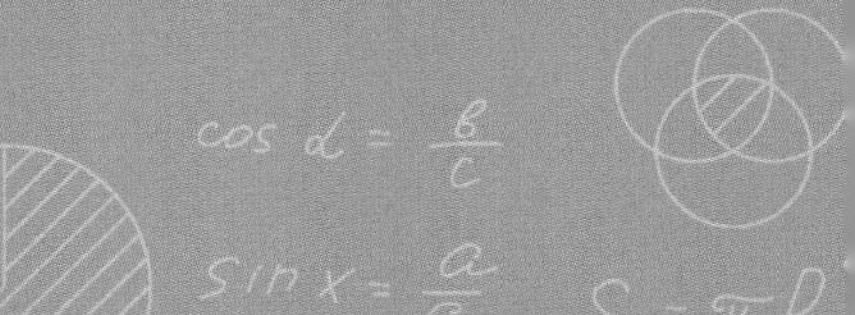

선형 모델은 목푯값[target value]을 피처[feature]의 선형 결합[linear combination]으로 모델링하는 기법을 총칭하며, 목푯값 y에 대한 예측값 $\hat{y}$을 p개의 피처 벡터 $x_1, \cdots, x_p$와 특수한 함수 f를 이용해 다음과 같이 모델링한다.

▶ 특정 조건 하에서 선형 모델은 일반화 선형 모델(generalized linear model, GLM)에 포함된다.

$$f(\hat{y}) = w_0 + w_1 x_1 + \cdots + w_p x_p$$

추정해야 할 파라미터[parameter]는 $w_0, w_1, \ldots, w_p$이며 선형 모델에서는 $w_1, \ldots, w_p$를 계수[coefficient], w_0를 절편[intercept]이라 부르기도 한다. 이는 $w_1, \ldots, w_p$는 피처가 y에 끼치는 영향을 선형적으로 측정하고 w_0는 모든 피처가 0일 때 y가 가지는 값에 해당하기 때문에 붙은 이름이다.

함수 f의 종류와 규제[regularization]의 종류에 따라 선형 모델은 다양한 종류로 구분된다. 최소 제곱법(ordinary least squares, OLS) 모델은 f가 항등 함수일 때, 즉 $f(y)=y$일 때이며 다음과 같은 형태이다.

$$\hat{y} = w_0 + w_1 x_1 + \cdots + w_p x_p$$

OLS 모델은 연속 변수를 모델링하는 가장 간단한 회귀 모델의 하나이며, 좁은 형태의 선형 모델로 이해할 수 있다. OLS 모델은 2장에서 자세히 학습한다. OLS 모델에서는 비용 함수[cost function]를 예측값과 실제 목푯값에 대한 평균 제곱 오차(mean squared error, MSE)로 정의하며, 이를 최적화하여 파라미터 w를 추정한다. 이와 같은 이유로 최소 제곱법[least squares]이라 부른다.

한편, 로지스틱 회귀[logistic regression] 모델은 $f(y)$를 $\log \frac{p(y)}{1-p(y)}$로 표현한다.

$$\log \frac{p(y_i)}{1-p(y_i)} = w_0 + w_1 x_{i,1} + \cdots + w_p x_{i,p}$$

로지스틱 회귀 모델을 통해 피처의 선형 결합을 0에서 1까지의 범위로 변환한 후 이를 목푯값에 대한 확률값으로 해석할 수 있다. 이를 이용해 분류 문제를 푸는 데 사용한다. 로지스틱 회귀 모델은 3장에서 학습하도록 한다.

마지막으로 선형 모델 해의 안정성[stability]과 일반화 가능성[generalizability]을 높이고자 OLS의 비용 함수에 규제[regularization] 항을 추가하여 파라미터를 감쇄[shrinkage]할 수 있다.

라쏘 모델은 비용 함수에 L1 규제를 적용한 것이며, 전체 피처의 집합 중 유용한 피처 일부만을 선택하는 피처 선택법[feature selection]의 효과가 있다. 라쏘 모델은 4장에서 학습하도록 한다. 릿지 회귀 모델은 비용 함수에 L2 규제를 적용한 것으로, 5장에서 학습하도록 한다.

선형 모델은 가장 간단한 지도 학습 모델이면서도 다양한 장점이 있다. 선형 모델을 학습하면 지도 학습을 전반적으로 이해할 수 있고, 다른 지도 학습 모델과도 연관성이 있으므로 가장 먼저 학습하면 좋은 지도 학습 모델이다.

2장

최소 제곱법 모델

이번 장에서는 가장 간단한 선형 모델인 최소 제곱법(OLS) 모델의 정의, 특징과 파라미터 추정법을 살펴본다. 이 모델은 이론적으로 가장 간단한 형태의 모수적 지도 학습 모델의 하나이다. 다른 선형 모델을 학습하기 전에 설명해야 할 모델인 동시에 다른 머신러닝 모델을 학습할 때도 반드시 이해해야 하는 모델이다. 이에 따라 가장 먼저 OLS 모델을 소개하도록 한다.

2.1 최소 제곱법 모델이란?

2.1.1 최소 제곱법 모델의 정의

목푯값의 샘플로 구성된 벡터 y와 p차원의 피처 행렬 X가 주어졌을 때 예측값predicted value $\hat{y}$을 다음과 같이 모델링한다.

$$\hat{y} = Xw$$

목푯값과 본 모델에서 도출되는 예측값을 이용해 비용 함수를 정의할 수 있는데, 이 비용 함수가 평균 제곱 오차(mean squared error, MSE)인 모델을 최소 제곱법(ordinary least squares, OLS)이라 한다. 즉, 이 모델은 예측값과 목푯값의 차이인 잔차residual 제곱합을 최소화하는 파라미터 w를 찾는다. 수학적으로 이는 다음 문제를 푸는 것과 같다.

$$\min_w \|y - Xw\|_2^2$$

절편을 포함하는 선형 모델

선형 모델에서는 절편을 모델에 포함할지를 결정할 수 있다. 절편을 추가하지 않을 때는 평균 중심화mean centering 과정을 거쳐 목푯값의 평균이 0에 이미 맞추어져 있다고 가정하는 것이다. 일반적으로는 절편을 모델에 포함하는 것이 여러 측면에서 유용하며 이 책에서도 피처 행렬에 절편을 포함하는 것을 기본으로 한다.

2.2 정규 방정식으로 최소 제곱법 모델 구현하기

2.2.1 정규 방정식을 이용한 풀이 이론

최소 제곱법(OLS)을 푸는 가장 기본적이고 직관적인 방법은 정규 방정식[normal equation]을 도출해 푸는 것이다. $n \times p$ 피처 행렬 X와 목푯값 y가 있고 $n>p$를 만족하며 선형 모델에서 통상적으로 절편이 추가되는 것을 고려하여 이 p개의 피처 중 하나는 1로 구성된 상수 칼럼이라 가정하도록 한다. 또한, X에 완전 다중공선성[perfect multicollinearity]이 없는 풀 칼럼 랭크[full column rank] 조건을 만족한다고 가정한다.

▶ 샘플 개수가 피처 개수보다 많은 일반적인 상황을 가정한다.

풀 칼럼 랭크 행렬과 다중공선성이란?

$n \times p$ 차원의 행렬 X는 열벡터[column vector] $x_i(1 \le i \le p)$를 이용하여 $X=[x_1, \ldots, x_p]$로 나타낼 수 있다. 이때 풀 칼럼 랭크 행렬이란 X의 열벡터가 선형적으로 독립인 것을 의미한다. 즉, 모든 $w_1, \ldots, w_p \in \mathbb{R}$에 대하여 다음 방정식을 만족하는 해는 $w_1=w_2=\ldots=w_p=0$뿐이다.

$$w_1 x_1 + \ldots + w_p x_p = 0$$

풀 칼럼 랭크 행렬이 아닌 경우 $y=Xw$의 해는 무수히 많이 존재하고 이 중에서 안정적인 최적해를 탐색할 수 없다. 풀 칼럼 랭크 행렬 조건은 OLS를 적용하기 위한 최소한의 필요 조건이다.

다중공선성은 열벡터 사이의 종속성이 커서 한 열벡터를 다른 열벡터의 선형 결합으로 근사하기 쉬워지는 것을 의미한다. 다중공선성이 커질수록 OLS로 얻은 해는 불안정해져 OLS는 사용하기 부적절한 모델이 된다. 이에 대해서는 잠시 후 다시 살펴볼 것이다.

OLS는 y를 열벡터 X의 선형 결합과 오차항의 합으로 모델링한다.

$$y = Xw + \varepsilon$$

여기서 비용 함수는 오차 제곱의 합으로 정의하며, 따라서 OLS는 오차 제곱의 합을 최소화하는 것을 목표로 한다.

$$J(w) = \|y - Xw\|_2^2$$

비용 함수를 미분하여 최솟값에 대응하는 w를 찾고자 식을 전개한다.

$$J(w) = (y - Xw)^{\mathrm{T}}(y - Xw) = y^{\mathrm{T}}y - 2w^{\mathrm{T}}X^{\mathrm{T}}y + w^{\mathrm{T}}X^{\mathrm{T}}Xw$$

$J(w)$의 기울기가 0이 되는 지점은 오른쪽 식을 w에 대해 미분하면 얻을 수 있다.

$$\nabla J(w) = 0 \ \rightarrow \ -2X^{\mathrm{T}}y + 2X^{\mathrm{T}}Xw = 0$$

이를 정리한 다음 식을 정규 방정식이라 한다.

$$X^{\mathrm{T}}Xw = X^{\mathrm{T}}y$$

X가 풀 칼럼 랭크일 때 $X^{\mathrm{T}}X$는 역행렬을 가지며, 따라서 w에 대해 다음과 같은 유일한 해를 얻을 수 있다.

$$\hat{w} = (X^{\mathrm{T}}X)^{-1}X^{\mathrm{T}}y$$

이 극값이 최솟값인지는 $J(w)$의 2계 도함수second derivative인 헤시안Hessian H를 통해 확인할 수 있다. H를 계산하면 다음과 같다.

$$H = 2X^{\mathrm{T}}X$$

H가 양의 정부호 행렬positive definite matrix이므로 위에서 얻어진 $\hat{w}$은 $J(w)$를 전역으로 최소화globally minimize한다.

양의 정부호 행렬과 전역 최소화

M이 대칭인 정사각행렬이고 0이 아닌 임의의 벡터 z가 주어졌을 때 $z^{\mathrm{T}}Mz$가 항상 0보다 크다면 M을 양의 정부호 행렬이라 한다. X가 $n \times p$의 풀 칼럼 랭크 행렬이라면 $2X^{\mathrm{T}}X$는 양의 정부호 행렬이다. 이를 보이기 위해 0이 아닌 z에 대하여 $2(z^{\mathrm{T}}X^{\mathrm{T}}Xz)=2(Xz)^{\mathrm{T}}(Xz)$를 계산해 보자. $Xz=y$라 할 때 y는 0이 아닌데, 왜냐하면 X가 풀 칼럼 랭크를 가지기 때문에 X의 칼럼끼리의 선형 결합으로 0을 얻을 수 없고 Xz가 X의 칼럼끼리의 선형 결합에 해당되기 때문이다. 따라서 y의 성분 중 0이 아닌 값이 반드시 존재한다.

이제, 계산식을 다음과 같이 전개한다.

$$2(Xz)^{\mathrm{T}}(Xz) = 2y^{\mathrm{T}}y = 2\sum_{i=1}^{n} y_i^2$$

y의 성분 중 0이 아닌 값이 반드시 존재하므로 이 식의 합은 0보다 크다. 따라서 $X^{\mathrm{T}}X$는 양의 정부호 행렬이다.

마지막으로 $f: \mathbb{R}^p \rightarrow \mathbb{R}$의 헤시안이 양의 정부호 행렬일 경우 f의 최솟값은 전역 최솟값임이 알려졌다. 따라서 $\hat{w}$은 $J(w)$를 전역적으로 최소화하는 값이다.

정규 방정식 풀이의 시간 복잡도

피처 행렬 X가 $n \times p$ 차원일 때 정규 방정식을 이용한 OLS 풀이의 절차별 시간 복잡도는 다음과 같다.

(1) 행렬곱 $X^{\mathrm{T}}X$ 계산: $X^{\mathrm{T}}X$ 구축에는 $O(np^2)$의 시간 복잡도가 소요된다.

(2) 역행렬 $(X^{\mathrm{T}}X)^{-1}$의 계산: 구축한 $X^{\mathrm{T}}X$가 대칭 행렬이므로 역행렬은 숄레스키 분해Cholesky factorization를 이용하여 효율적으로 계산할 수 있다. $X^{\mathrm{T}}X$는 $p \times p$ 차원이고, 이때 숄레스키 분해를 이용한 역행렬 계산의 시간 복잡도는 $O(p^3)$이다.

(3) X^T를 곱하여 $(X^{\mathrm{T}}X)^{-1}X^{\mathrm{T}}$를 계산: $p \times p$ 행렬 $(X^{\mathrm{T}}X)^{-1}$과 $p \times n$ 행렬 X^{T}의 곱에는 $O(np^2)$의 시간 복잡도가 소요된다.

(4) y를 곱하여 $(X^{\mathrm{T}}X)^{-1}X^{\mathrm{T}}y$를 계산: $p \times n$ 행렬 $(X^{\mathrm{T}}X)^{-1}X^{\mathrm{T}}$와 $n \times 1$ 행렬 y의 곱에는 $O(np)$의 시간 복잡도가 소요된다.

숄레스키 분해란?

대칭 양의 정부호 행렬 M이 주어졌을 때 M을 다음과 같은 형태로 분해하는 하삼각행렬lower triangular matrix L이 항상 존재한다:

$$M = LL^{\mathrm{T}}$$

이 분해법을 숄레스키 분해라 한다. 일반적인 정사각행렬의 LU 분해와 비교할 때 두 배가량 더 효율적인 분해법이라고 알려졌다. M의 크기가 $n \times n$일 때 숄레스키 분해의 시간 복잡도는 $O(n^3)$이다. 숄레스키 분해를 적용할 수 있는 행렬이라면 매우 효율적으로 역행렬을 구할 수 있으며, 역행렬 계산의 전체 시간 복잡도도 $O(n^3)$과 같다.

전체 과정은 각 시간 복잡도의 합으로 구성된다. $n \gg p$인 일반적인 상황이라면 전체 학습 과정의 시간 복잡도는 $O(np^2)$을 따른다. 한편, 학습이 완료된 이후에는 각 피처의 선형 결합으로 목푯값을 예측하기 때문에 예측의 시간 복잡도는 피처 개수에 비례한다. 한 테스트 샘플에 대한 예측의 시간 복잡도는 $O(p)$이다.

2.2.2 정규 방정식으로 풀이 구현하기

이제 당뇨병 데이터셋을 이용해 당뇨병 발생 정도를 예측하는 OLS 모형을 정규 방정식으로 풀이하도록 한다. 우선 필요한 패키지를 불러오고 기본 데이터를 정의한다. `load_diabetes()` 함수에서 `as_frame=False`로 설정하여 `X`와 `y`를 `numpy` 배열로 입력받고 `y`에 `reshape(-1, 1)` 함수를 적용해 `y`의 두 번째 차원을 1이 되게끔 생성한다. `reshape()` 함수에서 특정 차원을 `-1`로 설정하면 나머지 주어진 차원과의 비교를 통해 적절한 차원으로 설정하며, 이번 예제에서는 샘플 길이에 해당하는 차원으로 설정한다.

```
import numpy as np
from sklearn.datasets import load_diabetes
from sklearn.model_selection import train_test_split

X, y = load_diabetes(return_X_y=True, as_frame=False)
X_train, X_test, y_train, y_test = train_test_split(X,
                                                    y,
                                                    test_size=0.33,
                                                    random_state=1234)
y_train = y_train.reshape(-1, 1)
y_test = y_test.reshape(-1, 1)

n_train, n_test = X_train.shape[0], X_test.shape[0]
```

다음으로, 절편을 모델에 포함하고자 `X_train`의 가장 왼쪽에 1로 구성된 상수 피처를 추가한다.

```
X_train = np.append(np.ones((n_train, 1)), X_train, axis=1)
```

이제 학습 데이터를 기준으로 정규 방정식 $(X^TX)^{-1}X^Ty$를 풀어 파라미터 `w`를 구한다. 다음 코드에서 `@` 기호는 행렬곱matrix multiplication 연산자로, `np.matmul`과 같은 기능을 한다.

```
w = np.linalg.inv(X_train.T @ X_train) @ X_train.T @ y_train
```

구한 파라미터를 이용해 학습 데이터와 테스트 데이터의 예측값을 각각 계산하고 이를 비교한다. 모델 성능은 평균 절대 오차(mean absolute error, MAE)로 측정한다.

```
y_pred_train = X_train @ w
print(f'학습 데이터셋 MAE:{np.abs(y_pred_train - y_train).mean(): .3f}')

X_test = np.append(np.ones((n_test, 1)), X_test, axis=1)
y_pred = X_test @ w
print(f'테스트 데이터셋 MAE:{np.abs(y_pred - y_test).mean(): .3f}')
```

실행 결과

```
학습 데이터셋 MAE: 43.549
테스트 데이터셋 MAE: 42.618
```

2.2.3 정규 방정식 구현의 단점

OLS에서의 파라미터 추정은 피처의 독립성 가정에 따라 이루어진다. 피처 사이의 종속성이 커질수록 피처 행렬 X는 특이 행렬singular matrix에 가까워지므로 이때 OLS의 추정값은 목푯값의 작은 변동이나 오차에도 큰 변동이 생긴다. 이 상황을 다중공선성multicollinearity이 발생한다고 하며, 이럴 때는 정규 방정식을 통한 OLS 적용은 적절하지 않다. 이와 관련한 논의는 다음 절의 특잇값 분해(SVD)를 이용한 풀이에서 자세히 진행하도록 한다.

▶ 다중공선성이 발생할 때 피처 행렬 X가 불안정한 행렬ill-conditioned matrix이라고 표현하기도 한다.

2.3 특잇값 분해를 이용한 최소 제곱법 모델 구현하기

2.3.1 SVD-OLS를 이용한 풀이 이론

특잇값 분해(singular value decomposition, SVD)는 행렬을 특수한 형태의 세 행렬의 곱으로 분해하는 것을 의미한다. SVD는 OLS 등의 선형 모델linear model을 포함해 14장에서 살펴볼 주성분 분석(principal component analysis, PCA) 등 머신러닝 분야에서 폭넓게 활용되고 있다. 먼저 SVD에 대한 정의부터 시작하도록 한다.

$n>p$에 대하여 피처 행렬 X가 $n \times p$ 차원을 가지는 풀 칼럼 랭크 행렬이라 가정하자. 이때 X는 다음과 같이 SVD로 표현할 수 있다.

$$\underset{n\times p}{X} = \underset{n\times n}{U}\ \underset{n\times p}{\Sigma}\ \underset{p\times p}{V^{\mathrm{T}}}$$

이 때, U와 V는 직교 행렬orthonormal matrix이며, Σ는 다음과 같은 형태를 가지는 직각 대각 행렬이다.

$$\Sigma = \begin{pmatrix} \sigma_1 & \cdots & 0 \\ \vdots & \ddots & \vdots \\ 0 & \cdots & \sigma_p \\ \vdots & \ddots & \vdots \\ 0 & \cdots & 0 \end{pmatrix}$$

대각 성분은 $X^{\mathrm{T}}X$의 특잇값singular value으로 정의하며, 왼쪽 위에서부터 $\sigma_1 \geq \ldots \geq \sigma_r > \sigma_{r+1} = \ldots = \sigma_p = 0$의 값을 가진다. 이 특잇값은 $X^{\mathrm{T}}X$의 고윳값eigenvalue 제곱근과 같다.

직교 행렬과 고윳값이란 ?

행렬 A가 $A^TA=AA^T=I$를 만족할 때 이를 직교 행렬이라 한다. 한편 행렬 A에 대하여 λ와 x가 다음 등식을 만족할 때 λ와 x를 각각 A의 고윳값eigenvalue과 고유 벡터eigenvector라 한다.

$$Ax = \lambda x$$

한편, 정보를 손실시키지 않고 X를 다음과 같이 축약reduced SVD로 표현할 수도 있다. 이는 Σ에서 대각 성분이 0인 모든 행row을 걷어 내고 U에서도 이에 대응하는 모든 열column을 걷어 내어 최소한의 크기로 X를 표현하는 것이다. 이때 X는 다음과 같이 표현한다.

$$\underset{n\times p}{X} = \underset{n\times p}{U_R}\ \underset{p\times p}{\Sigma_R}\ \underset{p\times p}{V^{\mathrm{T}}}$$

축약 SVD 표현식은 아래의 풀이 과정에서 다시 사용될 것이다.

우선 비용 함수에 X의 비축약 SVD 표현을 적용하여 OLS 해를 도출한다.

$$J_{\mathrm{OLS}}(w) = \|y - Xw\|_2^2 = \|y - U\Sigma V^{\mathrm{T}}w\|_2^2 = \|U^{\mathrm{T}}(y - U\Sigma V^{\mathrm{T}}w)\|_2^2 = \|U^{\mathrm{T}}y - \Sigma V^{\mathrm{T}}w\|_2^2$$

여기서는 U가 직교 행렬이므로 $(y\text{-}U\Sigma V^{\mathrm{T}}w)$의 L2-norm은 $U^{\mathrm{T}}(y\text{-}U\Sigma V^{\mathrm{T}}w)$의 L2-norm과 같다는 사실을 이용하였다.

U의 i번째 열벡터를 u_i라 할 때 가장 오른쪽 식의 왼쪽 항 $U^{\mathrm{T}}y$는 다음과 같이 표현할 수 있다.

$$U^{\mathrm{T}}y = \begin{pmatrix} u_1^{\mathrm{T}}y \\ u_2^{\mathrm{T}}y \\ \cdots \\ u_n^{\mathrm{T}}y \end{pmatrix}$$

이번에는 $\omega=V^{\mathrm{T}}w$, $\sigma=\Sigma_{i,\ i}$로 정의하고 가장 우측 식의 우측 항을 정리한다. ω의 i번째 원소를 ω_i라 정의한다면 다음이 성립한다.

$$\Sigma V^{\mathrm{T}} w = \Sigma \omega = \begin{pmatrix} \sigma_1 \omega_1 \\ \cdots \\ \sigma_p \omega_p \\ 0 \\ \cdots \\ 0 \end{pmatrix}$$

이제 가장 오른쪽 식을 좌표별 제곱의 합으로 해석하여 다음 표현을 얻을 수 있다.

$$\left\| U^{\mathrm{T}} y - \Sigma V^{\mathrm{T}} w \right\|_2^2 = \sum_{i=1}^{p} (u_i^{\mathrm{T}} y - \sigma_i \omega_i)^2 + \sum_{i=p+1}^{n} (u_i^{\mathrm{T}} y)^2$$

여기서 $\sum_{i=p+1}^{n} (u_i^{\mathrm{T}} y)^2$는 주어진 상수이고 $\sum_{i=1}^{p} (u_i^{\mathrm{T}} y - \sigma_i \omega_i)^2$가 추정 대상 변수인 w의 함수이므로, 비용 함수의 최솟값은 $\sum_{i=1}^{p} (u_i^{\mathrm{T}} y - \sigma_i \omega_i)^2$를 최소화하여 얻을 수 있다.

$$\hat{\omega}_i = \frac{u_i^{\mathrm{T}} y}{\sigma_i} \quad \text{for} \quad 1 \le i \le p$$

한편, V^{T}가 직교 행렬이므로 $V^{\mathrm{T}} \hat{w} = \hat{\omega}$의 양변의 왼쪽에 각각 V를 곱하여 $\hat{w} = V \hat{\omega}$를 얻을 수 있다. V의 i번째 열벡터를 v_i라 할 때 해는 다음과 같이 표현한다.

$$\hat{w} = \sum_{i=1}^{p} \frac{u_i^{\mathrm{T}} y}{\sigma_i} v_i$$

이 해는 축약 SVD를 사용하여 다음의 간단한 행렬식으로 나타낼 수 있다. 이 식이 SVD-OLS 해에 해당한다.

▶ 행렬곱을 오른쪽에서부터 수행하여 등식의 성립을 간단히 확인할 수 있다.

$$\underset{p \times 1}{\hat{w}} = \underset{p \times p}{V} \; \underset{p \times p}{\Sigma_{\mathrm{R}}^{-1}} \; \underset{p \times n}{U_{\mathrm{R}}^{\mathrm{T}}} \; \underset{n \times 1}{y}$$

▶ 이 책에서 사용한 SVD-OLS와 뒤에서 소개할 TSVD-OLS는 각각 SVD를 이용한 OLS 풀이와 TSVD를 이용한 OLS 풀이를 의미하며, 학계에서 통용되는 표현은 아니다. 이 책에서는 용어 풀이의 반복성을 줄이고자 이와 같이 명명한다.

SVD-OLS 풀이의 시간 복잡도

SVD를 이용한 OLS 풀이의 절차별 시간 복잡도는 다음과 같다.

(1) X의 축약 SVD, 즉, $X=U_R\Sigma_R V^T$ 분해의 시간 복잡도는 $O(np^2)$이다. 반올림 오차rounding error 때문에 특잇값이 정확히 0이 되지 않는 경우가 발생하는데, 해당 값은 0으로 간주하여 제거한다.

(2) $U_R^T y$의 연산은 $O(np)$의 시간 복잡도를 요한다.

(3) $\Sigma_R^{-1} U_R^T y$의 연산은 $O(p)$의 시간 복잡도를 요한다. 통상적인 행렬곱에 비해 시간 복잡도가 작은 이유는 Σ_R^{-1}이 정방 행렬이기 때문이다.

(4) $V\Sigma_R^{-1} U_R^T y$의 연산은 $O(p^2)$의 시간 복잡도를 요한다.

$n \gg p$인 일반적인 상황을 가정할 때 (2)에서 (4)까지의 전체 시간 복잡도는 (2)의 $O(np)$에 의해 결정된다. (1)의 시간 복잡도가 $O(np^2)$이므로 전체 과정의 시간 복잡도는 **정규 방정식 풀이의 시간 복잡도와 동일하다.**

축약 SVD의 시간 복잡도

정사각행렬 행렬 A의 고윳값 분해eigen-decomposition는 A를 고윳값eigenvalue과 고유 벡터eigenvector를 이용하여 $A=Q\Lambda Q^T$로 나타내는 것이다. A의 크기가 $m\times m$일 때 고윳값 분해는 $O(m^3)$의 시간 복잡도와 $O(m^2)$의 공간 복잡도를 가진다.

고윳값 분해를 이용하여 SVD-OLS에서의 U와 V를 구할 수 있다. 피처 행렬 X에 대하여 다음을 계산한다.

$$XX^T = U\Sigma V^T V\Sigma^T U^T = U\Sigma^2 U^T$$
$$X^T X = V\Sigma^T U^T U\Sigma V^T = V\Sigma^2 V^T$$

이제 U와 V는 XX^T와 $X^T X$에 고윳값 분해를 적용하여 얻어지는 행렬임을 알 수 있다. Σ는 XX^T나 $X^T X$의 고윳값 행렬의 제곱근으로 얻어진다.

위의 식을 사용할 경우 XX^T를 통해서는 U만, $X^T X$를 통해서는 V만 구할 수 있으나, 사실 $X=U\Sigma V^T$에서 $XV=U\Sigma$와 $U^T X=\Sigma V^T$가 얻어지고 Σ가 대각 행렬이므로 U와 V 중 하나만 알게 되면 다른 하나는 쉽게 구할 수 있다. 따라서 XX^T와 $X^T X$ 중 하나에 대해서만 고윳값 분해만 수행하면 된다.

XX^T를 이용할 경우 행렬곱에 $O(n^2 p)$, 고윳값 분해에 $O(n^3)$의 시간 복잡도가 소요되며, $X^T X$를 이용할 경우 행렬곱에 $O(np^2)$, 고윳값 분해에 $O(p^3)$의 시간 복잡도가 소요된다. 일반적인 경우 피처 개수보다 샘플 개수가 훨씬 더 크기 때문에 실제로는 항상 $X^T X$를 이용한 고윳값 분해를 하게 된다. $X^T X$의 고윳값 분해 후 V와 Σ를 알게 되었다고 가정한다.

$X=U\Sigma V^T$를 정리하면 다음을 얻는다.

$$u_i = \frac{Xv_i}{\sigma_i}, \quad 1 \le i \le p$$

이렇게 얻은 u_i로 U_R을 재구성할 수 있고, 이를 이용하여 축약 SVD 형태 $X=U_R\Sigma_R V^T$를 얻는다. 따라서 축약 SVD의 단계별 시간 복잡도는 다음과 같다.

(1) X^TX의 계산에는 $O(np^2)$이 소요된다.

(2) X^TX의 고윳값 분해에는 $O(p^3)$이 소요된다.

(3) X^TX의 고윳값의 제곱근 계산에 $O(n)$이 소요된다.

(4) $u_i = \frac{Xv_i}{\sigma_i}$ 를 모든 i에 대하여 계산하는 데에는 $O(p(np+n))$의 시간이 소요된다. 왜냐하면 각각의 i에 대하여 Xv_i의 계산에 $O(np)$가, 이를 σ_i로 나누는 데에 $O(n)$의 시간이 소요되고, i는 1에서 p까지의 값을 가지기 때문이다.

$n \gg p$이므로 총 시간 복잡도는 $O(np^2)$이다.

2.3.2 정규 방정식 풀이의 단점과 SVD-OLS 풀이의 장점

앞서 살펴본 바와 같이 정규 방정식을 통한 OLS의 풀이와 SVD를 통한 OLS의 풀이는 시간 복잡도 측면에서 유사하고 수학적으로 동일한 해를 산출한다. 하지만 행렬이 특이 행렬에 가까울 때에는 다음과 같은 이유로 수치적으로 다른 해를 산출하게 된다.

입력 피처 행렬이 특이 행렬에 가까울수록 OLS 기법은 다중공선성이 커지며, 이에 따라 조건수condition number가 증가한다. X에 SVD를 통해 얻어진 특잇값의 최댓값을 $\sigma_{\max}(X)$, 0이 아닌 최솟값을 $\sigma_{\min}(X)$라 할 때 X의 조건수는 다음과 같이 정의한다.

▶ 다중공선성은 분산 팽창 지수(variance inflation factor, VIF) 등의 방법으로도 측정할 수 있다.

$$\text{cond}(X) = \frac{\sigma_{\max}(X)}{\sigma_{\min}(X)}$$

조건수는 X의 작은 변화에 방정식 $y=Xw$의 해가 얼마나 변동하는지의 측정치를 나타내며, 조건수가 커질수록 불안정성이 크다고 볼 수 있다. 조건수의 성질에 의하여 다음의 등식이 성립한다.

$$\text{cond}(X^TX) = (\text{cond}(X))^2$$

정규 방정식 풀이에서는 X^TX를 계산한 후 역행렬을 취하게 되는데, 따라서 해의 불안정성은 X를 사용하는 SVD에 비해 X^TX를 사용하는 정규 방정식을 이용할 때 많이 늘어난다. 컴퓨터의 수치 계산은 많은 경우 반올림 오차를 수반하는데, 이때 불안정성은 수치적인 큰 오차를 발생시킬 수 있다. 따라서 피처 행렬이 특이 행렬에 가까울 때 수학적으로는 동일하나 수치적으로 다른 해를 산출할 수 있다.

또한, 정규 방정식을 통한 풀이는 X^TX의 역행렬 계산에서 과다한 메모리 사용 문제 또한 발생한다. 이러한 이유로 정규 방정식으로 OLS를 푸는 것은 일반적으로 좋은 선택이 아니다. 따라서 numpy, scipy, sklearn 등 많은 패키지에서는 정규 방정식 대신 SVD를 통해 해를 구한다.

Do it! 예제 2.1 정규 방정식 풀이의 수치적 불안정성

본 예제에서는 특이 행렬이 아닌 정칙 행렬non-singular matrix에서의 피처 조합과 특이 행렬singular matrix에 가까운 피처 조합에서 각각 정규 방정식을 사용한 해와 SVD를 사용한 해를 구한 후 이를 비교한다. 먼저 필요한 패키지를 불러오고 데이터셋을 정의한다. 랜덤성을 제어하고자 np.random.seed() 함수를 적용한 후 랜덤한 피처 행렬 X를 생성한다.

```
import numpy as np

np.random.seed(1234)
X = np.random.randn(1000, 10)
Y = np.linspace(0, 1, len(X))
```

피처 사이에 종속성이 없으므로 조건수는 작은 값을 가진다. 앞서 설명한 바와 같이 X.T @ X의 조건수는 X의 조건수 제곱과 같은 값을 가진다.

```
print(f'X의 조건수: {np.linalg.cond(X)}')
print(f'X.T @ X의 조건수: {np.linalg.cond(X.T @ X)}')
print(f'X 조건수 제곱과 X.T @ X 조건수의 비율: {np.linalg.cond(X)**2 / np.linalg.cond(X.T
@ X)}')
```

실행 결과

```
X의 조건수: 1.188426765463328
X.T @ X의 조건수: 1.4123581768696272
X 조건수 제곱과 X.T @ X 조건수의 비율: 1.0000000000000007
```

이제 정규 방정식과 SVD를 이용한 해를 각각 구하고 비교한다. 정규 방정식 풀이는 앞서 구현한 코드를 사용하고 SVD-OLS 해는 `np.linalg.lstsq()` 함수로 구하도록 한다. 각각의 경우의 해를 출력하고 `np.allclose()` 함수로 그 해를 비교한다. `np.allclose()` 함수는 작은 허용 오차[tolerance] 내에서 두 배열이 같은지를 비교한다.

```
w_normal = (np.linalg.inv(X.T @ X)) @ X.T @ Y
w_svd, _, _, _ = np.linalg.lstsq(X, Y, rcond=None)

print(f'정규 방정식 풀이의 파라미터:\n{w_normal}\n')
print(f'SVD-OLS 풀이의 파라미터:\n{w_svd}\n')
print(f'두 해가 허용 오차 범위에서 같은지를 판별한 결과: {np.allclose(w_normal, w_svd)}')
```

실행 결과

```
정규 방정식 풀이의 파라미터:
[-0.00359211 -0.02161286  0.03721239  0.01295562  0.02589346  0.03504966
  0.00965059 -0.00626938 -0.01841618 -0.02176516]

SVD-OLS 풀이의 파라미터:
[-0.00359211 -0.02161286  0.03721239  0.01295562  0.02589346  0.03504966
  0.00965059 -0.00626938 -0.01841618 -0.02176516]

두 해가 허용 오차 범위에서 같은지를 판별한 결과: True
```

각각의 풀이가 같은 해를 산출한다는 것을 확인할 수 있다. 이번에는 두 번째 피처의 값을 첫 번째 피처에 아주 작은 크기의 노이즈를 더한 것으로 정의해 두 피처 간의 종속성이 매우 커지도록 설정한다. 그리고 조건수와 그 비를 산출한다.

```
np.random.seed(1234)
X[:, 0] = X[:, 1] + 1e-10 * np.random.randn(len(X))

print(f'X의 조건수: {np.linalg.cond(X)}')
print(f'X.T @ X의 조건수: {np.linalg.cond(X.T @ X)}')
print(f'X 조건수 제곱과 X.T @ X 조건수의 비율:{np.linalg.cond(X)**2 / np.linalg.cond(X.T @
X): .3f}')
```

실행 결과

```
X의 조건수: 20373015086.902653
X.T @ X의 조건수: 1.4571859064484804e+16
X 조건수 제곱과 X.T @ X 조건수의 비율: 28483.651
```

X의 조건수도 무척 크나 X.T @ X의 조건수는 X와 비교해서도 매우 크다는 것을 확인할 수 있다. 이미 $(\mathrm{cond}(X))^2$과 $\mathrm{cond}(X^TX)$의 차이가 크게 발생한다는 것을 확인할 수 있는데, 이는 수치적 불안정성 때문으로 해석할 수 있다. 이제 정규 방정식 해와 SVD 해를 산출하고 이를 비교한다.

```
w_normal = (np.linalg.inv(X.T @ X)) @ X.T @ Y
w_svd, _, _, _ = np.linalg.lstsq(X, Y, rcond=None)

print(f'정규 방정식 풀이의 파라미터:\n{w_normal}\n')
print(f'SVD-OLS 풀이의 파라미터:\n{w_svd}\n')
print(f'두 해가 허용 오차 범위에서 같은지를 판별한 결과: {np.allclose(w_normal, w_svd)}')
```

실행 결과

```
정규 방정식 풀이의 파라미터:
[ 5.59584067e+02 -5.59585071e+02  3.72809995e-02  1.29691645e-02
  2.56539793e-02  3.49624581e-02  9.65405635e-03 -6.30072498e-03
 -1.83916678e-02 -2.17846554e-02]

SVD-OLS 풀이의 파라미터:
[-6.81391319e+06  6.81391316e+06  3.72919036e-02  1.29792825e-02
  2.56644051e-02  3.50019927e-02  9.65402529e-03 -6.34375743e-03
 -1.84209465e-02 -2.17374936e-02]

두 해가 허용 오차 범위에서 같은지를 판별한 결과: False
```

해의 차이가 매우 크며 앞의 두 피처의 계수가 매우 큰 차이를 보이지만 다른 계수 또한 일부 차이가 발생함이 확인된다. 이번 예제에서 확인할 수 있듯이 피처 행렬이 특이 행렬에 가까울수록 정규 방정식 풀이와 SVD 풀이의 해는 차이가 크며, 이 해의 차이는 정규 방정식 해의 불안정성에서 더 크게 기인한다.

2.3.3 SVD-OLS을 이용한 풀이 구현하기

이번 항에서는 SVD를 통해 OLS의 해를 풀이하는 방법을 구현한다. 필요한 패키지를 불러오고 앞항의 정규 방정식을 이용한 풀이와 마찬가지로 데이터셋을 정의한다.

```
import numpy as np
from sklearn.datasets import load_diabetes
from sklearn.model_selection import train_test_split

X, y = load_diabetes(return_X_y=True, as_frame=False)
X_train, X_test, y_train, y_test = train_test_split(X,
                                                    y,
                                                    test_size=0.33,
                                                    random_state=1234)
y_train = y_train.reshape(-1, 1)
y_test = y_test.reshape(-1, 1)

n_train, n_test = X_train.shape[0], X_test.shape[0]

X_train = np.append(np.ones((n_train, 1)), X_train, axis=1)
X_test = np.append(np.ones((n_test, 1)), X_test, axis=1)
```

이제 피처 행렬 X에 SVD를 적용하여 U, Σ, V^T를 산출한다. 다음 numpy.linalg.svd() 함수의 반환값 중 첫 번째인 u가 U에 해당하고, 두 번째인 s가 Σ의 대각 성분으로 구성된 numpy 배열에 해당하며, 세 번째인 vh가 V^T에 해당한다. 구한 값을 SVD-OLS 방정식에 대입하면 파라미터 w를 구할 수 있다.

```
u, s, vh = np.linalg.svd(X_train, full_matrices=False)

w = vh.T @ np.linalg.inv(np.diag(s)) @ u.T @ y_train
y_pred_train = X_train @ w
print(f'학습 데이터셋 MAE:{np.abs(y_pred_train - y_train).mean(): .3f}')

y_pred = X_test @ w
print(f'테스트 데이터셋 MAE:{np.abs(y_pred - y_test).mean(): .3f}')
```

실행 결과

```
학습 데이터셋 MAE: 43.549
테스트 데이터셋 MAE: 42.618
```

2.4 TSVD-OLS을 이용한 모델 구현하기

2.4.1 TSVD-OLS을 이용한 풀이 이론

피처 행렬이 매우 불안정하다면 정규 방정식 풀이뿐만 아니라 SVD를 이용한 풀이에서도 해의 불안정성이 커진다. 이를 해결하고자 파라미터의 크기를 규제regularization하는 다양한 방법이 제시되고 있다. TSVD(truncated SVD)-OLS 기법은 이러한 해결책의 하나로, 작은 특잇값을 제거하여 피처 행렬을 안정적인 형태로 근사하고 해를 풀이하는 방법이다(Hansen, 1987). TSVD는 Σ의 모든 특잇값 대신 k개($0<k<p$)의 가장 큰 특잇값만 선택한 후 나머지 부분을 제거하고 제거한 부분에 대응하는 U의 열과 V^T의 행을 버려 X를 근사한다.

$$\underset{n\times p}{X} \approx \underset{n\times p}{X_t} = \underset{n\times k}{U_t}\;\underset{k\times k}{\Sigma_t}\;\underset{k\times p}{V_t^{\mathrm{T}}}$$

TSVD-OLS의 해는 X_t에 SVD를 적용하면 얻을 수 있다.

$$\underset{p\times 1}{\hat{w}} = \underset{p\times k}{V_t}\;\underset{k\times k}{\Sigma_{\mathrm{t}}^{-1}}\;\underset{k\times n}{U_{\mathrm{t}}^{\mathrm{T}}}\;\underset{n\times 1}{y}$$

SVD-OLS 해가 다음으로 표현된다는 것을 기억하자.

$$\hat{w} = \sum_{i=1}^{p} \frac{u_i^{\mathrm{T}} y}{\sigma_i} v_i$$

TSVD-OLS의 해는 SVD-OLS의 해에서 가장 큰 크기 순으로 k개의 특잇값만을 남긴 형태로 표현할 수 있다.

$$\hat{w} = \sum_{i=1}^{k} \frac{u_i^{\mathrm{T}} y}{\sigma_i} v_i$$

이렇게 얻은 해는 기존의 해와 다르게 학습 데이터의 최적해가 아닌 편향^bias^된 해이지만, 매우 불안정한 피처 행렬에도 강건한^robust^ 성질을 지닌다.

k의 선택 기준은 여러 가지로 정할 수 있으나, 가장 간단한 방법의 하나는 다음의 X_t의 조건수가 일정 임계값^threshold^ 밑으로 내려가게 하는 것이다. 앞서 설명한 바와 같이 조건수는 다음과 같이 정의한다.

$$\text{cond}(X_t) = \frac{\sigma_{\max}}{\sigma_{\min}}$$

일부 특잇값을 제거하여 $\sigma_{\min}$의 값을 일정 수준 이상으로 올리면 위 식에 따라 조건수를 임계값 아래로 떨어뜨릴 수 있다.

▶ 매우 불안정한 피처 행렬이 아니라면 정규 방정식, SVD-OLS, TSVD-OLS의 해는 모두 비슷하다는 것에 유의해야 한다.

TSVD-OLS 풀이는 SVD-OLS에서 일부 특잇값을 제거하는 형태이므로 시간 복잡도는 정규 방정식 풀이 또는 SVD-OLS 풀이와 같다고 볼 수 있다.

2.4.2 TSVD-OLS을 이용한 풀이 구현하기

이번 항에서는 TSVD를 이용해 OLS 모델의 해를 구하는 TSVD-OLS 방법의 코드를 직접 구현한다. 필요한 패키지와 데이터를 불러오는 과정과 피처 행렬 X의 SVD 과정은 앞의 SVD-OLS 구현에서의 방법과 마찬가지이다. 그 후 Σ의 대각 성분 s를 출력한다.

```
import numpy as np
from sklearn.datasets import load_diabetes
import matplotlib.pyplot as plt
%matplotlib inline

X, y = load_diabetes(return_X_y=True, as_frame=False)
X_train, X_test, y_train, y_test = train_test_split(X,
                                                    y,
                                                    test_size=0.33,
                                                    random_state=1234)
y_train = y_train.reshape(-1, 1)
y_test = y_test.reshape(-1, 1)

n_train, n_test = X_train.shape[0], X_test.shape[0]
```

```
X_train = np.append(np.ones((n_train, 1)), X_train, axis=1)
X_test = np.append(np.ones((n_test, 1)), X_test, axis=1)

u, s, vh = np.linalg.svd(X_train, full_matrices=False)
print('Sigma 값:', s)
```

실행 결과

```
Sigma 값: [17.20470826  1.63118993  0.9658949   0.85050337  0.81673431  0.66217439
0.62557419  0.5856106   0.569322    0.22995993  0.07211034]
```

Σ의 대각 성분 $\sigma_{i,i}$는 왼쪽 위에서 오른쪽 아래로 내려갈수록 감소하며, 작은 값일수록 해의 불안정성에 끼치는 영향이 크다. TSVD에서는 이를 줄이고자 적절한 임계값을 선택하여 그 이하의 $\sigma_{i,i}$값에 해당하는 행과 열을 삭제한다. Σ에서 삭제한 행과 열에 대응하는 부분을 U와 V^T에서도 마찬가지로 삭제한다.

이 예제에서는 0.5 정도의 임계값을 고려하여 Σ의 마지막 두 원소에 해당하는 부분을 삭제하였다. 삭제 후 근사한 U_t, Σ_t, V_t^T를 이용해 TSVD-OLS 해 $\hat{w}_{TSVD}$를 구할 수 있고, 이 해로 얻은 학습 데이터셋과 테스트 데이터셋을 기준으로 각각의 평균 절대 오차(MAE)를 계산할 수 있다.

```
num_trunc = 2

vh = vh[:-num_trunc, :]
s = s[:-num_trunc]
u = u[:, :-num_trunc]

w = vh.T @ np.linalg.inv(np.diag(s)) @ u.T @ y_train
y_pred_train = X_train @ w
print(f'학습 데이터셋 MAE:{np.abs(y_pred_train - y_train).mean(): .3f}')

y_pred = X_test @ w
print(f'테스트 데이터셋 MAE:{np.abs(y_pred - y_test).mean(): .3f}')
```

실행 결과

```
학습 데이터셋 MAE: 43.659
테스트 데이터셋 MAE: 42.808
```

2개의 특잇값을 제거했을 때는 SVD-OLS와 해가 별로 차이 나지 않는다는 것을 알 수 있다. 안정적인 데이터셋일 때 많은 수의 특잇값을 제거하는 것은 정보 보존 측면과 편향 발생 측면에서 좋지 않다. 다음 코드는 제거하는 특잇값의 수에 따른 학습 데이터셋과 테스트 데이터셋에서의 MAE를 나타낸다. 루프에서 가장 먼저 등장하는 num_trunc = 0이 SVD-OLS일 때와 같다.

```
train_maes = []
test_maes = []

num_truncs = range(X_train.shape[1])

for num_trunc in num_truncs:
    u, s, vh = np.linalg.svd(X_train, full_matrices=False)

    if num_trunc != 0:
        vh = vh[:-num_trunc, :]
        s = s[:-num_trunc]
        u = u[:, :-num_trunc]

    w = vh.T @ np.linalg.inv(np.diag(s)) @ u.T @ y_train
    y_pred_train = X_train @ w

    train_maes.append(np.abs(y_pred_train - y_train).mean())

    y_pred = X_test @ w

    test_maes.append(np.abs(y_pred - y_test).mean())

plt.plot(num_truncs, train_maes, label='Train Set MAE')
plt.plot(num_truncs, test_maes, label='TEST Set MAE')
plt.legend()
```

실행 결과

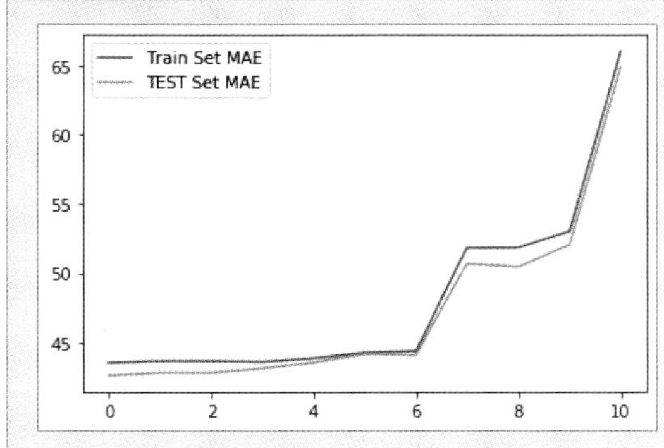

제거하는 특잇값의 수가 6보다 커짐에 따라 학습 데이터셋과 테스트 데이터셋에서의 MAE가 모두 급격히 상승하는 것을 확인할 수 있다. 이와 같이 정보를 보존하는 측면에서 불안정성에 영향을 끼치는 일부 $\sigma_{i,i}$만 삭제하는 것이 바람직하다.

한편, 이번 항에서는 TSVD를 직접 구현하였지만 TSVD는 `sklearn`에 `TruncatedSVD` 클래스[1]로 별도로 구현되어 있어 이를 활용할 수도 있다.

Do it! 예제 2.2 불안정한 행렬에서의 SVD-OLS 해의 불안정성과 TSVD-OLS 해의 안정성

이번 예제에서는 불안정한ill-conditioned 피처 행렬이 주어진 상황에서 SVD-OLS 해와 TSVD-OLS 해를 각각 구하고 그 결과에 대한 안정성을 테스트 데이터셋으로의 일반화 가능성generalizability 측면에서 비교하도록 한다. 우선 필요 패키지를 불러오고 데이터셋을 정의한다. 불안정한 피처 행렬을 상정하고자 `X`의 샘플 개수는 매우 적게, 변동 폭은 크게 정의한다. 학습 데이터셋과 테스트 데이터셋의 크기를 5개와 6개로 설정했다.

```
import numpy as np
import pandas as pd
import matplotlib.pyplot as plt
%matplotlib inline

X = pd.DataFrame({})
F = [10**-i for i in range(11)]
for i in range(6):
    X['F' + str(i)] = [j**i for j in F]

w = np.ones(6)
y = X @ w

X = X.sample(frac=1, random_state=1234)
split = 5

X_train, y_train = X.iloc[:split, :], y.iloc[:split]
X_test, y_test = X.iloc[split:, :], y.iloc[split:]
X
```

1 https://scikit-learn.org/stable/modules/generated/sklearn.decomposition.TruncatedSVD.html

실행 결과

	F0	F1	F2	F3	F4	F5
8	1.0	1.000000e-08	1.000000e-16	1.000000e-24	1.000000e-32	1.000000e-40
2	1.0	1.000000e-02	1.000000e-04	1.000000e-06	1.000000e-08	1.000000e-10
9	1.0	1.000000e-09	1.000000e-18	1.000000e-27	1.000000e-36	1.000000e-45
10	1.0	1.000000e-10	1.000000e-20	1.000000e-30	1.000000e-40	1.000000e-50
1	1.0	1.000000e-01	1.000000e-02	1.000000e-03	1.000000e-04	1.000000e-05
0	1.0	1.000000e+00	1.000000e+00	1.000000e+00	1.000000e+00	1.000000e+00
7	1.0	1.000000e-07	1.000000e-14	1.000000e-21	1.000000e-28	1.000000e-35
4	1.0	1.000000e-04	1.000000e-08	1.000000e-12	1.000000e-16	1.000000e-20
5	1.0	1.000000e-05	1.000000e-10	1.000000e-15	1.000000e-20	1.000000e-25
6	1.0	1.000000e-06	1.000000e-12	1.000000e-18	1.000000e-24	1.000000e-30
3	1.0	1.000000e-03	1.000000e-06	1.000000e-09	1.000000e-12	1.000000e-15

우선 이렇게 구성된 학습 데이터에 SVD-OLS를 적용하여 해 $\hat{w}_{\mathrm{SVD}}$를 구한다. 또한, 이 해를 대입하여 학습 데이터셋에서의 MAE와 테스트 데이터셋에서의 MAE를 각각 산출하도록 한다.

```
u, s, vh = np.linalg.svd(X_train, full_matrices=False)

w_svd = vh.T @ np.linalg.inv(np.diag(s)) @ u.T @ y_train
print(f'SVD-OLS 풀이의 파라미터: \n{w_svd}\n')

y_pred_train = X_train @ w_svd
print(f'학습 데이터셋 MAE:{np.abs(y_pred_train - y_train).mean(): .3f}')

y_pred = X_test @ w_svd
print(f'테스트 데이터셋 MAE:{np.abs(y_pred - y_test).mean(): .3f}')
```

실행 결과

```
SVD-OLS 풀이의 파라미터:
[ 9.08739014e-01 -1.44062686e+08  6.53189502e+16 -7.17393845e+18
  6.40930419e+19  1.11444763e+19]

학습 데이터셋 MAE: 1.223
테스트 데이터셋 MAE: 2196362.437
```

SVD-OLS 해 $\hat{w}_{SVD}$의 크기가 매우 크게 결정된 것을 확인할 수 있다. 또한, 학습 데이터에서의 $MAE^{in\text{-}sample\ MAE}$에 비해 테스트 데이터셋에서의 $MAE^{out\text{-}sample\ MAE}$가 매우 큰 값이라는 것을 확인할 수 있다. 이는 학습 데이터셋에서의 피처의 불안정성이 커서 해의 일반화 가능성이 크게 낮아진다는 것을 나타낸다.

이제 TSVD-OLS에서의 해를 구하도록 한다. 우선 학습 데이터셋의 피처 행렬 `X_train`에 SVD를 적용하고 Σ가 어떻게 결정되는지를 확인한다.

```
u, s, vh = np.linalg.svd(X_train, full_matrices=False)

print(f'SVD의 Sigma 값:\n{s}')
```

실행 결과

```
SVD의 Sigma 값:
[2.23661449e+00 8.80680977e-02 7.96217717e-04 7.74208231e-12
 5.02364160e-21]
```

위의 TSVD 구현 부분에서의 Σ의 형태와 달리 본 예제에서의 Σ는 대각 성분이 급격히 감소한다는 것을 확인할 수 있다. 0에 한없이 가까운 $\sigma_{i,i}$의 값들은 이 피처 행렬이 얼마나 불안정한지를 나타낸다. 첫 원소를 제외한 나머지 $\sigma_{i,i}$는 모두 매우 작은 값을 지니고 있지만 이번 예제에서는 1e-10보다 작은 두 개의 $\sigma_{i,i}$에 해당하는 정보를 제거하도록 한다.

```
num_trunc = 2

u, s, vh = np.linalg.svd(X_train, full_matrices=False)

vh, s, u = vh[:-num_trunc, :], s[:-num_trunc], u[:, :-num_trunc]

w_tsvd = vh.T @ np.linalg.inv(np.diag(s)) @ u.T @ y_train
print(f'TSVD-OLS 풀이의 파라미터:\n{w_tsvd}\n')

y_pred_train = X_train @ w_tsvd
print(f'학습 데이터셋 MAE:{np.abs(y_pred_train - y_train).mean(): .3f}')

y_pred = X_test @ w_tsvd
print(f'테스트 데이터셋 MAE:{np.abs(y_pred - y_test).mean(): .3f}')
```

실행 결과

```
TSVD-OLS 풀이의 파라미터:
[   2.67036682 -171.22435533 1528.21782961  168.27519134   16.98205322
    1.69975066]

학습 데이터셋 MAE: 0.106
테스트 데이터셋 MAE: 1.670
```

여전히 해 $\hat{w}_{\text{TSVD}}$가 크고 학습 데이터셋과 테스트 데이터셋에서의 MAE가 큰 차이가 있지만, 앞의 SVD-OLS와 비교하면 상당히 안정적인 해를 얻었다는 것을 확인할 수 있다.

마지막으로 절삭[truncation]한 특잇값의 수에 따라 학습 데이터셋 MAE, 테스트 데이터셋 MAE 그리고 해 w의 크기가 어떻게 바뀌는지를 알아보고자 그래프를 그려 본다. 적절한 시각화를 위해 세로축을 로그 스케일로 나타내었다. 다음 코드에서 루프의 첫 번째 값에 해당하는 num_trunc = 0은 절삭의 수가 없으므로 원본 SVD-OLS와 동일한 해를 산출한다.

```
num_truncs = range(X_train.shape[1])
mae_train, mae_test, ws = [], [], []
for num_trunc in num_truncs:
    u, s, vh = np.linalg.svd(X_train, full_matrices=False)
    if num_trunc != 0:
        vh = vh[:-num_trunc, :]
        s = s[:-num_trunc]
        u = u[:, :-num_trunc]

    w = vh.T @ np.linalg.inv(np.diag(s)) @ u.T @ y_train

    y_pred_train = X_train @ w
    mae_train.append(np.abs(y_pred_train - y_train).mean())

    y_pred = X_test @ w
    mae_test.append(np.abs(y_pred - y_test).mean())

    ws.append(np.linalg.norm(w))

plt.yscale('log')
plt.plot(num_truncs, mae_train, label='Train Set MAE')
```

```
plt.plot(num_truncs, mae_test, label='TEST Set MAE')
plt.plot(num_truncs, ws, label='Norm of w')
plt.legend()
```

실행 결과

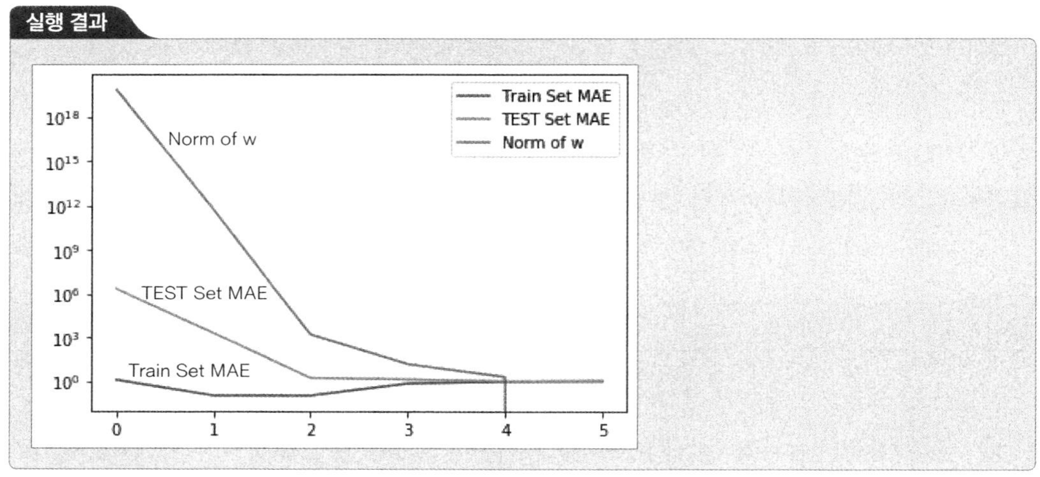

절삭의 크기가 커짐에 따라 w의 크기와 테스트 데이터셋에서의 MAE가 크게 감소하는 것을 확인할 수 있다. 하지만 4 이상의 절삭 이후로는 w의 크기가 0으로 감쇄되므로 모델로서의 의미는 없어졌다고 볼 수 있다. 따라서 이번 예제에서는 2 전후로 절삭하는 것이 바람직하다.

2.5 패키지로 표현하기

sklearn.linear_model.LinearRegression 클래스[1]는 선형 회귀 모델인 OLS 모델을 SVD를 이용해 추정한다. 이 클래스는 SVD로 OLS를 푸는 scipy.linalg.lstsq() 함수를 이용하여 구현하였다. LinearRegression 클래스의 주요 하이퍼파라미터는 다음과 같다.

하이퍼파라미터	주요값	기본값	의미
fit_intercept	bool	True	절편 포함 여부 결정
positive	bool	False	True라면 비음수 최소 제곱법(non-negative least squares, NNLS)을 수행

하이퍼파라미터 positive는 NNLS 적용 여부를 결정한다. NNLS는 모든 계수가 0 이상이라는 조건에서 유용하다. 예를 들어, 상품의 가격이나 빈도와 같은 값을 추정해야 하는 상황 등 계수가 물리적 값이나 자연적인 값을 가져야 할 때가 있다. NNLS는 이럴 때 수행할 수 있으며, 다음 식을 푼다.

$$\min_{w \geq 0} \|y - Xw\|_2^2$$

NNLS은 scipy.optimize.nnls() 함수로 구현된다. NNLS의 구체적인 이론이나 구현은 이 책의 범위를 벗어나므로 이를 학습하고 싶은 독자는 Lawson & Hanson(1995)를 살펴보기 바란다.

Do it! 예제 2.3 LinearRegression 클래스 사용하기

이번 예제에서는 LinearRegression 클래스로 당뇨병 데이터셋을 학습, 평가하고 앞의 정규 방정식과 SVD-OLS를 이용한 구현 결과와 비교하고자 한다.

1 https://scikit-learn.org/stable/modules/generated/sklearn.linear_model.LinearRegression.html

우선 필요한 패키지와 사용할 데이터셋을 불러온다.

```
import numpy as np
from sklearn.datasets import load_diabetes
from sklearn.model_selection import train_test_split
from sklearn.linear_model import LinearRegression

X, y = load_diabetes(return_X_y=True)
X_train, X_test, y_train, y_test = train_test_split(X,
                                                    y,
                                                    test_size=0.33,
                                                    random_state=1234)
```

이제 reg 객체를 정의해 모델을 학습하고 이를 평가한다. reg는 절편 포함이 기본 설정이므로 reg를 생성할 때 추가 하이퍼파라미터를 선택하지 않아도 된다는 것에 유의한다.

```
reg = LinearRegression()
reg = reg.fit(X_train, y_train)
y_pred_train = reg.predict(X_train)

print(f'학습 데이터셋 MAE:{np.abs(y_pred_train - y_train).mean(): .3f}')

y_pred = reg.predict(X_test)
print(f'테스트 데이터셋 MAE:{np.abs(y_pred - y_test).mean(): .3f}')
```

실행 결과

```
학습 데이터셋 MAE: 43.549
테스트 데이터셋 MAE: 42.618
```

이는 앞의 정규 방정식 풀이 결과 및 SVD-OLS 결과와 소수점 셋째 자리까지 동일한 결과이다. 소수점 표현을 없애고 비교했을 때에도 패키지의 계산 결과와 정규 방정식 및 SVD-OLS 계산 결과는 소수점 열 번째 자리 이상까지 동일한 것을 확인할 수 있다. OLS 기법은 모델 구성과 알고리즘 형태가 매우 간단하여 일반적으로 직접 구현한 결과와 패키지 구현의 차이가 거의 발생하지 않는다. 하지만 3장부터 서술할 다양한 기법에서는 모델이나 알고리즘이 복잡할수록, 또는 데이터 형태에 따라 직접 구현한 결과와 패키지로 구한 결과가 일부 또는 많이 다를 수 있다.

2.6 최소 제곱법 모델 보충 수업

2.6.1 통계 모델로서의 OLS

통계학 관점에서 OLS 모델을 다음과 같이 정의해 보자.

$$y = w_0 + w_1 x_1 + \ldots + w_p x_p + \varepsilon$$

이때 오차항 ε의 정규성normality, 등분산성homoscedasticity, 자기상관autocorrelation의 부재, 그리고 $E[\varepsilon|X]=0$ 등의 조건을 만족할 때 파라미터의 신뢰 구간confidence interval과 유의 확률p-value 등을 계산할 수 있다. 이는 `statsmodels` 패키지[1]로 수행할 수 있다.

선형 모델에서의 가설 검정은 사회과학에서는 핵심 영역 중 하나이나 이 책에서는 통계학 내용을 다루는 것을 최대한 지양하기에 이 내용은 다루지 않는다.

2.6.2 결정 계수

OLS에서는 결정 계수coefficient of determination라고도 불리는 R^2을 예측력의 성과 지표로 사용하기도 한다. i번째 목푯값 y_i의 예측값을 $\hat{y}_i$이라 하고 y_i의 평균을 $\overline{y}$라 할 때 R^2은 다음과 같이 정의한다.

$$R^2 = 1 - \frac{\text{잔차 제곱합}}{\text{편차 제곱합}} = 1 - \frac{\sum_{i=1}^{n}(y_i - \hat{y}_i)^2}{\sum_{i=1}^{n}(y_i - \overline{y})^2}$$

1 https://www.statsmodels.org/stable/index.html

R^2의 특징은 다음과 같다.

- R^2은 항상 1 이하이고 적합 후 학습 데이터에 대한 R^2값은 0 이상이다. 단, 적합 후 테스트 데이터로 R^2을 구할 때에는 음수가 나올 수도 있다.
- 모든 피처를 버리고 상수만 추정에 사용하는 상수 모델constant model을 학습 데이터에 적용할 때 모든 i에 대하여 $\hat{y}_i = \overline{y}$ 라고 추정하므로 R^2은 0이 된다.

2.6.3 화이트 박스 모델과 블랙 박스 모델

해석력interpretability이란 학습한 모델의 예측 결과를 사람이 얼마나 쉽게 해석할 수 있는지를 나타낸다. 따라서 내부 구조와 판단 논리logic를 이해하기 쉬울수록 해석력이 높은 모델이다. 해석력은 모델의 예측력과는 별개의 개념으로, 예측력이 아무리 낮아도 모델이 각각의 예측값을 산출한 이유에 대해서 쉽게 파악할 수 있다면 그 모델은 해석력이 높다. 모델의 해석력이 높다면 개발자는 데이터로부터 의미 있는 정보를 학습했음을 사후에 확인할 수 있고, 사용자는 모델로 내린 결정을 믿고 확신할 수 있기 때문에 활용성이 높다.

이 장에서 살펴본 OLS 모델은 해석력이 가장 높은 모델 중의 하나이다. 그 이유를 살펴보기 위해 다음과 같이 학습된 모델을 가정하자.

$$\hat{y} = 2x_1 - 5x_2$$

테스트 샘플로 x_1=3, x_2=1을 입력하면 $\hat{y} = 1$을 얻는다. 즉, y의 예측값이 1인 이유를 단순 연산으로 즉시 이해할 수 있다. 게다가 모델은 x_1이 커질수록 y도 커지며 x_2가 커질수록 y는 작아진다고 판정하고 변화율은 피처마다 동일하며 각각의 피처는 상호작용을 하지 않기 때문에 x_1과 x_2가 변할 때 y가 변하는 메커니즘도 정확히 이해할 수 있다. 따라서 학습된 OLS 모델의 구조와 작동 방식을 쉽게 이해할 수 있다. 이렇게 해석력이 높은 모델을 화이트 박스 모델white box model이라 한다. 대표적인 화이트 박스 모델에는 선형 모델, 결정 트리 모델, K-최근접 이웃(K-nearest neighbors, KNN) 등이 있다.

▶ 화이트 박스 모델이라는 이름은 블랙 박스 모델에 대비되어 제안되었다.

이와 달리 높은 예측력을 추구하는 복잡한 모델에서는 파라미터 규모가 해석이 불가능한 수준일 때가 흔하다. 예를 들어, OpenAI 사에서 만든 언어 모델 GPT-3는 파라미터가 무려 1,750억 개이다. GPT-3 모델에게 질문을 해서 특정한 답이 나왔을 경우 내부 함수를 열어보며 어떻게 그 답이 나왔는지 로직을 도출하는 것은 매우 어려울 것이다.

이와 같이 해석력이 낮은 모델을 블랙 박스 모델black box model이라 한다. 값을 넣을 때마다 원하는 값이 나오지만 어떻게 그 값을 얻었는지는 가늠하기 어렵다는 뜻에서 블랙 박스 모델이라 부른다. 결과를 검토하기 어려우므로 예측력이 아무리 좋아도 해석력이 낮은 모델에는 예측의 리스크가 있다. 신중하고 보수적인 예측이 필요한 실무에서는 높은 성능의 블랙 박스 모델을 포기하고 오히려 다소 낮은 성능의 화이트 박스 모델을 선택하는 경우도 있다.

이러한 블랙 박스 모델의 한계를 보완하고자 다양한 시도가 있으며, 그중 XAI는 학습된 블랙 박스 모델을 사후에 해석하려는 메커니즘을 탐구하는 분야이다. XAI는 8장에서 다시 살펴볼 것이다.

2장에서 살펴본 내용

이 장에서는 좁은 의미의 선형 모델인 OLS 모델의 정의, 특징과 파라미터 추정법을 살펴보았다. OLS 모델은 목푯값이 피처의 선형 결합으로 모델링할 수 있다는 다소 나이브naïve한 가정으로 구성되지만, 여러 가지 장점이 있다. 무엇보다도 결과를 해석하는 가장 대표적인 화이트 박스 모델에 속하므로 학습한 피처 계수를 통해 각각의 피처가 목표 변수에 어떠한 영향을 끼치는지를 파악할 수 있고 구현도 간단하다.

또한 OLS 모델은 이론적 배경이 탄탄하다는 점이 강점이다. 특히, 통계 모델 관점에서의 OLS는 오랜 세월 동안 많은 연구가 이루어져 여러 상황에 대한 이론이 견고하게 형성되어 있다. 특정 가정을 만족한다면 모델의 유효성validity이나 계수의 유의성significance을 통계적으로 검정할 수 있다는 장점이 있다. 이에 따라 OLS는 오랜 역사 속에서도 다양하게 사용되어 왔다.

하지만 OLS 모델은 단점 또한 있다. 우선 선형 모델이라는 한계점으로 말미암아 비선형 문제nonlinear problem를 해결할 수 없고, 따라서 성능 측면에서 명확한 한계가 있다. 여기서 비선형 문제라 함은 목푯값이 피처의 선형 결합 함수로 나타낼 수 없다는 것으로, 분류 모델로 비유하였을 경우 XOR 문제XOR problem와 같이 공간을 초평면hyperplane으로 절단하여 해를 구할 방법이 없다는 뜻이다. 또한 OLS 모델은 다중공선성에 취약하며 다중공선성이 심하면 해의 불안정성이 커지므로 상관관계가 높은 피처를 제외하는 과정이 필요하다.

▶ XOR 문제는 $f(0, 0)=f(1, 1)=0$, $f(0, 1)=f(1, 0)=1$을 만족하는 f를 찾는 문제이다.

이 장에서는 OLS 모델의 파라미터 추정법으로 정규 방정식, SVD-OLS, TSVD-OLS 등 세 가지 방법을 학습하였다. 정규 방정식 해는 수치적 불안정성이 있으므로 많은 상용 라이브러리는 실제로 SVD-OLS로 구현하였고, 데이터 피처 행렬이 매우 불안정하다면 SVD-OLS 해 또한 샘플의 자그마한 노이즈에도 해가 크게 바뀌어 이를 해결하고자 TSVD-OLS 기법으로 근사해를 구할 수 있음을 보였다.

한편, TSVD-OLS를 적용해 해의 불안정성을 줄이는 기법 외에도 비용 함수에 페널티 항을 더하는 규제 모델을 사용할 수 있다. OLS의 비용 함수에 L1 규제항, L2 규제항, L1 규제항과 L2 규제항의 선형 결합을 추가하면 각각 라쏘[LASSO], 릿지 회귀[ridge regression], 엘라스틱 넷 회귀[elastic net regression] 모델을 얻을 수 있다. 각 모델은 4장과 5장에서 다루도록 한다. 우선 다음 장에서는 이론적으로 가장 간단한 분류 모델의 하나인 로지스틱 회귀 모델을 학습하도록 한다.

2장 되새김 문제

1. LinearRegression 클래스 적용하기

이번 문제에서는 당뇨병 데이터셋을 통해 1년 후 당뇨병 진행 정도를 예측하는 모델을 개발하고자 한다. 학습 데이터셋을 기준으로 예측 모델을 만들고 테스트 데이터셋으로 이를 테스트한다. 사용할 패키지와 데이터셋은 다음과 같다.

```
import numpy as np
from sklearn.datasets import load_diabetes
from sklearn.model_selection import train_test_split
from sklearn.linear_model import LinearRegression

X, y = load_diabetes(return_X_y=True, as_frame=True)
X_train, X_test, y_train, y_test = train_test_split(X,
                                                    y,
                                                    test_size=0.33,
                                                    random_state=1234)
```

학습 데이터셋으로 선형 회귀 모델을 학습하고 테스트 데이터셋에 학습한 모델을 적용해 평균 제곱근 오차(root mean square error, RMSE)를 구하라. 선형 회귀 모델은 `LinearRegression` 클래스를 사용하고 모든 하이퍼파라미터는 기본값으로 한다.

2. 계수가 양인 OLS 모델

데이터 분석가 철수는 당뇨병 위험 지수를 만들고 이를 공개해 시민에게 당뇨병에 대한 경각심을 일깨우고자 한다. 이를 위해 당뇨병 발발에 영향을 끼치는 요인을 추린 후 이들의 가중합으로 지수를 구성하고자 한다. 적절한 가중치에 대해 구상하던 중 영향 요인과 당뇨병 진행 정도를 모두 제공하는 공개된 당뇨병 데이터셋이 있다는 사실을 발견했다.

이에 따라 선형 회귀로 당뇨병 진행 정도에 해당하는 `target` 변수를 요인 `bmi`, `bp`, `s1`, …, `s6`으로 회귀 분석한 다음, 얻은 계수를 추후 가중치로 변환하여 활용하고자 한다. 단, 음수 가중치를 사용하지 않으므로 모든 계수의 값이 0 이상이 되도록 조건을 강제하고자 한다. 다음 데이터셋을 사용한다.

```
from sklearn.datasets import load_diabetes
from sklearn.linear_model import LinearRegression

X, y = load_diabetes(return_X_y=True, as_frame=True)
X = X[['bmi', 'bp', 's1', 's2', 's3', 's4', 's5', 's6']]
```

`LinearRegression` 클래스를 이용해 모든 계수가 0 이상이 되도록 하는 조건에서 OLS 모델을 학습하고 각 계수를 구하라.

3장

로지스틱 회귀 모델

일반적으로 머신러닝 분류 모델을 다룰 때 가장 먼저 언급하는 모델은 로지스틱 회귀logistic regression 모델일 것이다. 로지스틱 회귀 모델은 그 자체로도 좋은 분류 모델로서 큰 가치가 있으며 딥러닝 모델을 포함한 다양한 고급 기법에서도 관련 개념을 계속 사용한다. 이에 따라 가장 먼저 학습할 분류 모델로 로지스틱 회귀 모델을 소개한다.

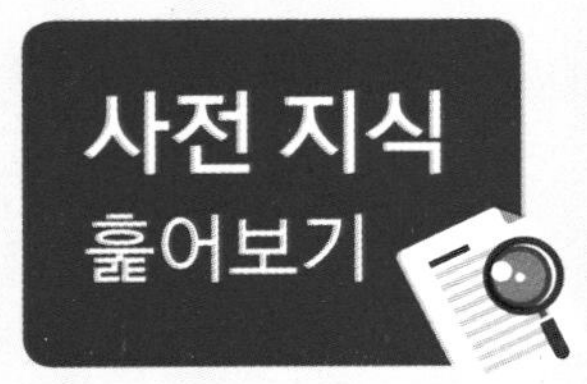

여기서는 로지스틱 회귀 모델의 학습과 구현을 이해하고자 경사 하강법gradient descent과 컨벡스 함수convex function 개념부터 살펴본다.

최대하강법

주어진 비용 함수의 지역 최솟값local minimum이나 전역 최솟값global minimum을 구하는 것은 수학적 최적화mathematical optimization 과정 중 하나이다. 경사 하강법은 이 과정을 수행하는 방법의 하나이며, 넓은 의미에서 경사 하강법은 경사 혹은 그레이디언트gradient의 역방향으로 입력값을 차례대로 이동하며 최소의 목푯값을 달성하는 모든 방법을 의미한다. 경사 하강법에는 최대하강법steepest descent, 뉴턴법Newton's method, BFGS 등 다양한 알고리즘이 있다. 다음은 경사 하강법의 예를 나타낸 그림이다.

그림 3.1 경사 하강법의 예시

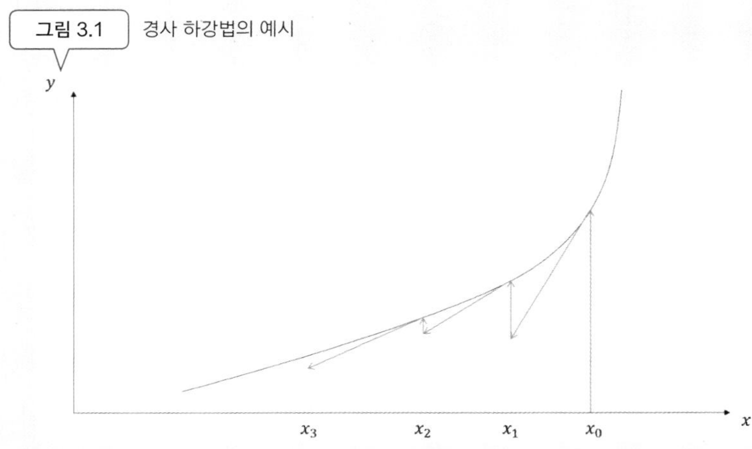

여기서는 가장 간단한 형태의 경사 하강법인 최대하강법을 살펴본다. 최대하강법은 이터레이션마다 해당 점의 그레이디언트를 구하고 그 역방향으로 그레이디언트의 상수 배만큼 좌표를 이동하며 지역 최솟값을 찾는 최적화 알고리즘이다.

최대하강법 절차

(1) 사전 정의된 스텝 사이즈step size Δ가 주어지고 초기 시작점 x_0에서 시작한다.

(2) 최대 이터레이션에 도달하거나 허용 오차 내에서 $f(x_{t+1}) \fallingdotseq f(x_t)$가 되는 등 정지 조건에 도달할 때까지 $x_{t+1}=x_t-\Delta f'(x_t)$를 반복 계산하고 업데이트한다.

Δ는 계산 결과를 반영하는 정도를 나타내므로 머신러닝 분야에서는 학습률[learning rate]이라고도 한다. 최대[steepest]의 의미는 2차원 공간에 최대하강법을 적용하고 이를 그래프에서 확인할 경우 더욱 분명하게 확인할 수 있다.

최대하강법 구현하기

함수 $f(x)=x^2$을 예로 들어 최대하강법을 구현한다. 이번 예에서는 함수를 미분하여 $f'(x)=2x$가 0이 되는 지점인 $x=0$이 해라는 것을 즉시 알 수 있다. 하지만 주어진 각각의 x에 대하여 $f'(x)$ 값은 계산할 수 있지만 함수 형태가 매우 복잡하여 최솟값을 직접 유도할 수 없는 복잡한 경우에 이 알고리즘을 적용한다는 것을 염두에 두고 구현을 진행한다. 우선 필요한 패키지를 불러온다.

▶ 앞을 볼 수 없는 어두운 동굴을 내려가는 사람의 입장에서는 왼쪽이 내리막인지 오른쪽이 내리막인지 아니면 둘 다 똑같은 평평한 곳인지만 판단할 수 있을 것이다. 최대하강법을 포함한 모든 종류의 경사 하강법에서도 바로 근처의 기울기만 확인할 수 있다.

```
import numpy as np
import matplotlib.pyplot as plt
%matplotlib inline
```

다음으로, 초기점[initial point]인 x0, 스텝 사이즈 Delta, 허용 오차 Tolerance 값을 정의한다. 허용 오차 Tolerance는 정지 조건에 필요한 값으로, 이터레이션[iteration] 중 파라미터 업데이트의 크기가 Tolerance보다 작다면 학습을 중지한다. 이번 예에서는 $f(x)=x^2$의 구조를 통해 0에 가까워질수록 해에 가까워진다는 것을 알지만, 일반적으로는 최적화할 함수가 매우 복잡한 형태이므로 이터레이션을 진행하여도 최솟값에 도달하는지는 알 수 없다. 다만 이터레이션을 반복해도 점의 이동이 크지 않다면 이 근방이 최솟값일 것으로 판단하고 멈추는 것이다.

여기서는 x0를 2, Delta를 0.4, Tolerance를 0.005로 정의한다.

```
x0, Delta, Tolerance = 2, 0.4, 0.005
```

다음으로, 그레이디언트를 계산하여 값을 반환하는 함수를 정의한다. 여기서는 굳이 함수화하여 사용하지 않고 직접 미분한 $f'(x)=2x$ 형태를 바로 업데이트 식에 대입해도 되지만, 마찬가지로 함수 형태가 복잡한 상황을 가정한다. 사실 이러한 그레이디언트의 함수식 정의는 딥러닝과 같이 체인 룰chain rule이 수많은 횟수로 중첩되어 적용되었을 때 매우 유용하다.

```
def grad(x):
    return 2 * x
```

이제 이터레이션별 상황을 추적하고 이터레이션을 수행하는 코드를 구현한다. 학습 히스토리를 저장하고자 리스트 xs를 정의하고 이터레이션별 x값을 저장한다.

```
xs = []
x_prev = x0

for cnt in range(0, 100):
    cnt += 1
    xs.append(x_prev)
    x_curr = x_prev - 2 * Delta * grad(x_prev)
    diff = np.abs(x_curr - x_prev)
    if diff <= Tolerance:
        break
    x_prev = x_curr

print("이터레이션 횟수:", cnt)
print("x_curr의 값:", x_curr)
```

실행 결과

```
이터레이션 횟수: 14
x_curr의 값: 0.0015672832819200039
```

출력 결과를 보면 이 알고리즘은 14번의 이터레이션 후 근사하여 약 0.001567이라는 답을 찾아내었다는 것을 확인할 수 있다. 이 답은 실제 해 0에 아주 가깝다.

마지막으로, 다음 코드로 누적한 히스토리history를 확인해 본다. 결과 그래프는 이터레이션 횟수에 따른 점의 이동을 나타낸다.

```
plt.plot([i for i in range(cnt)], [0] * cnt, 'k', label='Optimum Parameter ')
plt.plot([i for i in range(cnt)], xs, 'r', label='Steepest Decsent')
plt.legend()
```

실행 결과

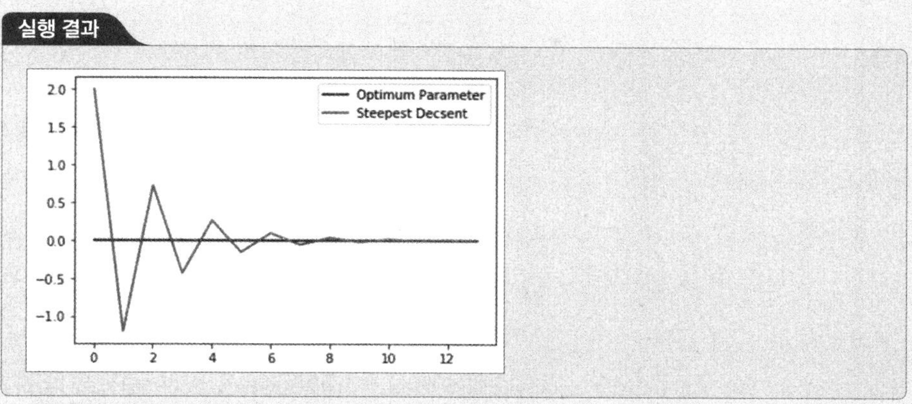

추정한 값이 해 위아래로 변하며 0에 가까워지는 것을 확인할 수 있다. Δ를 작게 설정하면 단방향으로 0으로 수렴하는 결과를 얻을 수도 있다. Δ를 직접 설정해야 한다는 점에서 부담과 여러 번의 시행착오가 있을 수 있지만, 경사 하강법의 가장 기본적인 형태라고 볼 수 있다.

Δ값 선택은 매우 중요하다. Δ를 너무 작게 잡으면 이터레이션마다 변동폭이 너무 적어 수렴convergence 속도가 느려질 수 있다. 이와 달리 Δ를 너무 크게 설정하면 앞의 예시와 같이 진동oscillation이 발생할 수 있고, 따라서 마찬가지로 수렴 속도가 느려질 수 있다.

이와 같은 Δ 선택 문제에도 최대하강법은 많이 사용하는 기법의 하나이다. 왜냐하면 최대하강법은 구조가 매우 간단하고 1계 도함수만 알면 충분히 구현할 수 있기 때문이다. 또한 많은 실제 사례에서 Δ를 매우 작은 값으로 설정하는 것만으로도 문제가 해결되는 것을 볼 수 있다.

앞서 살펴본 최대하강법은 경사 하강법의 하나이다. 다양한 형태의 경사 하강법이 있는데, 많은 알고리즘은 최대하강법의 변형된 형태라고 볼 수 있다. 뉴턴법은 최대하강법에서의 Δ를 상수가 아니라 2계 도함수second derivative의 역수인 $\frac{1}{f''(x)}$ 로 택하는 기법이다. 이는 좋은 Δ값을 이터레이션마다 사용자에게 지정해주기 위한 것으로 생각할 수 있다.

컨벡스 함수

함수 f가 컨벡스 함수convex function라면 지역 최솟값local minimum이 전역 최솟값global minimum이 되는 매우 좋은 성질이 있다. 이때 전역 최솟값을 찾는 과정을 컨벡스 최적화convex optimization라 하며, 유일한 해가 도출된다. 머신러닝의 경우 비용 함수를 최소화하는 과정을 거치게 되는데, 이때 비용 함수가 컨벡스 함수인지가 중요하다. 이에 관련된 논의를 위해 컨벡스 함수의 정의부터 시작하도록 한다.

함수 $f : \mathbb{R}^n \to \mathbb{R}$이 모든 $x, y \in \mathbb{R}^n$과 $\lambda \in [0, 1]$에 대하여 다음을 만족하면 f를 컨벡스 함수라 한다.

$$f(\lambda x + (1-\lambda)y) \le \lambda f(x) + (1-\lambda) f(y)$$

그래프에서 보면 컨벡스 함수에서는 그래프 위 임의의 두 점 $(x, f(x)), (y, f(y))$를 선택하고 그 두 점을 선분으로 이을 경우 그 선분이 그 사이의 구간에서 항상 $f(x)$보다 크거나 같다. 예를 들어 다음의 [그림 3.2]에서 왼쪽은 컨벡스 함수, 오른쪽은 컨벡스가 아닌 함수를 나타낸다. 미분 가능성의 가정이 필요하지 않음에 유의하여야 한다.

그림 3.2 컨벡스 함수(왼쪽)와 컨벡스가 아닌 함수(오른쪽)

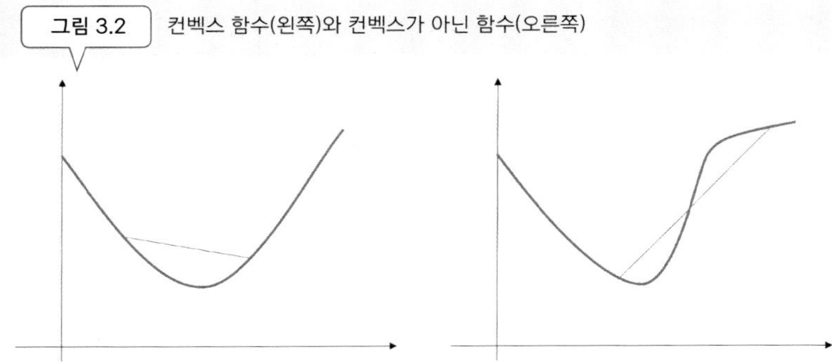

컨벡스 함수의 성질은 다음과 같다.

컨벡스 함수의 성질

(1) $f:\mathbb{R}^n \to \mathbb{R}$과 $g:\mathbb{R}^n \to \mathbb{R}$이 모두 컨벡스 함수일 때 $f+g$도 컨벡스 함수이다. 이를 확인하고자 임의의 $x, y \in \mathbb{R}^n$과 $\lambda \in [0, 1]$를 고려하자. 그러면 항상 다음이 성립한다.

$$(f+g)(\lambda x+(1-\lambda)y) = f(\lambda x+(1-\lambda)y)+g(\lambda x+(1-\lambda)y)$$
$$\leq \lambda f(x)+(1-\lambda)f(y)+\lambda g(x)+(1-\lambda)g(y) = \lambda(f+g)(x)+(1-\lambda)(f+g)(x)$$

따라서 $f+g$는 컨벡스 함수이다.

(2) 함수 $f:\mathbb{R}^n \to \mathbb{R}$이 미분 가능한 컨벡스 함수라 가정하자. 이때 임의의 $x, y \in \mathbb{R}^n$에 대하여 다음 부등식이 성립하며 이의 역 또한 성립한다.

$$f(y) \geq f(x)+\nabla f(x)^{\mathrm{T}}(y-x)$$

증명은 이 책의 범위를 넘으므로 생략한다.

(3) $f:\mathbb{R}^n \to \mathbb{R}$가 컨벡스 함수이며 미분 가능하다고 가정하자. 이때 $\nabla f(x^*)=0$이면 $f(x^*)$는 f의 전역 최솟값이다. 이를 보이기 위해 $\nabla f(x^*)=0$이라 하고 임의의 $y \in \mathbb{R}^n$을 가정하자. 그러면 (2)를 통해 다음을 얻을 수 있다.

$$f(y) \geq f(x^*)+\nabla f(x^*)^{\mathrm{T}}(y-x^*) = f(x^*)$$

따라서 $f(x^*)$는 f의 전역 최솟값이다.

(4) 두 번 이상 미분가능하며 두 번 미분 후에도 연속인 함수 $f:\mathbb{R}^n \to \mathbb{R}$가 있고 헤시안 Hessian $\nabla^2 f(x)$가 모든 $x \in \mathbb{R}^n$에 대하여 양의 준정부호 행렬positive semi-definite matrix이면 f는 컨벡스 함수이다. 이를 보이기 위해 임의의 $x, y \in \mathbb{R}^n$을 가정하자. 이때 테일러 정리Taylor's theorem에 의하여 다음을 만족하는 $t \in [0, 1]$이 존재한다.

$$f(y) = f(x)+\nabla f(x)^{\mathrm{T}}(y-x)+\frac{1}{2}(y-x)^{\mathrm{T}}\nabla^2 f(x+t(y-x))(y-x)$$

$\nabla^2 f(x)$가 모든 점에서 양의 준정부호 행렬이므로 우변의 이차항은 항상 0 이상의 값을 가진다. 따라서 다음 부등식을 얻는다.

$$f(y) \geq f(x)+\nabla f(x)^{\mathrm{T}}(y-x)$$

따라서 (2)에 의하여 f는 컨벡스 함수이다.

컨벡스 함수와 컨케이브 함수

한편, 함수 $g:\mathbb{R}^n \to \mathbb{R}$이 모든 $x, y \in \mathbb{R}^n$과 $\lambda \in [0, 1]$에 대하여 다음을 만족하면 g를 컨케이브 함수concave function라 한다.

$$g(\lambda x+(1-\lambda)y) \geq \lambda g(x)+(1-\lambda)g(y)$$

g가 컨케이브 함수인 것과 $-g$가 컨벡스 함수인 것은 동치이다. 한편, 선형 함수는 컨벡스 함수인 동시에 컨케이브 함수이다.

3.1 로지스틱 회귀 모델이란?

로지스틱 회귀logistic regression는 분류 문제classification task를 해결하는 가장 기본적인 머신러닝 모델의 하나이다. 이 모델은 로지스틱 회귀라는 이름에도 불구하고 회귀가 아닌 분류에 사용한다. 문헌에 따라 로짓 회귀logit regression, MaxEnt 분류maximum-entropy classification, 로그-선형 분류기log-linear classifier 등으로 부르기도 한다. 로지스틱 회귀에서는 목표 클래스의 발생 확률을 로지스틱 함수logistic function로 모델링한다.

3.2 로지스틱 회귀 모델 구현하기

3.2.1 로지스틱 회귀 모델의 기본 이론

로지스틱 회귀 모델은 주어진 이진 목푯값 y의 클래스 레이블 값이 1이 나올 확률 $p(y)$와 피처 벡터 x 사이의 관계를 모델링하는 기법이다. 로지스틱 회귀 모델에서는 다음의 생성 과정 generative process을 거쳐 데이터가 형성되었다고 가정한다.

각각의 샘플 i $(1 \leq i \leq n)$에 대하여 목푯값 y_i가 다음과 같이 독립으로 생성된다.

로지스틱 회귀 모델 생성 과정

(1) 피처 벡터 x_i가 외부에서 결정exogenously determined된다.

(2) y_i는 x_i와 w에 조건부로 정해지며 y_i가 1이 될 확률이 $p(y_i|x_i, w)$로, 0이 될 확률이 $1\text{-}p(y_i|x_i, w)$로 주어지는 베르누이 분포Bernoulli distribution를 따른다. 여기서 w는 추정하고자 하는 값이지만, 상수로 이미 주어져 있다고 가정한다.

(3) $p(y_i|x_i, w)$에 따라 y_i가 결정된다.

▶ 베르누이 분포는 가장 간단한 형태의 분포 중 하나로, 특정한 사건의 발생 여부를 0과 1으로 모델링하는 것이다. 특정한 일이 발생한 경우를 1, 발생하지 않은 경우를 0으로 정의한다. 예를 들면 비가 오는지의 여부를 베르누이 분포로 모델링할 경우 비가 오는 사건을 1, 비가 오지 않는 경우를 0에 대응시킨다.

과정 (2)에서는 x_i와 $p(y_i|x_i, w)$의 관계를 다음과 같이 모델링한다. 우선 절편intercept을 모델에 포함하고자 $x_{i,0}=1$로 정의하고 피처 행렬 X에 포함된다고 가정한다.

▶ OLS 모델에서 절편을 포함하는 것과 마찬가지로 로지스틱 회귀 모델에서도 일반적으로 절편을 포함한다.

$$\log \frac{p(y_i \mid x_i, w)}{1 - p(y_i \mid x_i, w)} = w_0 + w_1 x_{i,1} + \cdots + w_p x_{i,p} = \sum_{j=0}^{p} w_j x_{i,j}$$

이 식은 우변의 선형 결합 $\sum_{i=0}^{p} w_j x_{i,j}$이 커질수록 좌변에서의 $p(y_i|x_i, w)$ 또한 커지나 $p(y_i|x_i, w)$ 값이 0과 1 사이로 제한되도록 모델링하는 것이다.

이제 논의 전개의 편의상 피처 벡터 x_i를 행벡터row vector로, 추정 파라미터 벡터 w를 열벡터column vector로 표현하고 앞의 식 우변을 다음의 행렬곱 형태로 표현한다.

$$\log \frac{p(y_i \mid x_i, w)}{1 - p(y_i \mid x_i, w)} = x_i w$$

이 식을 $p(y_i|x_i, w)$에 대해 풀면 다음의 두 식을 얻을 수 있다.

$$p(y_i \mid x_i, w) = \frac{1}{1 + e^{-x_i w}} = \frac{e^{x_i w}}{1 + e^{x_i w}} \qquad 1 - p(y_i \mid x_i, w) = \frac{1}{1 + e^{x_i w}}$$

앞서 유도한 식은 뒤에서 다시 사용할 것이다. $p(y_i|x_i, w)$에 대한 함수식은 시그모이드 함수 $\sigma(x) = \frac{1}{1 + e^{-x}}$ 를 이용하여 다음처럼 간단하게 표현할 수 있다.

$$p(y_i \mid x_i, w) = \sigma(x_i w)$$

마지막으로 과정 (3)에서는 과정 (2)에서 정의한 확률에 따라 y_i를 결정한다.

이와 같은 가정을 통해 데이터가 생성되었다고 가정할 때 모델 학습 단계에서는 실제 데이터에서의 y_i값과 모델이 예측하는 $p(y_i|x_i, w)$값을 비교하여 손실 함수loss function를 정의할 수 있다.

▶ 손실 함수는 샘플 하나에 대한 모델의 오차의 크기를 나타내는 함수로, 손실 함수를 전체 샘플에 대해 누계aggregate할 때 비용 함수cost function가 얻어지는 것으로 생각할 수 있다.

$$J(w) = -(1 - y_i)\log(1 - p(y_i \mid x_i, w)) - y_i \log p(y_i \mid x_i, w)$$

이 정의는 y_i가 1일 때 $p(y_i|x_i, w)$가 1에 가까울수록 작은 손실이 부과되고 0일 때 $p(y_i|x_i, w)$가 0에 가까울수록 작은 손실이 부과되도록 표현한 것이다.

따라서 로지스틱 회귀 모델에서의 비용 함수는 다음과 같이 정의할 수 있다.

$$\begin{aligned} J(w) = \sum_{i=1}^{n} J_i(w) &= \sum_{i=1}^{n} \left(-(1 - y_i)\log(1 - p(y_i \mid x_i, w)) - y_i \log p(y_i \mid x_i, w) \right) \\ &= -\sum_{i=1}^{n} \left(y_i \log \frac{p(y_i \mid x_i, w)}{1 - p(y_i \mid x_i, w)} + \log(1 - p(y_i \mid x_i, w)) \right) \end{aligned}$$

이 비용 함수에 앞서 구한 $p(y_i|x_i, w)$와 $1-p(y_i|x_i, w)$에 대한 표현을 대입하여 정리하면 다음을 얻을 수 있다. 여기서 y_i는 레이블에 해당하는 스칼라 값, x_i와 w는 각각 행벡터와 열벡터이다.

$$J(w) = \sum_{i=1}^{n} \left(\log(1 + e^{x_i w}) - y_i x_i w \right)$$

모든 i에 대하여 $\log(1 + e^{x_i w})$와 $-y_i x_i w$ 모두가 컨벡스 함수이므로, 이들의 선형 결합인 비용 함수 $J(w)$ 또한 컨벡스 함수이다. 따라서 경사 하강법으로 찾은 해는 $J(w)$를 전역적으로 최소화한다.

단변수 로지스틱 회귀 모델 최적화하기

가장 간단한 예로 피처가 한 개뿐인 단변수 로지스틱 회귀 모델을 생각해 보자. 피처 x_i가 앞과 다르게 벡터값이 아닌 스칼라값으로 주어졌다고 가정하자. 이때 단변수 로지스틱 회귀 모델의 방정식은 다음과 같이 표현한다.

$$\log \frac{p(y_i \mid x_i, w)}{1 - p(y_i \mid x_i, w)} = w_0 + w_1 x_i$$

이에 대응하는 비용 함수는 다음과 같다.

$$J(w) = \sum_{i=1}^{n} \left(\log(1 + e^{w_0 + w_1 x_i}) - y_i (w_0 + w_1 x_i) \right)$$

이 비용 함수의 최적화는 w_0과 w_1에 대한 비용 함수의 편미분 값을 구한 후 경사 하강법을 적용해 얻을 수 있다. 편미분 값은 다음과 같이 계산한다.

$$\frac{\partial J(w)}{\partial w_0} = \sum_{i=1}^{n} \left(\frac{e^{w_0 + w_1 x_i}}{1 + e^{w_0 + w_1 x_i}} - y_i \right), \qquad \frac{\partial J(w)}{\partial w_1} = \sum_{i=1}^{n} x_i \left(\frac{e^{w_0 + w_1 x_i}}{1 + e^{w_0 + w_1 x_i}} - y_i \right)$$

이는 모델 방정식 $p(y_i \mid x_i, w) = \dfrac{e^{w_0 + w_1 x_i}}{1 + e^{w_0 + w_1 x_i}}$ 를 이용하여 다음과 같은 비교적 간단한 형태로 표현할 수 있다.

$$\frac{\partial J(w)}{\partial w_0} = \sum_{i=1}^{n} \left(p(y_i \mid x_i, w) - y_i \right), \qquad \frac{\partial J(w)}{\partial w_1} = \sum_{i=1}^{n} x_i \left(p(y_i \mid x_i, w) - y_i \right)$$

이제 w에 경사 하강법을 적용하면 최적해 $\hat{w}$을 구할 수 있다. $\hat{w}$은 현재 w를 기준으로 p를 구하고, 구한 p를 다시 대입하여 w를 업데이트하는 방법을 수렴할 때까지 계속하면 얻을 수 있다.

뉴턴법을 이용하여 다중 로지스틱 회귀 모델 최적화하기

이번에는 다중 로지스틱 회귀 모델의 해를 뉴턴법으로 계산한다. 이를 위해 행렬 형태의 수식을 전개한다. 우선 피처 행렬 X를 다음과 같이 정의한다.

$$X = \begin{pmatrix} 1 & \cdots & x_{1,p} \\ \vdots & \ddots & \vdots \\ 1 & \cdots & x_{n,p} \end{pmatrix}$$

뉴턴법의 이터레이션에서는 다음과 같이 2계 도함수인 헤시안Hessian을 학습률learning rate로 지정한다.

$$w^{(t+1)} = w^{(t)} - \left[\left(\frac{\partial^2 J(w)}{\partial w \partial w^T} \right) \frac{\partial J(w)}{\partial w} \right]_{w=w^{(t)}}$$

표기법의 편의상 벡터 p를 $p=[p_1, p_2, \ldots, p_n]$으로 정의하며 $p_i=p(y_i|x_i, w)$라 한다. 이제 비용 함수의 1계 도함수 부분은 행렬 형태로 표현하면 다음과 같다.

$$\frac{\partial J(w)}{\partial w} = \sum_{i=1}^{n} x_i (p(y_i \mid x_i, w) - y_i) = X^{\mathrm{T}} (p - y)$$

다음으로, 2계 도함수 부분을 계산하고자 W를 다음과 같은 대각 행렬diagonal matrix로 정의한다.

$$W = \text{diag}\left[p_i(1-p_i)\right]_{i=1}^{n} = \begin{pmatrix} p_1(1-p_1) & 0 & \cdots & 0 \\ 0 & p_2(1-p_2) & \cdots & 0 \\ \vdots & \vdots & \ddots & \vdots \\ 0 & 0 & \cdots & p_n(1-p_n) \end{pmatrix}$$

그러면 비용 함수의 헤시안 H는 다음처럼 표현할 수 있다.

$$H = \frac{\partial^2 J(w)}{\partial w \partial w^{\mathrm{T}}} = \sum_{i=1}^{n} x_i^{\mathrm{T}} x_i p_i (1-p_i) = X^{\mathrm{T}} W X$$

따라서 뉴턴법을 이용한 비용 함수의 업데이트 공식은 다음과 같다.

$$w^{(t+1)} = w^{(t)} - \left[\left(\frac{\partial^2 J(w)}{\partial w \partial w^{\mathrm{T}}}\right)\frac{\partial J(w)}{\partial w}\right]_{w=w^{(t)}} = w^{(t)} - (X^{\mathrm{T}} W X)^{-1} X^{\mathrm{T}} (p-y)$$

단, 뉴턴법을 이용한 이터레이션은 그 폭이 너무 커 발산할 수 있으므로 실질적인 추정을 위해 학습률을 감쇄하는 하이퍼파라미터 v $(0<v<1)$를 도입하는 다음의 수정 뉴턴법을 많이 사용한다. 데이터 형태에 따라 적절한 v값은 달라질 수 있지만 도메인 지식이 없다면 0.1 전후의 값을 선택하는 것이 좋다.

수정 뉴턴법을 이용한 로지스틱 회귀 모델의 해 도출

초깃값

(1) 파라미터 $w^{(0)}$을 랜덤하게 초기화하고 v $(0<v<1)$를 적절한 값으로 정의한다.

(2) $w^{(0)}$을 이용하여 각각의 i에 대하여 $p_i^{(0)} = \dfrac{e^{x_i w^{(0)}}}{1+e^{x_i w^{(0)}}}$ 를 계산한 후 $W^{(0)} = \text{diag}\left[p_i^{(0)}(1-p_i^{(0)})\right]_{i=1}^{n}$를 계산한다.

알고리즘

정지 조건에 도달할 때까지 다음의 식에 따라 파라미터를 업데이트한다. $w^{(t)}$를 이용하여 $p^{(t)}$를 계산 후 다시 $p^{(t)}$를 이용하여 $W^{(t)}$를 계산한 다음, 계산한 값을 우변에 대입하여 $w^{(t+1)}$을 계산한다.

$$w^{(t+1)} = w^{(t)} - v(X^{\mathrm{T}} W^{(t)} X)^{-1} X^{\mathrm{T}} (p^{(t)} - y)$$

시간 복잡도

로지스틱 회귀 모델의 학습은 최적화 방법을 나타내는 `solver`에 따라 크게 달라진다. 앞서 학습한 뉴턴법은 이터레이션의 수 i에 따라 소요 시간이 비례하며 i가 클수록 수렴값의 정밀성precision이 높아진다. 뉴턴법을 이용한 수렴 시간 복잡도는 헤시안 계산 때문에 다른 `solver`에 비해 높다.

▶ 여기서 정밀성은 오차의 자릿수를 뜻하는 용어로 사용했다.

3.2.2 로지스틱 회귀 모델의 심화 이론

규제

최적화 문제 측면에서 로지스틱 회귀는 L1 또는 L2 규제regularization가 포함된 비용 함수를 구성할 수 있다. 이때 규제 강도의 역수 하이퍼파라미터 C를 도입하여 C에 큰 값을 설정할수록 규제의 효과가 약해지게 한다. L1 규제의 비용 함수는 다음과 같이 정의한다.

$$J_{\text{L1}}(w) = \|w\|_1 + C\left(\sum_{i=1}^{n} \log(1 + e^{x_i w}) - y_i x_i w\right)$$

L2 규제의 비용 함수는 다음과 같이 정의한다.

$$J_{\text{L2}}(w) = \frac{1}{2} w^{\text{T}} w + C\left(\sum_{i=1}^{n} \log(1 + e^{x_i w}) - y_i x_i w\right)$$

마지막으로 엘라스틱 넷elastic net 규제는 L1과 L2 규제를 조합한 것으로 정의하며 다음과 같이 비용 함수를 구성한다.

$$J_{\text{Elastic Net}}(w) = \rho\|w\|_1 + \frac{1-\rho}{2} w^{\text{T}} w + C\left(\sum_{i=1}^{n} \log(1 + e^{x_i w}) - y_i x_i w\right)$$

여기서 ρ는 L1 규제와 L2 규제의 효과를 조절하는 상수이다. 엘라스틱 넷의 비용 함수는 ρ가 1일 때 L1 규제, 0일 때 L2 규제와 같다. 로지스틱 회귀 모델의 비용 함수는 컨벡스 함수이고 규제항 $\|w\|_1$과 $\frac{1}{2} w^{\text{T}} w$ 또한 컨벡스 함수이므로 이들의 합 또한 컨벡스 함수이다. 따라서 규제항을 포함해도 로지스틱 회귀 모델의 비용 함수는 전역 최솟값global minimum을 찾기 위해 경사하강법을 적용할 수 있다.

규제항을 포함한 비용 함수의 최적화는 4장과 5장에서 더 자세히 학습한다. 특히 L1 규제에서는 $\|w\|_1$의 미분 불가능성 때문에 L2 규제와 상당히 다른 양상을 띠는데, 이는 4장에서 학습한다.

다중 클래스 분류

다중 클래스 분류multiclass classification는 3개 이상의 클래스를 분류하는 문제를 말한다. 이 절에서는 다중 클래스 분류 방법 세 가지를 소개한다. K개의 클래스 레이블 $C=\{C_1, C_2, \ldots, C_K\}$를 분류하는 다중 클래스 분류라고 가정한다.

우선 OVRone-vs-rest 방법은 각각의 $i=1, 2, \ldots, K$에 대하여 입력 샘플이 레이블 C_i에 포함될지 아닐지(즉, 나머지 중의 하나일지)에 대한 확률만을 계산하는 이진 분류 모델 M_i를 학습한다. 그 후 $\{M_i | 1 \le i \le K\}$의 결과를 종합하여 최종 클래스를 판정한다. 결과의 종합 방법은 각각의 판정 확률 중 가장 높은 방법을 택하는 방식 등을 사용할 수 있다. OVOone-vs-one 방법은 OVR과 비슷하지만 $\binom{n}{2} = \frac{n(n-1)}{2}$ 개의 클래스 쌍에 대한 이진 분류 모형을 각각 학습한 후 이에 대한 결과를 종합한다.

마지막으로 모델에 따라 고유한 확장법이 있을 수 있다. 즉, 일부 머신러닝 모델에서는 모델의 원리를 이용해 자연스럽게 이진 클래스 분류를 다중 클래스 분류로 확장할 수 있다. 예를 들어 로지스틱 회귀 모델이나 MLP 기법 등은 이진 클래스 분류일 때 시그모이드 함수sigmoid function로 클래스 분류 확률을 생성하지만, 다중 클래스 분류에서는 이를 확장한 소프트맥스 함수softmax function를 사용하여 여러 가지 클래스 분류 확률을 구할 수 있다.

소프트맥스 함수란?

K개 클래스 분류 모델에서 사용되는 소프트맥스 함수는 K개의 실숫값을 K개의 확률값으로 단조 변환하고자 사용한다.

$$\text{softmax}(z)_i = \frac{\exp(z_i)}{\sum_{i=1}^{K} \exp(z_i)}$$

소프트맥스 함수는 K개의 클래스 분류를 위해 시그모이드 함수 정의를 확장한 것이며, 11장에서 자세히 살펴보도록 한다.

OVR과 OVO는 이진 분류에서의 모델링을 여러 번 수행하고 종합하여 이를 다중 분류 모델로 확장하는 방법이므로 정보의 종합 방법만 잘 정의한다면 어느 머신러닝 기법에도 적용할 수 있다. 예를 들어, 이진 분류 결과에 대하여 확률이 맵핑되었다면 쉽게 적용할 수 있다.

마지막으로, OVR이나 OVO와 달리 특정 모델에서만 적용할 수 있는 고유 확장법이 있을 수도 있다. 예를 들어, 클래스 수가 3개 이상일 때 시그모이드 함수 대신 소프트맥스 함수를 적용해 이항 로지스틱 회귀binary logistic regression를 확장한 다중 클래스 로지스틱 회귀 모델을 적용할 수 있으며, 이를 다항 로지스틱 회귀multinomial logistic regression 모델이라 부른다.

소득 구간과 학점 등 다중 클래스로 구성되었지만 각 클래스 레이블에 순서를 정의할 수 있다면 이 정보를 분석에 활용하는 순서형 로지스틱 회귀ordered logistic regression 모델 또한 사용할 수 있으나 순서형 로지스틱 회귀 모델은 이 책의 범위를 벗어난다.

3.2.3 로지스틱 회귀 모델 구현하기

여기서는 비용 함수에 뉴턴법을 적용하는 간단한 형태를 이용하여 이항 로지스틱 회귀 모델을 구현한다. 먼저 데이터셋은 sklearn에서 제공하는 분류 데이터셋 중 데이터 규모가 비교적 큰 유방암 데이터셋을 사용한다. 간단한 상황을 가정하고자 맨 앞의 세 피처만 사용하여 모델링을 수행한다.

```
import numpy as np
from sklearn.datasets import load_breast_cancer
from sklearn.model_selection import train_test_split

X, y = load_breast_cancer(return_X_y=True, as_frame = False)
X_train, X_test, y_train, y_test = train_test_split(X,
                                                    y,
                                                    test_size=0.33,
                                                    random_state=1234)

X_train, X_test = X_train[:, :3], X_test[:, :3]
y_train, y_test = y_train.reshape(-1, 1), y_test.reshape(-1, 1)
```

수렴이 보장된다면 스케일링 여부는 모델 성능에 영향을 끼치지 않지만, 여기에서는 최적화 알고리즘이 단순화된 만큼 수렴의 안정성을 위해 스케일링을 수행하는 것이 필요하다. 학습 데이터셋의 각 피처가 평균 0과 분산 1이 되도록 표준 스케일링standard scaling을 수행한다. 그리고 같은 평균과 표준편차를 똑같이 테스트 데이터셋에도 적용한다. 아울러 학습 데이터셋과 테스트 데이터셋에 각각 절편을 추가한다.

```
train_mean, train_std = X_train.mean(axis=0), X_train.std(axis=0)

X_train, X_test = (X_train - train_mean) / train_std, (X_test -
                                                 train_mean) / train_std

n, n_test = X_train.shape[0], X_test.shape[0]
X_train = np.append(np.ones((n, 1)), X_train, axis=1)
X_test = np.append(np.ones((n_test, 1)), X_test, axis=1)
```

다음으로, 최대 이터레이션 횟수와 조기 종료 조건을 설정한다. 이번에는 최대 10,000번을 반복하고, 파라미터 업데이트 크기가 유클리드 거리Euclidean distance 기준으로 0.0001 이하가 되면 이터레이션을 종료하는 것으로 한다.

```
max_iter = 10000
Tolerance = 0.0001
```

마지막으로 파라미터를 초기화한다. 정규분포에서의 무작위 추출 등 다양한 방법이 있지만 여기서는 편의상 모든 계수가 1인 상태를 초깃값으로 한다.

```
beta_old = np.ones((4, 1))
```

이제 이터레이션을 수행한다. 구현은 앞서 W 행렬과 p 벡터를 정의한 후 이를 식에 대입하는 비교적 간단한 과정으로 이루어진다. numpy 배열의 행렬곱matrix multiplication에는 @을 사용한다.

```
for cnt in range(1, max_iter):
    W = np.zeros((n, n))
    p = np.zeros((n, 1))

    for i in range(n):
        xb = np.exp((X_train[i].reshape(1, -1) @ beta_old)[0][0])
        pi = xb / (1 + xb)
```

```
        W[i][i] = pi * (1 - pi)
        p[i] = pi

    left = np.linalg.inv(X_train.T @ W @ X_train)
    right = X_train.T @ (y_train - p)

    update = 0.0001 * (left @ right)
    beta_new = beta_old + update

    if (np.linalg.norm(update) < Tolerance): break
    if cnt % 1000 == 0:
        print(f'이터레이션: {cnt}, 업데이트 크기:{np.linalg.norm(update)}')
    beta_old = beta_new

print(f'이터레이션: {cnt}, 업데이트 크기: {np.linalg.norm(update)}')
print('\n학습한 파라미터:\n', beta_new)
```

실행 결과

```
이터레이션: 1000, 업데이트 크기: 0.001476582098969821
이터레이션: 2000, 업데이트 크기: 0.000828819494701221
이터레이션: 3000, 업데이트 크기: 0.0005888637557052267
이터레이션: 4000, 업데이트 크기: 0.0005016460961680756
이터레이션: 5000, 업데이트 크기: 0.0004805887201861744
이터레이션: 6000, 업데이트 크기:0.0004921690754541083
이터레이션: 7000, 업데이트 크기:0.0005216582869965073
이터레이션: 8000, 업데이트 크기:0.0005614510237058704
이터레이션: 9000, 업데이트 크기:0.0006068663712746636
이터레이션: 9999, 업데이트 크기:0.0006545214496912951

학습한 파라미터:
 [[ 4.96797147e-01]
 [ 5.07895925e+00]
 [ 2.20184378e-03]
 [-5.65908436e+00]]
```

최대 이터레이션 10,000에 도달하면 이터레이션은 종료하고 업데이트 크기가 5,000번째 이터레이션을 기점으로 다시 증가하는 것에 유의하여야 한다. 이 구현에서는 파라미터 업데이트 시 학습률 크기를 단순화했지만, 이 때문에 이터레이션 5,000회 이후에서는 상대적인 학습률의 크기가 필요 이상으로 커서 해가 발산하는 현상으로 추정된다. 실제로는 업데이트 크기가 계속 감소하다가 Tolerance 아래로 내려가 최대 이터레이션 도달 전에 종료하는 것이 이상적이다.

이제 학습한 파라미터로 학습 데이터셋과 테스트 데이터셋에서의 정확도accuracy를 계산한다. 학습 데이터셋 내의 각 샘플에 대해 루프를 돌면서 옳은 예측치의 수를 세고, 이 수와 샘플 전체 수의 비율을 정확도로 한다.

```
right = 0
for i in range(X_train.shape[0]):
    xb = np.exp((X_train[i].reshape(1, -1) @ beta_old)[0][0])
    pi = xb / (1 + xb)
    if (pi >= 0.5 and y_train[i] == 1) or (pi < 0.5 and y_train[i] == 0):
        right += 1

print(f'학습 데이터셋 정확도:{right / X_train.shape[0] * 100: .2f}%')

right = 0
for i in range(X_test.shape[0]):
    xb = np.exp((X_test[i].reshape(1, -1) @ beta_old)[0][0])
    pi = xb / (1 + xb)
    if (pi >= 0.5 and y_test[i] == 1) or (pi < 0.5 and y_test[i] == 0):
        right += 1

print(f'테스트 데이터셋 정확도:{right / X_test.shape[0] * 100: .2f}%')
```

실행 결과

```
학습 데이터셋 정확도: 84.51%
테스트 데이터셋 정확도: 76.06%
```

수렴이 불안정함에도 비교적 높은 84.51%와 76.06%의 정확도를 얻었다. 이는 데이터셋이 비교적 간단하고 로지스틱 회귀 모델의 비용 함수가 전역 최솟값global minimum을 가지므로 얻은 파라미터가 전역 최적값 근처에 있기 때문으로 생각할 수 있다. 모델을 개선하여 더 높은 정확도를 얻으려면 비용 함수가 계속 줄도록 학습률을 조정하는 과정이 필요하다.

3.3 패키지로 표현하기

sklearn.linear_model.LogisticRegression 클래스[1]는 로지스틱 회귀 모델을 구현한다. 이진 분류binary classification와 다중 클래스 분류를 모두 수행할 수 있으며 L1, L2, 엘라스틱 넷elastic net 규제 또한 적용할 수 있다. LogisticRegression 클래스에서 solver 하이퍼파라미터에는 비용 함수 최적화 알고리즘으로 'liblinear', 'newton-cg', 'lbfgs', 'sag', 'saga' 중 하나를 선택할 수 있다.

로지스틱 회귀 모델의 비용 함수는 컨벡스 함수이므로 solver에 따라 수렴값 자체가 크게 변하진 않는다고 기대할 수 있으나 데이터의 형태에 따라 학습 속도나 해의 안정성 등에는 차이가 있다. 각 solver에는 서로 다른 옵션이 있으며 각각의 특징이 있다. 다음은 각 solver의 의미와 특징을 정리한 표이다.

하이퍼파라미터	의미	특징
'newton-cg'	켤레기울기법conjugate gradient method	희소 데이터셋sparse dataset에서 추천한다.
'lbfgs'	L-BFGS-B 알고리즘	작은 크기의 데이터셋에 추천하며, 데이터의 크기가 크다면 성능이 떨어질 수 있다.
'liblinear'	최적화된 좌표 하강법coordinate descent 알고리즘	좌표 하강법은 4장에서 자세히 다루도록 한다. 데이터의 크기가 작을 때 추천한다.
'sag'	SAG(stochastic average gradient descent) 알고리즘	샘플 개수와 피처 개수가 모두 큰 대형 데이터셋에서 빠르게 수렴한다. 하지만 빠른 수렴은 각 피처의 스케일이 비슷할 때만 보장되므로 sklearn.preprocessing 모듈의 클래스를 사용해 데이터를 전처리하는 것이 좋다.
'saga'	SAG 알고리즘의 변형	'sag'와 마찬가지로 대형 데이터셋에서 잘 동작하고, 피처 스케일에 대한 정규화를 선행하는 것이 좋다.

1 https://scikit-learn.org/stable/modules/generated/sklearn.linear_model.LogisticRegression.html

다음 표는 LogisticRegression 클래스에서의 각 solver의 옵션을 나타낸다. 다항 분류 옵션은 다중 클래스 분류 시 크로스 엔트로피 비용 함수cross-entropy cost function를 이용한 다항 로지스틱 회귀를 수행할 수 있는지를 나타낸다. 만약 이것이 제공되지 않는다면 다중 클래스가 나올 경우 각각의 클래스마다 이진 분류를 OVR 방식으로 수행한 후 이것을 종합하는 방식으로 모델이 구성된다.

각 solver마다 몇 가지 특징이 있는데, 예를 들어 'saga'는 'sag'와 달리 L1 규제항을 지원하므로 희소 데이터셋에서 적절한 선택이 될 수 있으며, 'elasticnet' 규제를 지원하는 유일한 solver이다. 'sag', 'saga', 'lbfgs'는 릿지 회귀ridge regression에서도 최적화를 위해 사용되며, 자세한 개념은 5장에서 다시 살펴보도록 한다.

기능	'liblinear'	'lbfgs'	'newton-cg'	'sag'	'saga'
다항 분류 + L2 규제	X	O	O	O	O
OVR + L2 규제	O	O	O	O	O
다항 분류 + L1 규제	X	X	X	X	O
OVR + L1 규제	O	X	X	X	O
엘라스틱 넷 규제	X	X	X	X	O
규제 미부여 기능	X	O	O	O	O

LogisticRegression 클래스에는 다음과 같은 주요 하이퍼파라미터가 있다.

하이퍼파라미터	주요값	기본값	의미
penalty	'l1', 'l2', 'elasticnet', 'none'	'l2'	규제 페널티 선택 - 'l1': L1 규제 적용 - 'l2': L2 규제 적용 - 'elasticnet': 엘라스틱 넷 규제 적용 - 'none': 규제 미부여
tol	float>0	1e-4	학습 종료에 대한 허용 오차 설정
C	float>0	1.0	규제 페널티 크기의 역수
fit_intercept	bool	True	절편 항 포함 여부를 결정
class_weight	None, dict, 'balanced'	None	클래스별 가중치 부여 방법 - None: 동일 가중치 - dict: 사용자 지정 가중치 - 'balanced': 클래스 빈도frequency에 반비례한 가중치
random_state	int	None	solver가 'sag', 'saga', 'liblinear'일 때 데이터를 섞게 되는데, 이에 대한 랜덤성을 제어하고자 사용

solver	'newton-cg', 'lbfgs', 'liblinear', 'sag', 'saga'	'lbfgs'	최적화 알고리즘의 선택. 강건성robustness 때문에 'lbfgs'가 기본 solver로 주어진다. 각 solver의 의미는 설명한 바와 같다.
max_iter	int>0	100	이터레이션iteration 횟수의 상한선
multi_class	'auto', 'ovr', 'multinomial'	'auto'	다중 클래스 분류 방법을 선택. 클래스가 2개라면 옵션에 따른 결과 차이는 없다. - 'ovr': OVR 분류 수행 - 'multinomial': 크로스 엔트로피 비용 함수 사용 - 'auto': solver가 'liblinear'일 때만 'ovr'을 선택하고 나머지는 'multinomial'을 선택
l1_ratio	None, float	None	엘라스틱 넷 규제가 포함된 비용 함수에서 ρ에 해당함. penalty가 'elasticnet'일 때만 유효하다.

▶ LogisticRegression 클래스는 최적화 문제의 정의 방법인 'dual' 하이퍼파라미터 또한 있으나 논의에 핵심 요소가 아니며 그 설명이 이 책의 범위를 넘어가므로 생략한다.

실제 사용 시 활용 팁

- 로지스틱 회귀 모델은 컨벡스 비용 함수를 가지기 때문에 정확도accuracy, 정밀도precision, 재현율recall 등의 성능 개선 측면에서는 하이퍼파라미터 튜닝에 사용할 수 있는 경우의 수가 다른 모델과 비교하여 상대적으로 적다. 예를 들어, solver에 따른 예측력 차이는 크게 없을 것으로 기대하며 max_iter나 tol도 일정 수치를 기준으로는 큰 변화가 없을 것이다. 성능을 높이려면 C, penalty, class_weight, l1_ratio를 조정하는 등 비용 함수 자체를 변화하는 하이퍼파라미터를 중심으로 튜닝하는 것이 좋다.
- 규제항이 포함되지 않은 로지스틱 모델은 solver의 활용과 관련된 일부 경우를 제외하고는 피처 스케일링에 거의 영향을 받지 않는다. 하지만 sklearn의 LogisticRegression 객체는 생성 시 규제항을 포함하며, 규제항은 계수 전체의 L1 합이나 L2 합의 크기를 규제하기 때문에 피처의 스케일이 다른 경우 모델 예측력에 큰 영향을 줄 수 있다. 따라서 피처의 스케일 차이가 클 경우에는 피처 스케일링을 선행해야 한다.
- LogisticRegression 클래스의 fit() 메서드에는 sample_weight 하이퍼파라미터가 있다. 이 값을 설정하면 앞에서 나타난 class_weight와 sample_weight를 곱해 각 샘플의 최종 가중치를 만든다.

여기서 잠깐!

피처 스케일링이 필요한 모델은?

거리를 기반으로 동작하거나 비용 함수가 피처의 범위에 크게 영향을 받는다면 모델보다 피처 스케일링을 먼저 진행하는 것이 필수이다. 스케일링 필요 여부는 다음과 같이 구분할 수 있다.

우선 OLS, 트리, 랜덤 포레스트 모델 등은 일반적으로 스케일링 여부에 예측력이 영향을 받지 않는다. 예를 들어 OLS 모델의 경우, 피처의 범위가 좁아지면 해당되는 피처의 계수값만 비례해서 증가하며 목푯값에 대한 예측값은 동일하게 얻어진다.

한편, 로지스틱 회귀, 라쏘, 릿지 등 비용 함수에 규제항이 포함된 모델은 스케일링에 따라 예측력이 달라지게 된다. 이는 규제항을 포함하면 계수 크기의 L1 혹은 L2 합 전체를 규제하게 되므로 비용 함수가 큰 계수의 값에 영향을 받기 때문이다.

다층 퍼셉트론(multilayer perceptron, MLP) 등 비용 함수가 복잡하고 전역 최적값 탐색이 어려운 모델은 비용 함수에 규제항이 없어도 비용 함수 자체를 잘 학습시키는 것이 어렵게 때문에 스케일링이 필수이다. 스케일링을 하지 않는다면 학습이 오래 걸리거나 학습 자체가 잘 이루어지지 않을 때가 흔하다.

마지막으로 모델이 주어진 샘플과 가까운 샘플을 찾아내는 등 거리를 기반으로 동작한다면 스케일링이 필수이다. K-최근접 이웃(K-nearest neighbors, KNN), 군집 분석 모델 등이 이에 해당한다.

Do it! 예제 3.1 LogisticRegression 클래스 사용하기

이번 예제에서는 앞서 구현 부분에서 사용한 동일한 데이터셋을 로지스틱 회귀 모델로 학습하고 예측 결과를 평가한다. 우선 필요한 패키지와 데이터를 불러온다.

```
import numpy as np
from sklearn.datasets import load_breast_cancer
from sklearn.model_selection import train_test_split
from sklearn.linear_model import LogisticRegression

X, y = load_breast_cancer(return_X_y=True, as_frame=True)
X_train, X_test, y_train, y_test = train_test_split(X,
                                                    y,
                                                    test_size=0.33,
                                                    random_state=1234)

X_train = X_train.iloc[:, :3]
X_test = X_test.iloc[:, :3]
```

다음으로, 로지스틱 회귀 모델을 학습하고 이를 학습 데이터셋과 테스트 데이터셋에 각각 적용해 정확도를 산출한다. 이론적 단순화를 위해 규제 페널티의 역수 C를 100,000으로 설정하여 규제 효과가 거의 발생하지 않도록 한다. 규제가 없다면 피처 스케일링 여부는 모델의 성능에 영향을 끼치지 않으므로 피처 스케일링 없이 모델의 학습과 평가를 수행한다.

```
clf = LogisticRegression(random_state=1234, C=100000)

clf = clf.fit(X_train, y_train)
y_train_pred = clf.predict(X_train)

y_pred = clf.predict(X_test)

print(f'학습 데이터셋 정확도:{(y_train == y_train_pred).sum() / len(y_train) * 100: .2f}%')
print(f'테스트 데이터셋 정확도:{(y_test == y_pred).sum() / len(y_test) * 100: .2f}%')
```

실행 결과

```
학습 데이터셋 정확도: 93.18%
테스트 데이터셋 정확도: 87.23%
```

학습 데이터셋 정확도 93.18%와 테스트 데이터셋 정확도 87.23%의 비교적 높은 정확도를 얻을 수 있었다. 3.2절 구현하기 부분의 모델에 비해 높은 정확도를 얻은 이유는 LogisticRegression 클래스에서의 안정적인 비용 함수 최적화 구현 등에 따른 것이다.

3.4 로지스틱 회귀 모델 보충 수업

로지스틱 회귀 모델을 추가로 학습하고 싶은 독자는 다음 주제도 살펴보기 바란다.

3.4.1 피처 스케일링과 파이프라인

앞서 설명했듯이 규제항을 포함하거나 'sag', 'saga' solver를 사용할 때는 피처 스케일링feature scaling을 먼저 수행하는 것이 좋다. 피처 스케일링이란 각 피처의 범위를 비슷하게 변환하는 것으로, 평균과 분산을 통일하는 표준 스케일링standard scaling이나 최솟값과 최댓값을 통일하는 최소-최대 스케일링min-max scaling 등을 널리 사용한다. sklearn.preprocessing 모듈의 StandardScaler 클래스와 MinMaxScaler 클래스를 이용하면 표준 스케일링과 최소-최대 스케일링을 수행할 수 있다. 피처 스케일링을 포함한 모든 전처리에서는 테스트 데이터에도 학습 데이터와 같은 기준, 즉 학습 데이터로 계산한 기준값을 그대로 적용해야 한다는 점에 유의해야 한다.

머신러닝 과정에서는 이와 같이 정형화된 방법으로 차례대로 데이터 처리를 수행할 때가 흔하다. sklearn에서는 이 과정을 표현하는 **파이프라인**pipeline이라는 개념을 제공한다. 파이프라인은 일련의 정의된 과정을 하나의 함수로 정의하여 사용할 수 있게 한다. 예를 들어 앞의 상황은 다음과 같은 단계로 분할할 수 있다.

파이프라인 단계

(1) 데이터셋을 학습과 테스트 데이터셋으로 분할: sklearn.model_selection.train_test_split() 함수 활용

(2) 학습 데이터셋에 스케일링 적용: 스케일링을 수행하는 클래스의 객체 scaler를 정의 후 scaler.fit() 함수 활용

(3) 모델 학습 수행: 학습 모델 클래스의 객체 model을 생성 후 model.fit() 함수 활용

(4) 테스트 데이터셋에 학습 데이터셋 기준의 스케일링 적용: scaler.transform() 함수 활용

(5) 학습된 모델에 스케일링한 피처를 입력하고 예측값 산출: model.predict() 함수 활용

(6) 예측값과 목푯값을 비교하여 모델 성능 측정: sklearn.metrics.accuracy_score() 등의 함수 활용

sklearn.pipeline.Pipeline 클래스[1]를 사용하면 다음과 같이 단순화할 수 있다.

sklearn.pipeline.Pipeline 클래스를 사용한 파이프라인 단순화

(1) 데이터셋을 학습 데이터셋과 테스트 데이터셋으로 분할

(2) Pipeline 클래스를 이용해 스케일링과 학습을 순서대로 수행하도록 정의한 객체 pipe 생성

(3) 학습 데이터셋으로 pipe 객체 학습

(4) pipe 객체에 테스트 데이터셋을 적용하여 예측값 산출

(5) 예측값과 목푯값을 비교하여 모델 성능 측정

기존과 비교하였을 때 과정이 하나 줄어들었다는 것을 알 수 있다. Pipeline 클래스의 장점은 단계가 아무리 늘어나더라도 (2)의 과정에서 객체 pipe 구성만 변할 뿐 나머지 단계에는 추가되는 부분이 없다는 것이다. 따라서 단계를 추가할수록 Pipeline 클래스를 이용하는 이점이 커진다. 또한, 코드의 유지 보수 측면에서도 pipe를 사용하는 방식이 더 간단하고 오류 가능성이 줄어든다.

Do it! 예제 3.2 피처 스케일링과 학습 파이프라인

이번 예제에서는 Pipeline 클래스를 이용해 피처 스케일링과 학습 파이프라인을 구성하고 이를 적용하는 방법을 살펴본다. 우선 필요한 패키지와 데이터셋을 불러온다.

```
import numpy as np
from sklearn.datasets import load_breast_cancer
from sklearn.pipeline import Pipeline
from sklearn.preprocessing import StandardScaler
from sklearn.linear_model import LogisticRegression
from sklearn.model_selection import train_test_split

X, y = load_breast_cancer(return_X_y=True, as_frame=True)
X_train, X_test, y_train, y_test = train_test_split(X,
                                                    y,
                                                    test_size=0.33,
                                                    random_state=1234)
```

1 https://scikit-learn.org/stable/modules/generated/sklearn.pipeline.Pipeline.html

이제 표준 스케일링과 로지스틱 회귀 모델링을 차례대로 수행하는 Pipeline 클래스의 객체 pipe를 정의하고 이를 사용해 학습을 수행한다.

```
scaler = StandardScaler()
clf = LogisticRegression(random_state=1234, solver='sag')
pipe = Pipeline(steps=[("scaler", scaler), ("clf", clf)])

pipe.fit(X_train, y_train)
```

실행 결과

```
Pipeline(steps = [('scaler', StandardScaler()),
                  ('clf', LogisticRegression(random_state=1234, solver='sag'))])
```

이제 학습된 pipe 객체에 예측 데이터셋을 입력하여 예측값을 구하고 정확도를 산출한다. pipe 객체의 predict() 메서드를 사용할 때는 학습 데이터를 기준으로 얻은 스케일링 값과 모델 파라미터가 적용된다는 점에 유의해야 한다.

```
y_pred = pipe.predict(X_test)

print(f'정확도:{(y_pred == y_test).mean() * 100: .2f}%')
```

실행 결과

```
정확도: 94.68%
```

약 94.68%의 정확도를 얻었다. Pipeline은 6장에서 학습할 그리드 서치grid search와도 함께 사용할 수 있으며, 이 외 다양한 방법으로 응용할 수 있다.

3.4.2 통계 모델로서의 로지스틱 회귀 기법

머신러닝 관점이 아닌 통계학 관점에서 로지스틱 회귀 모델의 최대 가능도 추정(maximum likelihood estimation, MLE)을 통한 해를 구할 수도 있다. 결과적으로 보았을 때 완전히 같은 해를 산출하게 되며, 통계학 관점에서 바라보았을 때는 더욱 풍부하게 설명할 수 있다. MLE에 대한 정의부터 시작하도록 한다.

MLE

MLE는 주어진 데이터를 이용해 가능도likelihood를 최대화하는 파라미터를 찾는 통계 기법이다. 관측값 x_i $(1 \le i \le n)$가 확률밀도함수probability density function $f_X(x|w_1, w_2, \ldots, w_p)$에서 추출한 독립 항등 분포(independent and identically distributed, IID) 샘플이고 $w=[w_1, w_2, \ldots, w_p]$를 추정해야 할 파라미터라 하자. 이때 최대 가능도 추정량maximum likelihood estimator은 결합 가능도joint likelihood를 최대화하는 w의 추정량estimator으로 정의한다.

▶ 확률 변수가 서로 독립이며 같은 확률 분포를 따를 때 이를 독립 항등 분포라 한다.

$$\hat{w} = \arg\max_w \prod_{i=1}^{n} f_X(x_i \mid w)$$

로그 함수가 단조 증가 함수이므로 이는 다음의 로그-결합 가능도log-joint likelihood를 최대화하는 문제와 같다.

$$\hat{w} = \arg\max_w \sum_{i=1}^{n} \log f_X(x_i \mid w)$$

정규 분포normal distribution에서의 평균 μ와 분산 σ^2에 대한 MLE

IID 정규 분포 $N(\mu, \sigma^2)$를 따르는 X_i $(1 \le i \le n)$의 확률밀도함수는 다음과 같다.

$$f_{X_i}(x; \mu, \sigma^2) = \frac{1}{\sigma\sqrt{2\pi}} e^{-\frac{1}{2}(\frac{x-\mu}{\sigma})^2}$$

따라서 로그-결합 가능도는 다음과 같이 계산한다.

$$l(x_1, x_2, \cdots, x_n; \mu, \sigma^2) = \sum_{i=1}^{n} \log f_{X_i}(x_i; \mu, \sigma^2) = -\frac{1}{2\sigma^2}\sum_{i=1}^{n}(x_i - \mu)^2 - \frac{1}{2} n \log(2\pi\sigma^2)$$

로그-결합 가능도를 μ에 대해 미분하여 μ의 MLE $\hat{\mu}$을 얻을 수 있다.

$$\frac{\partial l}{\partial \mu} = -\frac{1}{2\sigma^2}\sum_{i=1}^{n} 2(\mu - x_i) = 0 \quad \rightarrow \quad \hat{\mu} = \frac{1}{n}\sum_{i=1}^{n} x_i$$

로그-결합 가능도를 σ^2에 대해 미분하고 $\hat{\mu}$을 대입하여 σ^2의 MLE를 얻을 수 있다.

$$\frac{\partial l}{\partial \sigma^2} = \frac{1}{2\sigma^4}\sum_{i=1}^{n}(x_i - \mu)^2 - \frac{n}{2\sigma^2} = 0 \quad \rightarrow \quad \hat{\sigma}^2 = \frac{1}{n}\sum_{i=1}^{n}(x_i - \mu)^2$$

로지스틱 회귀 모델의 MLE

로지스틱 회귀 모델 이론을 설명할 때 목표 벡터 y가 여러 번의 독립적인 베르누이 시행으로 이루어진다고 가정하였다. 베르누이 분포 Bernoulli(p)에서의 확률 분포는 다음과 같다.

$$\begin{cases} \Pr(Y=0) & = & 1-p \\ \Pr(Y=1) & = & p \end{cases}$$

다음의 트릭을 사용하면 베르누이 분포의 확률 질량 함수(probability mass function, PMF)를 하나의 식으로 표현할 수 있다.

$$\Pr(Y=y_i)=p(y_i)^{y_i}(1-p(y_i))^{1-y_i}, \quad y_i=0 \text{ or } 1$$

이 식을 이용해 로지스틱 회귀 모델에서의 i번째 관측값의 로그 가능도를 계산할 수 있다.

$$l_i(w \mid x_i)=y_i \log p(y_i)+(1-y_i)\log(1-p(y_i))$$

n개의 관측값에 대한 결합 로그 가능도는 각각의 로그 가능도 합으로 구할 수 있다.

$$\begin{aligned} l(w \mid x_1,\cdots,x_n) &= \sum_{i=1}^{n} l_i(w \mid x_i)=\sum_{i=1}^{n}\big((1-y_i)\log(1-p(y_i)+y_i \log p(y_i)\big) \\ &= \sum_{i=1}^{n}\left(y_i \log\frac{p(y_i)}{1-p(y_i)}+\log(1-p(y_i))\right) \end{aligned}$$

식을 정리하면 로지스틱 회귀 모델에서의 결합 가능도를 구할 수 있다.

$$l(w \mid x_1,\cdots,x_n)=\sum_{i=1}^{n}\big(y_i x_i w-\log(1+e^{x_i w})\big)$$

이 결합 로그 가능도가 최댓값이 되는 w가 로지스틱 회귀 모델의 MLE이다. 이 결합 로그 가능도의 값은 앞서 학습했던 비용 함수 $J(w)$와 부호는 반대이지만 정확히 같은 절댓값이다. 따라서 $l(w|x_1, \ldots, x_n)$의 최댓값을 찾는 것은 $J(w)$의 최솟값을 찾는 것에 대응하며, 컨케이브 함수concave function의 최댓값을 찾는 것과 컨벡스 함수convex function의 최솟값을 찾는 방법이 같으므로 이후 같은 단계를 진행하게 된다.

한편, OLS와 마찬가지로 규제가 없는 로지스틱 회귀 모델에 통계학 가정을 추가할 때 얻은 파라미터의 신뢰 구간과 유의 확률을 계산할 수 있다. 이때는 `statsmodels` 패키지를 이용한다.

3.4.3 교차검증법

`sklearn.linear_model.LogisticRegressionCV` 클래스[2]는 교차검증법을 동반한 로지스틱 회귀를 수행하고 규제 강도의 역수 C 등 최적의 하이퍼파라미터를 탐색한다. `'newton-cg'`, `'sag'`, `'saga'`, `'lbfgs'` `solver`는 `warm_start`를 사용할 경우 고차원의 밀집 데이터셋dense dataset에서 빠르게 수행될 수 있다[3].

3.4.4 피처 선택법

로지스틱 회귀 모델의 비용 함수에 L1 규제를 추가할 때 예측에 기여하는 정도가 적은 일부 피처의 계수가 0이 되며, 해당 피처는 예측 모델에 사용하지 않게 된다. 이 아이디어를 이용해 주어진 피처의 집합에서 일부의 피처만 모델에 포함하는 피처 선택법feature selection을 적용할 수 있다. L1 규제 도입은 OLS 모델에서도 마찬가지로 적용할 수 있으며, 이와 관련된 자세한 내용은 '4장 라쏘 모델'에서 배우도록 한다.

---

2 https://scikit-learn.org/stable/modules/generated/sklearn.linear_model.LogisticRegressionCV.html

3 https://scikit-learn.org/stable/glossary.html#term-warm_start

3장에서 살펴본 내용

로지스틱 회귀 모델은 선형 모델을 분류기에 적용했다는 관점에서 이론적으로 가장 간단한 모수적 분류 모델의 하나로 볼 수 있다. 선형 모델과 마찬가지로 로지스틱 회귀 모델은 회귀 계수를 바탕으로 예측값을 직접 해석할 수 있는 화이트 박스 모델white box model이다. 또한 OLS와 마찬가지로, 로지스틱 회귀 모델 또한 특정 가정이 충족된다면 다양한 통계 검정을 통해 모델의 유효성을 평가할 수 있다는 장점이 있다.

하지만 로지스틱 회귀 모델은 다중공선성이 크면 역행렬이 불안정하거나 때로는 없을 수도 있다는 단점이 있다. 또한, 선형 모델의 한계로 로지스틱 회귀 모델은 비선형 문제를 해결할 수 없다.

지금까지 2장과 3장에서 가장 간단한 형태의 회귀 모델과 분류 모델을 각각 학습하였다. 이제 4장과 5장에서는 OLS 비용 함수에 규제 페널티 항을 추가하여 해의 안정성stability과 일반화 가능성generalizability을 제어하는 방법을 살펴본다. 우선 4장에서는 L1 규제를 사용하는 라쏘 모델을 학습한다. 라쏘 모델은 피처 선택법feature selection으로 사용할 수 있다.

3장 되새김 문제

1. LogisticRegression 클래스 적용하기

이번 문제에서는 붓꽃 데이터셋을 다중 클래스 분류 모델로 학습하고 그 결과를 평가한다. 우선 다음과 같이 필요한 패키지와 데이터셋을 정의한다.

```
import numpy as np
from sklearn.datasets import load_iris
from sklearn.linear_model import LogisticRegression
from sklearn.pipeline import Pipeline
from sklearn.preprocessing import MinMaxScaler
from sklearn.model_selection import train_test_split
from sklearn.metrics import precision_score

X, y = load_iris(return_X_y=True, as_frame=True)
X_train, X_test, y_train, y_test = train_test_split(X,
                                                    y,
                                                    test_size=0.33,
                                                    random_state=1234)
```

이제 최소-최대 스케일러min-max scaler를 학습 데이터셋 피처에 적용하여 피처 스케일링을 수행하고 그 결과를 LogisticRegression 클래스로 학습하라. 이때 SAGA 알고리즘으로 해를 최적화하도록 하며, 다중 클래스 분류를 위해 OVRone-vs-rest 방법을 사용하도록 한다. 마지막으로 결과 재현성을 위해 random_state는 1234로 설정한다.

▶ SAGA 알고리즘은 5장 사전 지식 훑어보기에서 좀 더 알아본다.

그 후 학습한 결과를 테스트 데이터셋에 적용하고 target이 1일 때의 정밀도precision를 구하라. 다중 클래스 분류에서는 정밀도는 이진 분류와 마찬가지로 클래스 레이블별로 정의할 수 있고, 예를 들어 이번 문제에서 target이 1일 때의 정밀도는 다음과 같다.

$$\text{Precision}^{(\text{target}=1)} = \frac{(\text{목푯값이 1이고 예측값도 1인 샘플의 수})}{(\text{예측값이 1인 샘플의 수})}$$

2. 로지스틱 회귀 모델용 데이터셋 생성하기

통상적으로는 데이터셋이 주어진 상황에서 머신러닝 모델링을 수행하지만, 거꾸로 주어진 조건을 만족하는 데이터셋을 생성하는 과정을 통해 모델에 대한 이해도를 높일 수도 있다. 이에 따라 이번 문제에서는 로지스틱 회귀 모델을 따르는 적당한 데이터셋을 생성하고 이를 평가하도록 한다. 우선 다음과 같이 필요한 패키지를 정의하고 데이터셋이 정의되어 있다고 가정한다.

```
import numpy as np
import pandas as pd

n = 300
np.random.seed(1234)
X1 = np.random.normal(0, 1, size=n)
X2 = np.random.normal(0, 1, size=n)
X3 = np.random.normal(0, 1, size=n)
X4 = np.random.normal(0, 1, size=n)
X5 = np.random.normal(0, 1, size=n)

X = pd.DataFrame({'X1': X1, 'X2': X2, 'X3': X3, 'X4': X4, 'X5': X5})
```

테스트할 로지스틱 회귀 모델은 다음 조건을 따른다고 가정한다.

(1) 절편을 모델에 포함한다.

(2) 재현성을 위해 random_state=1234로 설정한다.

이때 다음 조건을 만족하는 목푯값 y를 생성하라.

(1) 절편과 X1, X2의 계수는 모두 음수값이 얻어진다.

(2) X3, X4, X5의 계수는 모두 양수값이 얻어진다.

(3) 모델의 학습 데이터 내 정확도는 75%에서 80% 사이로 얻어진다.

4장

라쏘 모델

머신러닝 모델의 성능을 향상시키는 데 가장 중요한 문제의 하나는 모델에 적절한 규제regularization를 적용하여 학습 데이터에만 나타나는 지엽적인 규칙을 학습하는 과적합overfitting 현상을 방지하는 것이다. 선형 모델, 트리 모델, 딥러닝 모델 등 현대에 사용하는 대부분의 모델은 과적합을 규제하는 장치가 있다. 라쏘LASSO 모델은 피처 선택법feature selection이라는 유용한 성질을 이용하여 과적합을 제어한다. 라쏘 모델을 통해 머신러닝에 사용하는 다양한 고급 테크닉을 이해할 수 있다.

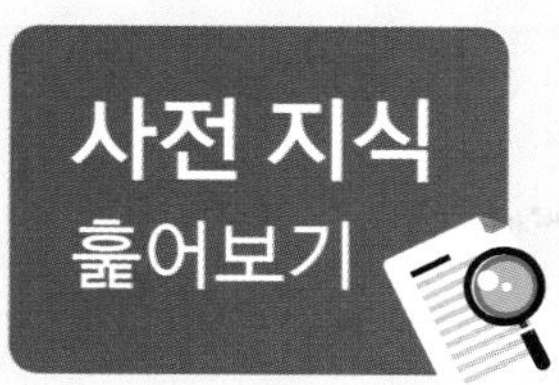

피처 선택법

주어진 데이터의 피처 개수가 많아 시간, 공간 복잡도와 해의 안정성 면에서 모델에 모든 피처를 포함하는 것이 부적절하다면 정형화된 방법을 통해 일부 피처를 예측 모델에서 제외할 수 있다. 이를 피처 선택법^feature selection^이라 한다. 피처 선택법은 일반적으로 필터 기반^filter-based^, 래퍼 기반^wrapper-based^, 임베디드^embedded^ 등 세 종류로 구분한다. `sklearn.feature_selection` 모듈[1]은 피처 선택법을 수행하는 다양한 클래스와 함수를 제공한다.

필터 기반 피처 선택법

단일 피처를 대상으로 수행한다. 분석에 좋은 피처만 포함하고자 기준을 정하고, 그 기준을 만족하는 피처만 모델에 포함한다. 필터 기반 피처 선택법의 종류는 목표 변수가 수치형 변수인지 범주형 변수인지에 따라(즉, 문제가 회귀 문제인지 분류 문제인지에 따라), 그리고 대상 피처가 수치형 변수인지 범주형 변수인지에 따라 달라진다. 예를 들어 목표 변수와 대상 피처가 모두 수치형이라면 목표 변수와의 상관 계수 절댓값이 특정 값(예: 0.7) 미만인 변수는 모델에서 제외하는 상관 계수 기반 필터를 사용할 수 있으며, 목표 변수가 범주형 변수라면 카이제곱 통계량을 기준으로 목표 변수와의 종속성이 가장 큰 변수를 선정하는 카이제곱 기반 필터를 사용할 수 있다.

`sklearn.feature_selection` 모듈에서는 회귀 문제라면 `f_regression()`이나 `mutual_info_regression()` 등의 함수를, 분류 문제라면 `chi2()`, `f_classif()`, `mutual_info_classif()` 등의 함수를 제공한다. 이들 함수는 `sklearn.feature_selection.SelectKBest` 클래스[2]와 결합하여 체계적으로 피처를 선택하고자 할 때 사용한다. 분류 문제에 회귀용 필터 함수를 사용하거나 회귀 문제에 분류용 필터 함수를 사용하면 의미 없는 결과를 얻게 되므로 주의해야 한다.

---

1 https://scikit-learn.org/stable/modules/classes.html#module-sklearn.feature_selection

2 https://scikit-learn.org/stable/modules/generated/sklearn.feature_selection.SelectKBest.html

Do it! 예제 4.1 필터 기반 피처 선택법[3]

MNIST 데이터셋은 가로 8개, 세로 8개 등 총 64개의 픽셀에 해당하는 피처로 이루어진 손 글씨 데이터셋으로, 각 샘플은 0부터 9까지의 숫자를 나타낸다. 이번 예제에서는 64개의 피처 대신 20개의 피처만 사용하여 과적합을 줄이고 모델을 가볍게 만들고자 카이제곱 필터인 chi2를 이용하여 피처를 선택한다. 먼저 필요한 패키지와 데이터를 불러온다.

```
from sklearn.datasets import load_digits
from sklearn.feature_selection import SelectKBest, chi2

X, y = load_digits(return_X_y=True, as_frame=True)
print('X의 크기:', X.shape)
```

실행 결과

```
X의 크기: (1797, 64)
```

다음으로, SelectKBest 객체를 선언한 후 이를 데이터셋으로 학습하여 피처 20개를 선택한다. 객체의 get_support() 메서드로 칼럼 위치를 선택할 수 있으며 이렇게 선택한 피처를 다시 데이터프레임 형태로 저장할 수 있다.

```
myfilter = SelectKBest(chi2, k=20)
myfilter.fit(X, y)

cols = myfilter.get_support(indices=True)
X_new = X.iloc[:, cols]
print('필터링을 수행한 후 X의 크기:', X_new.shape)
```

실행 결과

```
필터링을 수행한 후 X의 크기: (1797, 20)
```

이렇게 필터 기반 피처 선택법으로 64개의 피처 중 목표 변수와 가장 큰 종속 관계가 있는 20개의 피처를 선택할 수 있었다.

3 https://scikit-learn.org/stable/modules/generated/sklearn.feature_selection.SelectKBest.html

래퍼 기반 피처 선택법

래퍼 기반 피처 선택법wrapper-based feature selection에서는 피처 선택을 적절한 피처 집합을 찾아내는 탐색 문제search problem로 간주한다. 피처가 K개일 때 가능한 피처 조합은 2^K-1개이므로 큰 숫자의 K에 대해서는 전역global 최적 조합을 찾는 것이 불가능하다. 따라서 래퍼 기반 피처 선택법에서는 그리디 알고리즘greedy algorithm을 이용하여 지역 최적 조합을 순서대로 탐색한다. 래퍼 기반 피처 선택법에는 주어진 조건 하에서 이터레이션 별로 피처를 추가하면서 모델링을 반복하는 전진 선택법forward selection과 전체 피처 집합에서 피처를 줄이면서 모델링을 반복하는 후진 소거법backward elemination 등이 있다. 여기서 성능은 데이터 적합도에 피처 개수 페널티가 반영되는 아카이케 정보기준(Akaike information criterion, AIC) 등을 사용한다.

여기서 잠깐!

그리디 알고리즘이란?

그리디 알고리즘은 순차적 선택 문제에서 각 단계에서의 최적값을 선택하는 알고리즘이다. 예를 들어 다음의 [그림 4.1]에서 출발지에서 목적지까지 여러 환승 지점을 거쳐 이동하려 하며 숫자는 각 지점에서 다른 지점까지 걸리는 시간이라고 가정하자.

그림 4.1 출발지에서 도착지까지 이르는 여러 경로와 경로별 이동 시간을 노드와 간선으로 표현

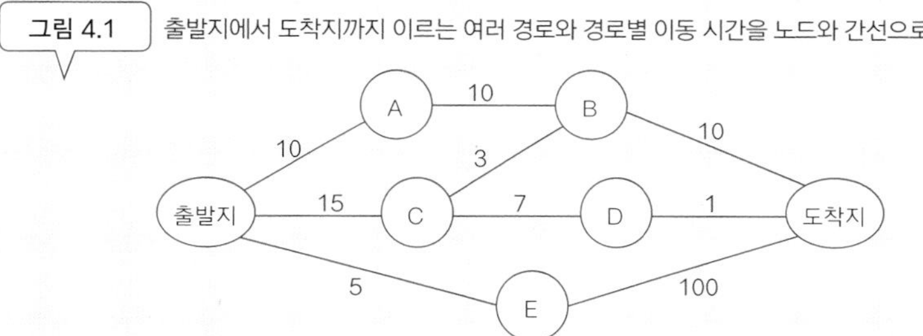

출발지에서 도착지까지 그리디 알고리즘을 기반으로 차례대로 이동할 때 출발지에서는 A, C, E 지점 중 소요 시간이 5로 가장 작은 E 지점을 선택하려 한다. 하지만 E에서 도착지까지 이동할 때에는 100의 시간이 필요하므로, **출발지 → E → 도착지**로 이동하는 것은 최선의 선택이 아니다. 전역적으로 보았을 때에는 **출발지 → C → D → 도착지**로 이동하는 것이 가장 적은 시간이 걸리며, 이때 23시간이 소요된다.
이와 같이 그리디 알고리즘은 전역적인 최적해를 보장할 수 없는 알고리즘이다. 하지만 전체 순열을 고려한 전역적인 해 탐색은 시간의 문제 때문에 불가능한 경우가 많으며, 이럴 때 그리디 알고리즘은 좋은 선택지이다. 전진 소거법, 후진 소거법과 6장의 결정 트리 모델 모두 그리디 알고리즘을 사용하여 구현하는 모델이다. 그리디 알고리즘은 6장에서 자세히 알아보도록 한다.

래퍼 기반 피처 선택법을 수행할 때 피처가 정해진 숫자에 도달할 때까지 이터레이션을 수행하는 방법과 이터레이션 별로 모델의 성능을 측정한 다음 성능값의 변화량을 정지 조건으로 해서 이터레이션을 종료하는 방법을 고려할 수 있다. sklearn.feature_selection.RFE 클래스[4]는 전자의 방법을 제공하며 sklearn.feature_selection.SequentialFeatureSelector 클래스[5]는 전자와 후자의 방법을 모두 제공한다. 이 책에서는 RFE 클래스만 소개한다.

RFE 클래스는 정해진 피처 개수에 도달할 때까지 후진 소거법을 수행한다. 후진 소거법을 적용할 지도 학습 모델을 정한 후 지정한 숫자의 피처에 도달할 때까지 이터레이션iteration을 수행하며 학습과 피처 제거를 반복한다. 단, RFE 클래스를 사용하려면 피처 중요도feature importance를 정의할 수 있어야 하며, 따라서 적용할 모델은 모델의 계수나 피처 중요도에 대한 어트리뷰트가 있어야 한다. 예를 들어 LinearRegression 클래스나 Lasso 클래스의 객체에는 coef_ 어트리뷰트가 있으므로 적용할 수 있고, 6장에서 학습할 DecisionTreeRegressor 클래스에는 feature_importances_ 어트리뷰트가 있으므로 적용할 수 있다. 하지만 9장에서 학습할 KNeighborsRegressor 클래스에는 이에 해당하는 어트리뷰트가 없으므로 RFE 클래스를 적용할 수 없다. RFE 클래스에는 다음과 같은 주요 하이퍼파라미터가 있다.

하이퍼파라미터	주요값	기본값	의미
estimator	Estimator 객체	-	fit() 메서드를 가지고 피처 중요도 정보를 저장할 수 있는 지도 학습 객체. 예를 들어, coef_ 또는 feature_importances_ 어트리뷰트가 있어야 한다.
n_features_to_select	int, 0<float<1, None	None	선택할 피처 개수 혹은 비율 - None: 피처의 절반이 선택 - int: 선택할 피처 개수 - float: 선택할 피처 수의 비율
step	int>=1, 0<float<1	1	각 이터레이션에서 제거할 피처 개수 혹은 비율 - int: 각각의 이터레이션에서 제거할 피처 개수 - float: 각각의 이터레이션에서 제거할 피처의 비율

4 https://scikit-learn.org/stable/modules/generated/sklearn.feature_selection.RFE.html

5 https://scikit-learn.org/stable/modules/generated/sklearn.feature_selection.SequentialFeatureSelector.html

실제 사용 시 활용 팁

- 학습한 RFE 객체의 `support_` 어트리뷰트를 통해 선택된 피처를 확인할 수 있다. 피처 개수만큼의 차원을 가지는 배열 타입이며 선택된 피처는 `True`, 제거된 피처는 `False`로 표현된다. 한편, `ranking_` 어트리뷰트는 후진 소거법 과정에서 추정한 피처의 순위값에 해당한다. 선택된 피처는 모두 순위가 1이며 탈락한 피처는 나중에 탈락할수록 순위가 1에 가깝다.
- 교차검증법으로 결과의 일반화 가능성을 높이고 싶다면 `sklearn.feature_selection.RFECV` 클래스[6]를 사용한다. RFECV 클래스는 피처 개수를 지정하는 대신 교차검증법을 통해 적절한 피처 개수를 찾는다.

임베디드 피처 선택법

특정 머신러닝 모델에서는 모델링 결과와 함께 피처 선택을 같이 진행할 때가 있는데, 이를 임베디드 피처 선택법이라 한다. 라쏘LASSO, 엘라스틱 넷elastic net 등이 이에 해당한다. 라쏘는 이 장에서 자세히 학습하도록 하며, 엘라스틱 넷은 '5.4 릿지 회귀 모델 보충 수업'에서 간단히 살펴본다.

좌표 하강법과 하방미분

라쏘 모델의 비용 함수는 절댓값 함수를 포함하므로 미분할 수 없다. 이를 해결하려면 미분을 확장한 하방미분subdifferential 개념을 적용한다.

함수 f의 점 x_0에서의 미분값의 좌극한과 우극한을 a와 b라 할 때 함수 f의 점 x_0에서의 하방미분은 폐구간 집합인 $\partial f(x_0)=[a, b]$로 정의한다. 이에 따라 미분값의 좌극한과 우극한이 같은 경우 $\partial f(x_0)$은 한 점 a와 같다. 미분은 좌극한 미분값과 우극한 미분값이 같을 때 그 값으로 정의한다는 점을 떠올릴 때 하방미분은 미분의 정의를 자연스럽게 확장한다. 즉, 함수 f가 점 x_0에서 미분 가능할 때 그 점에서의 미분값은 하방미분의 값과 같다. [그림 4.2]는 미분 불가능한 점의 하방미분 값과 미분 가능한 하방미분의 값을 각각 나타내고 있다.

6 https://scikit-learn.org/stable/modules/generated/sklearn.feature_selection.RFECV.html

그림 4.2 두 함수 $f(x)$와 $g(x)$에서의 하방 미분. 왼쪽 그림에서 $f(x)$가 점 x_0에서 미분이 불가능하고 미분값의 좌극한은 a, 우극한은 b이다. 따라서 하방미분은 $\partial f(x_0)=[a, b]$로 주어진다. 한편, 오른쪽 그림에서 $g(x)$는 점 x_0에서 미분이 가능하고 그 값은 a와 같으므로 $\partial g(x_0)=a$가 된다.

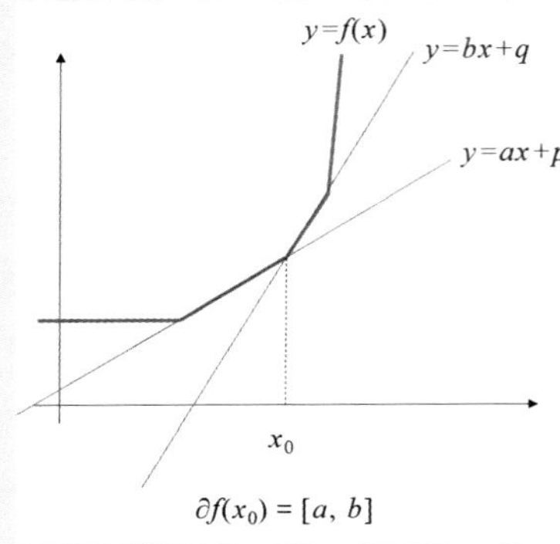

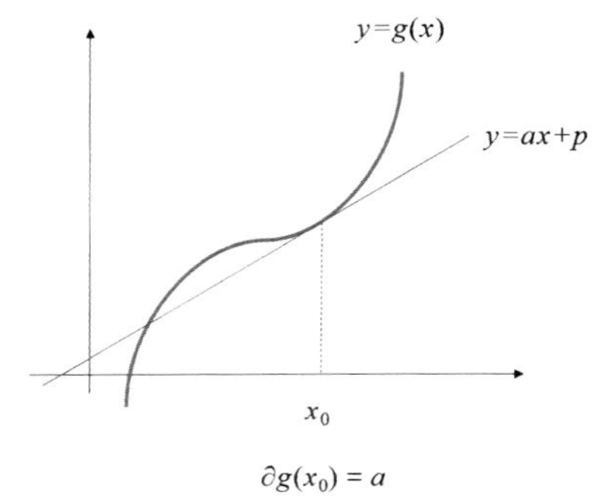

이에 따라 라쏘 모델에 하방미분을 적용하면 2장과 비슷하게 접근할 수 있다.

하지만 다변량multivariate 피처 데이터셋에서 라쏘 모델에 하방미분을 적용하면 일부 특수한 경우를 제외하고는 일반적으로 닫힌 형태의 해closed form solution를 가지지 않는다고 알려졌다. 따라서 하방미분 개념과 함께 좌표 하강법을 함께 적용해 라쏘 모델의 비용 함수를 최적화한다. 좌표 하강법에서는 좌표별 최적화coordinate-wise optimization를 수행하는데, 이때 각 단계에서 한 좌표(피처)에서만 업데이트가 일어나며 나머지 피처는 상수로 고정된다. 좌표 하강법은 다음의 방식으로 동작한다.

좌표 하강법

좌표 하강법에서는 한 번에 하나의 좌표에 대해서만 비용 함수의 값을 갱신한다.

(1) 초깃값 $x^{(0)}=(x_1^{(0)}, x_2^{(0)}, \ldots, x_n^{(0)})$에서 시작한다.

(2) $(k+1)$번째 이터레이션iteration에서는 $x^{(k+1)}$을 $x^{(k)}$로부터 정의한다. 정의는 $i=1, \ldots, n$에 대하여 다음과 같이 순서대로 이루어진다.

$$x_i^{(k+1)} = \arg\min_w f(x_1^{(k+1)}, \cdots, x_{i-1}^{(k+1)}, w, x_{i+1}^{(k)}, \cdots, x_n^{(k)})$$

arg min을 선택하는 방법은 다음의 업데이트 공식을 따른다.

$$x_i^{(k+1)} = x_i^{(k)} - \lambda \frac{\partial f}{\partial x_i}(x)$$

이를 $i=1, \ldots, n$까지의 x_t에 대해 순서대로 반복한다.

(3) 각각의 t에 대하여 $x_{t+1}=x_t-\Delta f'(x_t)$에 따라 (2)의 방법으로 반복 계산하고 업데이트한다.

추가로, 이 장에서는 비용 함수를 최적화할 때 다음과 같은 하방미분 정리를 사용한다.

하방미분 정리

컨벡스 함수 f와 g가 주어졌을 때 다음이 성립한다.

(1) f가 x_0에서 미분 가능하면 하방미분값은 x_0의 미분값에 해당하는 한 점으로만 구성되며, 이 역 또한 성립한다.

(2) f와 g의 하방미분 ∂f와 ∂g가 존재한다면, $f+g$의 하방미분은 $\partial(f+g)=\partial f+\partial g$을 만족한다.

(3) x_0가 f의 전역 최솟값^global minimum^일 경우 그 x_0에서의 하방미분 $\partial f(x_0)$은 원점을 포함하며, 이 역 또한 성립한다.

4.1 라쏘 모델이란?

라쏘LASSO 모델은 희소 데이터셋sparse dataset에서 파라미터를 추정하는 선형 모델인 동시에 예측에 사용하는 변수의 숫자를 줄이는 피처 선택법의 일종이다. 라쏘 모델은 피처 수를 줄여야 하는 상황에서 매우 유용하므로 라쏘나 그 변형 기법은 압축 센싱compressed sensing 분야를 포함하여 필요한 피처를 추출해야 하는 도메인에서 중요하게 사용된다.

원 핫 인코딩과 희소 데이터셋이란?

원 핫 인코딩one hot encoding은 범주형 변수를 수치형 변수로 변환하여 활용하기 위한 방법으로, 범주형 변수의 각 레이블 값에 대응하는 이진 변수binary variable를 생성하는 것이다. 예를 들어 변수 `animal`이 세 레이블 `'alpaca'`, `'bat'`, `'cat'`으로 구성되고 오른쪽과 같은 샘플을 얻었다고 가정하자.

animal
alpaca
alpaca
bat
cat
bat

`animal` 변수에 원 핫 인코딩을 적용하면 다음과 같은 세 개의 이진 변수를 얻는다.

animal_alpaca	animal_bat	animal_cat
1	0	0
1	0	0
0	1	0
0	0	1
0	1	0

이렇게 얻어진 세 개의 수치형 변수는 선형 모델이나 기타 다양한 머신러닝 모델에 입력 변수로 활용할 수 있다. 원 핫 인코딩을 통해 얻은 이진 변수는 더미 변수dummy variable라 하기도 한다.

한편, 희소 데이터셋이란 샘플-피처 행렬 표현에서 데이터가 실제로 존재하는 공간의 비율이 매우 작은 데이터셋을 뜻한다. 범주형 변수로 구성된 피처 행렬이 있을 때 변수별로 레이블 수가 많을수록 여기에 원 핫 인코딩을 적용한 데이터셋은 희소 데이터셋이 된다. 범주형 변수가 a개의 레이블로 구성되고 b개의 샘플을 가지고 있을 경우, 원 핫 인코딩 적용 후에는 행렬 원소의 수는 $a\times b$이나 그중 0이 아닌 값을 가지는 원소는 a개밖에 없으므로 $1/a$의 비율만 값이 존재하고 나머지 원소는 0으로 채워지는 희소 데이터셋을 얻는다. 이러한 현상은 고유한 단어의 수가 많은 텍스트 분석에서 더욱 극심해진다. 단어의 수는 일반적으로 수백개에서 수천 개, 많게는 수만 개에 달할 수 있기 때문에 단어를 가리키는 카테고리 변수를 원 핫 인코딩 방식의 행렬로 표현하면 대부분의 값이 0으로 채워지므로 희소 데이터셋을 얻을 가능성이 높다. 예를 들어 단어의 수가 1천 개라면 원 핫 인코딩 후 실제로 값을 가지는 원소의 수는 0.1%에 불과하다.

희소 데이터를 일반적인 방식으로 처리하면 시간, 공간 복잡도 측면에서 매우 비효율적이므로 `scipy.sparse.csr_matrix()`와 같은 희소 데이터 전용 형태로 전환하여 분석을 수행할 때가 흔하다. 희소 데이터셋의 반대 개념은 대부분의 공간에 데이터가 채워진 밀집 데이터셋[dense dataest]이다.

▶ 한 범주형 변수로부터 얻는 더미 변수를 샘플별로 더하면 항상 1이 얻어지며, 이는 완전 다중공선성을 야기하므로 선형 모델에서는 더미 변수 중 하나를 반드시 제거해야 한다. 또한, 피처의 차원은 최대한 줄이는 것이 좋다는 관점에서 비선형 모델에서도 더미 변수 중 하나를 제거하는 것이 좋을 수 있다. pandas 패키지의 `get_dummies()` 함수를 통해 범주형 변수를 더미 변수로 변환할 수 있으며, 이때 `drop_first` 옵션을 `True`로 설정하면 원래 변수의 레이블 중 사전순으로 가장 앞에 있는 레이블은 더미 변수로 바뀌지 않고 생략된다.

수학적으로 라쏘의 비용 함수는 OLS의 비용 함수에 L1 규제항을 더한 것과 같다. 2장에서 살펴본 바와 같이 OLS의 비용 함수는 다음과 같다.

$$J_{\mathrm{OLS}}(w) = \|y - Xw\|_2^2$$

샘플 개수 n에 대하여 OLS 비용 함수를 다음과 같이 정규화해도 비용 함수를 최소화하는 동일한 해 w_{OLS}를 얻을 수 있다.

$$\tilde{J}_{\mathrm{OLS}}(w) = \frac{1}{2n}\|y - Xw\|_2^2$$

여기에 L1 규제항을 더한 것이 라쏘의 비용 함수이다. OLS의 비용 함수 부분을 $1/2n$로 나눈 것은 샘플 개수의 증가에 따른 비용 함수의 증가분을 감쇄하려는 것으로 해석할 수 있다.

$$J_{\mathrm{LASSO}}(w) = \frac{1}{2n}\|y - Xw\|_2^2 + \alpha\|w\|_1$$

이처럼 라쏘 모델에서는 OLS 모델의 비용 함수에 $\alpha \|w\|_1$ 페널티를 더한 것으로 정의한 비용 함수를 최소화하는 파라미터 w를 추정한다. 이때 $\|w\|_1$는 파라미터 w의 L1-norm이며 α는 규제의 강도를 나타내는 하이퍼파라미터이다. α값이 커질수록 더 많은 수의 피처 계수가 0이 되는 효과가 발생한다. [그림 4.3]은 α값이 증가함에 따라 파라미터가 하나씩 0으로 감쇄하는 양상을 표현한다.

그림 4.3 규제 페널티의 크기에 따른 계수의 감쇄 그래프. 규제 페널티는 로그 스케일로 표현했다.

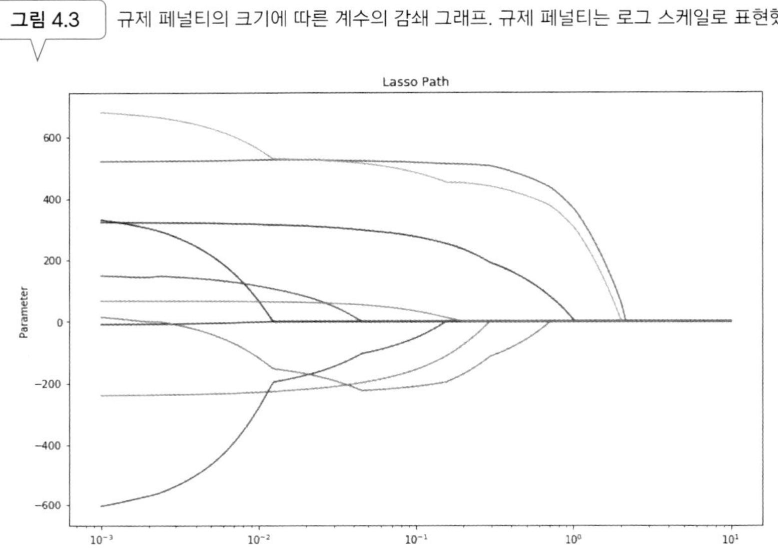

4.2 라쏘 모델 구현하기

4.2.1 라쏘 모델의 이론

여기서는 라쏘 비용 함수를 하방미분과 좌표 하강법coordinate descent으로 최적화하는 방법을 살펴본다. 샘플 개수를 n, 피처 개수를 p라 하고 이론 전개의 편의를 위해 피처는 절편을 포함하지 않는다고 가정한다. 임의의 데이터셋이 주어졌을 때 평균 중심화mean centering를 적용해 평균을 0으로 조절할 수 있기에 이 가정은 일반성을 해치지 않는다.

먼저 라쏘 비용 함수를 전개한다. i번째 y 샘플을 $y^{(i)}$, i번째 x 샘플 중 j번째 피처를 $x_j^{(i)}$라 정의한다.

$$
\begin{aligned}
J_{\text{LASSO}}(w) = \tilde{J}_{\text{OLS}}(w) + \alpha \|w\|_1 &= \frac{1}{2n}\|y - Xw\|_2^2 + \alpha \|w\|_1 \\
&= \frac{1}{2n}\sum_{i=1}^{n}\left[y^{(i)} - \sum_{j=1}^{p} w_j x_j^{(i)} \right]^2 + \alpha \sum_{j=1}^{p}|w_j|
\end{aligned}
$$

왼쪽 OLS 비용 함수 부분을 w_j에 대하여 편미분하면 다음과 같이 전개할 수 있다. 체인 룰을 이용하면 쉽게 계산할 수 있다.

$$
\begin{aligned}
\frac{\partial}{\partial w_j}\tilde{J}_{\text{OLS}}(w) &= -\frac{1}{n}\sum_{i=1}^{n} x_j^{(i)}\left[y^{(i)} - \sum_{j=1}^{p} w_j x_j^{(i)} \right] \\
&= -\frac{1}{n}\sum_{i=1}^{n} x_j^{(i)}\left[y^{(i)} - \left(\sum_{k\neq j}^{p} w_k x_k^{(i)} \right) - w_j x_j^{(i)} \right] \\
&= \frac{1}{n}\sum_{i=1}^{n} x_j^{(i)}\left[y^{(i)} - \sum_{k\neq j}^{p} w_k x_k^{(i)} \right] + w_j \frac{\sum_{i=1}^{n}(x_j^{(i)})^2}{n} \\
&\triangleq \rho_j + w_j z_j
\end{aligned}
$$

이후의 논의 전개의 편의상 마지막 수식과 같이 ρ_j와 z_j를 정의하였다.

이번에는 라쏘 비용 함수 오른쪽의 L1 페널티 항을 전개한다. 먼저 OLS 항에 적용한 방법과 같이 w_j를 식에서 분리한다.

$$\alpha \sum_{j=1}^{p} |w_j| = \alpha |w_j| + \alpha \sum_{k \neq j}^{p} |w_k|$$

하지만 OLS 항과 달리 절댓값 함수absolute function의 편미분 $f(w)=|w|$ 편미분이 원점에서 정의되지 않기 때문에 이 항을 편미분할 수는 없다. 하지만 여기에 하방미분을 이용해 미분의 개념을 확장한 후 미분 불가능한 함수에서의 하방미분을 적용한다.

L1 페널티 항 전개식의 양변에 하방미분을 취하면 다음을 얻을 수 있다.

$$\partial_{w_j}\left(\alpha \sum_{j=1}^{p} |w_j|\right) = \partial_{w_j} \alpha |w_j| = \begin{cases} -\alpha & \text{if} \quad w_j < 0 \\ [-\alpha, \alpha] & \text{if} \quad w_j = 0 \\ \alpha & \text{if} \quad w_j > 0 \end{cases}$$

이제 각각의 합에 해당하는 라쏘 비용 함수로 다시 돌아오도록 한다. OLS 항과 L1 페널티 항은 각각 w에 대한 컨벡스 함수convex function이므로 라쏘 비용 함수 또한 컨벡스 함수이다.

▶ 두 컨벡스 함수의 합은 컨벡스 함수이다.

$$J_{\text{LASSO}}(w) = \tilde{J}_{\text{OLS}}(w) + \alpha \|w\|_1$$

이제 하방미분 정리 세 가지를 결합하여 적용하면 라쏘 비용 함수의 전역 최솟값global minimum을 계산할 수 있다. 라쏘 비용 함수에 하방미분을 취하고 이를 전개하여 정리한다.

$$\partial_{w_j} J_{\text{LASSO}}(w) = \partial_{w_j} \tilde{J}_{\text{OLS}}(w) + \partial_{w_j} \alpha \|w\|_1$$

$$0 = -\rho_j + w_j z_j + \partial_{w_j} \alpha |w_j| = \begin{cases} -\rho_j + w_j z_j - \alpha & \text{if} \quad w_j < 0 \\ [-\rho_j - \alpha, -\rho_j + \alpha] & \text{if} \quad w_j = 0 \\ -\rho_j + w_j z_j + \alpha & \text{if} \quad w_j > 0 \end{cases}$$

이 식을 w_j에 대한 식으로 정리하면 해를 얻을 수 있다. 두 번째 $w_j=0$일 때 폐구간closed interval이 0을 포함해야 하므로 $0 \in [-\rho_j-\alpha, -\rho_j+\alpha]$이 성립해야 하고, 이를 정리하면 $-\alpha \le \rho_j \le \alpha$ 조건을 얻을

수 있다. 이를 정리하고자 부드러운 임계 함수soft threshold function $S(\rho_j, \alpha)$를 정의한다. $S(\rho_j, \alpha)$는 $-\alpha$와 α 사이에서는 0의 값을 가지고 그 외에는 기울기 1의 값을 가지는 연속 함수로, 항등 함수를 $-\alpha$와 α 사이에서 0으로 감쇄shrink시키는 역할을 한다.

$$w_j = \frac{1}{z_j} S(\rho_j, \alpha) \triangleq \begin{cases} \dfrac{\rho_j + \alpha}{z_j} & \text{if} \quad \rho_j < -\alpha \\ 0 & \text{if} \quad -\alpha \le \rho_j \le \alpha \\ \dfrac{\rho_j - \alpha}{z_j} & \text{if} \quad \rho_j > \alpha \end{cases}$$

여기서 α는 임계값threshold, z_j는 스케일을 줄여주는 정규화 상수normalizing constant로 해석할 수 있다. X가 처음부터 정규화된 상태로 주어질 경우 z_j의 크기는 $1/n$과 같다.

이제 좌표 하강법 기반 라쏘 모델 알고리즘을 정리하면 다음과 같다.

좌표 하강법을 이용한 라쏘 모델의 최적화 알고리즘

(1) j=1, …, p에 대하여 z_j를 다음으로 정의한다.

$$z_j \triangleq \frac{1}{n} \sum_{i=1}^{1} (x_j^{(i)})^2$$

(2) 수렴하거나 이터레이션 상한선에 도달할 때까지 다음 좌표별 하강을 반복한다.

$$\text{For } j = 1, \cdots, p:$$

$$\rho_j \triangleq \frac{1}{n} \sum_{i=1}^{n} x_j^{(i)} \left(y^{(i)} - \sum_{k \ne j}^{p} w_k x_k^{(i)} \right)$$

$$w_j \triangleq \frac{1}{z_j} S(\rho_j, \alpha)$$

시간 복잡도를 포함하여 좌표 하강법을 이용한 라쏘 모델 최적화의 자세한 이론, 실무 논의를 살펴보고 싶다면 Friedman, Hastie & Tibshirani (2010)를 참고하기 바란다.

4.2.2 라쏘 모델 구현

이번에는 좌표 하강법을 이용하여 라쏘 모델을 구현한다. 또한, α별 라쏘 파라미터를 구하고 이를 그래프로 나타낸다. 구현 편의상 절편은 고려하지 않는다고 가정하며, 이를 위해 목푯값의 평균이 0이 되도록 필요한 패키지와 데이터를 불러온 후 평균 중심화mean centering를 먼저 수행한다. 여기서는 당뇨병 데이터셋을 사용한다.

```
import numpy as np
import pandas as pd
from matplotlib import pyplot as plt
from sklearn.datasets import load_diabetes
%matplotlib inline

diabetes = load_diabetes()
X = diabetes.data
y = diabetes.target
y = y - y.mean()
```

다음으로, soft_threshold() 함수와 좌표 하강법 알고리즘을 구현한다.

▶ 당뇨병 데이터셋은 피처를 정규화한 상태이므로 z는 모든 좌표에 대해 값이 1이다. sklearn 버전 1.1 이후에는 load_diabetes() 함수의 scaled 인자를 False로 설정하면 정규화하지 않은 원 데이터를 사용할 수 있다.

```
def soft_threshold(rho, alpha):
    if rho < -alpha:
        return rho + alpha
    elif rho > alpha:
        return rho - alpha
    return 0

def coordinate_descent_lasso(X, y, alpha=.01, num_iters=100):
    n,p = X.shape
    w = np.ones((p, ))
    z = np.zeros((p, ))

    for j in range(p):
        X_j = X[:, j].reshape(-1, 1)
        z[j] = np.inner(X[:, j], X[:, j])/n

    for i in range(num_iters):
        for j in range(p):
            rho = np.inner(X[:, j], y - np.matmul(X, w) + w[j] * X[:, j]) / n
            w[j] = 1 / z[j] * soft_threshold(rho, alpha)

    return w.flatten()
```

이제 α별로 라쏘 모델을 학습하고 파라미터 추정 결과를 그래프로 나타낸다.

```
ws = []
alphas = np.logspace(-3, 1, 300)

for alpha in alphas:
    w = coordinate_descent_lasso(X, y, alpha=alpha, num_iters=100)
    ws.append(w)

w_lasso = np.stack(ws).T

plt.figure(figsize=(12, 8))
for i in range(w_lasso.shape[0]):
    plt.plot(alphas, w_lasso[i], label=diabetes.feature_names[i])

plt.xscale('log')
plt.xlabel('Log alpha')
plt.ylabel('Parameter')
plt.title('Lasso Path')
plt.legend()
```

실행 결과

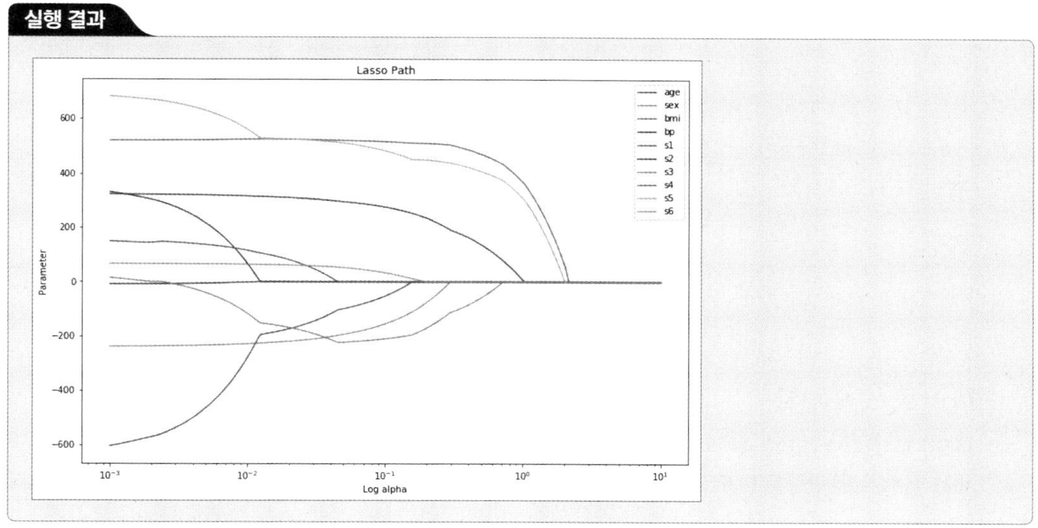

α값이 커짐에 따라 점점 더 많은 파라미터가 0으로 감쇄shrink하는 것을 확인할 수 있다. 이에 따라 적당한 α를 선택한 후 감쇄된 계수인 피처는 목푯값에 끼치는 영향이 작다고 가정하고 분석에서 배제하는 방식으로 피처 선택법을 수행한다.

4.3 패키지로 표현하기

sklearn.linear_model.Lasso 클래스[1]는 좌표 하강법을 통해 라쏘 비용 함수를 최적화하여 파라미터를 학습한다. Lasso 클래스에는 다음과 같은 주요 하이퍼파라미터가 있다.

하이퍼파라미터	주요값	기본값	의미
alpha	float>0	1.0	L1 규제 페널티 계수로, 비용 함수에서의 α에 해당. alpha가 0에 가까워질수록 OLS 해에 수렴한다.
fit_intercept	bool	True	절편 포함 여부 결정 - True: 절편 포함
max_iter	int>0	1000	이터레이션 횟수의 상한선
tol	float>0	1e-4	조기 종료에 대한 허용 오차. 이터레이션에 따른 업데이트의 값이 tol보다 작을 때 추가 조건을 확인하고 조기 종료를 결정한다.
positive	bool	False	파라미터 제약 조건 - True: 모든 파라미터가 0 이상의 값을 가지도록 강제
selection	'cyclic', 'random'	'cyclic'	계수의 업데이트 방식 - 'cyclic': 정해진 순으로 계수를 업데이트 - 'random': 매 이터레이션에서 계수를 랜덤한 순서로 업데이트. 이 옵션을 선택하면 특정 조건에서 수렴 속도가 매우 빨라질 수 있다.
random_state	None, int	None	selection이 'random'일 때 랜덤성을 제어하고자 사용

실제 사용 시 활용 팁

- LogisticRegression 클래스와 마찬가지로 비용 함수에 규제항이 포함되므로 특정 피처 범위 때문에 비용 함수가 큰 영향을 받지 않으려면 피처 스케일링을 선행해야 한다.
- 규제 페널티의 계수 하이퍼파라미터 alpha의 값에 따라서 선택되는 피처와 학습 결과가 크게 영향을 받으므로 적절한 alpha 설정이 가장 중요하다.

1 https://scikit-learn.org/stable/modules/generated/sklearn.linear_model.Lasso.html

Do it! 예제 4.2 Lasso 클래스 사용하기

이번 예제에서는 당뇨병 데이터셋을 라쏘 모델로 학습하고 그 결과를 평가한다. 먼저 다음과 같이 필요한 패키지와 데이터셋을 불러온다.

```
from sklearn.datasets import load_diabetes
from sklearn.linear_model import Lasso
from sklearn.model_selection import train_test_split
from sklearn.preprocessing import StandardScaler
from sklearn.pipeline import Pipeline
import numpy as np

X, y = load_diabetes(return_X_y=True, as_frame=True)
X_train, X_test, y_train, y_test = train_test_split(X,
                                                    y,
                                                    test_size=0.33,
                                                    random_state=1234)

X_train.head()
```

실행 결과

	age	sex	bmi	bp	s1	s2	s3	s4	s5	s6
221	-0.045472	-0.044642	-0.038540	-0.026328	-0.015328	0.000878	-0.032356	-0.002592	0.001144	-0.038357
176	0.045341	0.050680	0.019662	0.039087	0.020446	0.025930	0.008142	-0.002592	-0.003304	0.019633
227	0.067136	0.050680	-0.029918	0.057449	-0.000193	-0.015719	0.074412	-0.050564	-0.038459	0.007207
434	0.016281	-0.044642	0.001339	0.008101	0.005311	0.010899	0.030232	-0.039493	-0.045421	0.032059
110	0.041708	0.050680	-0.032073	-0.022885	-0.049727	-0.040144	0.030232	-0.039493	-0.126097	0.015491

피처의 표준 스케일링standard scaling 이후 학습하는 과정을 `Pipeline`으로 진행한다. 학습에서 규제 하이퍼파라미터 `alpha`는 `10`으로, 재현성을 위해 `random_state`는 `1234`로 설정한다. 학습한 모델을 학습 데이터셋과 테스트 데이터셋에 적용해 각각의 평균 절대 오차(MAE)를 계산한다.

```
scaler = StandardScaler()
reg = Lasso(alpha=10, random_state=1234)

pipe = Pipeline(steps=[("scaler", scaler), ("reg", reg)])
pipe = pipe.fit(X_train, y_train)

y_train_pred = pipe.predict(X_train)
y_pred = pipe.predict(X_test)

print(f'학습 데이터셋 MAE:{np.abs(y_train_pred - y_train).mean(): .3f}')
print(f'테스트 데이터셋 MAE:{np.abs(y_pred - y_test).mean(): .3f}')
```

실행 결과

```
학습 데이터셋 MAE: 47.475
테스트 데이터셋 MAE: 46.139
```

학습 결과 학습 데이터셋보다 테스트 데이터셋의 MAE 크기가 약 1.3 정도 작은 것을 확인할 수 있다. 일반적으로 학습 데이터에서의 성능은 테스트 데이터에서의 성능보다 좋으나 우연에 의해 테스트 데이터셋에서의 성능이 더 좋을 때도 있다. MAE값이 비슷하다는 면에서 보면 과적합 모델이 아니라고 평가할 수 있다.

한편, 선택한 피처를 확인하고자 `reg` 객체의 `coef_` 어트리뷰트[attribute]를 출력한다. 학습을 `Pipeline`에서 진행하였으나 학습 결과는 `reg` 객체에도 저장된다.

```
print('추정 파라미터의 값:\n', reg.coef_)
```

실행 결과

```
추정 파라미터의 값:
 [ 0.          -0.          22.14741042  7.25438995 -0.          -0.
 -4.43633143  0.          18.8046418   0.        ]
```

10개의 피처 중 6개의 피처가 예측에서 배제되고 `bmi`, `bp`, `s3`, `s5` 등 4개의 피처만 선택했다는 것을 알 수 있다. 이 4개의 피처는 목푯값 예측에 가장 많이 기여하는 상위 4개로 해석할 수 있으며, α값에 따라 다른 수의 피처가 선택된다.

한편, 이 결과에서 값 -0.은 0과 동일한 값으로, IEEE 754 표준 준수를 위해 numpy 패키지에서 구현한 결과이다. 이는 단지 표현법에 대한 문제이며 -0.은 0.과 동일한 클래스와 값이다.

```
print('re.coef_[0]의 클래스:', type(reg.coef_[0]))
print('re.coef_[1]의 클래스:', type(reg.coef_[1]))
print('re.coef_[0]과 0의 동일 여부:', reg.coef_[0] == 0)
print('re.coef_[1]과 0의 동일 여부:', reg.coef_[1] == 0)
```

실행 결과

```
re.coef_[0]의 클래스: <class 'numpy.float64'>
re.coef_[1]의 클래스: <class 'numpy.float64'>
re.coef_[0]과 0의 동일 여부: True
re.coef_[1]과 0의 동일 여부: True
```

4.4 라쏘 모델 보충 수업

라쏘 기법과 관련하여 더 학습하고 싶은 독자는 다음 내용을 살펴보기 바란다.

4.4.1 LARS 기반 라쏘 모델

좌표 하강법 외의 다른 방식으로도 라쏘 모델 최적화가 가능하다. `sklearn.linear_model.LassoLars` 클래스[1]는 LARS^least-angle regression 모델[2]을 이용하여 라쏘 모델을 최적화한다.

4.4.2 모델 선택법

모델 선택법^model selection은 가능한 여러 가지 경쟁 모델^competing model 중 가장 적절한 모델을 선택하는 방법이다. 좁은 측면에서 모델 선택법은 모델의 여러 후보 하이퍼파라미터 조합 중 최고의 성능을 내는 **가장 적절한 하이퍼파라미터 조합**을 선택한다는 의미에서 하이퍼파라미터 튜닝^hyperparameter tuning과 비슷하다고 볼 수 있다. 반면, 넓은 의미에서 모델 선택법은 성능과 모델 복잡도^model complexity 간의 상충 관계^trade-off까지 고려할 수도 있다는 점에서 차이가 있다.

한편, 적절한 모델의 기준은 여러 기준^criteria에서 논의할 수 있다. 넓게 구분했을 때에는 학습 데이터셋과 모델을 통해 산출한 가능도^likelihood 등을 비교해 산출하는 샘플 내 기준^in-sample criteria과 별도로 준비한 검증 데이터셋 등에 모델을 적용해 성능을 비교해 산출하는 샘플 외 기준^out-sample criteria이 있다. 샘플 내 기준에는 결정 계수 R^2, 아카이케 정보기준(Akaike information criterion, AIC), 베이즈 정보기준(Bayes information criterion, BIC) 등 통계 관점에서 여러 가지 정보기준^information criteria이 있고 샘플 외 기준에는 교차검증법 등이 있다. 여기서는 정보기준 기반의 모델 선택법과 교차검증 기반의 모델 선택법을 각각 논의한다.

1 https://scikit-learn.org/stable/modules/generated/sklearn.linear_model.LassoLars.html

2 https://scikit-learn.org/stable/modules/linear_model.html#least-angle-regression

정보기준 기반 모델 선택법

`LassoLarsIC` 클래스를 이용해 AIC와 BIC 등의 정보기준을 계산하고 이에 따라 모델을 선택한다. 정보기준은 모델 학습 결과를 그대로 이용할 수 있으므로 정보 기반 모델 선택법은 시간 복잡도 측면에서 유리하다. 하지만, 정보기준을 이용한 계산에는 신뢰성 있는 결과를 위해 큰 수의 샘플이 필요하다. 피처 개수가 샘플 개수보다 많다면 좋은 모델링에 실패할 수 있다.

AIC와 BIC의 정의는 문헌에 따라 다르게 제시될 수 있으며, 여기서는 `sklearn`에서 정의한 값을 기준으로 한다. $\hat{L}$을 모델로 추정한 최대 가능도maximum likelihood, p를 피처 개수라 할 때 AIC는 다음과 같이 정의한다.

$$\text{AIC} = -2\log\hat{L} + 2p$$

BIC는 위 식에서 p의 계수를 2에서 샘플 개수 n의 로그값으로 보정한 것이다.

$$\text{BIC} = -2\log\hat{L} + p\log n$$

노이즈noise의 분산에 대한 추정값을 σ^2, 목푯값과 예측값을 각각 y_i와 $\hat{y}_i$이라 할 때 오차항이 정규분포를 따르는 OLS 모델에서의 최대 로그 가능도maximum log-likelihood는 다음과 같이 계산한다.

$$\log\hat{L} = -\frac{n}{2}\log 2\pi - \frac{n}{2}\log\sigma^2 - \frac{\sum_{i=1}^{n}(y_i - \hat{y}_i)^2}{2\sigma^2}$$

따라서 위 분석 모델을 가정할 때 위 식을 AIC 식에 대입하면 다음과 같다.

$$\text{AIC} = n\log 2\pi\sigma^2 + \frac{\sum_{i=1}^{n}(y_i - \hat{y}_i)^2}{\sigma^2} + 2p$$

한편, 앞에서 σ^2이 노이즈 분산에 대한 추정값이라고 설명했다. 사용자가 이 추정값을 명시하지 않을 때 `LassoLarsIC` 클래스는 기본적으로는 이 값을 다음 불편추정량unbiased estimator으로 추정한다.

$$\hat{\sigma}^2 = \frac{\sum_{i=1}^{n}(y_i - \hat{y}_i)^2}{n-p}$$

여기서 $\hat{y}_i$은 OLS로 예측한 목푯값이다. 단, 이 식은 샘플 개수가 피처 개수보다 클 때만 유효하다는 것에 주의해야 한다.

교차검증법

교차검증법cross validation은 학습 데이터셋을 K개의 서브데이터로 무작위 분할한 후 이 중 (K-1)개의 서브데이터를 학습에, 1개를 검증에 사용하는 방식을 K개 경우의 수에 대해 각각 적용하고 이의 평균 성능을 산출하는 방법이다. 이때 얻은 성능은 K개 성능의 평균값으로 잘 정의할 수 있지만 파라미터는 평균값으로 정의할 수 없기에 교차검증법은 하이퍼파라미터 튜닝 방법일 뿐 파라미터 자체를 구하는 방법은 아니라는 것을 염두에 두어야 한다. 일반적으로 교차검증법으로 최고의 하이퍼파라미터 조합을 찾고 그 하이퍼파라미터 조합으로 학습을 수행하여 파라미터를 얻는 절차를 거친다.

라쏘에서는 하이퍼파라미터 α에 따라 실제 모델에 포함하는 피처 수가 달라지므로 적절한 α값을 선택하는 것이 매우 중요하다. `sklearn` 패키지의 `LassoCV`와 `LassoLarsCV` 클래스는 교차검증으로 라쏘의 α 하이퍼파라미터를 선택하는 모델 선택법을 수행한다. 공선성이 많은 고차원 데이터라면 `LassoCV` 클래스가 더 좋다. 하지만, `LassoLarsCV` 클래스는 다양한 α값을 찾을 때 도움이 되며, 샘플 개수가 피처 개수에 비해 매우 작을 때 `LassoCV`보다 빠른 경향이 있다.

Do it! 예제 ▶ 4.3 AIC, BIC, 교차검증법을 이용한 라쏘 모델의 모델 선택법[3]

이번 예제에서는 교차검증법, AIC, BIC를 이용해 라쏘 모델의 모델 선택법을 수행한다. 먼저 사용할 패키지와 당뇨병 데이터셋을 불러온다.

3 https://scikit-learn.org/stable/auto_examples/linear_model/plot_lasso_model_selection.html

```
# Author: Olivier Grisel
#         Gael Varoquaux
#         Alexandre Gramfort
#         Guillaume Lemaitre
# License: BSD 3 clause

from sklearn.datasets import load_diabetes

X, y = load_diabetes(return_X_y=True, as_frame=True)
X.head()
```

실행 결과

	age	sex	bmi	bp	s1	s2	s3	s4	s5	s6
0	0.038076	0.050680	0.061696	0.021872	-0.044223	-0.034821	-0.043401	-0.002592	0.019908	-0.017646
1	-0.001882	-0.044642	-0.051474	-0.026328	-0.008449	-0.019163	0.074412	-0.039493	-0.068330	-0.092204
2	0.085299	0.050680	0.044451	-0.005671	-0.045599	-0.034194	-0.032356	-0.002592	0.002864	-0.025930
3	-0.089063	-0.044642	-0.011595	-0.036656	0.012191	0.024991	-0.036038	0.034309	0.022692	-0.009362
4	0.005383	-0.044642	-0.036385	0.021872	0.003935	0.015596	0.008142	-0.002592	-0.031991	-0.046641

또한, 라쏘에 따른 피처 선택법의 효과를 더 분명하게 나타내고자 기존 피처 행렬에 랜덤한 14개의 피처를 추가하여 전체 피처 행렬을 구성한다. 이 14개의 피처가 모델 선택법을 통해 배제된다는 것을 확인하는 것이 목표이다. 다음 예제에서 rng는 분석의 재현성을 위해 사용한다.

```
import numpy as np
import pandas as pd

rng = np.random.RandomState(1234)
X_random = pd.DataFrame(rng.randn(X.shape[0], 14),
                        columns=[f"random_{i:02d}" for i in range(14)])
X = pd.concat([X, X_random], axis=1)
X.head()
```

실행 결과

	age	sex	bmi	bp	s1	s2	s3	s4	s5	s6	...	random_04	random_05	random_06	randon
0	0.038076	0.050680	0.061696	0.021872	-0.044223	-0.034821	-0.043401	-0.002592	0.019908	-0.017646	...	-0.720589	0.887163	0.859588	-0.636
1	-0.001882	-0.044642	-0.051474	-0.026328	-0.008449	-0.019163	0.074412	-0.039493	-0.068330	-0.092204	...	1.321158	-1.546906	-0.202646	-0.655
2	0.085299	0.050680	0.044451	-0.005671	-0.045599	-0.034194	-0.032356	-0.002592	0.002864	-0.025930	...	1.047579	1.045938	0.863717	-0.122
3	-0.089063	-0.044642	-0.011595	-0.036656	0.012191	0.024991	-0.036038	0.034309	0.022692	-0.009362	...	-0.136795	0.018289	0.755414	0.215
4	0.005383	-0.044642	-0.036385	0.021872	0.003935	0.015596	0.008142	-0.002592	-0.031991	-0.046641	...	-0.974236	-0.070345	0.307969	-0.208

5 rows × 24 columns

이번에는 LassoLarsIC 클래스를 이용하여 AIC와 BIC를 이용한 정보기준 모델 선택법을 수행하여 규제 페널티 항 α에 대한 최적값을 찾는다. 모델 학습 전 데이터를 StandardScaler 클래스로 표준화한다. 또한, 교차검증법과 비교하고자 학습에 걸리는 시간 또한 측정한다. 먼저 AIC로 모델 선택을 수행한다. make_pipeline() 함수는 파이프라인을 수행하는 함수로, sklearn.pipeline.Pipeline 클래스와 활용 방법이 비슷하다.

```
import time
from sklearn.preprocessing import StandardScaler
from sklearn.linear_model import LassoLarsIC
from sklearn.pipeline import make_pipeline
import matplotlib.pyplot as plt
%matplotlib inline

start_time = time.time()
lasso_lars_ic = make_pipeline(StandardScaler(),
                              LassoLarsIC(criterion="aic",
                                          normalize=False)).fit(X, y)
fit_time = time.time() - start_time
```

이제 α별로 학습한 모델의 AIC값을 results 데이터프레임으로 저장한다. 최소 AIC를 얻는 α값을 찾아 이를 alpha_aic에 저장한다.

```
results = pd.DataFrame({
    "alphas": lasso_lars_ic[-1].alphas_,
    "AIC criterion": lasso_lars_ic[-1].criterion_
}).set_index("alphas")
alpha_aic = lasso_lars_ic[-1].alpha_
print(f'alpha_aic:{alpha_aic: .3f}')
```

실행 결과

```
alpha_aic: 1.981
```

같은 방법으로 BIC도 계산한다.

```
lasso_lars_ic.set_params(lassolarsic__criterion="bic").fit(X, y)
results["BIC criterion"] = lasso_lars_ic[-1].criterion_
alpha_bic = lasso_lars_ic[-1].alpha_
print(f'alpha_bic:{alpha_bic: .3f}')
```

실행 결과

```
alpha_bic: 4.516
```

마지막으로 각 α값의 AIC와 BIC 값을 그래프로 나타낸다. 수직선으로 표현한 값은 각각 최소 AIC와 BIC를 산출하는 α를 의미한다. 코드 실행 시간 또한 기록한다.

```
ax = results.plot()
ax.vlines(alpha_aic,
          results["AIC criterion"].min(),
          results["AIC criterion"].max(),
          label="alpha: AIC estimate",
          linestyles="--",
          color="tab:blue")
ax.vlines(alpha_bic,
          results["BIC criterion"].min(),
          results["BIC criterion"].max(),
          label="alpha: BIC estimate",
          linestyle="--",
          color="tab:orange")
ax.set_xlabel('alpha')
ax.set_ylabel("criterion")
ax.set_xscale("log")
ax.legend()
_ = ax.set_title(
    f"Information-criterion for model selection (training time {fit_time: .2f}s)"
)
```

실행 결과

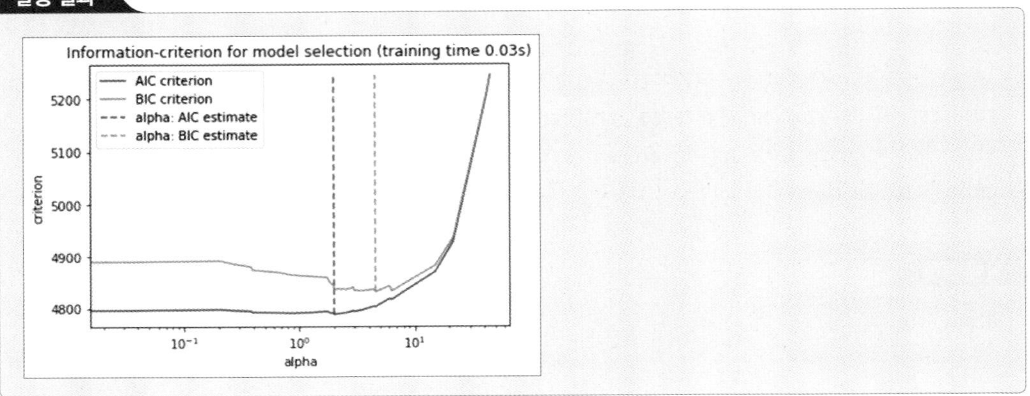

정보기준에 따른 모델 선택법은 샘플 내 데이터로 얻은 값을 기준으로 하므로 매우 빠르게 수행된다. 정보기준은 `fit()` 메서드로 데이터를 학습한 후라면 즉시 계산할 수 있다. 하지만 정보기준을 이용한 모델 선택법은 샘플이 많아야 하므로 피처 개수가 샘플 개수보다 많다면 적용할 수 없을 때가 잦다. 이럴 때는 노이즈noise의 분산 크기에 대한 추정값 등 추가 제약 조건이 필요하다.

다음으로, 교차검증법으로 하이퍼파라미터 튜닝을 수행한다. 라쏘 모델은 좌표 하강법을 이용한 `Lasso` 클래스와 LARS를 이용한 `LassoLars` 클래스를 이용하여 추정할 수 있으며, 이때 교차검증법을 이용한 라쏘 모델의 하이퍼파라미터 튜닝법은 각각 `LassoCV`나 `LassoLarsCV` 클래스에서 제공한다. 여기서는 이 중 `LassoCV`를 사용한 20-fold 교차검증법으로 α를 튜닝한다. 기존과 마찬가지로 `StandardScaler` 클래스로 피처 크기를 표준화하고 모델을 학습하며, 학습에 소요된 시간을 측정한다. `LassoCV`에 α의 후보값을 지정하지 않으면 100개의 α를 자동으로 지정한다.

```
from sklearn.linear_model import LassoCV

start_time = time.time()
model = make_pipeline(StandardScaler(), LassoCV(cv=20)).fit(X, y)
fit_time = time.time() - start_time
```

마지막으로 결과를 그래프로 나타낸다.

```
lasso = model[-1]
plt.semilogx(lasso.alphas_, lasso.mse_path_, linestyle=":")
plt.plot(lasso.alphas_,
         lasso.mse_path_.mean(axis=-1),
         color="black",
         label="Average across the folds",
         linewidth=2)
plt.axvline(lasso.alpha_,
            linestyle="--",
            color="black",
            label="alpha: CV estimate")

plt.ylim(2300, 3800)
plt.xlabel('alpha')
plt.ylabel('MSE')
plt.legend()
_ = plt.title(f"MSE on each fold: coordinate descent (train time: {fit_time: .2f}s)")
```

실행 결과

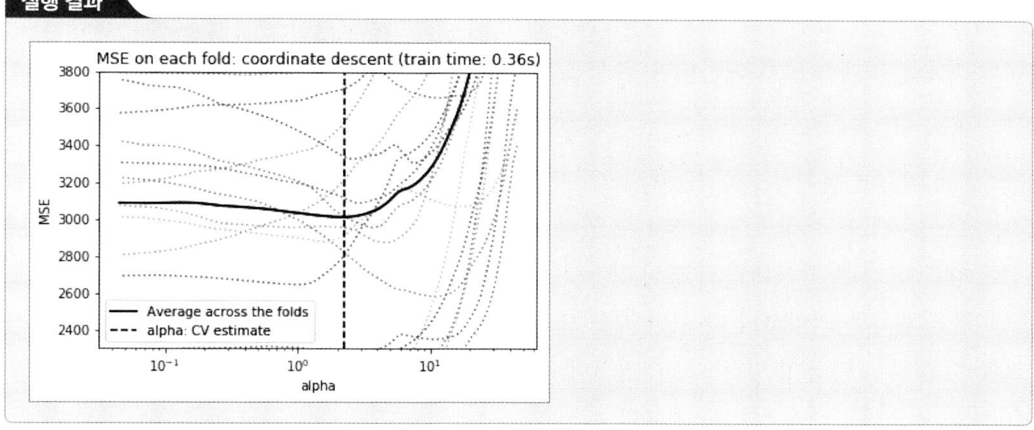

AIC와 BIC를 기준으로 한 결과보다 더 긴 시간이 걸린다는 것을 알 수 있다. 교차검증법은 학습 데이터 밖의 데이터를 기준으로 검증이 이루어지므로 정보기준보다 기본적으로 많은 시간이 필요하다.

결론적으로 이번 예제에서는 정보기준과 교차검증법을 기준으로 각각 하이퍼파라미터 α를 튜닝하였다. 정보기준 등의 샘플 내 하이퍼파라미터 선택법은 계산 효율성에서 우수하다. 하지만 이 방법은 샘플 개수가 피처 개수보다 많을 때에만 가능하다. 따라서 교차검증법을 이용한 하이퍼파라미터 튜닝이 더 안전한 전략이라고 볼 수 있다. 교차검증법은 다양한 설정에서 모두 잘 작동하기 때문이다.

앞의 예에서는 단일 하이퍼파라미터 α만 기준으로 하여 모델 선택을 수행하였다. 하이퍼파라미터가 여러 개라면 그리드 서치grid search를 사용할 수 있다. 그리드 서치는 모든 피처에 대해 후보값을 지정하고 각각의 후보값이 이루는 조합을 모두 계산하는 단순한 기법으로, 모든 후보값의 조합을 좌표 평면에 나타냈을 때 그 모습이 격자grid와 같다 하여 그리드 서치라는 이름이 붙었다. 각 피처의 후보 개수를 m이라 하고 피처 개수가 p일 때 탐색해야 할 총 경우의 수는 m^p이 된다. 따라서 피처 개수가 매우 많을 때는 이 방법은 수행하기 어렵다. 그리드 서치는 '6.4 결정 트리 모델 보충 수업'에서 자세히 설명한다.

4장에서 살펴본 내용

라쏘 모델은 피처 선택법을 수행할 수 있는 선형 회귀 모델이다. 라쏘는 비용 함수를 최적화하는 과정에서 불필요한 피처의 계수(파라미터)를 0으로 만들어 피처 선택의 효과를 만든다. 선택된 피처는 규제 페널티 하이퍼파라미터 α의 크기에 따라 다르다. α가 커질수록 더 많은 계수가 0으로 감쇄하고 α가 특정 값보다 커질 때 모든 계수가 0이 되는 효과가 발생한다. 따라서 적절한 α를 택해 적당한 수의 피처가 선택되도록 하는 것이 중요하다.

라쏘 모델은 피처 선택법을 수행할 수 있다는 장점이 있다. 하이퍼파라미터 α의 값이 점점 커짐에 따라 더 많은 파라미터의 값이 0이 되고, 이는 해당 파라미터를 계수로 가지는 피처가 모델에서 배제됨을 의미한다. 하지만 라쏘 모델 또한 선형 모델의 하나이기에 비선형 문제를 해결할 수 없다는 단점이 있다. 또한, 라쏘에서는 파라미터 크기의 L1 합을 규제하기 때문에 학습 전 피처 스케일링을 선행해야 한다.

OLS 모델에 파라미터 크기 규제를 도입하면 파라미터 크기는 평균적으로 감쇄한다. 이 감쇄의 양상은 사용하는 규제 페널티에 따라 다르다. 이 장에서 사용한 L1 규제의 라쏘 모델에서는 특정 피처의 계수 파라미터의 값이 0이 되는 피처 선택법을 수행했다.

다음 장에서는 마지막 선형 모델로 릿지 회귀 모델을 학습한다. L2 규제를 사용하는 릿지 회귀 모델에서는 특정 파라미터가 모델에서 제외되는 대신 파라미터가 전체적으로 감쇄하는 양상을 보인다.

4장 되새김 문제

1. 스케일링과 LassoCV 파이프라인

이번 문제에서는 당뇨병 데이터셋을 라쏘 모델로 학습하고 그 결과를 평가한다. 그리고 최적의 α값을 찾고자 학습 데이터셋에 10-fold 교차검증법을 적용한다. 사용할 패키지와 데이터셋은 다음과 같다.

```
from sklearn.datasets import load_diabetes
from sklearn.linear_model import LassoCV
from sklearn.preprocessing import StandardScaler
from sklearn.pipeline import make_pipeline
from sklearn.model_selection import train_test_split
import numpy as np

X, y = load_diabetes(return_X_y=True, as_frame=True)
X_train, X_test, y_train, y_test = train_test_split(X,
                                                    y,
                                                    test_size=0.33,
                                                    random_state=1234)
```

다음 단계를 순서대로 수행하는 `sklearn.pipeline.make_pipeline()` 함수를 만들고 `make_pipeline()` 함수를 `X_train`, `y_train`으로 학습하라.

(1) 피처에 대한 표준 스케일링[standard scaling] 수행

(2) LassoCV 클래스로 α=[0.01, 0.1, 1, 10, 100]을 10-fold 교차검증법으로 테스트

학습 결과 가장 좋은 성능을 산출하는 α를 찾고, 그 α를 적용했을 때의 피처 계수와 테스트 데이터 기준 평균 절대 오차(MAE)를 구하라.

2. 불필요한 피처가 많은 상황에서 선형 모델 비교하기

샘플 개수를 n, 피처 개수를 p라 하자. 2장에서 OLS 모델을 학습할 때 항상 $n \gg p$로 가정하였다. 이번 문제에서는 $p \gg n$이면서 피처 행렬이 불필요한 피처를 다수 포함할 때의 OLS 모델 성능을 구하고 이를 라쏘 모델과 비교한다.

우선 먼저 짚고 넘어가야 할 부분은 $p \gg n$이더라도 평균 제곱 오차(MSE)를 최소화하는 해 자체는 여전히 구할 수 있다는 것이다. 예를 들어 다음의 $p > n$인 데이터셋을 OLS로 모델링한다고 하자.

$$X = \begin{pmatrix} 1 & 1 & 2 \\ 3 & 4 & 5 \end{pmatrix}, \quad y = \begin{pmatrix} 4 \\ 12 \end{pmatrix}$$

이 데이터셋의 OLS 모델 해 $w=[w_1, w_2, w_3]$은 다음 연립 방정식의 해와 같다.

$$\begin{cases} w_1 + w_2 + 2w_3 = 4 \\ 3w_1 + 4w_2 + 5w_3 = 12 \end{cases}$$

이 해는 연립 방정식을 풀이하는 측면에서는 무수히 많은 해를 가진다. 예를 들어, $w_1=1$, $w_2=1$, $w_3=1$이 해가 될 수 있고 $w_1=-2$, $w_2=2$, $w_3=2$ 또한 해가 될 수 있다. 사실 이 연립 방정식의 해는 다음 조건을 만족하기만 하면 되므로 해가 무수히 많다.

$$\begin{cases} w_2 = w_3 \\ w_1 + 3w_3 = 4 \end{cases}$$

이처럼 해가 무한한 연립 방정식을 부정 방정식[indeterminate equation]이라 한다. 머신러닝의 관점에서 부정 방정식은 0의 MSE값을 달성한다는 의미와 같다. 언뜻 생각해 보면 0의 MSE는 이상적인 상황인 듯하지만 여기서는 사실 매우 좋지 않은 상황이다. 0의 MSE를 가지는 해가 무한 개라면 이 중 어떤 해가 해당 현상을 가장 잘 설명하는 해인지를 파악할 수 없기 때문이다.

▶ 2장에서의 피처 행렬이 풀 칼럼 랭크[full column rank] 조건을 만족하지 않을 때 부정 방정식이 도출된다.

$p > n$일 때는 $X^T X$의 역행렬이 존재하지 않아 정규 방정식 풀이를 도출할 수 없지만 `sklearn` 패키지의 `LinearRegression` 클래스에는 해를 도출할 수 있는 로직이 있다. 하지만 이 해는 일반화할 수 있는 신뢰로운 해가 될 수 없으며, 이번 문제에서는 이를 예시로 살펴보고 OLS 모델의 성능을 라쏘 모델의 성능과 비교하도록 한다. 여기서는 다음의 패키지와 데이터셋을 사용한다.

```
from sklearn.datasets import make_regression
from sklearn.model_selection import train_test_split
from sklearn.linear_model import LinearRegression, Lasso

X, y = make_regression(n_samples=300,
                       n_features=400,
                       n_informative=50,
                       n_targets=1,
                       bias=0.0,
                       noise=10.0,
                       random_state=1234)
X_train, X_test, y_train, y_test = train_test_split(X,
                                                    y,
                                                    test_size=0.33,
                                                    random_state=1234)
```

OLS 모델로 (X_train, y_train) 쌍을 학습하고 이를 (X_test, y_test) 쌍에 적용하여 MSE를 계산하라. 라쏘 모델로도 동일한 분석을 한 후 이를 OLS의 결과와 비교하라.

5장

릿지 회귀 모델

2장부터 4장까지 중요한 선형 모델을 살펴보았다. 이번 장에서 학습할 릿지 회귀 모델은 L2 규제 페널티를 적용하는 방법으로, L2 규제항이 미분 가능이므로 최적화 방법은 2장의 OLS 모델과 크게 다르지 않으며 규제의 의미는 4장의 라쏘 모델과 크게 다르지 않다. 하지만 이번 장의 내용과 앞의 내용을 비교하며 학습한다면 각 모델의 공통점과 차이점을 구분하는 데 도움이 될 것이다. 이와 함께 이번 장에서는 앞서 자세히 설명하지 않고 지나갔던 심화 내용도 비교적 자세히 설명한다.

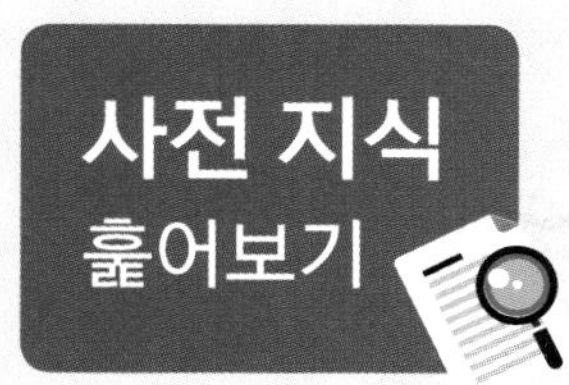

BFGS, SAG 계열 최적화 알고리즘

지금까지 살펴본 바와 같이 경사 하강법[gradient descent]은 미분을 이용하여 파라미터를 업데이트하는 이터레이션[iteration]을 통해 최적화를 수행하는 기법 모두를 일컫는다. 경사 하강법은 다양한 종류로 분류할 수 있지만, 이 책에서는 다음 기준으로 구분하도록 한다.

소분류	예시
기본 경사 하강법	최대하강법[steepest descent], 뉴턴법[Newton's method]
QNM	BFGS, L-BFGS, L-BFGS-G
기타	켤레기울기법[conjugate gradient method], 좌표 하강법[coordinate descent]

최대하강법과 뉴턴법은 2장에서, 좌표 하강법은 4장에서 자세히 살펴본 바 있다. 여기서는 이 장에서 활용할 BFGS 계열과 SAG 계열 알고리즘을 살펴본다. 우선 QNM[quasi-Newton method]에 속하는 BFGS 계열 최적화 알고리즘을 간단하게 살펴보자.

BFGS

BFGS 알고리즘[Broyden-Fletcher-Goldfarb-Shanno]은 QNM에 속하는 최적화 알고리즘으로, 비제약 비선형 최적화 문제[unconstrained nonlinear optimization problem]를 푸는 이터레이션 기반 방법이다. BFSG는 비용 함수의 2계 도함수[second derivative]인 헤시안 행렬[Hessian matrix]과 그 역행렬을 근사한 후 이를 사용하여 파라미터를 업데이트한다. 파이썬 `scipy.optimize.minimize()` 함수가 이를 구현한다.

L-BFGS

L-BFGS 또는 LM-BFGS 알고리즘[limited-memory BFGS]은 BFGS 알고리즘이 제한된 양의 컴퓨터 메모리를 사용할 수 있게끔 변형하고 근사한 것이다. `sklearn` 패키지에서는 이 알고리즘을 사용하지 않으며 `sklearn` 문서에서 `'lbfgs'`를 언급한 경우에는 다음의 L-BFGS-B 알고리즘으로 구현했음을 의미한다.

L-BFGS-B

L-BFGS-B 알고리즘(L-BFGS algorithm for bound constrained optimization)은 L-BFGS 알고리즘을 확장한 것이다. BFGS 알고리즘과 마찬가지로 `scipy.optimize.minimize()` 함수가 이를 구현하고 `sklearn` 패키지에서 이를 호출하여 사용하는 구조이다. `sklearn` 패키지의 여러 클래스에서 `solver` 하이퍼파라미터의 값을 `'lbfgs'`로 설정하면 이 알고리즘을 호출한다.

BFGS 계열 알고리즘은 상대적으로 작은 크기의 데이터셋에서 잘 작동하지만 데이터의 크기가 크면 성능이 떨어질 수 있으므로 이럴 때는 SAG 계열의 알고리즘 등 다른 최적화 기법을 사용하는 것을 추천한다. 다음은 SAG 계열 알고리즘이다.

SAG

SAG 알고리즘(stochastic average gradient descent)은 특정한 조건을 만족하는 여러 컨벡스 함수(convex function)의 유한 합을 최적화하는 기법이다(Schmidt, Le Roux, & Bach, 2017). 파라미터 업데이트 과정에서 랜덤하게 컨벡스 함수 중 하나를 선택하는 과정이 있어 이름에 S(stochastic)가 부여되었다. 이에 따라 SAG 알고리즘을 사용하는 모델에는 모두 `random_state` 하이퍼파라미터가 있다.

▶ 각 컨벡스 함수가 미분 가능하며 미분값이 Lipschitz 연속 함수(Lipschitz continuous function)일 때 SAG 알고리즘을 적용하나 이는 이 책의 범위 밖이라 생략한다.

3장의 로지스틱 회귀 모델에서는 비용 함수가 다음과 같았다.

$$J(w) = \sum_{i=1}^{n} \left(\log(1 + e^{x_i w}) - y_i x_i w \right)$$

모든 i에 대하여 $\log(1 + e^{x_i w})$과 $-y_i x_i w$ 모두가 컨벡스 함수이므로 이 비용 함수는 컨벡스 함수의 유한 합이고, 추가 조건을 만족하여 SAG 알고리즘을 적용할 수 있었다. 이 장에서 학습할 릿지 회귀 모델의 비용 함수 또한 조건을 만족하므로 SAG 알고리즘을 적용할 수 있다.

SAGA

SAGA 알고리즘은 SAG 알고리즘에서 편향bias을 없애고 보완한 변형 알고리즘이다(Defazio, Bach, & Lacoste-Julien, 2014).

SAG 알고리즘과 SAGA 알고리즘은 샘플과 피처 수가 모두 클 때 다른 최적화 알고리즘보다 빠르게 수렴하는 경향이 있다. 단, SAG 알고리즘과 SAGA 알고리즘은 피처 스케일scale이 비슷해야만 빠른 수렴이 보장된다는 점에 조심해야 한다. 즉, SAG와 SAGA를 사용하려면 피처 스케일의 전처리를 먼저 수행하는 것이 좋다. 데이터 전처리에는 `sklearn.preprocessing` 모듈의 다양한 피처 스케일링 관련 클래스를 사용할 수 있다.

`sklearn` 패키지의 여러 클래스에서 `solver` 하이퍼파라미터의 값을 각각 `'sag'`와 `'saga'`로 설정하면 SAG와 SAGA를 호출할 수 있다.

5.1 릿지 회귀 모델이란?

L2 규제가 있는 선형 최소 제곱법, 티호노프Tikhonov 규제 기법 등으로도 불리는 릿지 회귀ridge regression는 OLS의 비용 함수에 파라미터 크기에 대한 L2 페널티penalty를 추가하여 비용 함수를 정의한 후 이를 최적화하여 얻은 모델이다. 따라서 릿지 회귀 모델의 비용 함수는 다음과 같다.

$$J_{\text{Ridge}}(w) = \|y - Xw\|_2^2 + \alpha \|w\|_2^2$$

페널티의 크기를 제어하는 하이퍼파라미터 α가 클수록 감쇄shrinkage의 크기가 커지며 파라미터의 값은 다중공선성multicollinearity에 강건robust해진다. 라쏘와 비교하면 전반적으로 파라미터 대부분이 모두 점진적으로 감쇄하는 경향이 있다.

그림 5.1 규제 하이퍼파라미터 α값에 따른 파라미터 감소. 로그 스케일로 표현했다.

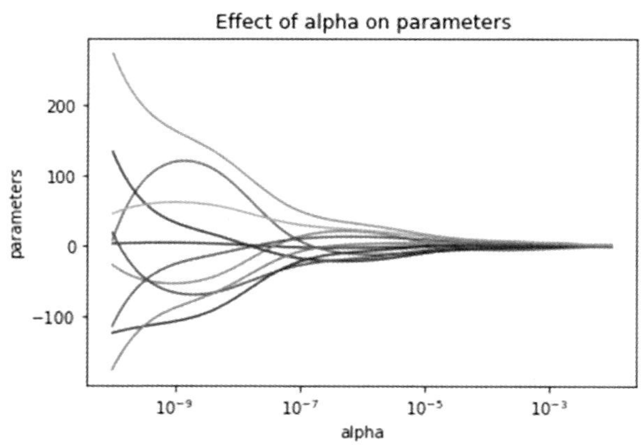

5.2 릿지 회귀 모델 구현하기

5.2.1 릿지 회귀 모델의 기본 이론

OLS의 비용 함수를 최소화했던 방법과 마찬가지로 릿지 회귀의 비용 함수 $J_{\text{Ridge}}(w)$를 전개한다. 라쏘와 다르게 규제 페널티 항 $\alpha\|w\|_2^2$이 미분 가능하므로 해를 구하는 과정이 간단하다.

$$J_{\text{Ridge}}(w) = \|y - Xw\|_2^2 + \alpha\|w\|_2^2 = (y - Xw)^{\text{T}}(y - Xw) + \alpha w^{\text{T}} w$$

우선 오른쪽 식을 w에 대해 미분하여 $J_{\text{Ridge}}(w)$의 기울기가 0이 되는 지점을 찾는다.

$$\nabla J_{\text{Ridge}}(w) = 0 \quad \rightarrow \quad -2X^{\text{T}}y + 2X^{\text{T}}Xw + 2\alpha w = 0$$

뒤에서 설명하겠지만, 행렬 $X^{\text{T}}X+\alpha I$는 양의 정부호 행렬positive definite matrix이므로 항상 역행렬이 있고 따라서 다음과 같은 유일 해를 얻을 수 있다.

▶ 여기서 I는 항등 행렬을 의미한다.

$$\hat{w}_{\text{Ridge}} = (X^{\text{T}}X + \alpha I)^{-1}X^{\text{T}}y$$

한편, 얻은 해가 $J_{\text{Ridge}}(w)$를 최소화하는 해라는 것을 보이려면 $J_{\text{Ridge}}(w)$의 헤시안Hessian이 양의 정부호 행렬임을 확인하면 된다. 헤시안 H는 $J_{\text{Ridge}}(w)$의 2계 도함수second derivative 행렬로, 다음과 같이 계산한다.

$$H = 2X^{\text{T}}X + 2\alpha I$$

이 문제는 $\frac{1}{2}H = X^{\text{T}}X + \alpha I$ 가 양의 정부호 행렬임을 보이는 것과 같고, 이를 위해 $\frac{1}{2}H$ 앞뒤로 임의의 0이 아닌 벡터 $z \in \mathbb{R}^p$를 곱한다.

$$z^{\mathrm{T}}(X^{\mathrm{T}}X+\alpha I)z = z^{\mathrm{T}}X^{\mathrm{T}}Xz+\alpha z^{\mathrm{T}}z = \|Xz\|_2^2+\alpha\|z\|_2^2 > 0$$

헤시안이 대칭 양의 정부호 행렬이므로 앞서 얻은 $\hat{w}_{\mathrm{Ridge}}$는 $J_{\mathrm{Ridge}}(w)$를 최소화하는 해이다.

한편, 2장에서와 마찬가지로 릿지 회귀도 X의 특잇값 분해(SVD)를 이용한 방식으로 수행할 수 있으며 X가 특이 행렬singular matrix에 가까울수록 사용 효과가 크다. i번째 특잇값singular value을 σ_i라 할 때 해는 다음과 같이 계산한다.

$$\hat{w}_{\mathrm{Ridge}} = \sum_{i=1}^{p} \frac{\sigma_i^2}{\sigma_i^2+\alpha^2} \frac{u_i^{\mathrm{T}}y}{\sigma_i} v_i$$

시간 복잡도

릿지 회귀 모델을 정규 방정식의 변형 형태를 이용한 $\hat{w}_{\mathrm{Ridge}} = (X^{\mathrm{T}}X+\alpha I)^{-1}X^{\mathrm{T}}y$로 구하거나 SVD로 구하는 방법의 시간 복잡도는 OLS와 동일한 수준인 $O(np^2)$이다. 릿지 회귀 모델의 구조는 OLS와 크게 다르지 않다.

5.2.2 릿지 회귀 모델의 심화 이론

TSVD-OLS와 릿지 회귀의 유사성

OLS의 해의 과적합성을 줄인다는 측면에서 릿지 회귀와 2장에서 살펴본 TSVD-OLS는 비슷한 면이 있다. 수학적으로는 다음과 같이 확인할 수 있다. 우선 축약 SVDreduced SVD를 적용하면 OLS의 해는 다음과 같다는 것은 2장에서 살펴보았다.

$$\hat{w}_{\mathrm{OLS}} = V\Sigma_R^{-1}U_R^{\mathrm{T}}y = \sum_{i=1}^{p} \frac{u_i^{\mathrm{T}}y}{\sigma_i} v_i$$

한편, TSVD-OLS에서는 OLS의 해에서 특정 임계값 이하의 특잇값을 제외하여 피처를 근사한 후 해를 계산한다. 선택한 특잇값을 k라 하면 TSVD-OLS 해는 다음과 같다.

$$\hat{w}_{\mathrm{TSVD\text{-}OLS}} = \sum_{i=1}^{k} \frac{u_i^{\mathrm{T}}y}{\sigma_i} v_i$$

마지막으로, 릿지 회귀에서 규제 하이퍼파라미터의 값이 α일 때 릿지 회귀의 해가 다음과 같다는 것은 앞서 살펴보았다.

$$\hat{w}_{\text{Ridge}} = \sum_{i=1}^{p} \frac{\sigma_i^2}{\sigma_i^2 + \alpha^2} \frac{u_i^{\text{T}} y}{\sigma_i} v_i$$

앞의 세 식에는 공통 표현이 있다. 이를 비교하고자 계수 ψ_i를 도입해 다음과 같은 형태를 고려한다.

$$\hat{w} = \sum_{i=1}^{k} \psi_i \frac{u_i^{\text{T}} y}{\sigma_i} v_i$$

OLS에서는 모든 i에 대하여 ψ_i=1로 두어 규제regularization를 별도로 적용하지 않는다. TSVD-OLS에서는 특잇값의 개수 k를 기준으로 그 이하의 값은 ψ_i를 1로, 이후의 값은 0으로 두어 계단형 점프sharp jump 형태의 규제를 적용한다.

마지막으로 릿지 회귀에서는 일부의 하이퍼파라미터를 선택적으로 삭제하는 대신 각각의 파라미터의 값을 다음과 같이 감쇄한다.

$$\psi_i = \frac{\sigma_i^2}{\sigma_i^2 + \alpha^2}$$

특정 규제 기법이 절대적으로 우위라기보다는 상황에 따라 적절한 기법을 사용하는 것이 좋다.

5.2.3 릿지 회귀 모델 구현하기

이번에는 정규 방정식 풀이 방식으로 α가 0, 0.1, 1인 릿지 회귀 모델을 각각 구현한다. 먼저 필요 패키지를 불러오고 데이터셋을 정의한다. 데이터로는 당뇨병 데이터셋을 사용한다. OLS 구현과 마찬가지로 데이터셋은 `numpy` 배열로 만든다.

```
import numpy as np
from sklearn.datasets import load_diabetes
from sklearn.model_selection import train_test_split

X, y = load_diabetes(return_X_y=True, as_frame=False)
X_train, X_test, y_train, y_test = train_test_split(X,
                                                    y,
                                                    test_size=0.33,
                                                    random_state=1234)
y_train = y_train.reshape(-1, 1)
y_test = y_test.reshape(-1, 1)

n_train, n_test = X_train.shape[0], X_test.shape[0]

X_train = np.append(np.ones((n_train, 1)), X_train, axis=1)
X_test = np.append(np.ones((n_test, 1)), X_test, axis=1)
```

$\hat{w}_{\text{Ridge}}$는 다음 식에 따라 계산할 수 있다.

$$\hat{w}_{\text{Ridge}} = (X^{\text{T}}X + \alpha I)^{-1} X^{\text{T}} y$$

계산한 $\hat{w}_{\text{Ridge}}$값을 학습 데이터셋과 테스트 데이터셋에 각각 대입해 alpha값에 따른 평균 절대 오차(MAE)를 계산한다.

```
alphas = [0, 0.1, 1]

for alpha in alphas:
    w = np.linalg.inv(X_train.T @ X_train + alpha *
                      np.identity(X_train.shape[1])) @ X_train.T @ y_train

    y_pred_train = X_train @ w
    print(f'alpha 값이 {alpha}일 때:')
    print(f'학습 데이터셋 MAE:{np.abs(y_pred_train - y_train).mean(): .3f}')
    y_pred = X_test @ w
    print(f'테스트 데이터셋 MAE:{np.abs(y_pred - y_test).mean(): .3f}\n')
```

실행 결과

```
alpha 값이 0일 때:
학습 데이터셋 MAE: 43.549
테스트 데이터셋 MAE: 42.618

alpha 값이 0.1일 때:
학습 데이터셋 MAE: 43.924
테스트 데이터셋 MAE: 43.368

alpha 값이 1일 때:
학습 데이터셋 MAE: 48.909
테스트 데이터셋 MAE: 49.590
```

이 코드에서 alpha가 0일 때가 OLS 추정값과 같으며 alpha가 커질수록 페널티에 따른 규제가 더욱 강하게 작용한다. 릿지 모델 추정값은 alpha가 커질수록 편향성[bias]이 커지므로 학습 데이터셋과 테스트 데이터셋에서의 성능이 떨어질 수 있다. 단, 릿지 모델 추정값은 분산을 감소시키므로 다중공선성이 클 때 등 불안정한 피처 행렬의 모델링을 수행하면 릿지 회귀 추정값은 안정적인 결과를 도출할 수 있다.

릿지 회귀 구현하기

이 구현은 sklearn.linear_model.Ridge 클래스에서 'cholesky' solver 접근법에 해당한다. 릿지 회귀는 닫힌 형태의 해를 가지고 있음에도 Ridge 클래스에는 다양한 solver가 있는데, 이러한 이유 중의 하나는 과적합을 줄이기 위한 릿지 회귀의 목적에도 불구하고 피처가 특이 행렬[singular matrix]에 가깝다면 해가 안정적으로 도출되지 않는 때가 흔하기 때문이다. 2장의 OLS 와 마찬가지로 X에 SVD를 적용하여 근사한 후 해를 구하는 기법인 'svd' solver 등 다양한 방법이 구현되었다.

5.3 패키지로 표현하기

sklearn.linear_model.Ridge 클래스[1]는 릿지 회귀 모델을 구현한다. Ridge 클래스에는 다음과 같은 하이퍼파라미터가 있다.

하이퍼파라미터	주요값	기본값	의미
alpha	float>=0	1.0	규제 강도를 뜻하며 alpha가 클수록 규제가 크게 작용한다.
fit_intercept	Bool	True	절편 포함 여부 결정 - True: 절편 포함
max_iter	int>0	None	이터레이션 횟수의 상한선 - None: solver에 따라 다른 기본값 부여
tol	float>0	1e-3	해의 정밀성precision. 해를 얼마나 정밀하게 구할 것인지를 결정한다.
solver	'auto', 'svd', 'cholesky', 'lsqr', 'sparse_cg', 'sag', 'saga', 'lbfgs'	'auto'	최적화 기법 선택 - 'auto': 데이터에 따라 이하 옵션 중 자동 선택 - 'svd': X에 SVD를 적용한 후 파라미터를 추정. 피처가 특이 행렬에 가깝다면 'cholesky'에 비해 더 안정적인 결과를 도출한다. - 'cholesky': 앞의 이론과 구현 부분에서 사용한 기법. scipy.linalg.solve() 함수를 사용하며, 이는 숄레스키 분해Cholesky decomposition를 통해 역행렬을 구한 후 닫힌 형태의 해를 구하는 것과 같다. - 'sparse_cg': scipy.sparse.linalg.cg() 함수로 구현한 켤레기울기법conjugate gradient method 사용. 대형 데이터셋에서는 'cholesky'보다 더 적합하다. - 'lsqr': scipy.sparse.linalg.lsqr() 함수로 구현한 최소 제곱법 사용. 희소 행렬에 적용하면 속도가 매우 빠르다. 이터레이션iteration 기반으로 수행한다. - 'sag': SAG 알고리즘 - 'saga': SAGA 알고리즘 - 'lbfgs': L-BFGS-B 알고리즘

1 https://scikit-learn.org/stable/modules/generated/sklearn.linear_model.Ridge.html

positive	bool	False	True라면 파라미터가 모두 양수값을 가지도록 강제한다. 'lbfgs' solver에서만 사용할 수 있다.
random_state	None, int	None	solver가 'sag' 또는 'saga'라면 데이터를 무작위로 섞는데, 이때의 무작위성을 고정한다.

실제 사용 시 활용 팁

- 특정 피처 범위로 말미암아 비용 함수가 큰 영향을 받는 것을 피하려면 피처 스케일링을 먼저 수행해야 한다.
- 라쏘와 마찬가지로 릿지 회귀에서도 규제 페널티 α값은 모든 파라미터의 크기와 모델 성능에 큰 영향을 끼치므로 적절한 α값을 선택하는 것이 중요하다. 그러므로 검증 데이터로 다양한 α값을 테스트한 후 최적의 α값을 선택하거나 **sklearn.linear_model.RidgeCV** 클래스[2]를 이용하여 교차검증법^cross validation^으로 이를 결정할 수도 있다. **RidgeCV** 클래스로 LOOCV^leave-one-out cross-validation^, K-fold 교차검증법 등 적용할 교차검증법을 선택하고 α값 후보와 클래스 가중치 등을 설정할 수 있다.

▶ LOOCV는 테스트 데이터셋의 샘플 개수를 하나로 하는 가장 극단적인 형태의 교차검증법이다.

Do it! 예제 5.1 Ridge 클래스 사용하기

이번 예제에서는 앞의 정규 방정식을 이용한 직접 구현과 **Ridge** 클래스의 결과를 비교한다. 먼저 필요한 패키지와 데이터셋을 불러온다.

```
from sklearn.linear_model import Ridge
from sklearn.datasets import load_diabetes
from sklearn.model_selection import train_test_split
import numpy as np

X, y = load_diabetes(return_X_y=True, as_frame=True)
X_train, X_test, y_train, y_test = train_test_split(X,
                                                    y,
                                                    test_size=0.33,
                                                    random_state=1234)
```

2 https://scikit-learn.org/stable/modules/generated/sklearn.linear_model.RidgeCV.html

이제 alpha가 0, 0.1, 1일 때 각각의 릿지 회귀 모델을 학습하고 학습 데이터셋과 테스트 데이터셋의 평균 절대 오차(MAE)를 비교한다.

```
alphas = [0, 0.1, 1]

for alpha in alphas:
    reg = Ridge(alpha=alpha)
    reg = reg.fit(X_train, y_train)

    y_pred_train = reg.predict(X_train)
    print(f'alpha 값이 {alpha}일 때:')
    print(f'학습 데이터셋 MAE:{np.abs(y_pred_train - y_train).mean(): .3f}')
    y_pred = reg.predict(X_test)
    print(f'테스트 데이터셋 MAE:{np.abs(y_pred - y_test).mean(): .3f}\n')
```

실행 결과

```
alpha 값이 0일 경우:
학습 데이터셋 MAE: 43.549
테스트 데이터셋 MAE: 42.618

alpha 값이 0.1일 경우:
학습 데이터셋 MAE: 43.928
테스트 데이터셋 MAE: 43.366

alpha 값이 1일 경우:
학습 데이터셋 MAE: 48.966
테스트 데이터셋 MAE: 49.582
```

alpha가 0일 때 거의 일치하는 결과를 얻었고 alpha가 0.1과 1일 때도 소수점 첫 번째 혹은 두 번째 자리 정도까지 비슷한 해를 얻었다. 패키지 구현 방식에 따라 결괏값에 어느 정도는 차이가 있을 수 있다.

Do it! 예제 5.2 OLS와 릿지 회귀의 변동성[3]

OLS 모델에서 학습 데이터셋의 샘플 개수가 적다면 피처의 노이즈는 학습한 모델 파라미터의 변동성에 큰 영향을 준다. 이와 달리 릿지 회귀 모델은 규제를 통해 파라미터의 크기를 감쇄시켜 변동성을 줄인다. 이번 예제에서는 이를 예시 데이터를 이용하여 확인한다.

먼저 필요한 패키지를 불러오고 데이터셋을 정의한다. 노이즈의 효과를 명확하게 관찰하고자 두 건의 샘플로 학습 데이터를 구성하며 피처도 1차원이 되도록 한다.

```
# Code source: Gaël Varoquaux
# Modified for documentation by Jaques Grobler
# License: BSD 3 clause

import numpy as np
from sklearn.linear_model import LinearRegression, Ridge
import matplotlib.pyplot as plt
%matplotlib inline

X_train = np.array([[0.5], [1]])
y_train = np.array([0.5, 1])
X_test = np.array([[0], [2]])
```

먼저 OLS일 때의 원본 데이터 기울기 예측값(파란색 선)과 노이즈를 포함한 데이터 기울기의 예측값(회색)을 나타낸다. 노이즈는 원 데이터에 가우시안 에러를 더하여 생성한다. 여기서 붉은 점과 회색 점은 각각 원본 학습 데이터와 노이즈를 포함한 학습 데이터를 뜻한다.

```
np.random.seed(1234)

fig, ax = plt.subplots(figsize=(4, 3))

clf = LinearRegression().fit(X_train, y_train)
ax.plot(X_test, clf.predict(X_test), linewidth=2, color="blue")
```

3 https://scikit-learn.org/stable/auto_examples/linear_model/plot_ols_ridge_variance.html

```
ax.scatter(X_train, y_train, s=30, c="red", marker="+", zorder=10)

for _ in range(6):
    this_X = 0.1 * np.random.normal(size=(2, 1)) + X_train
    clf = LinearRegression().fit(this_X, y_train)
    ax.plot(X_test, clf.predict(X_test), color="gray")
    ax.scatter(this_X, y_train, s=3, c="gray", marker="o", zorder=10)

ax.set_title('ols')
ax.set_xlim(0, 2)
ax.set_ylim((0, 1.6))
ax.set_xlabel("X")
ax.set_ylabel("y")
```

실행 결과

```
Text(0, 0.5, 'y')
```

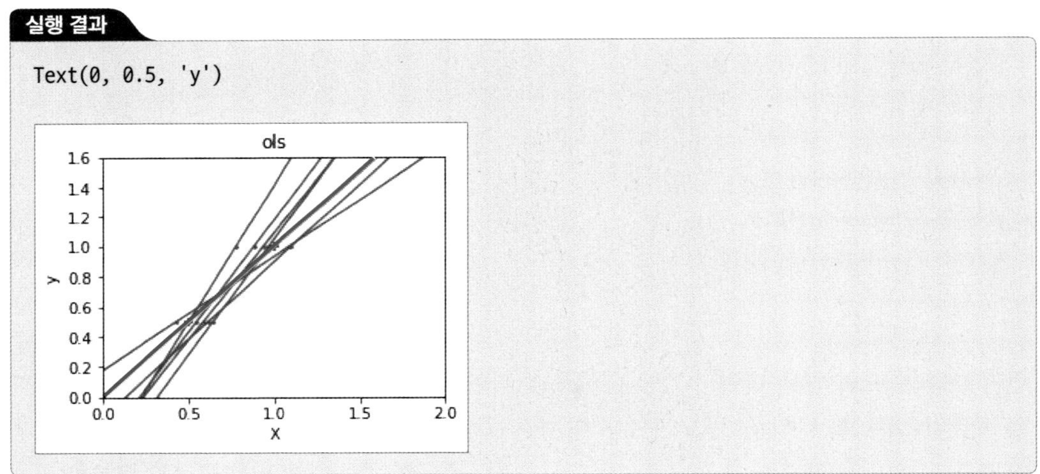

노이즈 크기에 따라 기울기의 변화폭이 큰 것을 확인할 수 있다. 이번에는 같은 데이터로 릿지 회귀 모델을 학습하고 그 결과를 그래프로 나타내 보자.

```
np.random.seed(1234)

fig, ax = plt.subplots(figsize=(4, 3))

clf = Ridge(alpha=0.1).fit(X_train, y_train)
ax.plot(X_test, clf.predict(X_test), linewidth=2, color="blue")
```

```
ax.scatter(X_train, y_train, s=30, c="red", marker="+", zorder=10)

for _ in range(6):
    this_X = 0.1 * np.random.normal(size=(2, 1)) + X_train
    clf = Ridge(alpha=0.1).fit(this_X, y_train)
    ax.plot(X_test, clf.predict(X_test), color="gray")
    ax.scatter(this_X, y_train, s=3, c="gray", marker="o", zorder=10)

ax.set_title('ridge')
ax.set_xlim(0, 2)
ax.set_ylim((0, 1.6))
ax.set_xlabel("X")
ax.set_ylabel("y")
```

실행 결과

```
Text(0, 0.5, 'y')
```

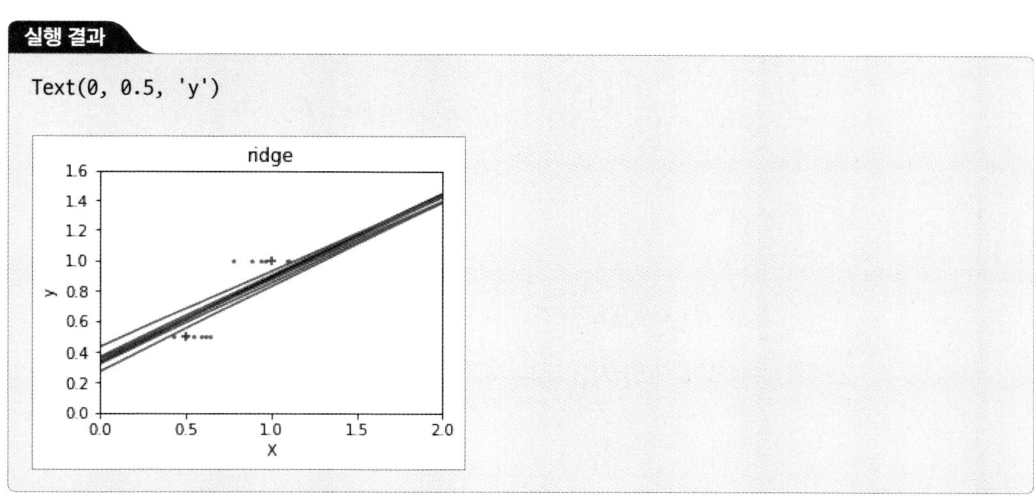

노이즈가 달라지더라도 파라미터의 값, 즉 기울기는 크게 변하지 않는 것을 확인할 수 있다. 따라서 릿지 회귀 모델은 노이즈에 강건robust하다. 한편, OLS와 달리 붉은 점과 회색 점 모두 그래프와 겹치지 않는다는 것도 확인할 수 있다. 이는 릿지 회귀 모델이 편향성bias을 지니게 설정되었다는 것을 뜻한다. 즉, 릿지 회귀 모델은 OLS 회귀 모델에 비해 분산은 줄지만 편향성은 증가하는 효과가 있다.

5.4 릿지 회귀 모델 보충 수업

릿지 회귀와 관련하여 더 학습하고 싶은 독자는 다음을 추가로 살펴보기 바란다.

5.4.1 편향-분산 상충 관계와 릿지 회귀의 분산

추정할 파라미터 θ에 대한 추정량estimator $\hat{\theta}$의 품질quality을 평가하려면 평균 제곱 오차(MSE)의 편향-분산 분해bias-variance decomposition를 사용하는 것이 일반적이다. θ를 $\hat{\theta}$으로 측정했을 때의 MSE는 다음과 같다.

$$\text{MSE} = E[(\hat{\theta} - \theta)^2] = E[\hat{\theta}^2] - 2\theta E[\hat{\theta}] + \theta^2$$

분산과 편향의 제곱은 다음과 같다.

$$\text{Var}(\hat{\theta}) = E[(\theta - E[\theta])^2] = E[\theta^2] - (E[\hat{\theta}])^2$$
$$\text{Bias}(\hat{\theta})^2 = (E[\theta] - \theta)^2 = (E[\theta])^2 - 2\theta E[\hat{\theta}] + \theta^2$$

따라서 다음의 항등식이 성립한다.

$$\text{MSE} = \text{Var}(\hat{\theta}) + \text{Bias}(\theta)^2$$

이 항등식은 편향-분산 상충 관계bias-variance trade-off로 알려졌다. 불편추정량unbiased estimator은 평균 제곱 오차(MSE)와 분산이 같으므로 MSE를 최소화하려면 분산을 최소화하면 된다.

샘플이 커짐에 따라 특정 조건에서 최대 가능도 추정량(MLE)은 불편추정량이자 최소 분산 추정량으로 수렴한다. 따라서 많은 경우에 MLE가 최고의 추정량이 된다. 하지만 어떤 때는 편향 추정량biased estimator이 MLE로 구한 추정량보다 MSE가 더 작기도 하므로 편향 추정량이 더 유용할 수도 있음을 염두에 두어야 한다.

이와 같은 관점에서 OLS 모델과 릿지 회귀 모델을 비교할 수 있다. 릿지 추정량의 분산이 OLS 추정량의 분산보다 작으므로 학습 모델의 일반화 가능성 측면에서 릿지 추정량의 이점이 있다. 하지만 통계 모델 관점에서 볼 때 릿지 추정량ridge estimator은 OLS 추정량과 달리 편향 추정량이고, 실제 데이터가 선형에 매우 가깝다면 릿지 회귀 모델을 사용하는 것이 오히려 안 좋을 수 있다.

Do it! 예제 5.3 거의 완벽한 선형 데이터에서의 OLS 모델과 릿지 회귀 모델

이번 예제에서는 거의 완벽하게 선형성을 따르는 데이터에서 OLS 모델과 릿지 회귀 모델을 학습하고 그 결과를 비교한다. 먼저 다음과 같이 데이터셋을 생성한다. 노이즈는 일부만 부과하되 분산을 나타내는 v를 매우 작은 값인 0.01로 설정하여 데이터셋이 거의 완벽한 선형성을 따르도록 한다. 랜덤성을 제어하고자 피처를 생성하기 직전에 np.random.seed(1234) 함수를 실행한다.

```
import numpy as np
import pandas as pd

n, n_train = 1000, 700
m, v = 1, 0.01

np.random.seed(1234)
X1 = np.random.normal(m, v, size=n)
X2 = np.random.normal(m, v, size=n)
X3 = np.random.normal(m, v, size=n)
X4 = np.random.normal(m, v, size=n)
y = X1 * 100 + X2 * 20 + X3 * 30 + X4 * 50 + np.random.normal(m, v, size=n)
df = pd.DataFrame({'y': y, 'X1': X1, 'X2': X2, 'X3': X3, 'X4': X4})

train, test = df.iloc[:n_train, :], df.iloc[n_train:, :]

X_train, y_train = train.iloc[:, 1:], train.iloc[:, 0]
X_test, y_test = test.iloc[:, 1:], test.iloc[:, 0]
```

OLS 모델의 학습 결과는 다음과 같다.

```
from sklearn.linear_model import LinearRegression, Ridge

reg1 = LinearRegression()
y_pred = reg1.fit(X_train, y_train).predict(X_test)
print(f'OLS 모델의 MAE:{((y_pred - y_test)**2).mean(): .5f}')
```

실행 결과

```
OLS 모델의 MAE: 0.00011
```

0.00011이라는 매우 낮은 평균 절대 오차(MAE)를 얻었다. 다음으로, 릿지 회귀 모델을 학습하고 그 결과를 평가한다. 규제의 강도를 나타내는 하이퍼파라미터 `alpha`를 1000에서 1/10씩 줄이며 테스트 데이터셋을 기준으로 MAE를 구한다.

```
for alpha in [1000, 100, 10, 1, 0.1, 0.01, 0.001]:
    reg2 = Ridge(alpha=alpha)
    y_pred = reg2.fit(X_train, y_train).predict(X_test)
    ((y_pred - y_test)**2).mean()
     print(f'alpha 값이 {alpha}일 때 릿지 회귀 모델의 MAE:{((y_pred - y_test)**2).mean():
.5f}')
```

실행 결과

```
alpha 값이 1000일 때 릿지 회귀 모델의 MAE: 1.44251
alpha 값이 100일 때 릿지 회귀 모델의 MAE: 1.44082
alpha 값이 10일 때 릿지 회귀 모델의 MAE: 1.42405
alpha 값이 1일 때 릿지 회귀 모델의 MAE: 1.27140
alpha 값이 0.1일 때 릿지 회귀 모델의 MAE: 0.52970
alpha 값이 0.01일 때 릿지 회귀 모델의 MAE: 0.02572
alpha 값이 0.001일 때 릿지 회귀 모델의 MAE: 0.00041
```

`alpha`가 1000일 때 1.44251이라는 상대적으로 매우 높은 MAE가 나왔다. `alpha`가 0에 가까울수록 MAE는 단조 감소하며 OLS의 MAE에 접근한다. 즉, `alpha` 값이 작을수록 좋은 성능을 내는데, 이는 이 데이터셋에서는 릿지 회귀 모델을 사용하는 것이 부적절하다는 것을 뜻한

다. 이와 같이 데이터의 선형성이 매우 높다면 릿지 회귀 모델은 OLS 모델보다 성능이 떨어질 수 있다. 이는 라쏘 회귀 모델에서도 마찬가지이다.

5.4.2 릿지 분류 모델

릿지 회귀 모델을 변형한 릿지 분류ridge classification 모델을 적용할 수도 있다. 이 분류기는 이진 목푯값을 각각 -1과 1로 변형하고 이 문제를 릿지 회귀 모델로 푼다. 학습 후 예측값의 부호를 예측 클래스에 대응하여 분류를 수행한다.

분류 과제에서 전통적인 크로스 엔트로피 손실 함수cross-entropy loss function나 힌지 손실 함수hinge loss function를 사용하는 대신 릿지 분류기를 이용한 규제화된 최소 제곱 오차penalized least squares loss를 사용하는 것에 의문을 가진 사람도 있을 것이다. 하지만 실질적으로는 전자의 모델이 정확도accuracy, 정밀도precision, 재현율recall 측면에서 비슷한 값을 얻는 반면, 릿지 분류 모델은 색다른 선택지를 주면서 동시에 빠르기도 하기 때문에 유용하게 사용할 수 있다.

릿지 분류 모델은 `sklearn.linear_model.RidgeClassifier` 클래스[1]로 구현되었다. `RidgeClassifier`의 학습 속도는 로지스틱 회귀 모델에 비해 매우 빠른데, 이는 로지스틱 회귀 모델을 구현한 `sklearn.linear_model.LogisticRegression` 클래스가 이터레이션 기반임에 비해 `RidgeClassifier`에서는 $(X^TX)^{-1}X^T$ 계산 한 번만 수행하면 되기 때문이다.

5.4.3 엘라스틱 넷 회귀 모델

엘라스틱 넷 회귀 모델은 L1 규제와 L2 규제를 동시에 적용하는 선형 회귀 모델이다. 이러한 특성 때문에 엘라스틱 넷 회귀에는 라쏘의 일부 피처 선택 특성과 릿지 회귀의 전반적인 피처 크기 감쇄 특성이 모두 있다. 엘라스틱 넷 회귀 모델의 비용 함수는 다음과 같다.

$$J_{\text{Elastic net}}(w) = \frac{1}{2n}\|y - Xw\|^2 + \alpha\rho\|w\|_1 + \frac{\alpha(1-\rho)}{2}\|w\|_2^2$$

이때 α는 전체 규제의 강도를 제어하고 ρ는 L1와 L2 규제 사이의 비율을 제어한다.

엘라스틱 넷 회귀는 높은 상관성이 있는 여러 개의 피처를 모두 사용하고 싶을 때 유용하다. 라쏘를 사용한다면 이 중 하나만 선택할 가능성이 크지만, 엘라스틱 넷에서는 두 피처 모두를 선택할 가능성이 크다.

1 https://scikit-learn.org/stable/modules/generated/sklearn.linear_model.RidgeClassifier.html

sklearn.linear_model.ElasticNet 클래스[2]는 엘라스틱 넷 회귀 모델을 구현한다. 라쏘와 마찬가지로 L1 규제에 해당하는 부분을 미분할 수 없으므로 엘라스틱 넷 회귀 모델 또한 좌표 하강법coordinate descent으로 구현하며, 이에 따라 많은 하이퍼파라미터를 라쏘와 공유한다. α, fit_intercept, max_iter, tol, positive, selection, random_state 등의 하이퍼파라미터가 라쏘와 개념상 동일하다. rho 하이퍼파라미터가 앞의 비용 함수에서 ρ에 대한 부분으로 추가되었다.

교차검증법을 수행하는 LassoCV나 RidgeCV와 마찬가지로 엘라스틱 넷 회귀에서도 엘라스틱 넷 회귀 모델을 기반으로 하여 교차검증법을 수행하는 sklearn.linear_model.ElasticNetCV 클래스[3]를 사용할 수 있다.

2 https://scikit-learn.org/stable/modules/generated/sklearn.linear_model.ElasticNet.html

3 https://scikit-learn.org/stable/modules/generated/sklearn.linear_model.ElasticNetCV.html

5장에서 살펴본 내용

릿지 회귀 모델은 파라미터의 전체적인 크기를 감쇄하여 다중공선성 문제를 완화하는 선형 모델이다. 릿지 회귀 모델은 규제를 통해 파라미터의 크기를 전체적으로 감쇄하는 것이 필요한 상황에서 유용하다. 일부 피처를 배제하고자 하는 상황에서는 4장에서 살펴본 라쏘 모델이 적절하다.

릿지 회귀 모델은 선형 모델이므로 비선형 문제를 해결할 수 없다는 단점이 있다. 그리고 릿지 회귀 모델은 파라미터 크기의 L2 합을 규제하는 형태이므로 각각의 피처 크기에 대한 정규화를 선행해야 한다.

첫째마당에서는 주요 선형 모델을 학습했다. 선형 모델은 이론적으로는 간단하지만 탄탄한 이론으로 이를 뒷받침하며 통계학 가정이 성립한다면 가설 검정의 수단으로도 적합하다. 이러한 많은 장점 때문에 데이터 분석 현장에서 널리 이용하며 고도화된 기법을 학습할 때 개념적으로도 유용하다. 다음 마당에서는 트리 모델을 학습한다.

5장 되새김 문제

1. Ridge 클래스 적용하기

이번 문제에서는 당뇨병 데이터셋과 **Ridge** 클래스를 이용하여 릿지 회귀 모델을 학습하고 성능을 평가한다. 필요한 패키지와 데이터셋 정의는 다음과 같다.

```
from sklearn.linear_model import Ridge
from sklearn.datasets import load_diabetes
from sklearn.model_selection import train_test_split
from sklearn.preprocessing import MinMaxScaler
import numpy as np

X, y = load_diabetes(return_X_y=True, as_frame=True)
X_train, X_test, y_train, y_test = train_test_split(X,
                                                    y,
                                                    test_size=0.33,
                                                    random_state=2345)
```

다음 절차에 따라 분석을 수행하자.

(1) 최소-최대 스케일러[min-max scaler]로 학습 데이터의 피처를 스케일링하라. 같은 기준으로 테스트 데이터셋의 피처 또한 스케일링한다.

(2) 학습 데이터셋으로 릿지 회귀 모델을 학습하라. 이때 규제 하이퍼파라미터 α는 10으로 하고, 최적화 알고리즘은 SAG로 한다. 결과의 재현성을 위해 `random_state`는 1234로 설정한다.

(3) 학습한 모델을 테스트 데이터의 전처리된 피처에 적용하여 예측값을 구한다.

예측값과 실제값을 비교하여 평균 제곱근 오차(RMSE)를 계산하라.

2. 비선형 회귀 문제에서의 선형 규제 모델

선형 모델의 규제를 통해 일반화 가능성을 높이고자 라쏘와 릿지 회귀 모델이 제안되었지만, 이들 규제 회귀 모델은 결국 피처와 목표 변수의 선형성을 가정하는 선형 모델에 포함된다. 데이터가 비선형 관계를 따를 때 선형 모델링은 성능에 명확한 한계가 있으므로 이번 문제에서는 이를 살펴보고자 한다.

여기서 사용할 데이터셋은 다음과 같다. 피처는 네 개를 사용하며 무작위 샘플을 작은 노이즈와 함께 생성한 후 우선 목표 변수가 피처와 양의 관계를 따르도록 생성한다. 그 다음에 다시 무작위로 샘플을 생성한 후 이번에는 목표 변수가 피처와 음의 관계를 따르도록 생성한다.

그리고 이 데이터를 결합하여 통합 데이터셋을 형성한다. 그러면 이 데이터셋 각각의 절반은 높은 선형 관계를 보이지만 합쳐진 데이터셋에서는 더이상은 선형 관계가 나타나지 않는다. 패턴 번호를 나타내는 X5 변수를 생성하여 패턴에 따라 달라지는 양상까지 데이터셋에 표현하도록 한다.

```
import numpy as np
import pandas as pd

n1, n2, n_train = 2500, 2500, 4000
m, v = 1, 0.1

np.random.seed(1234)
X1 = np.random.normal(m, v, size=n1)
X2 = np.random.normal(m, v, size=n1)
X3 = np.random.normal(m, v, size=n1)
X4 = np.random.normal(m, v, size=n1)
y = X1 * 200 + X2 * 30 + X3 * 100 + X4 * 500
df1 = pd.DataFrame({'y': y, 'X1': X1, 'X2': X2, 'X3': X3, 'X4': X4})
df1['X5'] = 0

X1 = np.random.normal(m, v, size=n2)
X2 = np.random.normal(m, v, size=n2)
X3 = np.random.normal(m, v, size=n2)
X4 = np.random.normal(m, v, size=n2)
y = -X1 * 500 - X2 * 300 - X3 * 200 - X4 * 100
df2 = pd.DataFrame({'y': y, 'X1': X1, 'X2': X2, 'X3': X3, 'X4': X4})
df2['X5'] = 1

df = pd.concat([df1, df2])
df = df.sample(frac=1, random_state=1234)
df
```

실행 결과

	y	X1	X2	X3	X4	X5
206	-1043.525008	0.854545	0.980386	1.084388	1.052588	1
2436	783.900028	0.742729	1.102032	0.776963	1.049194	0
1201	909.283251	0.958107	1.159922	1.071176	1.151493	0
1486	832.806098	1.066110	0.975990	0.939312	0.992746	0
1786	-1101.601106	0.940846	1.111162	0.959809	1.058676	1
...	...	...	...	...	...	...
664	842.658338	1.176910	1.054615	1.047532	0.941769	0
776	-1209.189849	1.125480	1.030696	1.174190	1.024031	1
1318	878.704510	1.140897	1.047285	0.954595	1.047294	0
723	877.670564	0.948883	1.220475	1.123088	1.077942	0
363	-1135.383281	1.050324	1.203564	0.798109	0.895300	1

5000 rows × 6 columns

다음으로, 학습 데이터셋과 테스트 데이터셋을 다음과 같이 분할한다.

```
train, test = df.iloc[:n_train, :], df.iloc[n_train:, :]

X_train, y_train = train.iloc[:, 1:], train.iloc[:, 0]
X_test, y_test = test.iloc[:, 1:], test.iloc[:, 0]
```

이 데이터셋에 OLS, 라쏘, 릿지 회귀 모델을 각각 적용하여 학습 후 평균 절대 오차(MAE)를 계산하라.

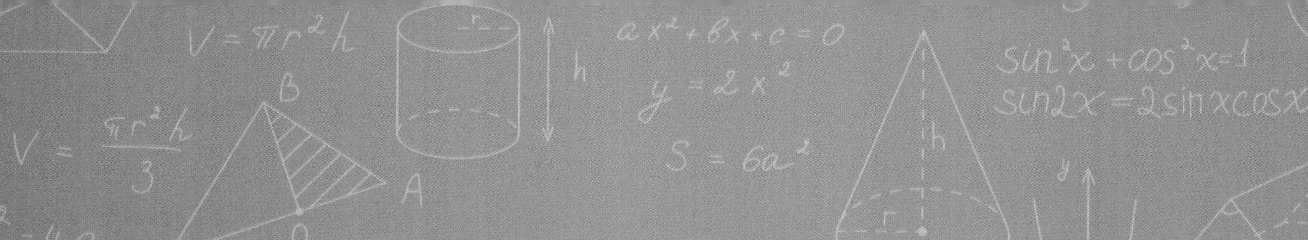

Supervised Learning with Tree Models

셋째마당

트리 모델을 이용한 지도 학습

셋째마당에서는 실무에서 가장 널리 사용하면서도 여러 가지 이론적 함의점을 가지는 트리 계열 모델을 소개한다. 결정 트리 모델과 같이 살펴볼 과적합, 해석력, 앙상블 모델 등은 머신러닝의 핵심적인 이론으로, 다른 계열의 모델에도 동일하게 적용할 수 있다.

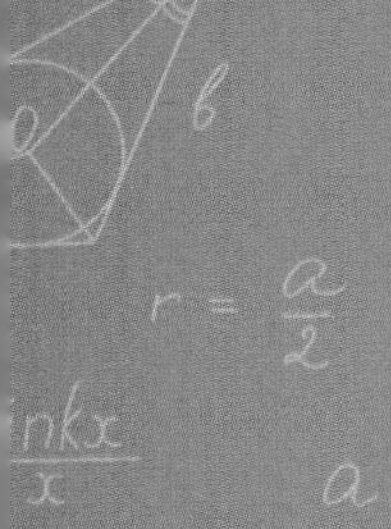

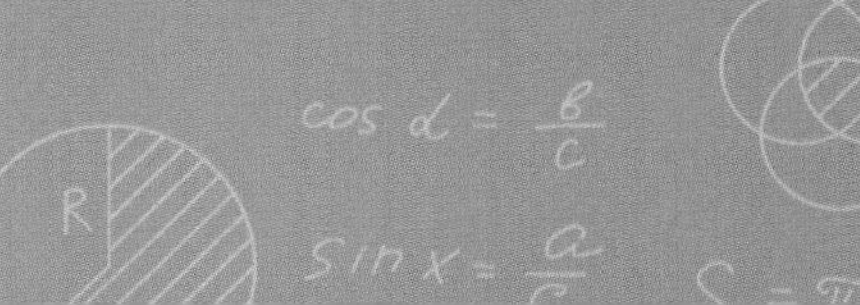

셋째마당에서는 세 가지 형태의 트리 계열 모델을 학습한다. 이들 트리 계열 모델은 모델별로 나타나는 뚜렷한 특성 때문에 학습에 다양한 이점이 있다. 6장에서 학습할 결정 트리decision tree는 분기 규칙에 제약이 없을 때 학습 데이터셋 기준 정확도가 매우 높으나 테스트 데이터셋에서는 일반화 가능성의 손실 때문에 정확도가 매우 낮아지는 현상을 자주 볼 수 있다. 따라서 결정 트리를 학습하면 머신러닝의 중요한 주제 중 하나인 편향-분산 상충 관계와 과적합 현상을 이해할 수 있다.

다음으로, 7장과 8장을 통해 약한 학습기weak learner를 조합하여 앙상블 모델ensemble model이라는 거대한 통합 모델을 이룰 수 있다는 것을 학습한다. 랜덤 포레스트random forest 모델과 그레이디언트 부스팅 트리(Gradient Boosting Trees, GBT) 모델은 각각 배깅bagging과 부스팅boosting 방식의 앙상블 모델로, 이들의 원리와 특성을 파악하여 트리 앙상블 모델을 포함하여 일반적인 앙상블 모델의 이해도 또한 높일 수 있다.

한편, 6장, 7장, 8장의 모델을 비교할 때는 해석력interpretability과 일반화 가능성generalizability의 상충 관계trade-off를 반드시 살펴보아야 한다. 결정 트리는 전형적인 화이트 박스 모델white box model로, 학습한 모델을 해석하는 데 뛰어나다. 하지만 수많은 결정 트리의 앙상블을 취하면 모델은 해석력을 잃게 된다. 즉, 어떠한 모델이 어떤 논리로 결과를 얻었는지를 파악하기 어려워진다. 이와 달리 앙상블 모델은 성능이 뛰어나므로 매우 우수한 일반화 가능성이라는 장점이 있다. 앙상블 모델에서의 해석력 손실을 만회하고자 XAIeXplainable AI 영역이 발전하고 있으며 XAI도 이번 마당에서 함께 살펴본다.

이처럼 트리 계열 모델은 머신러닝 전반에 응용할 수 있는 다양한 영역을 학습할 수 있다는 점에서 장점이 있으며 이런 이유로 트리 모델을 이번 마당의 주제로 정했다. 아무리 학문적으로 의미가 있다 하더라도 모델 자체의 성능이 떨어진다면 학습의 의미가 퇴색할 수 있다. 하지만 트리 앙상블 모델은 성능이 무척 우수하다. 즉, 딥러닝 계열과 더불어 현대 머신러닝에서 최고의 성능을 내는 모델의 하나로, 학습한 내용을 직접 실무에 적용할 수 있다는 점에서 큰 의미가 있다.

6장

결정 트리 모델

결정 트리 모델은 다양한 측면에서 배울 가치가 높은 모델이다. 우선 모델 구조가 직관적이고 결과를 해석하기 쉬우며 성능이 높은 랜덤 포레스트나 GBT 모델과도 직접 연결된다. 또한, 과적합, 그리디 알고리즘, 트리 자료 구조, 엔트로피 등 머신러닝의 다양한 주요 주제와 개념도 함께 배울 수 있다.

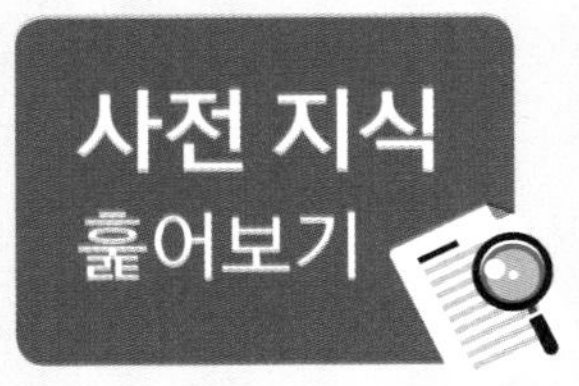

그리디 알고리즘

전역 탐색 알고리즘global search algorithm은 함수의 전역 최적값global optimum을 구하는 탐색 알고리즘이며, 지역 탐색 알고리즘local search algorithm은 함수의 지역 최적값local optimum을 구하는 알고리즘이다. 전역 탐색 알고리즘과 지역 탐색 알고리즘을 모두 적용할 수 있는 문제에서는 당연히 지역 탐색 알고리즘보다 전역 탐색 알고리즘으로 더 좋은 최적값을 얻을 수 있지만, 전역 탐색 알고리즘으로 최적값을 구할 수 있는 경우는 많지 않다. 전역 탐색 알고리즘의 예는 다음과 같다.

- 완전 탐색 알고리즘brute force algorithm: 모든 경우의 수에 대해 무차별 탐색을 수행한다. 경우의 수가 유한하고 너무 많지 않다면 전역 최적값을 얻을 수 있다.
- 컨벡스 최적화convex optimization: 경사 하강법gradient descent이나 그 변형 알고리즘은 원래 지역 최적값을 찾는 지역 탐색 알고리즘이다. 하지만 최적화하려는 함수 자체가 컨벡스 함수convex function라면 모든 수렴값은 전역 최적값이 된다. 컨벡스 함수에 대한 경사 하강법은 전역 최적화를 달성할 수 있는데, 이를 컨벡스 최적화라 한다.

그리디 알고리즘greedy algorithm은 각 단계에서 최선의 결정을 반복하다 보면 그 결과로 얻은 결정도 최선인 것으로 가정하고 지역 최적값을 순서대로 반복하는 알고리즘을 총칭한다. 그리디 알고리즘은 전역 최적값을 보장할 수 없는 탐색 알고리즘이지만, 특정 조건의 문제라면 전역해를 계산할 수 있다. 첫째마당에서 학습한 경사 하강법 또한 넓은 의미에서는 그리디 알고리즘의 하나로 볼 수 있으며, 앞서 설명했듯이 비용 함수가 컨벡스 함수라면 그리디 알고리즘으로 얻은 해는 전역 최적값을 달성한다.

트리 자료 구조

트리 자료 구조tree data structure는 노드node가 나뭇가지처럼 연결된 계층 자료 구조이다. 다음 그림처럼 나무를 뒤집은 모양과 비슷하다. 트리 안에는 하위 트리가 있고 그 하위 트리 안에 다시 하위 트리가 있는 재귀적인 자료 구조로 볼 수도 있다. [그림 6.1]은 트리 자료 구조를 나타낸다.

그림 6.1 트리 자료 구조

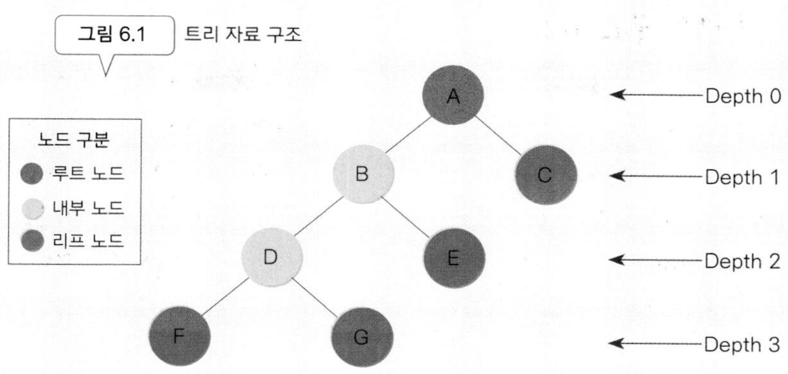

다음은 트리 자료 구조에서 사용하는 용어를 정리한 표이다.

명칭	설명	[그림 6.1]에서의 예시
노드	트리를 구성하는 기본 요소. 각 노드에는 자기 자신에 대한 정보와 하위 노드에 대한 연결 정보가 있다.	A, B, C, D, E, F, G
루트 노드[root node]	트리 구조에서 부모가 없는 최상위 노드	A
부모 노드[parent node]	자식 노드가 있는 노드	D의 부모 노드는 B
자식 노드[child node]	부모 노드의 하위 노드	D의 자식 노드는 F, G
형제 노드[sibling node]	부모가 같은 노드	F, G는 모두 부모가 D인 형제 노드
리프 노드[leaf node]	자식 노드가 없는 노드	C, E, F, G
내부 노드[internal node]	자식 노드가 있는 노드	A, B, D
깊이[depth]	루트에서 특정 노드까지의 간선 수	루트 노드 A의 깊이: 0 D의 깊이: 2
최대 깊이[max depth]	트리에 있는 모든 깊이 중 최댓값	3
오더[order]	부모 노드가 가질 수 있는 최대 자식의 수	오더 2인 트리라면 부모 노드는 최대 2명의 자식을 가짐

이 책에서는 오더가 2인 이진 트리[binary tree]만 다루도록 한다.

트리 자료 구조 구현하기

트리는 재귀 기법을 이용한 구현 등 다양한 방식으로 구현할 수 있지만, 다음과 같은 단순한 방식으로도 구현할 수 있다. 최대 깊이를 **max_depth**라 하고 트리 구조를 리스트[list] 타입 변수 **tree**로 생성한다고 가정한다. 이때 **tree** 리스트의 길이를 **(2**(max_depth + 1))**로 하고 첫 번째 자리 **tree[0]**을 비운 채 **tree[1]**부터 **tree[2**(max_depth + 1) - 1]**까지 노드를 부여한다. 예를 들어 최대 깊이가 2라면 다음과 같은 트리를 만든다.

그림 6.2 트리 자료 구조의 구현

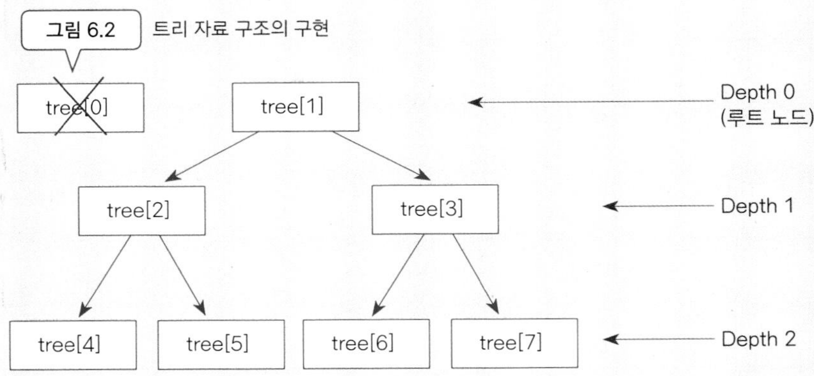

이 방법이 편리한 이유는 자식 노드와 부모 노드를 찾는 방법이 매우 간단해지기 때문이다. 자식 노드를 찾을 때 왼쪽 자식 노드로 내려간다면 인덱스[index]에 2를 곱하고, 오른쪽 자식 노드로 내려간다면 인덱스에 2를 곱한 후 1을 더하는 계산만 하면 된다. 부모 노드를 찾으려면 이 과정을 반대로 수행한다. 예를 들어, 노드 **tree[4]** 또는 노드 **tree[5]**에서 부모 노드를 찾으려면 4와 5를 각각 2로 나누어 그 몫을 구하면 된다. 몫이 2이므로 **tree[4]**와 **tree[5]**의 부모 노드는 **tree[2]**가 된다.

6.1 결정 트리 모델이란?

결정 트리decision tree는 입력값과 출력값의 관계를 트리 자료 구조와 같이 뿌리에서 잎까지 분기하며 이어지는 나무 모양으로 모델링하는 지도 학습 기법으로, 분류 문제를 푸는 분류 트리classification tree와 회귀 문제를 푸는 회귀 트리regression tree로 구분할 수 있다. 이번 장에서는 분류 트리를 중심으로 설명하고 '6.4 결정 트리 모델 보충 수업'에서 이를 회귀 트리로 확장하는 방법을 설명한다.

▶ 결정 트리 분류 모델을 분류 트리, 결정 트리 회귀 모델을 회귀 트리라 부르도록 한다.

다음은 타이타닉 데이터셋에서 생존 여부를 분류한 **학습된 분류 트리**이다. 이 모델은 탑승자의 피처(gender, age, sibsp)를 이용하여 생존 여부('survived' 또는 'died')를 예측한다. 각 샘플은 각 노드에서 질문을 받으며 그 질문의 대답에 해당하는 간선을 거쳐 다음 노드에 도달한다. 이 과정을 반복하며 마지막으로 리프 노드에 도달하면 클래스가 결정된다.

그림 6.3 타이타닉 데이터셋에 대한 학습된 결정 트리 모델

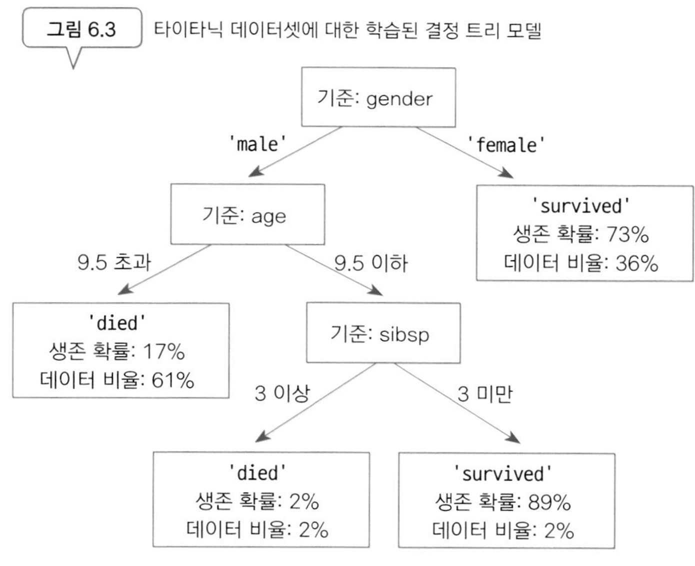

학습의 첫 분기는 성별을 나타내는 gender 피처이다. 성별이 여성('female')이라면 73%의 확률로 생존하였으며 이 경로를 따르는 샘플은 전체 데이터의 36%이다. 성별이 남성

(`'male'`)이라면 바로 결정이 이루어지지 않으며 나이를 나타내는 `age` 피처를 기준으로 다시 분기가 이루어진다. 나이가 9.5세 초과라면 17%의 확률로 생존(즉, 83%의 확률로 사망)하였으며 이 경로를 따르는 데이터는 총 데이터의 61%에 해당한다. 나이가 9.5세 이하라면 마지막으로 구성원 수(`'sibsp'`, 동승한 배우자나 가족 수)를 묻게 되며 구성원 수가 3 이상이라면 생존 확률은 2%(데이터 비율 2%), 3 미만이라면 생존 확률은 89%(데이터 비율 2%)가 된다.

종합적으로 볼 때 타이타닉 데이터셋에서는 여성 또는 9.5세 이하이면서 구성원의 수가 3 미만인 남성의 생존 확률이 높았음을 알 수 있다. 이렇듯 결정 트리는 학습 후 해석이 쉬운 화이트 박스 모델(white box model)에 속한다.

6.2 결정 트리 모델 구현하기

6.2.1 결정 트리 분류 모델의 이론

분류 트리는 스무고개 게임기와 그 원리가 같다고 할 수 있다. 즉, 분류 트리는 단일 피처의 값과 특정값의 크기를 비교하는 이진 질문binary question을 여러 차례 반복한 후 마지막 단계에서 해당 피처에 대한 출력값을 맞추는 문제를 학습한다. 분류 트리에서 트리는 데이터 포인트가 리프 노드까지 도달한 후 클래스 레이블을 알아맞히는 방향으로 학습을 수행한다.

전역적으로 최적인 결정 트리를 구하는 문제는 NP-완전 문제NP-complete problem에 해당하여 (Laurent & Rivest, 1976) 해결이 어렵기 때문에 결정 트리의 학습 알고리즘은 사실상 그리디 알고리즘 등으로 간략화하여 구현한다. 그리디 알고리즘을 적용할 때는 일반적으로 TDIDTtop-down induction of decision trees 전략을 사용한다. 이는 각 노드에서 국지적으로 가장 좋은 분기를 선택하는 것을 리프 노드까지 반복하는 전략이다. 이후 설명할 모든 알고리즘은 TDIDT 전략을 따른다.

TDIDT 전략에서 루트 노드의 데이터는 분기 규칙에 따라 루트 노드에서 다음의 자식 노드로 분기하고, 그 이후 또 다른 분기 규칙에 따라 그 자식 노드로부터 다시 다음의 자식 노드까지 분기한다. 이는 노드의 정지 규칙에 도달할 때까지 반복된다.

정지 규칙은 분기된 노드가 한 가지 클래스로만 이루어져 학습이 이루어질 필요가 없는 경우, 그 노드에서의 모든 피처에 대한 출력값의 조건부 분포가 동일하여 더는 분할해도 예측력이 개선되지 않을 경우, 그리고 너무 과도한 분할 때문에 과적합overfitting이 발생할 가능성이 큰 경우 등으로 구성할 수 있다.

한편, 분기 규칙은 분할 후 각각의 노드에서 종속 변수의 동질성homogeneity이 최대화되는 것으로 설정한다. 이를 위해서는 동질성에 대한 정의가 필요하며, 이는 분기 기준splitting criteria의 정의에 따라 결정된다.

분기 기준

분류 트리에서 분기 기준은 일반적으로 지니 불순도Gini impurity를 최소화하거나 정보 이득

information gain을 최대화하는 분기법 중 하나로 선택한다. 예를 들어 y의 클래스 레이블이 두 가지이고 노드 A에서 두 개의 자식 노드로 분기를 수행하는 상황을 가정하자.

우선 지니 불순도는 클래스가 잘못 분류될 확률의 가중 평균으로 정의한다. 노드 A에서 i번째 클래스의 상대 빈도를 p_i라 할 때, 이 클래스 내의 원소가 잘못 분류될 확률은 $(1-p_i)$로 볼 수 있다. 이를 데이터 내의 모든 클래스에 대해 가중 평균을 취하여 지니 불순도를 구할 수 있다. 따라서 노드 A에서의 지니 불순도는 다음과 같다.

$$G_A = \sum_{i=1}^{2} p_i(1-p_i) = \sum_{i=1}^{2}(p_i - p_i^2) = 1 - \sum_{i=1}^{2} p_i^2$$

이제 k번째 피처와 t_k값을 기준으로 노드 A를 자식 노드 B와 C로 분할하였다고 하고 B에서의 지니 불순도를 G_B, C에서의 지니 불순도를 G_C라 하자. 예를 들어 k번째 피처가 연속형 피처라면 $B=\{x \in A | x_k \le t_k\}$와 $C=\{x \in A | x_k > t_k\}$로 B와 C를 표현할 수 있다. 이제 노드 A에서 분기 이후의 지니 불순도는 다음과 같다. 여기서 $|B|$와 $|C|$는 각각 집합 B와 C의 샘플 혹은 원소의 개수cardinality를 의미한다.

$$\text{Gini\_impurity}(k, t_k) = \frac{|B|}{|B|+|C|} G_B + \frac{|C|}{|B|+|C|} G_C$$

지니 불순도의 최솟값을 찾으려면 미분 등을 통한 수학적 해를 구하는 대신 피처별로 경계점 t_k를 직접 대입하여 결과값을 비교한다.

한편 정보 이득은 정보 이론information theory의 엔트로피entropy에 개념을 두고 있다. 엔트로피는 다음과 같이 정의한다.

$$H(A) = -\sum_{i=1}^{2} p_i(y) \log p_i(y)$$

정보 이득은 부모 노드의 엔트로피에서 전체 자식 노드의 엔트로피를 뺀 값으로 정의한다. 마찬가지로 노드 A에서 k번째 피처 값을 기준으로 A를 자식 노드 B와 C로 분할하였고 그 분기 기준값이 t_k라 가정하자. 그러면 B와 C에서의 엔트로피를 각각 계산할 수 있다. 예를 들어 B에서의 엔트로피는 다음과 같다.

$$H(B) = -\sum_{i=1}^{2} p_i(y \mid B) \log p_i(y \mid B)$$

분할 이후의 전체 엔트로피는 $H(B)$와 $H(C)$의 가중합으로 나타낼 수 있다.

$$H(\{B,C\}) = \frac{|B|}{|B|+|C|} H(B) + \frac{|C|}{|B|+|C|} H(C)$$

분할로 인한 정보 이득은 분할 전의 엔트로피에서 분할 후의 엔트로피를 뺀 값으로 정의한다.

$$\mathrm{IG}(A,\{B,C\}) = H(A) - H(\{B,C\}) = H(A) - \frac{|B|}{|B|+|C|} H(B) - \frac{|C|}{|B|+|C|} H(C)$$

지니 불순도와 마찬가지로 정보 이득을 최대화하려면 피처별로 경계점 t_k를 직접 대입하며 최솟값을 찾는다.

분기 규칙 예

정보 이득을 이용한 분기 방법 계산의 예로 네 개의 피처 `Outlook`, `Temperature`, `Humidity`, `Windy`와 이진 클래스 `Play_Golf`에 대한 14개의 샘플을 가진 다음의 데이터를 가정하자.

Outlook	Temperature	Humidity	Windy	Play_Golf
Rainy	Hot	High	FALSE	No
Rainy	Hot	High	TRUE	No
Overcast	Hot	High	FALSE	Yes
Sunny	Mild	High	FALSE	Yes
Sunny	Cool	Normal	FALSE	Yes
Sunny	Cool	Normal	TRUE	No
Overcast	Cool	Normal	TRUE	Yes
Rainy	Mild	High	FALSE	No
Rainy	Cool	Normal	FALSE	Yes

Sunny	Mild	Normal	FALSE	Yes
Rainy	Mild	Normal	TRUE	Yes
Overcast	Mild	High	TRUE	Yes
Overcast	Hot	Normal	FALSE	Yes
Sunny	Mild	High	TRUE	No

데이터 출처: Witten, Frank, and Hall(2011)

이제 이 데이터 전체를 루트 노드 R에 넣은 상태에서 첫 번째 분기가 이루어진다고 가정하자. `Windy` 피처를 이용해서 분기했을 때의 정보 이득을 구하고자 분기 전 노드의 엔트로피를 계산한다. 노드는 9개의 `Yes`와 5개의 `No`를 가지므로 엔트로피는 다음과 같다.

$$H(R) = -\frac{9}{14}\log_2\frac{9}{14} - \frac{5}{14}\log_2\frac{5}{14} = 0.94$$

`Windy` 피처를 이용하여 분기하며 루트 노드 R을 `Windy`의 값이 `TRUE`인 자식 노드 A와 `FALSE`인 자식 노드 B로 분할하는 것을 고려한다고 하자. 노드 A는 6개의 샘플이 있고, 이 중 목푯값인 `Play_Golf`가 `Yes`인 샘플과 `No`인 샘플 모두 각각 3개이다. 따라서 노드 A에서의 엔트로피는 다음과 같다.

$$H(A) = -\frac{3}{6}\log_2\frac{3}{6} - \frac{3}{6}\log_2\frac{3}{6} = 1$$

한편, 노드 B는 8개의 샘플이 있고 이 중 6개에서 `Play_Golf`가 `Yes`이며 2개에서 `No`이므로 B에서의 엔트로피는 다음과 같다.

$$H(B) = -\frac{6}{8}\log_2\frac{6}{8} - \frac{2}{8}\log_2\frac{2}{8} = 0.81$$

분기로 얻을 정보의 양을 파악하고자 우선 분기 후의 총 엔트로피를 구한다. 분기 후의 엔트로피는 두 자식 노드 A와 B에서의 엔트로피의 가중 평균으로 계산할 수 있는데, 이때 가중치는 각 노드의 비율(확률)이다.

$$H(\{A,B\}) = \frac{6}{14} \times 1 + \frac{8}{14} \times 0.81 = 0.89$$

이제 `Windy` 피처를 분할할 때 생기는 정보 이득[information gain]을 계산할 수 있다.

$$\mathrm{IG}(R,\{A,B\}) = H(R) - H(\{A,B\}) = 0.05$$

이와 같은 방식으로 나머지 세 피처 `Outlook`, `Temperature`, `Humidity`도 분할 시 발생할 정보 이득을 계산한 후 이 중 정보 이득이 최대인 피처를 이용하여 노드를 분할한다. 이 과정을 반복하여 트리를 생성한다.

결정 트리 알고리즘

다음 표는 잘 알려진 결정 트리 알고리즘이다. 모두 TDIDT 전략으로 결정 트리를 구현한다.

이름	분기 규칙	설명
ID3 (Quinlan, 1986)	정보 이득 최대화	ID3(iterative dichotomiser 3)는 분류 문제에만 적용할 수 있으며 모든 피처는 범주형이어야 한다.
C4.5 (Quinlan, 1993)	정보 이득 최대화	ID3에서 발전하였으며 피처가 범주형 변수이어야 한다는 조건이 사라졌다. 숫자형 변수를 여러 구간[interval]으로 분할[partition]하는 방식으로 범주형 피처로 변환하여 사용할 수 있다. ID3과 달리 학습한 트리를 If-then 규칙의 집합[rule set]으로 변환하는 과정을 추가하였다. 각 규칙에 대하여 규칙이 데이터에서 실제로 성립하는 비율인 정확도를 계산하며, 가지치기는 전체 정확도가 증가하는 방향으로 일부 규칙을 제거하면서 이루어진다.
CART (Breiman et al., 1984)	분류: 지니 불순도 최소화 회귀: MSE 최소화	CART(classification and regression trees)는 C4.5와 비슷하나 회귀 모델을 추가했고 If-then 규칙 집합을 제공하지 않는다는 점에서 다르다.
CHAID (Kass, 1980)	분류: 카이제곱검정 회귀: F-검정	CHAID(chi-square automatic interaction detection)는 통계 검정을 기반으로 분기를 수행한다.

시간 복잡도

학습의 결과로 균형 잡힌 이진 트리[balanced binary tree]가 얻어질 때를 가정한다. 균형 잡힌 이진 트리의 최대 깊이는 약 $\log n$이며, 따라서 한 테스트 샘플의 클래스 판정 시간 복잡도는 $O(\log n)$

이다. 학습할 때 루트 노드에서는 p개의 피처에 대해 각각 n회의 불순도 계산을 수행하므로 전체 np회의 불순도 계산이 필요하다. 깊이 1에서는 노드가 2개 있고 각 노드에서는 p개의 피처에 대해 각각 $n/2$회의 불순도 계산을 수행하므로 마찬가지로 총 np회의 불순도 계산이 필요하다. 이 논의를 반복하면 모든 깊이 k에 대하여 노드가 2^k개이고 각 자식 노드에서는 $n/2^k$회의 불순도 계산을 수행하므로 총 np회의 불순도 계산이 필요하다는 것을 알 수 있다. 트리의 최대 깊이는 $\log n$이므로 전체 학습의 시간 복잡도는 $O(np\log n)$이다.

한편, 트리 구축 알고리즘은 균형 잡힌 트리를 만들려 하지만 항상 성공하지는 않는다. 트리의 불균형이 심하다면 시간 복잡도는 더 증가할 수 있다.

6.2.2 결정 트리 분류 모델 구현하기

이번 절에서는 수치형 피처를 입력값으로 하는 분류 트리를 CART 방식으로 구현한다. 분할 기준은 지니 불순도를 최소화하는 것으로 하며, 하이퍼파라미터로는 최대 깊이 `max_depth`와 분할을 수행할 최소 샘플 개수 `min_samples_split`을 선택한다.

먼저 필요한 패키지를 불러오고 데이터를 정의한다. 데이터셋은 붓꽃 데이터셋을 사용하고, 그중 클래스가 0 또는 1인 데이터만 골라 이진 클래스 분류용 데이터셋을 구축한다. 학습 후 해석에 사용하고자 칼럼 정보도 따로 저장한다.

```
import pandas as pd
import numpy as np
from sklearn.datasets import load_iris

df = load_iris(as_frame=True)['frame']
df = df[df['target'] <= 1]
df = df.sample(frac=1, random_state=1234)

train, test = df.iloc[:75, :], df.iloc[75:, :]
X_train, y_train = train.iloc[:, :-1], train.iloc[:, -1]
X_test, y_test = test.iloc[:, :-1], test.iloc[:, -1]
X_cols, y_col = train.columns.tolist()[:-1], train.columns.tolist()[-1]
```

다음으로, 최대 깊이 `max_depth`와 분할을 수행할 최소 샘플 개수 `min_samples_split` 하이퍼파라미터를 설정한다.

```
max_depth = 4
min_samples_split = 4
```

우선 지니 불순도를 계산하는 eval_gini() 함수를 구현한다. 왼쪽 자식 노드와 오른쪽 자식 노드에서 지니 불순도를 계산하고 이의 가중합을 구한다.

```
def eval_gini(left, right, y_col ):
    gini, n1, n2 = 0, len(left), len(right)

    score = 1 - ((left[y_col].value_counts())**2).sum() / (n1**2)
    gini += score * n1 / (n1 + n2)

    score = 1 - ((right[y_col].value_counts())**2).sum() / (n2**2)
    gini += score * n2 / (n1 + n2)

    return gini
```

eval_class() 함수는 리프 노드에 도달했을 때 호출하며 노드 내에서 가장 비율이 높은 클래스 레이블을 반환한다.

```
def eval_class(df, y_col):
    return df[y_col].value_counts().sort_values(ascending=False).index[0]
```

다음으로, 빈 트리 구조를 생성한다. 트리 자료 구조를 설명할 때 본 것처럼 길이 (2**(max_depth + 1) + 1)인 list 타입 변수 tree를 생성하고 다음과 같이 tree[1]부터 tree[2**(max_depth + 1)]까지의 자리에 노드를 부여한다. 왼쪽 자식 노드로 내려갈 때는 인덱스에 2를 곱하고, 오른쪽 자식 노드를 내려갈 때는 인덱스에 2를 곱한 후 1을 더한다는 것을 염두에 두고 인덱스마다 빈 노드empty node를 정의한다. 각 노드 tree[i]는 딕셔너리dict 자료형으로 정의하고 'struct' 키key를 지정한다. 그리고 루트 노드인 tree[1]에 학습 데이터 전체를 넣고 학습을 시작한다.

```
tree = []
for i in range(0, 2**(max_depth + 1)):
    tree.append(dict({'struct': None}))

tree[1]['struct'] = train
```

이제 트리 알고리즘을 학습한다. 트리 인덱스의 최솟값인 1부터 최댓값인 2**(max_depth + 1) -1까지 루프를 돌며 다음 세 경우 중 하나를 수행한다.

트리 알고리즘 학습

(1) 지니 불순도를 기반으로 두 자식 노드로 분할한다. 이번 구현에서는 피처별로, 그리고 그 피처가 가질 수 있는 값별로 지니 불순도를 계산한 다음, 그중에서 최솟값을 구하는 간단한 형태의 2중 루프로 구현했다.

(2) 멈추고 반환할 클래스 레이블을 계산한다. 이 경우는 노드의 불순도가 0이거나 정지 규칙 min_samples_split의 조건에 해당할 시 수행한다.

(3) 아무것도 안 하고 통과한다. 이는 부모 노드로부터 아무것도 받지 않았다면 빈 트리로 간주하고 바로 통과하는 것이다.

이 방법은 다음 코드로 구현한다.

```
for i in range(1, len(tree)):

    # 트리가 끝난 부분은 통과
    if not isinstance(tree[i]['struct'], pd.DataFrame): continue

    # 최대 깊이에 도달하였으면 클래스를 출력
    if i >= 2**max_depth:
        tree[i]['struct'] = eval_class(tree[i]['struct'], y_col)
        continue

    data = tree[i]['struct']
    a, b, c, d, e = '', float('inf'), float('inf'), None, None

    # 최고의 피처와 임계값을 찾은 후 그 기준으로 분할
    for X_col in X_cols:
```

```
        vals = np.sort(data[X_col].unique())
        for val in vals[1:]:
            left, right = data[data[X_col] < val], data[data[X_col] >= val]

            gini = eval_gini(left, right, y_col)

            if gini < c:
                a, b, c, d, e = X_col, val, gini, left, right

    tree[i]['col'] = a
    tree[i]['val'] = b
    if len(d) >= min_samples_split :
        tree[i << 1]['struct'] = d
    else:
        tree[i << 1]['struct'] = eval_class(e, y_col)
    if len(e) >= min_samples_split:
        tree[(i << 1) + 1]['struct'] = e
    else:
        tree[(i << 1) + 1]['struct'] = eval_class(e, y_col)
```

이제 학습한 결정 트리를 예제 데이터에 적용해 본다. 한 샘플씩 순서대로 예측을 수행하며, 각 샘플은 루트 노드에 들어간 후 최종 노드까지 학습한 규칙에 따라 분기된다. node ['struct']는 자식 노드가 있다면 pd.DataFrame 데이터 타입, 자식 노드가 없는 최종 노드라면 출력 클래스 0, 1을 나타내는 int형이라는 것을 염두에 두고 로직을 구현한다.

```
cnt = 0
for i in range(len(X_train)):
    row = X_train.iloc[i]
    ind = 1
    node = tree[ind]
    while isinstance(node['struct'], pd.DataFrame):
        if row[node['col']] < node['val']:
            ind = ind << 1
        else:
            ind = (ind << 1) + 1
        node = tree[ind]
```

```
    y_pred = node['struct']
    cnt += (y_pred == y_train.iloc[i]) * 1

print(f'학습 데이터셋 정확도:{cnt / len(y_train) * 100: .2f}%')
```

실행 결과

```
학습 데이터셋 정확도: 100.00%
```

일반적으로 결정 트리에서 학습 데이터 정확도가 100%에 가깝게 나타나는 것은 특이한 현상이 아닌데, 결정 트리는 구조에 대한 제약 조건을 설정하지 않는다면 많은 경우 원하는 만큼의 학습 데이터 정확도를 얻을 수 있을 정도로 유연하기 때문이다. 하지만 과적합 또한 쉽게 발생할 수 있다는 점에도 조심해야 한다.

분류 트리는 학습 데이터 내 정확도가 얼마까지 높아질 수 있을까?

분류 트리는 제약 조건이 없다면 학습 데이터에 매우 유연하게 모델링되기는 하지만, 학습 데이터 기준 정확도 100%를 결코 얻을 수 없을 때가 있다. 가장 쉬운 예로, 피처값은 같으나 레이블 값이 다른 샘플이라면 정확도 100%가 불가능하다. 예를 들어, 붓꽃 데이터셋의 구성이 ['sepal length', 'sepal width', 'petal length', 'petal width', 'target']일 때 두 샘플이 다음과 같이 주어졌다고 하자.

샘플 A: [5.0, 3.5, 1.3, 0.3, 0]

샘플 B: [5.0, 3.5, 1.3, 0.3, 1]

레이블 값은 다르지만 피처 값이 모두 동일하기 때문에 분기 기준을 통해 두 샘플을 분할할 수 없다. 사실 이렇게 중복되는 데이터가 있다면 결정 트리가 아닌 다른 모델로도 정확도 100%를 달성하기 어렵지만, 이러한 예시를 확장하면 중복되는 데이터가 없더라도 정확도 100%를 달성하지 못하는 결정 트리 모델의 예시를 쉽게 만들어낼 수 있다. 이는 결정 트리가 전역 탐색 기반이 아닌 그리디 알고리즘 기반 분기이므로 루트 노드가 아닌 특정 자식 노드에서만 피처값이 중복될 수 있기 때문이다. 이는 되새김 문제 4번에서 다시 살펴보도록 한다.

한편, 이번 예제에서는 이미 과적합을 방지하고자 트리 깊이와 노드의 최소 샘플 개수에 제약 조건이 걸려 있기 때문에 학습된 모델이 충분한 일반화 가능성을 가질 수도 있다. 테스트 데이터셋 기준의 정확도도 계산해 본다.

```
cnt = 0
for i in range(len(X_test)):
    row = X_test.iloc[i]
    ind = 1
    node = tree[ind]
    while isinstance(node['struct'], pd.DataFrame):
        if row[node['col']] < node['val']:
            ind = ind << 1
        else:
            ind = (ind << 1) + 1
        node = tree[ind]

    y_pred = node['struct']
    cnt += (y_pred == y_test.iloc[i]) * 1

print(f'테스트 데이터셋 정확도:{cnt / len(y_test) * 100: .2f}%')
```

실행 결과

```
테스트 데이터셋 정확도: 100.00%
```

테스트 데이터셋 정확도 또한 100%로, 이는 이번 예제의 결정 트리 모델을 올바르게 학습했다는 것을 보여준다. 이번에 사용한 붓꽃 데이터셋은 대부분의 분류 모델에 대한 예측 정확도가 높은 경향이 있으므로 더 큰 제약 조건 없이도 학습이 잘 이루어졌다.

6.3 패키지로 표현하기

sklearn.tree.DecisionTreeClassifier 클래스[1]는 최적화된 CART 알고리즘을 구현한다. DecisionTreeClassifier 클래스는 범주형 피처를 입력 변수로 받지 않으므로 범주형 입력 변수가 필요할 때는 더미 변수로 전환한 다음 모델에 포함해야 한다. DecisionTreeClassifier 클래스의 주요 하이퍼파라미터는 다음과 같다. 여기서 n은 샘플 개수, p는 피처 개수이다.

하이퍼파라미터	주요값	기본값	의미
criterion	'gini', 'entropy'	'gini'	분기 규칙 선택 - 'gini': 지니 불순도 최소화, 'entropy': 정보 이득 최대화
max_depth	None, int>0	None	깊이의 상한선 - None: 최대 깊이를 제한하지 않음. 설정 시 과적합에 조심해야 한다.
min_samples_split	int>0, float>0	2	노드에서 분기를 진행하는 최소한의 샘플 숫자 선택 - int: min_samples_split 사용 - float: n과 min_samples_split의 곱을 계산 후 이를 올림한 정수값을 사용
min_samples_leaf	int>0, 0<float<1	1	리프 노드에 있을 샘플 개수의 최솟값을 선택. 과적합을 막고자 사용하며, 나중에 설명할 회귀 트리에서 더욱 유용하다. - int: min_samples_leaf 사용 - float: n과 min_samples_leaf의 곱을 계산 후 이를 올림한 정수값을 사용
max_features	None, 1≤int≤p, 0<float≤1, 'sqrt', 'log2'	None	각 노드에서 분기를 위해 확인할 피처 수. 하지만 단 하나의 분기 규칙도 못 찾았을 때는 지정한 수를 넘어서도 계속 확인한다는 점에 유의하도록 한다. - None: p개 전체 확인 - int: max_features개 피처 확인 - float: p와 max_features의 곱을 계산 후 이를 버림한 값만큼의 피처를 확인 - 'sqrt': $\sqrt{p}$개의 피처 확인 - 'log2': $\log_2 p$개 피처 확인

1 https://scikit-learn.org/stable/modules/generated/sklearn.tree.DecisionTreeClassifier.html

random_state	int	None	랜덤성 제어. 결정 트리에 랜덤성이 필요한 이유는 다음과 같다. - max_features < p일 때 알고리즘은 max_features 수에 해당하는 피처를 랜덤하게 선택한다. - max_features == p일 때도 지니 불순도나 정보 이득이 같아지는 피처가 두 개 이상 발생할 수 있는데, 이때 선택되는 피처는 랜덤하다.
class_weight	None, dict, 'balanced'	None	클레스 레이블별 가중치 설정 - None: 모든 클래스에 같은 가중치 설정 - dict: 사용자 설정 가중치 설정 - 'balanced': 클래스의 비율에 반비례한 가중치 설정
ccp_alpha	float≥0	0	Breiman et al.(1984)의 가지치기 알고리즘에서 사용하는 복잡도 하이퍼파라미터. 과적합을 방지하기 위한 가지치기의 개념으로 사용한다. 0이라면 가지치기를 수행하지 않는다.

실제 사용 시 활용 팁

- min_samples_split나 min_samples_leaf 등으로 트리의 크기를 제한하는 방법 외에도 표에서는 생략한 max_leaf_nodes나 min_impurity_decrease 하이퍼파라미터 등을 적용하여 트리의 크기를 제한할 수도 있다.
- 결정 트리는 과적합되기 쉬우므로 과도하게 많은 피처를 학습에 사용하지 않도록 유의한다.
- 트리의 크기를 제어하는 max_depth를 기본값 그대로 둘 경우 트리의 크기가 매우 커질 수 있다. 이는 과적합과 메모리 낭비를 일으킬 수 있으므로 데이터셋이 너무 크다면 이들 하이퍼파라미터를 적절히 선택하여 트리 크기와 복잡도를 제한해야 한다. 한편, min_samples_split나 min_samples_leaf를 낮게 설정할수록 과적합 가능성이 커지므로 선택할 때 조심해야 한다.

Do it! 예제 6.1 DecisionTreeClassifier 클래스 사용하기

이번 예제에서는 붓꽃 데이터셋을 학습 데이터셋과 테스트 데이터셋으로 분할하고 이를 학습, 평가한다. 붓꽃 데이터셋은 클래스 레이블이 3개이므로 다중 클래스 분류 문제에 해당한다.

```
import pandas as pd
import numpy as np
from sklearn.datasets import load_iris
from sklearn.model_selection import train_test_split
from sklearn.tree import DecisionTreeClassifier
```

```
X, y = load_iris(return_X_y=True, as_frame=False)
X_train, X_test, y_train, y_test = train_test_split(X,
                                                    y,
                                                    test_size=0.33,
                                                    random_state=1234)
```

sklearn.tree.DecisionTreeClassifier 클래스 객체를 생성하여 이를 학습 데이터셋 (X_train, y_train)으로 학습하되, 다음 조건을 만족하도록 모델을 구성하자.

(1) 분기 기준: 정보 이득을 최대화한다.

(2) 트리의 최대 깊이는 3이다.

(3) 노드의 샘플 개수가 2 이하라면 더는 분기하지 않는다.

(4) 결과의 재현성을 위해 random_state=1234로 설정한다.

정보 이득을 최대화하는 방향으로 분기하고자 criterion='entropy'로 설정하며 트리의 최대 깊이는 max_depth=3으로 설정한다. 마지막으로, 노드의 샘플 개수가 3 이상일 때만 분기하므로 min_samples_split=3으로 설정한다.

```
clf = DecisionTreeClassifier(criterion='entropy',
                             max_depth=3,
                             min_samples_split=3,
                             random_state=1234)
clf = clf.fit(X_train, y_train)
```

이제 학습한 모델을 테스트 데이터셋 (X_test, y_test)에 적용하면 다음과 같이 정확도를 구할 수 있다.

```
y_pred = clf.predict(X_test)
acc = (y_pred == y_test).sum() / len(y_test)
print(f'정확도:{acc * 100: .2f}%')
```

실행 결과

```
정확도: 98.00%
```

Do it! 예제 6.2 트리 구조 이해하기[2]

이번 예제에서는 붓꽃 데이터셋을 결정 트리로 학습한 후 그 구조를 해석하며, 테스트 데이터셋에서의 정확도 또한 확인하도록 한다. 먼저 필요한 패키지를 불러오고 데이터셋을 정의한다.

```
import numpy as np
from matplotlib import pyplot as plt
from sklearn.model_selection import train_test_split
from sklearn.datasets import load_iris
from sklearn.tree import DecisionTreeClassifier
from sklearn import tree
%matplotlib inline

X, y = load_iris(return_X_y=True, as_frame=False)
X_train, X_test, y_train, y_test = train_test_split(X,
                                                    y,
                                                    test_size=0.33,
                                                    random_state=1234)
```

이제 붓꽃 데이터셋을 분류 트리로 학습한다. `DecisionTreeClassifier` 클래스의 `fit()` 메서드는 학습을 수행하고 학습한 객체를 반환한다. `clf.fit(X_train, y_train)`처럼 반환값을 지정하지 않아도 객체에는 학습 결과가 저장되고 `clf = clf.fit(X_train, y_train)`와 같이 반환값을 명시해도 무방하다.

```
clf = DecisionTreeClassifier(max_leaf_nodes=3, random_state=1234)
clf.fit(X_train, y_train)
```

실행 결과

```
DecisionTreeClassifier(max_leaf_nodes=3, random_state=1234)
```

`tree.plot_tree()` 함수를 이용하면 학습한 `clf`의 구조를 시각화할 수 있다.

2 https://scikit-learn.org/stable/auto_examples/tree/plot_unveil_tree_structure.html

```
tree.plot_tree(clf)
```

실행 결과

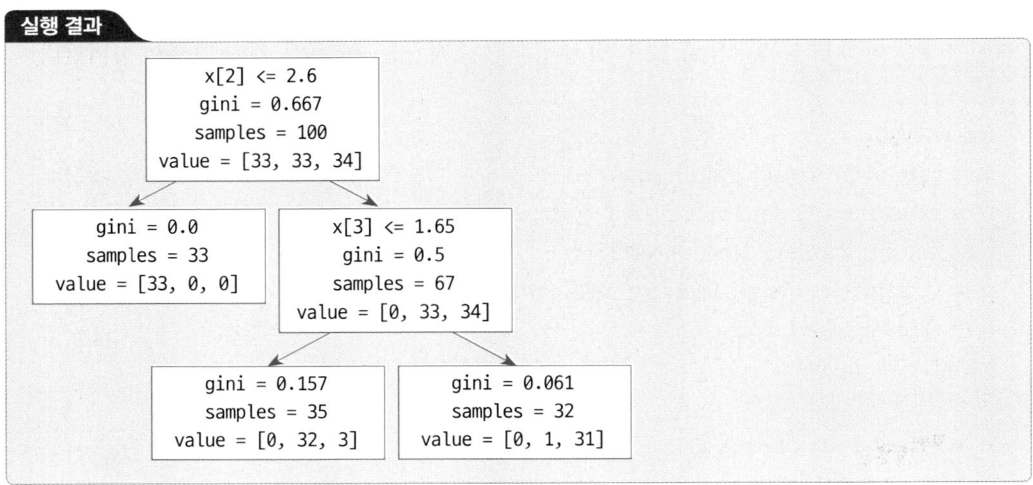

노드는 루트 노드를 포함하여 5개가 형성되었으며, 최대 깊이는 2이다. 입력 샘플이 주어졌을 때 루트 노드에서 2번 피처(0부터 카운트)의 값을 기준으로 2.6 이하라면 왼쪽 자식 노드로, 그 외는 오른쪽 자식 노드로 보낸다. 왼쪽 자식 노드는 클래스 0, 1, 2에 해당하는 샘플 수가 각각 33건, 0건, 0건에 해당하고, 지니 불순도가 0이 되었으므로 더는 분할하지 않고 이 노드에 도달한 샘플의 클래스를 0으로 확정한다.

오른쪽 자식 노드에 도달하면 3번 피처 값을 기준으로 한 번 더 분기하는데, 1.65 이하라면 왼쪽 자식 노드로 이어져 클래스 1로 판정하고, 그 외는 오른쪽 자식 노드로 이어져 클래스 2로 판정한다.

마지막으로, 테스트 데이터셋을 기준으로 이 분류기의 정확도를 측정한다.

```
y_pred = clf.predict(X_test)
acc = (y_test == y_pred).sum() / len(y_test)
print(f'정확도:{acc*100: .2f}%')
```

실행 결과

```
정확도: 96.00%
```

테스트 데이터셋을 기준으로 96 %의 높은 정확도를 얻었음을 확인할 수 있다.

6.4 결정 트리 모델 보충 수업

6.4.1 회귀 트리

학습된 분류 트리는 주어진 테스트 샘플 피처에 대한 목표 변수의 클래스 레이블 분포를 추정한 후 그중 최대 확률을 지니는 레이블을 반환하는 알고리즘으로 볼 수 있다. 이번에는 분류 트리의 개념을 확장한 회귀 트리를 알아본다. 기본적인 원리는 매우 비슷하다. 학습된 회귀 트리는 주어진 테스트 샘플 피처에 대한 목표 변수의 기댓값expectation을 계산하여 반환한다.

회귀 트리 구현은 분류 트리 구현과 매우 비슷하다. 분기에 따른 지니 불순도나 정보 이득의 양 등 이산 변수에서의 **흩어짐 정도**를 계산하는 대신 분기에 따른 각각의 두 자식 노드에서 평균 제곱 오차(MSE), 평균 절대 오차(MAE) 등 연속 변수에서의 흩어짐 정도를 계산하고 이의 가중합을 구하여 이를 최소화하는 것으로 로직을 대체하기만 된다. 회귀 트리에서의 분기 기준은 다음과 같다. 분기하고자 하는 노드의 샘플을 $\{y_1, \ldots, y_n\}$라 하자.

- **MSE 기준**: 우선 목푯값의 평균을 다음과 같이 정의한다.

$$\bar{y} = \frac{1}{n}\sum_{i=1}^{n} y_i$$

그러면 MSE 기준의 비용 함수는 다음과 같이 정의할 수 있다.

$$J_{\text{MSE}} = \frac{1}{n}\sum_{i=1}^{n} (y_i - \bar{y})^2$$

- **푸아송 편차 절반 기준** : 푸아송 편차 절반half Poisson deviance 기준에서는 위와 동일한 평균값 $\bar{y}$ 에 대하여 다음과 같이 정의한다.

$$J_{\text{Poisson}} = \frac{1}{n}\sum_{i=1}^{n} (y_i \log \frac{y_i}{\bar{y}} - y_i + \bar{y})$$

이 기준은 목표 변수가 단위 시간 동안 발생한 사건의 수에 해당하는 카운트[count] 변수일 때 유용하다. 카운트 변수는 값이 0일 때가 많고, 푸아송 편차 절반 기준은 이럴 때 유용하다. 이 기준을 사용하려면 목푯값이 양수이어야 한다는 것에 유의해야 한다. 이 기준을 이용한 학습은 MSE 기준과 비교하면 확연히 느리다.

여기서 잠깐!

이름이 '푸아송 편차 절반 기준'인 이유는?

`sklearn.metrics` 모듈에는 카운트 기반 변수의 실제값과 예측값을 비교하는 푸아송 편차 함수인 `mean_poisson_deviance()`가 있다. 이 함수는 실제값과 예측값의 쌍 $(y_i, \hat{y}_i)$이 주어졌을 때 다음과 같이 계산한다.

$$D(y, \hat{y}) = \frac{2}{n}\sum_{i=1}^{n}(y_i \log\frac{y_i}{\hat{y}_i} - y_i + \hat{y}_i)$$

'푸아송 편차 절반 기준'이라는 이름은 이 푸아송 편차 함수의 절반값에 해당하기 때문에 붙여졌다.

- MAE 기준: 목푯값의 중앙값을 다음과 같이 정의한다.

$$\tilde{y} = \text{median}(\{y_1, \cdots, y_n\})$$

그러면 MAE 기준의 비용 함수는 다음과 같이 정의할 수 있다.

$$J_{\text{MAE}} = \frac{1}{n}\sum_{i=1}^{n}|\tilde{y} - y_i|$$

MAE 기준 또한 MSE 기준과 비교하면 학습이 확연히 느리다.

`sklearn.tree.DecisionTreeRegressor` 클래스[1]는 결정 트리 회귀 모델을 구현한다. `DecisionTreeRegressor` 클래스의 하이퍼파라미터는 `DecisionTreeClassifier`에서와 거의 동일하다. 단, 목표 변수가 이산형인 클래스 레이블에서 연속 변수로 바뀌므로 분기 기준을 결정하는 `criterion`이 연속 변수에 대한 값으로 바뀐다. 또한, 회귀 모델에는 클래스 레이블이 없으므로 여기에는 클래스 레이블의 가중치를 설정하는 `class_weight`를 포함하지 않는다. 따라서 다음 표에는 차이에 해당하는 부분인 `criterion`에 대한 설명만 정리하도록 한다.

1 https://scikit-learn.org/stable/modules/generated/sklearn.tree.DecisionTreeRegressor.html

하이퍼파라미터	주요값	기본값	의미
criterion	'squared_error', 'friedman_mse', 'absolute_error', 'poisson'	'squared_error'	분기 기준 설정 - 'squared_error': MSE 기준 - 'friedman_mse': MSE 기준을 개선 - 'absolute_error': MAE 기준 - 'poisson': 푸아송 편차 절반 기준

6.4.2 그리드 서치

일반적으로 데이터셋을 학습 데이터, 검증 데이터, 테스트 데이터로 분할한 후 머신러닝을 진행할 때 학습 데이터와 검증 데이터의 쌍을 이용하여 여러 하이퍼파라미터의 조합을 시도하며 검증 데이터셋을 기준으로 가장 좋은 성능을 산출하는 하이퍼파라미터를 모델의 최종 하이퍼파라미터로 선택한다. 이 작업을 하이퍼파라미터 튜닝hyperparameter tuning이라 하며, 이와 관련한 예는 앞서 여러 번 학습한 바 있다.

그리드 서치grid search는 가장 직관적인 하이퍼파라미터 튜닝 기법이다. 하이퍼파라미터 α, β, γ가 있고 각각의 후보값 집합을 $A=\{\alpha_1, \alpha_2, \ldots, \alpha_s\}$, $B=\{\beta_1, \beta_2, \ldots, \beta_t\}$, $\Gamma=\{\gamma_1, \gamma_2, \ldots, \gamma_u\}$라 할 때 그리드 서치에서는 이들의 가능한 모든 조합을 탐색한다.

▶ 앞서 설명한 그리디 알고리즘greedy algorithm과는 다른 용어이므로 주의하여야 한다.

즉, $(\alpha_1, \beta_1, \gamma_1)$에서부터 $(\alpha_s, \beta_t, \gamma_u)$까지의 $s \times t \times u$개의 조합을 모두 시도하고 그중 최고의 성능을 산출하는 하이퍼파라미터 조합을 선택하는 것이다. 앞의 라쏘 모델과 릿지 회귀 모델에서 최적의 규제 페널티 하이퍼파라미터 α를 탐색했던 하이퍼파라미터 튜닝법은 1차원 그리드 서치1-d grid search로 이해할 수 있다.

Do it! 예제 6.3 그리드 서치로 결정 트리의 하이퍼파라미터 튜닝하기

이번 예제에서는 유방암 데이터셋을 대상으로 그리드 서치로 분류 트리를 학습하여 최적의 (max_depth, min_samples_split, max_features) 하이퍼파라미터 조합을 찾고 이를 테스트 데이터셋에 적용하여 정확도를 산출한다. 먼저 필요한 패키지를 불러오고 데이터셋을 정의한다.

```
import numpy as np
from sklearn.datasets import load_breast_cancer
from sklearn.model_selection import train_test_split
from sklearn.tree import DecisionTreeClassifier
```

```
X, y = load_breast_cancer(return_X_y=True, as_frame=False)

X_train, X_test, y_train, y_test = train_test_split(X,
                                                    y,
                                                    test_size=0.33,
                                                    random_state=1234)
X_train, X_val, y_train, y_val = train_test_split(X_train,
                                                  y_train,
                                                  test_size=0.33,
                                                  random_state=1234)
```

다음으로 (max_depth, min_samples_split, max_features) 조합을 정의한다. 각 경우의 수를 3개씩으로 한다. 그러면 그리드 서치 관점에서는 총 3×3×3 = 27가지 경우의 수가 된다.

```
max_depths = [None, 3, 6]
min_samples_splits = [2, 3, 4]
max_featuress = ['sqrt', 'log2', None]
```

이제 각 경우의 수로 결정 트리 분류 모델을 학습하고 검증 데이터로 모델 성능을 평가한다. 파이썬 내장 패키지 itertools의 함수 product()를 이용하면 각 리스트의 곱 연산으로 경우의 수를 탐색한다. 정확도accuracy 측면에서 최고의 성능을 산출하는 max_depth, min_samples_split, max_features를 best_max_depth, best_min_samples_split, best_max_features로 정의한다.

```
from itertools import product

best_max_depth = None
best_min_samples_split = None
best_max_features = None

best_acc = 0

for max_depth, min_samples_split, max_features in product(
```

```
        max_depths, min_samples_splits, max_featuress):
    clf = DecisionTreeClassifier(random_state=1234,
                                 max_depth=max_depth,
                                 min_samples_split=min_samples_split,
                                 max_features=max_features)
    y_pred = clf.fit(X_train, y_train).predict(X_val)

    acc = (y_pred == y_val).mean()
    if acc > best_acc:
        best_acc = acc
        best_max_depth = max_depth
        best_min_samples_split = min_samples_split
        best_max_features = max_features

print('max_depth:', best_max_depth, '\nmin_samples_split:',
      best_min_samples_split, '\nmax_features:', best_max_features)
```

실행 결과

```
max_depth: None
min_samples_split: 2
max_features: log2
```

max_depth는 None, min_samples_split는 2, max_features는 'log2'를 얻었다. 이제 이 하이퍼파라미터를 이용한 분류 트리를 학습 데이터셋으로 다시 학습하고, 이를 이용해 마지막으로 테스트 데이터셋에서의 정확도를 계산한다.

```
clf = DecisionTreeClassifier(random_state=1234,
                             max_depth=best_max_depth,
                             min_samples_split=best_min_samples_split,
                             max_features=best_max_features)

y_pred = clf.fit(X_train, y_train).predict(X_test)
print(f'정확도:{(y_pred == y_test).mean() * 100: .2f}%')
```

실행 결과

```
정확도: 87.77%
```

테스트 데이터셋 기준으로 약 87.77%의 정확도를 얻었다.

한편, sklearn.model_selection.GridSearchCV 클래스[2]를 사용하면 그리드 서치를 교차검증법으로 수행할 수 있다. GridSearchCV 클래스는 주어진 하이퍼파라미터 격자 공간을 대상으로 교차검증법을 수행한 후 평균적으로 최고의 성능을 산출하는 하이퍼파라미터의 쌍을 찾아낸다.

6.4.3 피처 중요도

피처 중요도feature importance는 피처별로 학습 모델 구축에 영향을 끼친 정도를 나타낸다. 결정 트리에서는 DecisionTreeClassifier 클래스와 DecisionTreeRegressor 클래스의 feature_importances_ 어트리뷰트attribute를 이용해 피처 중요도를 구할 수 있다. 피처 중요도는 7장 랜덤 포레스트 모델에서 자세히 설명한다.

6장에서 살펴본 내용

결정 트리는 데이터를 트리 형태의 계층 구조로 학습하는 지도 학습 모델이다. 결정 트리는 머신러닝의 기성품이라고 불릴 정도로 다양한 장점이 있다. 피처의 스케일링scaling이나 변환transformation에도 결과가 바뀌지 않는다. 구체적으로 결정 트리는 다음과 같은 장점이 있다.

결정 트리의 장점

(1) 결정 트리는 대표적인 화이트 박스 모델의 하나로, 예측 결과를 도출하는 과정을 불리언 로직boolean logic으로 표현하기 때문에 화이트 박스 모델 중에서도 수행 결과가 다른 기법에 비해 인간의 의사 결정 방식에 더 가까우므로 인간의 결정과 행동을 모델링하는 것에 적합할 수 있다.

(2) 적은 데이터 전처리만을 필요로 한다. 다른 알고리즘은 피처 스케일링을 요구할 때가 많으나 결정 트리는 피처 스케일링을 포함한 복잡한 전처리를 요구하지 않는다.

(3) 시간 복잡도가 높지 않기 때문에 큰 데이터셋에도 적용할 수 있다.

(4) 다중공선성multicollinearity에 대한 강건성robustness이 있다. 예를 들어 선형 회귀 모델을 OLS로 분석하면 높은 다중공선성이 있는 데이터는 불안정한 역행렬을 가지고, 완전 다중공선성perfect multicollinearity이 있다면 피처 행렬은 역행렬을 가지지 않는다. 따라서 OLS 방법론은 다중공선성에 취약하다. 하지만 결정 트리는 각 노드에서 피처별로 지니 불순도나 정보 이득만을 계산해서 분기를 택하므로 관련 문제가 발생하지

2 https://scikit-learn.org/stable/modules/generated/sklearn.model_selection.GridSearchCV.html

않으며, 다중공선성이 높은 두 피처가 있어도 둘 중 하나의 피처만 최종 선택한다. 이러한 강건성은 그레이디언트 부스팅 트리(gradient boosting trees, GBT)와 같은 부스팅 계열의 모델에서 더욱 분명하다.

▶ 하지만 고차원 데이터에서 발생하는 메모리와 연산 속도의 문제 때문에 실제로도 비슷한 정보를 가진 두 변수가 있다면 하나는 제외하는 것이 바람직하다.

(5) XOR 함수를 포함한 어떠한 불리언 함수boolean function도 근사할 수 있다.

그러나 결정 트리는 과적합overfitting에 취약한 경향이 있고 모델이 데이터의 노이즈에 강건하지 않아서 학습 데이터의 작은 변화가 결정 트리의 학습 결과에 큰 변화를 일으킬 수 있다는 단점이 있다. 이에 과적합을 줄이고자 가지치기pruning 메커니즘이 제안되었다.

이와 같이 결정 트리는 트리 모델 계열 기법에서 가장 직관적이고 기본적인 기법이나 과적합 등의 한계가 있다. 이를 극복하고자 여러 결정 트리를 병렬이나 직렬로 학습하고 그 결과를 종합하는 앙상블 트리 기법ensemble tree method을 사용하기도 한다. 이는 7장과 8장에서 설명한다.

6장 되새김 문제

1. 결정 트리의 과적합

결정 트리에서 최대 깊이 등 트리 크기 제어와 관련한 하이퍼라미터를 모두 해제하면 결정 트리의 학습 데이터 내 성능은 지속적으로 올라간다. 대부분의 분류 문제에서 100%에 가까운 정확도를 달성할 수 있으며 어느 두 샘플에 대해서도 모든 피처의 값이 서로 다른 경우 100%의 정확도를 달성할 수 있다. 하지만 트리 구조를 제약하지 않는다면 과적합 문제가 발생하기 쉬운데, 이번 문제에서는 이를 살펴보고자 한다.

먼저 피처와 목표 변수의 대응 관계가 좋은 가상 데이터셋을 다음과 같이 생성한다. make_classification() 함수에서 n_informative 값은 y를 예측하는 데 유용한 피처 개수이므로 클수록 좋고, flip_y는 데이터셋에 노이즈를 주고자 y를 랜덤하게 배정한 비율이므로 낮을수록 좋다.

```
import pandas as pd
from sklearn.datasets import make_classification
from sklearn.tree import DecisionTreeClassifier
import matplotlib.pyplot as plt
%matplotlib inline

X, y = make_classification(n_samples=2000,
                           n_features=20,
                           n_informative=15,
                           flip_y=0.2,
                           random_state=1234)
df = pd.DataFrame(X, columns=['Feature' + str(x) for x in range(1, 21)])
df['y'] = y
train, test = df.iloc[:1500, :], df.iloc[1500:, :]
X_train, y_train = train.iloc[:, :-1], train.iloc[:, -1]
X_test, y_test = test.iloc[:, :-1], test.iloc[:, -1]
```

결정 트리의 최대 깊이를 1에서 30까지 변화하며 학습 데이터와 테스트 데이터 기준 정확도를 각각 구하고 이를 그래프로 나타내라. 결과의 재현성을 위해 결정 트리의 하이퍼파라미터 중 random_state만을 1234로 설정하고 나머지는 설정하지 않는다.

다음으로, 피처와 목표 변수의 대응 관계가 아주 좋지 않은 가상 데이터셋을 다음과 같이 생성한다. n_informative=3은 전체 20개의 피처 중 의미 있는 피처가 3가지뿐이라는 뜻이고 filp_y=0.99는 클래스 레이블을 랜덤하게 배정한 경우가 99%에 해당한다는 것을 뜻한다. 따라서 이 데이터셋은 거의 랜덤한 데이터셋이라 보아도 무방할 것이다.

```
X2, y2 = make_classification(n_samples=2000,
                             n_features=20,
                             n_informative=3,
                             flip_y=0.99,
                             random_state=1234)
df2 = pd.DataFrame(X2, columns=['Feature' + str(x) for x in range(1, 21)])
df2['y'] = y2
train2, test2 = df2.iloc[:1500, :], df2.iloc[1500:, :]
X_train2, y_train2 = train2.iloc[:, :-1], train2.iloc[:, -1]
X_test2, y_test2 = test2.iloc[:, :-1], test2.iloc[:, -1]
```

이 데이터셋에 대해서도 같은 과정을 반복하여 정확도를 그래프로 나타내라.

2. 회귀 트리 구현하기

이번 문제에서는 각 노드에서 평균 제곱 오차(MSE)를 최소화하는 방향으로 분기를 수행하는 회귀 트리를 구현한다. 분류 트리 구현 부분을 참고하여 작성하면 쉬울 것이다. 여기서는 당뇨병 데이터셋을 사용한다.

```
from sklearn.datasets import load_diabetes
from sklearn.model_selection import train_test_split
import numpy as np
import pandas as pd

X, y = load_diabetes(return_X_y=True, as_frame=True)
X_train, X_test, y_train, y_test = train_test_split(X,
                                                    y,
                                                    test_size=0.33,
                                                    random_state=1234)
train = pd.concat([X_train, y_train], axis=1)
X_cols, y_col = X.columns.tolist(), y.name
```

최대 깊이가 4이고 분할을 수행하는 최소 노드 크기를 4로 하는 결정 트리 회귀 모델을 구현하여 이 데이터셋에 적용하라. (X_train, y_train) 쌍으로 학습하고 (X_test, y_test)에 학습한 모델을 적용하여 평균 절대 오차(MAE)를 산출한다.

3. 그리드 서치로 분류 트리의 하이퍼파라미터 튜닝하기

이번 문제에서는 와인 데이터셋wine dataset으로 분류 트리를 학습하고 성능을 평가한다. 학습에는 그리드 서치를 적용하여 학습 데이터셋과 검증 데이터셋 기준 최고의 성능을 내는 하이퍼파라미터를 찾는다. 필요한 패키지와 사용할 데이터셋은 다음과 같다.

```
from sklearn.datasets import load_wine
import numpy as np
from sklearn.model_selection import train_test_split
from sklearn.tree import DecisionTreeClassifier

X, y = load_wine(return_X_y=True, as_frame=True)

X_train, X_test, y_train, y_test = train_test_split(X,
                                                    y,
                                                    test_size=0.33,
                                                    random_state=1234)
X_train, X_val, y_train, y_val = train_test_split(X_train,
                                                  y_train,
                                                  test_size=0.33,
                                                  random_state=1234)
```

다음의 조건에 따라 그리드를 구성한다.

(1) 최대 깊이는 3, 4, 5 중 하나로 한다.

(2) 이 문제에서 목표 변수인 'target'은 목표 클래스가 학습 데이터셋 기준 0이 31건, 1이 25건, 2가 23건으로 약간의 불균형이 있는 것으로 조사되었다. 따라서 class_weight를 None과 'balanced'중 하나로 한다.

이 그리드로 학습 데이터셋과 테스트 데이터셋을 기준으로 최고의 정확도를 달성하는 하이퍼파라미터를 찾고, 이 하이퍼파라미터를 적용한 분류 트리를 (X_train, y_train)로 학습하라. 모든 분류 트리에서 random_state=1234로 고정한다. 학습한 모델의 성능을 (X_test, y_test)로 테스트하여 정확도를 구한다.

4. 제약 조건을 없애도 학습 데이터 정확도가 낮은 분류 트리

이번 문제에서는 제약 조건을 없애도 학습 데이터 기준 분류 트리의 정확도가 낮아지도록 데이터셋을 구성한다. 먼저 다음과 같이 random_state만 지정하고 최대 깊이 max_depth에 대한 제약 조건을 부여하지 않은 DecisionTreeClassifier 객체를 생성한다.

```
from sklearn.tree import DecisionTreeClassifier

clf = DecisionTreeClassifier(random_state=1234)
```

적절한 학습 데이터를 정의하여 학습 데이터 기준 정확도를 70% 이하로 얻도록 하자. 다음의 조건을 따르도록 한다.

(1) 샘플 개수를 20개 이상으로 한다.

(2) 피처는 f1과 f2의 두 개로 구성한다.

(3) 목푯값 y는 0 또는 1의 값을 가진다.

(4) 모든 샘플은 피처 벡터 단위에서 서로 다른 값을 가져야 한다. 예를 들어, 두 샘플의 피처값이 [0, 0]과 [0, 0]이 될 수는 없지만 [0, 0]과 [0, 1]인 것은 가능하다.

7장

랜덤 포레스트 모델

랜덤 포레스트는 결정 트리에 배깅bagging을 적용한 앙상블 모델로, 결정 트리에 비해 일반화 가능성 측면에서는 성능이 우수하지만 해석력이 떨어진다는 차이가 있다. 이 장을 통해 일반적인 앙상블 모델을 구성할 때의 장단점을 학습할 수 있다. OOB 점수 활용과 피처 중요도도 함께 살펴보도록 한다.

부트스트래핑

부트스트래핑bootstrapping은 주어진 데이터가 샘플이 아닌 모집단 그 자체라 가정하고 이를 이용해 수많은 시뮬레이션 샘플을 만들어내는 기법이다. 통계 검정에서는 신뢰 구간을 추산할 때 자주 사용한다. 모집단을 가정하므로 부트스트래핑 데이터를 구성할 때는 복원 추출sampling with replacement을 사용한다.

예를 들어 샘플 개수를 n이라 하고 양의 값을 가지는 두 변수 X_1과 X_2가 있을 때 새로운 변수 $X_1^{X_2}$ 평균의 90% 신뢰 구간confidence interval을 찾는다고 가정하자. X_1과 X_2가 잘 알려진 분포를 따를 경우에도 일반적으로 $X_1^{X_2}$의 신뢰 구간은 수학적으로 쉽게 도출할 수 없다. 이 경우 부트스트래핑을 적절히 활용할 수 있다.

부트스트래핑 절차

(1) 미리 정의한 큰 N과 M값에 대하여 다음을 반복한다. 이번 예에서는 N=10,000으로 한다.
  주어진 데이터에 복원 추출을 수행하여 크기 M의 새로운 데이터셋을 만든다. 이 데이터셋을 기준으로 $X_1^{X_2}$의 평균값을 계산한다.

(2) 10,000회 기록한 $X_1^{X_2}$의 평균값을 크기가 작은 것부터 순서대로 정렬한다.

(3) 이제 90% 신뢰 구간을 구하고자 정렬한 리스트의 500번째 원소와 9,500번째 원소의 값을 찾으면 된다. 이 값이 구하고자 하는 신뢰 구간의 양쪽 끝이다.

부트스트래핑은 복원 추출이므로 수행할 때 원본 데이터셋에는 있으나 부트스트랩 데이터에는 없는 샘플이 발생할 가능성이 크다. 뒤에서 살펴볼 배깅bagging에서는 이를 OOBout-of-bag 샘플이라 하며 부트스트래핑 데이터로 학습한 후 학습한 모델의 성능을 OOB 샘플로 검증하는 방법을 트리별로 반복 할 수 있다. 랜덤 포레스트 모델을 다룰 때 이 과정을 더 자세히 살펴볼 것이다.

한편, 이와 대조되는 개념으로 K-fold 교차검증법K-fold cross validation이 있다. K-fold 교차검증법은 데이터를 K개의 서브데이터 파티션partition으로 나눈 다음, 이 중에서 (K-1)개의 데이터를 학습 데이터로 선택하여 학습을 진행하고 나머지 1개의 데이터를 검증 데이터로 하여 성능을 테스트하는 것이다. 테스트 데이터셋을 선택할 수 있는 경우의 수가 K개이므로 학습 데이터셋과 검증 데이터셋의 조합이 K개가 만들어진다. K-fold 교차검증법은 모든 샘플이 학습 데이터나 검증 데이터에 한 번씩만 사용된다는 점이 부트스트래핑과 다르다.

앙상블 학습 기법

앙상블 학습 기법ensemble learning method, 줄여서 앙상블 기법은 여러 개의 베이스 학습기base learner를 준비하여 학습을 수행한 후 이들 학습 결과를 종합하여 최종 결과를 예측하는 기법이다. 앙상블 기법은 일반적으로 일반화 가능성generalizability이 높으며 강건성robusteness이 있다. 앙상블 기법에는 다양한 종류와 방법이 있지만, 그중에서도 배깅bagging(**b**ootstrap **agg**regat**ing**)과 부스팅boosting을 자주 사용한다.

배깅은 주어진 데이터셋으로 수많은 부트스트랩 샘플을 생성한 후 이에 각각 독립적인 다수의 학습기를 만들어 병렬로 학습하고, 예측 단계에서는 각각의 학습기로 얻은 예측값을 대상으로 평균이나 투표 등의 방식을 적용하여 최종 예측값을 산출한다. 이때 앙상블 모델은 단일 학습기에 비해 분산variance이 감소하는 효과가 있으므로 베이스 학습기가 낮은 편향과 높은 분산을 보일 때 유용하다. 이러한 베이스 학습기의 예로는 최대 깊이의 크기가 큰 결정 트리, 다층 퍼셉트론(multilayer perceptron, MLP), 서포트 벡터 머신(support vector machine, SVM), *K*가 작은 K-최근접 이웃(K-nearest neighbors, KNN) 모델 등이 있다. 결정 트리는 5장에서 학습했으며, KNN, SVM, MLP는 모두 셋째마당에서 다룬다. 대표적인 배깅 모델로는 결정 트리를 베이스 학습기로 하여 구축한 랜덤 포레스트random forest 등이 있으며, 이번 장에서는 이를 자세히 살펴볼 것이다.

한편, 부스팅은 여러 베이스 학습기를 만든 후 이를 순차적으로sequentially 학습하는 직렬 앙상블 모델이다. 부스팅 모델은 각각의 베이스 학습기가 잘 학습하지 못하는 부분을 뒤의 베이스 학습기로 넘겨서 순서대로 편향bias을 줄이는 것을 목표로 하고, 이에 따라 분산이 낮고 편향이 상대적으로 높은 베이스 학습기에 적용하면 유용할 수 있다. 이러한 베이스 학습기의 예로는 최대 깊이의 크기가 작은 결정 트리, 로지스틱 회귀 모델, *K*가 큰 KNN 모델이 있다. 부스팅 모델의 예시는 대표적으로 에이다부스트AdaBoost, 그레이디언트 부스팅 트리(gradient bosting trees, GBT) 등이 있으며 GBT는 8장에서 자세히 살펴본다.

앙상블 모델에서 사용하는 베이스 학습기는 상대적으로 약한 성능을 지닌 단순한 모델로 구성될 때가 많아 이를 약한 학습기weak learner라 부르기도 한다. 이번 장과 다음 장에서 다룰 랜덤 포레스트와 GBT는 모두 베이스 학습기로 결정 트리를 사용하지만, 일반적으로 다항 로지스틱 회귀multinomial logistic regression 모델 등 다른 모델 또한 베이스 학습기로 사용할 수 있다.

7.1 랜덤 포레스트 모델이란?

랜덤 포레스트random forest는 여러 개의 결정 트리를 학습하고 그 결과를 종합하는 앙상블 학습 모델의 하나이다. 비지도 학습에 적용할 수도 있으나 주로 분류, 회귀 등의 지도 학습에 사용한다. 분류 문제에서는 각 결정 트리의 예측 클래스 레이블을 투표한 후 최다 득표 레이블을 선택하며, 회귀 문제에서는 각 결정 트리 예측값의 평균을 예측값으로 한다. [그림 7.1]은 학습된 랜덤 포레스트 이진 분류 모델에 테스트 샘플이 입력되었을 때 트리별로 예측값이 얻어진 후 결과가 종합되는 과정을 나타내고 있다.

그림 7.1 학습된 랜덤 포레스트 이진 분류 모델. 클래스 레이블은 A와 B 두 가지다. A로 예측한 트리의 수가 B로 예측한 트리의 수보다 많아 최종 예측값은 A로 결정되었다.

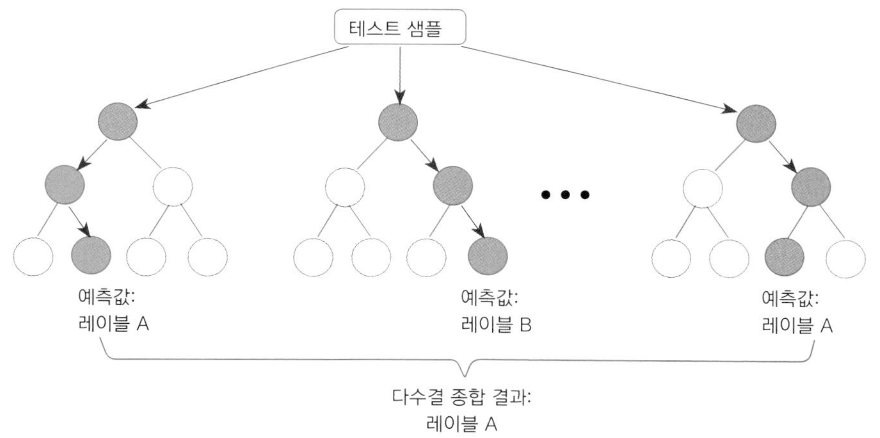

랜덤 포레스트는 결정 트리의 과적합overfitting 문제를 줄일 수 있다. 랜덤 포레스트 모델의 성능은 데이터 특성에 따라 다르지만, 일반적으로는 결정 트리보다는 우수하나 GBT에 비해서는 떨어지는 경향이 있다. 랜덤 포레스트는 예측 결과에 대한 해석이 어려운 블랙 박스black box 계열의 모델이다. 이 장에서는 랜덤 포레스트 분류 모델과 랜덤 포레스트 회귀 모델을 종합적으로 학습한다.

7.2 랜덤 포레스트 모델 구현하기

7.2.1 랜덤 포레스트 모델의 기본 이론

다양한 장점에도 불구하고 결정 트리에는 과적합에 취약하다는 치명적인 단점이 있는데, 트리의 깊이가 깊어짐에 따라 학습 데이터에만 적합한 과도하게 불규칙한 패턴을 학습하는 경향이 커지기 때문이다. 즉, 결정 트리는 편향은 낮지만low bias 분산은 높다high variance. 분산을 줄이고자 랜덤 포레스트에서는 학습 데이터를 다르게 샘플링한 후 각각의 서브데이터에서 깊이가 깊은 결정 트리를 학습하고 이 결과를 최종적으로 종합하여 출력값을 계산한다. 이렇게 하면 모델의 해석력interpretability이 줄지만 일반화 가능성은 결정 트리를 압도하게 된다.

학습 알고리즘

원래 랜덤 포레스트의 학습 알고리즘은 트리의 병렬 학습 외에도 피처를 랜덤 샘플링하는 피처 배깅 또한 포함하나 이 책에서는 단순화하고자 트리의 병렬화 위주로 논의를 진행한다. 피처 X와 목표 변수 y가 주어지고 트리의 수를 n_{trees}라 할 때 랜덤 포레스트 알고리즘은 다음과 같다.

랜덤 포레스트 학습 알고리즘

학습 단계

$b=1, 2, \ldots, n_{\text{trees}}$에 대하여 다음을 반복한다.

(1) (X, y) 쌍에 부트스트래핑을 적용하여 부트스트랩 데이터 (X_b, y_b)를 얻는다.

(2) (X_b, y_b)에 분류 트리나 회귀 트리를 적용하여 함수(규칙) f_b를 학습한다.

예측 단계

(1) 테스트 샘플 x가 주어졌을 때 $b=1, 2, \ldots, n_{\text{trees}}$에 대하여 $\hat{y}_b = f_b(x)$를 산출한다.

(2) 분류 트리는 $\hat{y}_b$에 대한 다수결majority vote로, 회귀 트리는 $\hat{y}_b$의 평균으로 최종 예측값을 계산한다.

배깅은 모델의 편향을 증가시키지 않은 채로 분산을 감소시키기 때문에 전체적인 모델 성능이 높아진다고 할 수 있다. 즉, 단일 결정 트리의 예측은 노이즈에 크게 민감할 수 있지만 독립된 결정 트리에서 예측을 수행하고 이를 평균하면 노이즈에 대한 민감도는 낮아진다는 것이다. 단일 학습 데이터셋에서 여러 결정 트리를 학습하면 트리 사이의 상관관계가 강해질 수 있으므로 배깅에서는 결정 트리별로 다른 학습 데이터셋을 부여하여 트리 사이의 상관관계를 줄인다.

트리 개수 n_{trees}는 학습 데이터셋의 크기와 성질에 따라 달라질 수 있지만, 일반적으로 수백에서 수천 개 정도로 설정할 수 있으며, 이 중 최적값은 교차검증법cross validation 등의 기법으로 찾을 수 있다. 랜덤 포레스트에서 학습 오차와 테스트 오차는 적당한 수의 트리가 갖추어진 후에는 비슷해지는 경향이 있다.

시간 복잡도

랜덤 포레스트 모델은 수많은 결정 트리를 병렬로 학습한 다음 그 결과를 종합하는 기법이므로, 시간 복잡도는 결정 트리의 시간 복잡도에 트리 수를 곱한 것과 같다고 볼 수 있다. n개 샘플과 p개 피처가 있는 데이터셋에서 n_{trees}개의 트리로 랜덤 포레스트 모델을 구성한다고 가정한다. 각각의 트리가 균형 있게 구성되었다고 가정할 때 6장에서 살펴본 것처럼 각 트리에 대한 학습의 시간 복잡도는 $O(np\log n)$이다. 따라서 이를 기반으로 구성한 랜덤 포레스트 모델은 학습에 $O(n_{\text{trees}}np\log n)$의 시간 복잡도가 소요된다.

피처 배깅

피처 배깅feature bagging이란 랜덤 포레스트에서 각각의 분기 규칙을 계산할 때 전체 피처의 무작위 부분 집합을 사용하는 것이다. 피처 배깅은 부트스트랩 샘플을 사용할 때의 발생할 수 있는 트리의 상관관계를 줄이고자 사용한다. 만약 일부 피처로도 목푯값을 강하게 설명할 수 있다면 해당 피처는 대다수의 트리에서 선택될 것이므로 트리 사이에 높은 상관관계가 발생할 수 있기 때문이다.

▶ 피처 부분 집합의 크기는 `sklearn`의 트리 계열 알고리즘에서 `max_features` 하이퍼파라미터로 설정할 수 있다.

7.2.2 랜덤 포레스트 분류 모델 구현하기

여기서는 랜덤 포레스트 분류 알고리즘을 구현한다. 각각의 트리는 6장에서 구현한 분류 트리 코드를 그대로 이용한다. 먼저 붓꽃 데이터셋을 불러오고 `eval_gini()` 함수와 `eval_class()` 함수를 구현하는 부분은 이전과 마찬가지로 작성한다.

```
import pandas as pd
import numpy as np
from sklearn.datasets import load_iris

df = load_iris(as_frame=True)['frame']
df = df[df['target'] <= 1]
df = df.sample(frac=1, random_state=1234)

train, test = df.iloc[:75, :], df.iloc[75:, :]
X_train, y_train = train.iloc[:, :-1], train.iloc[:, -1]
X_test, y_test = test.iloc[:, :-1], test.iloc[:, -1]
X_cols, y_col = train.columns.tolist()[:-1], train.columns.tolist()[-1]

def eval_gini(left, right, y_col):
    gini, n1, n2 = 0, len(left), len(right)
    score = 1 - ((left[y_col].value_counts())**2).sum() / (n1**2)
    gini += score * n1 / (n1 + n2)
    score = 1 - ((right[y_col].value_counts())**2).sum() / (n2**2)
    gini += score * n2 / (n1 + n2)
    return gini

def eval_class(df, y_col):
    return df[y_col].value_counts().sort_values(ascending=False).index[0]
```

분류 트리 학습 부분을 base_tree() 함수로 표현하고 그 내용은 6장과 마찬가지로 작성한다. base_tree() 함수는 학습 데이터셋, 피처와 출력 클래스의 이름, 최대 깊이, 분할에 필요한 노드의 최소 크기 등을 인수로 받는다.

```
def base_tree(train, X_cols, y_col, max_depth=4, min_samples_split=4):
    tree = []
    for i in range(0, 2**(max_depth + 1)):
        tree.append(dict({'struct': None}))

    tree[1]['struct'] = train

    for i in range(1, len(tree)):
```

```
        if not isinstance(tree[i]['struct'], pd.DataFrame): continue
        if i >= 2**max_depth:
            tree[i]['struct'] = eval_class(tree[i]['struct'], y_col)
            continue
        data = tree[i]['struct']
        a, b, c, d, e = '', float('inf'), float('inf'), None, None
        for X_col in X_cols:
            vals = np.sort(data[X_col].unique())
            for val in vals[1:]:
                left, right = data[data[X_col] < val], data[data[X_col] >= val]
                gini = eval_gini(left, right, y_col)
                if gini < c: a, b, c, d, e = X_col, val, gini, left, right

        tree[i]['col'] = a
        tree[i]['val'] = b
        if len(d) >= min_samples_split: tree[i << 1]['struct'] = d
        else: tree[i << 1]['struct'] = eval_class(e, y_col)

        if len(e) >= min_samples_split: tree[(i << 1) + 1]['struct'] = e
        else: tree[(i << 1) + 1]['struct'] = eval_class(e, y_col)
    return tree
```

이제 9개 트리로 구성한 랜덤 포레스트 분류기를 구현한다. 각각의 트리에 대하여 전체 학습 데이터셋의 일부 샘플을 학습시킨 후 이 구조를 리스트 형태로 저장하기만 하면 된다. 주어진 정보를 최대한으로 활용하려면 샘플링 비율을 1로 하되 복원 추출을 수행하는 `pd.DataFrame.sample(frac=1, replace=True)` 함수를 적용해야 하나 실습 코드의 수행 속도를 고려하여 샘플링 비율을 0.3 정도로 낮게 설정한다. 샘플링 비율이 낮으므로 `replace`를 `False`로 설정해도 트리 사이의 상관성 문제가 크지 않다.

```
max_samples = 0.3
forest = []
for i in range(9):
    train0 = train.sample(frac=max_samples, random_state=1234)
    forest.append(base_tree(train0, X_cols, y_col))
```

학습한 모델의 예측력을 평가하는 방법은 결정 트리에서와 매우 비슷하므로 각 트리를 평가한 다음 최종 결과를 다수결로 정하는 방법만 추가하면 된다. 테스트 데이터셋에 대한 정확도는 다음과 같다.

```
cnt = 0
for i in range(len(X_test)):
    row = X_test.iloc[i]
    y_pred = [0, 0]
    for tree in forest:

        ind = 1
        node = tree[ind]
        while isinstance(node['struct'], pd.DataFrame):
            if row[node['col']] < node['val']: ind = ind << 1
            else: ind = (ind << 1) + 1

            node = tree[ind]

        y_pred_tree = node['struct']
        y_pred[y_pred_tree] += 1

    if y_pred[0] > y_pred[1]: y_pred = 0
    else: y_pred = 1

    cnt += (y_pred == y_test.iloc[i]) * 1

print(f'테스트 데이터셋 정확도:{cnt / len(y_test) * 100: .2f}%')
```

실행 결과

```
테스트 데이터셋 정확도: 100.00%
```

테스트 데이터셋을 기준으로 정확도 100%를 얻었다.

7.3 패키지로 표현하기

sklearn.ensemble.RandomForestClassifier 클래스[1]는 랜덤 포레스트 분류 모델을 구현한다. RandomForestClassifier 클래스의 하이퍼파라미터는 기본적으로 sklearn.tree.DecisionTreeClassifier 클래스의 하이퍼파라미터를 포함하며, 여기에 트리 구성에 필요한 여러 가지 하이퍼파라미터를 추가한 것이라고 볼 수 있다. 이에 따라 이 절에서는 추가 하이퍼파라미터만 살펴본다. 샘플 개수를 n, 피처 개수를 p라 한다.

하이퍼파라미터	주요값	기본값	의미
n_estimators	int>0	100	트리 개수
bootstrap	bool	True	부트스트랩 샘플 사용 여부 - True: 개별 트리를 학습할 때 부트스트랩 샘플을 사용 - False: 개별 트리를 학습할 때 부트스트랩 샘플 대신 항상 전체 데이터셋 사용. 이때도 max_features에 따라 트리별 랜덤성이 발생하므로 랜덤 포레스트 모델에서의 각각의 트리는 서로 다른 구조를 지닌다.
oob_score	bool	False	bootstrap=True일 때만 유효하며, 일반화 점수[generalization score]를 계산할 때 OOB 샘플을 사용할지 선택
max_samples	None, int, 0<float≤1	None	bootstrap=True일 때만 유효하며, 각각의 베이스 학습기를 학습하기 위해 추출할 샘플 개수를 지정 - None: 전체 샘플 추출 - int: max_samples 건 추출 - float: n과 max_samples의 곱에 해당하는 샘플 개수를 추출

실제 사용 시 활용 팁

- 결정 트리와 마찬가지로 max_depth 등 트리 크기를 제어하는 하이퍼파라미터를 기본값으로 설정하면 트리가 최대로 커질 수 있다. 그러므로 메모리 소비를 줄이려면 이들 값을 적절하게 설정해야 한다.
- max_features를 $\sqrt{p}$로 하는 것이 좋다고 알려져 있다. 하지만 실제로 최적 개수는 문제에 따라 다를 수 있으며, 이는 하이퍼파라미터 튜닝을 통해 얻을 수 있다.

1 https://scikit-learn.org/stable/modules/generated/sklearn.ensemble.RandomForestClassifier.html

7.4 랜덤 포레스트 모델 보충 수업

7.4.1 랜덤 포레스트 회귀 모델

결정 트리와 마찬가지로 랜덤 포레스트 회귀 모델도 랜덤 포레스트 분류 모형으로 쉽게 확장할 수 있다. 가장 간단한 접근 방법으로, 독립적인 다수의 회귀 트리에서 나온 예측값의 평균을 구하여 랜덤 포레스트 회귀 모델을 구현할 수 있다.

RandomForestRegressor 클래스[1]는 랜덤 포레스트 회귀 모델을 구현한다. RandomForestClassifier 클래스와 마찬가지로 RandomForestRegressor 클래스의 하이퍼파라미터 역시 기본적으로 sklearn.tree.DecisionTreeRegressor 클래스의 하이퍼파라미터를 포함하고 여기에 트리 구성에 필요한 여러 가지 하이퍼파라미터를 추가한 것이라고 볼 수 있다. 이에 따라 여기서는 추가 하이퍼파라미터와 일부 차이만 살펴본다.

하이퍼파라미터	주요값	기본값	의미
n_estimators	int>0	100	트리 개수
criterion	'squared_error', 'absolute_error', 'poisson'	'squared_error'	분기 기준 'squared_error', 'absolute_error', 'poisson'은 DecisionTreeRegressor 클래스에서와 의미가 같다. 'friedman_mse'는 RandomForestRegressor에서는 구현되지 않았다.
bootstrap	bool	True	개별 트리를 학습할 때 부트스트랩 샘플을 사용할지 결정 - False: 개별 트리를 학습할 때마다 부트스트랩 샘플 대신 전체 데이터셋 사용
oob_score	bool	False	bootstrap=True일 때만 유효하며, 일반화 점수를 계산할 때 OOB 샘플을 사용할지 선택
max_samples	None, int, 0<float≤1	None	Bootstrap=True일 때만 유효하며, 각각의 베이스 학습기를 학습하기 위해 추출할 샘플 개수를 지정 - None: 전체 샘플 추출 - int: max_samples개 추출 - float: n과 max_samples의 곱에 해당하는 샘플 개수를 추출

1 https://scikit-learn.org/stable/modules/generated/sklearn.ensemble.RandomForestRegressor.html

실제 사용 시 활용 팁

- 결정 트리와 마찬가지로 max_depth 등의 하이퍼파라미터는 트리 크기 등의 복잡도를 늘리므로 이들을 적절한 값으로 설정하여 모델을 제어해야 한다.
- criterion을 'absolute_error'로 설정하면 'squared_error'로 설정할 때보다 많이 느려진다.
- Briman (2001)은 max_features를 $p/3$으로 사용할 것을 제안하였다. 하지만 Geurts et. al (2006)은 p개 전체 사용이 더 효과적일 수 있음을 밝혔고, 이에 따라 sklearn에서도 max_features를 'auto'로 하면 전체 피처를 사용한다. 하지만 랜덤 포레스트 분류 문제와 마찬가지로 최적의 피처 개수는 하이퍼파라미터 튜닝으로 얻을 수 있다.

7.4.2 OOB 점수

n개의 샘플로 구성된 원 데이터를 이용해 n개의 부트스트래핑 샘플을 생성하면 복원 추출이므로 여러 번 중복으로 추출되는 샘플이 생긴다. 이를 달리 말하면, 원 데이터 중 적지 않은 샘플이 부트스트래핑 데이터에 포함되지 않는다. 이에 대한 정보를 버리는 대신 부트스트랩 데이터로 학습하고 나머지 데이터로 모델 성능을 검증하는 작업을 트리별로 반복할 수 있다. 이 작업을 통해 별도의 테스트 데이터셋 없이도 모델의 성능을 파악할 수 있다. 이처럼 학습에 포함하지 않았던 데이터를 이용해 계산한 성능을 OOB 점수^out-of-bag score^라 한다.

Do it! 예제 7.1 랜덤 포레스트에서의 OOB 점수[2]

이번 예제에서는 피처 배깅의 설정에 따른 랜덤 포레스트 분류기별 OOB 점수를 계산하는 방법을 수행하도록 한다. 데이터는 sklearn.datasets.make_classification() 함수로 생성한 연습용 데이터셋^toy dataset^을 사용한다.

```
# Author: Kian Ho <hui.kian.ho@gmail.com>
#         Gilles Louppe <g.louppe@gmail.com>
#         Andreas Mueller <amueller@ais.uni-bonn.de>
#
# License: BSD 3 Clause

import matplotlib.pyplot as plt
from sklearn.datasets import make_classification
from sklearn.ensemble import RandomForestClassifier
```

2 https://scikit-learn.org/stable/auto_examples/ensemble/plot_ensemble_oob.html

```
%matplotlib inline

X, y = make_classification(n_samples=500,
                           n_features=25,
                           n_clusters_per_class=1,
                           n_informative=15,
                           random_state=123)
```

다음으로, 사용할 랜덤 포레스트 분류기를 정의한다. 피처 배깅에 해당하는 max_features를 'sqrt', 'log2', None으로 바꾸고 나머지 부분은 마찬가지로 설정한 후 결과를 비교한다. OOB 점수를 계산하려면 warm_start=True로 설정해야 한다. oob_score=True로 설정하여 OOB 점수를 학습 중 계산한다.

```
ensemble_clfs = [(0, "max_features = 'sqrt'",
                  RandomForestClassifier(warm_start=True,
                                         oob_score=True,
                                         max_features="sqrt",
                                         random_state=123)),
                 (1, "max_features = 'log2'",
                  RandomForestClassifier(warm_start=True,
                                         max_features="log2",
                                         oob_score=True,
                                         random_state=123)),
                 (2, "max_features = None",
                  RandomForestClassifier(warm_start=True,
                                         max_features=None,
                                         oob_score=True,
                                         random_state=123))]
```

이제 분류기별로 n_estimators를 15부터 150까지 5단위로 변화하며 학습과 OOB 점수를 계산하는 작업을 반복한다. OOB 점수는 RandomForestClassifier 클래스에서 학습 후 oob_score_ 어트리뷰트attribute를 호출하면 얻을 수 있다. 마지막으로 얻은 결과를 그래프로 나타낸다.

```
min_estimators = 15
max_estimators = 150

oob_scores = [[], [], []]

for ind, label, clf in ensemble_clfs:
    for i in range(min_estimators, max_estimators + 1, 5):
        clf.set_params(n_estimators=i)
        clf.fit(X, y)
        oob_scores[ind].append((i, clf.oob_score_))

for i in range(len(ensemble_clfs)):
    xs, ys = zip(*oob_scores[i])
    plt.plot(xs, ys, label=ensemble_clfs[i][1])

plt.xlim(min_estimators, max_estimators)
plt.xlabel("n_estimators")
plt.ylabel("OOB Score")
plt.legend(loc="best")
```

실행 결과

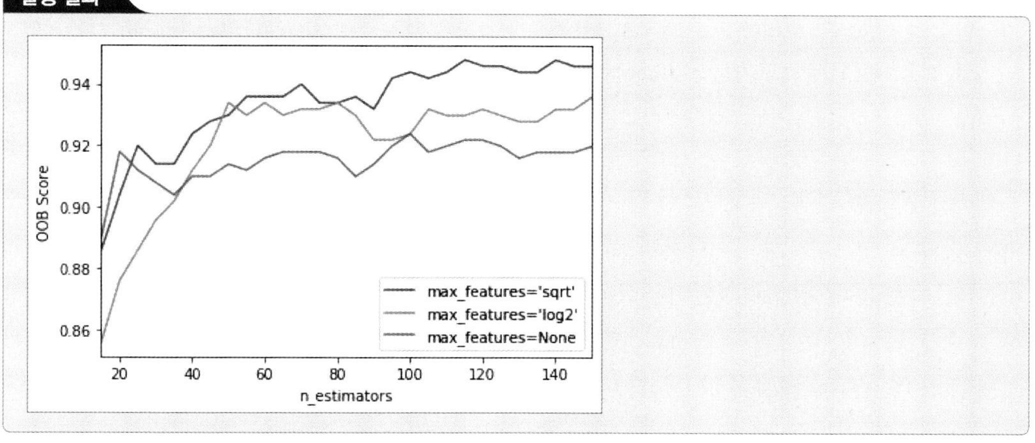

n_estimators가 클 때는 max_features가 'sqrt', 'log2', None 순으로 OOB 점수가 높은 것이 확인된다. 앞서 피처 배깅 이론 부분에서도 설명했듯이 max_features='sqrt'로 두는 것이 많은 경우에서 더 좋은 성능을 낼 수 있다. 이 예제처럼 max_features=None으로 설정하면 학습에도 더 많은 시간이 걸리고 성능도 더 낮게 나타났으므로 좋은 선택지가 아닌 것으로 보인다.

7.4.3 ExtraTrees

ExtraTrees^extremely randomized trees^(Geurts, Ernst & Wehenkel, 2006)는 개별 결정 트리의 앙상블을 형성한다는 점에서는 전형적인 랜덤 포레스트와 비슷하지만, 각 트리는 부트스트랩 샘플이 아닌 전체 샘플을 이용해 학습하는 대신 하향식^top-down^ 방식의 분기를 학습하는 과정이 랜덤화되었다는 점에서 차이가 있다.

ExtraTrees에서는 대상 피처의 동질성을 모두 비교한 후 지역 최적값을 계산하는 다소 랜덤한 방식으로 분기를 결정한다. 피처 배깅 등을 통해 추출한 대상 피처를 대상으로 각각의 분기 기준값을 해당 피처의 학습 데이터셋 범위^empirical range^ 내에서 균등 분포^uniform distribution^로 추출하고 그중 동질성이 가장 높은 분기를 선택한다. ExtraTrees는 랜덤 포레스트와 비교할 때 편향^bias^은 다소 증가하지만 분산^variance^이 감소하는 점에서 긍정적인 측면이 있다.

`sklearn.ensemble.ExtraTreesClassifier` 클래스[3]와 `sklearn.ensemble.ExtraTreesRegressor` 클래스[4]는 각각 ExtraTrees 분류 기법과 ExtraTrees 회귀 기법을 구현한다. 사용할 때는 다음을 참고한다.

- p를 피처 개수라 하자. 피처 배깅을 수행할 때 적절한 대상 피처 개수의 추가 정보가 없을 때 분류 문제라면 $\sqrt{p}$, 회귀 문제라면 p를 사용하는 것이 좋다.
- 추가 정보가 없다면 `max_depth=None`과 `min_samples_split=2`를 시도해 보는 것이 좋다.
- 앞서 설명한 대로 트리를 만들 때 부트스트랩을 사용하지 않는 것이 기본 설정(`bootstrap=False`)이지만, 이를 허용하는 것도 가능하다(`bootstrap=True`).

7.4.4 피처 중요도

피처 중요도^feature importance^는 피처별로 목표 변수 y의 예측에 기여한 중요도를 계산한 값을 의미한다. **목푯값 예측에 기여한다**는 뜻에 따라 여러 가지로 정의할 수 있으며, 각 정의에서 다른 값으로 피처 중요도를 정의한다. 특정 정의가 절대적으로 우수하지는 않으므로 여러 가지 정의로 각 중요도를 계산한 다음 이를 비교해보는 것이 좋다.

일반적인 머신러닝 모델이나 통계학 모델 해석과 마찬가지로 중요도가 높은 피처는 목푯값과 높은 인과 관계인 피처가 아니라 목푯값과 높은 **상관관계**인 피처임을 염두에 두도록 한다. 여기서는 두 가지 피처 중요도 기법을 소개한다.

---

3 https://scikit-learn.org/stable/modules/generated/sklearn.ensemble.ExtraTreesClassifier.html

4 https://scikit-learn.org/stable/modules/generated/sklearn.ensemble.ExtraTreesRegressor.html

MDI 기반

MDI[mean decrease in impurity] 기반 피처 중요도는 결정 트리, 랜덤 포레스트, 부스팅 트리 등 트리 기반 모델에서 불순도를 이용하여 정의하는 피처 중요도 기법이다. 트리 내의 각 내부 노드[internal node]가 두 자식 노드로 분기될 때 분류에서는 지니 불순도의 감소 또는 정보 이득의 증가, 회귀에서는 평균 제곱 오차(MSE)의 감소 등을 통하여 동질성이 늘게 된다. 이때 분기에 사용한 피처에 따른 동질성의 증가 크기에 따라 피처 중요도를 정의한다. 동질성을 크게 증가시키는 피처가 중요한 피처라는 뜻이다. 따라서 MDI 기반 피처 중요도는 **학습 데이터셋 기준** 중요도 산출 방법이다.

MDI 기반 피처 중요도는 학습 과정에서 미리 구한 동질성 변화 정보를 이용하므로 계산 속도가 매우 빠르다는 장점이 있다. 하지만 MDI 기반 피처 중요도는 고유한[unique] 원소의 수가 많은 피처를 중요한 피처로 간주하는 경향이 있다는 단점 또한 염두에 두어야 한다. 따라서 범주형 피처[categorical feature]보다는 수치형 피처[numerical feature]에서 더 높은 중요도를 얻는 경향이 있다. 또한, 상관관계가 높은 두 가지 중요한 피처가 있을 때 그중 하나만 중요하다고 판정하고 나머지 하나는 중요하지 않다고 판정하는 경향도 있다.

랜덤 포레스트에서 MDI 기반 피처 중요도는 `RandomForestClassifier` 클래스와 `RandomForestRegressor` 클래스에서 `feature_importances_` 어트리뷰트로 확인할 수 있다.

퍼뮤테이션 기반

퍼뮤테이션[permutation] 기반 피처 중요도의 핵심 아이디어는 학습한 모델에 검증 데이터를 투입해 성능을 계산하고, 검증 데이터의 특정 피처의 값만 **무작위**로 바꾼 다음, 다시 성능을 측정하면 그 성능 차이가 해당 피처의 중요도를 나타낸다는 것이다(Breiman, 2001). 이때 검증 데이터 내에서 그 피처의 값만 랜덤하게 섞어 특정 피처를 바꾸는 방식이기 때문에 퍼뮤테이션 기반 피처 중요도라는 이름이 붙었다. 따라서 퍼뮤테이션 기반 피처 중요도는 **검증 데이터셋 기준** 중요도 산출 방법이다. 작동 방식은 다음과 같다.

퍼뮤테이션 기반 피처 중요도 산출

입력값

학습한 모델 m, p개의 피처와 n개의 샘플로 이루어진 검증 데이터셋 D, 퍼뮤테이션 시행 횟수 K, 중요도를 구할 피처의 번호 j

(1) m에 D를 입력해 예측값을 구하고 정확도 등의 성능값 s를 구한다.

(2) k=1, 2, …, K에 대해 다음을 반복한다:

- j번째 칼럼을 랜덤하게 섞어 j번째 칼럼만 **망가진 데이터셋** $\tilde{D}_{j,k}$를 정의한다.
- m에 $\tilde{D}_{j,k}$를 입력하여 새로운 성능 $s_{k,j}$를 구한다.

출력값

j번째 피처의 중요도 FI_j는 다음과 같이 정의한다.

$$FI_j = s - \frac{1}{K}\sum_{k=1}^{K} s_{k,j}$$

▶ 검증 데이터셋 대신 학습 데이터셋을 사용할 수도 있으나 샘플의 양이 충분하다면 일반화 가능성을 높이고자 학습 데이터셋의 일부를 검증 데이터셋으로 따로 두는 것이 좋다.

퍼뮤테이션 기반 피처 중요도도 MDI 기반 피처 중요도와 마찬가지로 상관성이 높은 두 중요한 피처 중 한 피처만 높은 피처 중요도를 가지도록 계산한다는 단점이 있다. 또한, 중요하지 않은 피처임에도 우연히 퍼뮤테이션 이후 성능이 오히려 일부 상승할 수 있다. 이때 피처 중요도가 음수값이 될 수 있다.

퍼뮤테이션 기반 피처 중요도는 그 정의가 랜덤 포레스트에 한정되지 않는다. 학습한 모델에 투입할 특정 피처의 값만 뒤섞는다는 간단한 개념 때문에 이 책에서 다루는 기법을 포함한 대부분의 지도 학습 기법에 적용할 수 있다.

`sklearn.inspection.permutation_importance()` 함수[5]로 퍼뮤테이션 피처 중요도를 계산한다.

Do it! 예제 ▶ 7.2 랜덤 포레스트 분류 모델의 피처 중요도[6]

이번 예제에서는 랜덤 포레스트 분류기를 합성 데이터셋으로 학습하고 MDI 기반 피처 중요도와 퍼뮤테이션 기반 피처 중요도를 각각 계산한다. 먼저 필요한 패키지를 불러오고 데이터셋을 생성한다. `sklearn.datasets.make_classification()` 함수로 가상 분류용 데이터셋을 생성한다. 10개의 피처 중 3개만 예측에 도움이 되도록 하고(`n_informative=3`) 나머지 피처는 목푯값과 관련 없는 피처로 무작위 생성한다.

5 https://scikit-learn.org/stable/modules/generated/sklearn.inspection.permutation_importance.html

6 https://scikit-learn.org/stable/auto_examples/ensemble/plot_forest_importances.html

```python
import time
import pandas as pd
import numpy as np
import matplotlib.pyplot as plt
from sklearn.datasets import make_classification
from sklearn.model_selection import train_test_split
from sklearn.ensemble import RandomForestClassifier
%matplotlib inline

X, y = make_classification(n_samples=1000,
                           n_features=10,
                           n_informative=3,
                           n_redundant=0,
                           n_classes=2,
                           random_state=0)
X_train, X_test, y_train, y_test = train_test_split(X,
                                                    y,
                                                    stratify=y,
                                                    random_state=42)
```

다음으로, 랜덤 포레스트 분류기를 학습한다. 가장 간단한 형태의 분류기를 정의하되 결과의 재현성을 위해 random_state만 지정하도록 한다.

```python
feature_names = [f"feature {i}" for i in range(X.shape[1])]
forest = RandomForestClassifier(random_state=0).fit(X_train, y_train)
```

첫 번째로 MDI 기반 피처 중요도를 계산하자. 피처 중요도와 피처 중요도의 표준편차를 계산한다. 랜덤 포레스트의 각 트리에 대하여 피처 중요도를 정의할 수 있으므로 트리별로 샘플이 생기고, 따라서 이에 대한 평균(종합 피처 중요도)과 표준편차를 정의할 수 있다. MDI 기반 방법은 학습 과정 중 계산한 정보를 이용하므로 속도 역시 빠르다.

```python
start_time = time.time()
importances = forest.feature_importances_
std = np.std([tree.feature_importances_ for tree in forest.estimators_], axis=0)
print(f'MDI 기반 피처 중요도 산출 소요 시간:{time.time() - start_time: .3f}초')
```

실행 결과

```
MDI 기반 피처 중요도 산출 소요 시간: 0.017초
```

이제 산출한 피처 중요도를 그래프로 나타낸다. 피처 중요도를 파란 막대로, 이에 대한 표준 편차를 검은 선으로 표시한다.

```
forest_importances = pd.Series(importances, index=feature_names)

fig, ax = plt.subplots()
forest_importances.plot.bar(yerr=std, ax=ax)
ax.set_title("Feature importances using MDI")
ax.set_ylabel("Mean decrease in impurity")
fig.tight_layout()
```

실행 결과

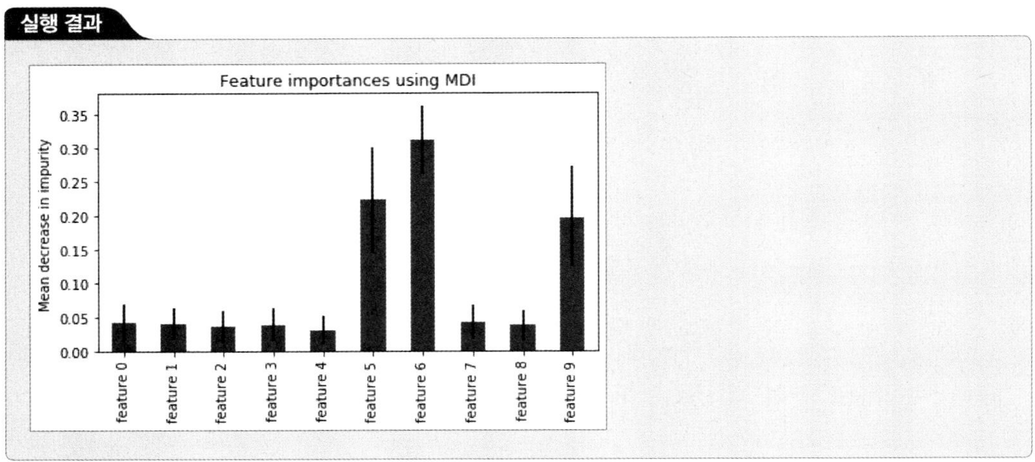

그래프를 보면 feature_5, feature_6, feature_9 등 세 피처만 중요도가 높고 나머지 7개 피처는 낮지만, 0보다 유의미하게 큰 피처 중요도를 가지는 것으로 나타났다.

다음으로, 퍼뮤테이션 기반 피처 중요도를 산출한다. 퍼뮤테이션 기반 피처 중요도는 일반적인 지도 학습 기법에 적용할 수 있으므로 랜덤 포레스트 클래스 함수가 아닌 패키지 함수 sklearn.inspection.permutation_importance()를 호출하여 사용한다.

```
from sklearn.inspection import permutation_importance

start_time = time.time()
result = permutation_importance(forest,
                                X_test,
                                y_test,
                                n_repeats=10,
                                random_state=0)
print(f'퍼뮤테이션 기반 피처 중요도 산출 소요 시간:{time.time() - start_time: .3f}초')

forest_importances = pd.Series(result.importances_mean, index=feature_names)
```

실행 결과

```
퍼뮤테이션 기반 피처 중요도 산출 소요 시간: 1.259초
```

앞서 MDI 기반 피처 중요도 계산과 비교하면 긴 시간이 걸렸음을 확인할 수 있다. 퍼뮤테이션 기반 피처 중요도 계산은 학습 과정에서 이루어지지 않고 별도의 외부 데이터셋을 이용해 직접 계산하기 때문이다. 또한, 우연 요소를 최대한 줄이고자 한 번이 아닌 10회의 퍼뮤테이션을 사용하였기 때문에(n_repeats=10) 더 많은 시간이 걸렸다. 마지막으로 결과를 그래프로 출력한다.

```
fig, ax = plt.subplots()
forest_importances.plot.bar(yerr=result.importances_std, ax=ax)
ax.set_title('Feature importances using permutation on full model')
ax.set_ylabel('Mean accuracy decrease')
fig.tight_layout()
plt.show()
```

실행 결과

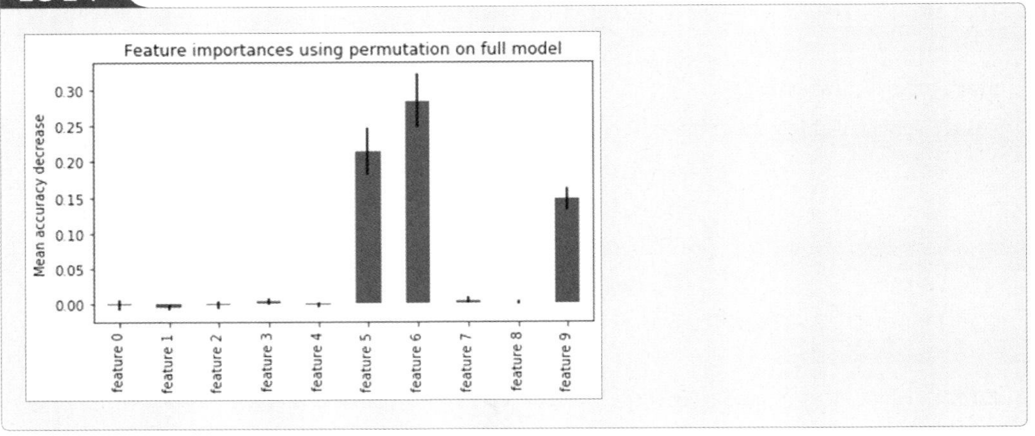

세 피처의 상대적인 중요도 자체는 MDI 기반 피처 중요도와 비슷하게 나타났다. 하지만 나머지 7개 피처의 중요도는 MDI 결과와 달리 0에 가까운 값으로 나타났다. 즉, 이번 예제에서는 MDI보다 퍼뮤테이션 기반 방법이 훨씬 더 정확한 결과를 나타낸다는 것을 뜻한다.

7장에서 살펴본 내용

랜덤 포레스트 모델은 결정 트리에 배깅을 적용한 앙상블 모델로, 아이디어는 비교적 간단하지만 성능은 매우 높은 우수한 모델이다. 일반적으로 정확도가 높으면서도 안정적이라는 측면에서 장점이 있다. 또한, 결정 트리의 결합으로 모델을 구성했으므로 결정 트리와 마찬가지로 피처 스케일링을 수행할 필요가 없다는 것 역시 장점이다.

하지만 랜덤 포레스트 모델은 일반적으로 단일 결정 트리에 비해 정확도는 높지만, 알고리즘의 태생적인 한계 때문에 해석력interpretability은 떨어진다는 단점 또한 있다. 단일 결정 트리의 판단 경로를 확인하는 것은 매우 직관적이지만 수십, 수백 개로 이루어진 트리의 경로를 추적하고 이를 종합하는 과정은 복잡하다. 이에 성능과 해석력을 모두 확보하려면 랜덤 포레스트를 최소한의 결정 트리minimal decision tree로 재탄생시켜 같은 결정을 신뢰성 있는 방식으로 재생산하는 모델 압축model compression 기법을 적용할 수 있다. 또한, 피처가 목푯값과 선형적인 상관관계가 높을 때는 랜덤 포레스트를 사용하더라도 베이스 학습기의 성능을 높이지 못하기도 하며, 카테고리 변수가 많이 등장할 때도 랜덤 포레스트는 베이스 학습기의 성능을 높이지 못하기도 한다.

다음 장에서 살펴볼 GBT 모델은 결정 트리에 부스팅을 적용한 앙상블 모델이다. GBT 또한 성능이 매우 높은 모델로 알려졌다.

7장 되새김 문제

1. RandomForestClassifier 클래스 적용하기

이번 문제에서는 당뇨병 데이터셋으로 랜덤 포레스트 분류 모델을 학습하고 그 결과를 평가한다. 필요한 패키지를 불러오고 데이터셋을 다음과 같이 정의한다.

```
from sklearn.datasets import load_iris
from sklearn.ensemble import RandomForestClassifier
from sklearn.model_selection import train_test_split

X, y = load_iris(return_X_y=True, as_frame=True)
X_train, X_test, y_train, y_test = train_test_split(X,
                                                    y,
                                                    test_size=0.33,
                                                    random_state=1234)
```

학습 데이터셋으로 랜덤 포레스트 분류 모델 RandomForestClassifier를 학습하고 테스트 데이터셋 기준 정확도를 산출하라. 이때 랜덤 포레스트 분류기는 다음의 조건을 만족한다.

(1) 트리의 개수는 50개로 한다.

(2) 분기 규칙은 지니 불순도를 최소화하도록 한다.

(3) 과적합을 피하기 위해 최대 깊이를 4로 한다.

(4) 전체 피처 개수를 p라 할 때, 각각의 트리마다 $\log_2 p$의 피처만을 사용하여 학습을 수행한다.

(5) 재현성을 위해 random_state=1234로 설정한다.

2. 랜덤 포레스트 회귀 모델 구현하기

이번 문제에서는 6장에서 구현했던 회귀 트리로 랜덤 포레스트 회귀 모델을 구현한다. 먼저 필요한 패키지를 불러오고 사용할 데이터셋을 정의한다. 회귀 트리와 마찬가지로 데이터셋은 당뇨병 데이터셋을 사용한다.

```
from sklearn.datasets import load_diabetes
from sklearn.model_selection import train_test_split
import numpy as np
import pandas as pd

X, y = load_diabetes(return_X_y=True, as_frame=True)
X_train, X_test, y_train, y_test = train_test_split(X,
                                                     y,
                                                     test_size=0.33,
                                                     random_state=1234)
train = pd.concat([X_train, y_train], axis=1)
X_cols, y_col = X.columns.tolist(), y.name
```

최대 깊이를 3으로 하며 분기를 수행할 최소 노드 수는 4로 하도록 하여 각 노드에서 평균 제곱 오차(MSE)를 최소화하는 랜덤 포레스트 회귀 모델을 구현하라. 구현한 모델을 (X_train, y_train) 쌍으로 학습하고 이를 (X_test, y_test) 쌍에 적용하여 평균 절대 오차(MAE)를 계산한다.

3. 퍼뮤테이션 기반 피처 중요도 계산하기[1]

이번 문제에서는 퍼뮤테이션 기반 피처 중요도를 트리 계열 모델이 아닌 일반 머신러닝 모델의 관점에서 계산하도록 한다. 먼저 당뇨병 데이터셋을 학습 데이터와 검증 데이터로 분할한다.

```
from sklearn.datasets import load_diabetes
from sklearn.model_selection import train_test_split

diabetes = load_diabetes(as_frame=True)
X_train, X_val, y_train, y_val = train_test_split(diabetes.data,
                                                   diabetes.target,
                                                   random_state=0)
```

다음 절차에 따라 피처 중요도를 구하라.

(1) 학습 데이터셋으로 규제 페널티 α를 0.01로 하는 릿지 회귀 모델을 학습한다.

(2) 계산한 모델과 검증 데이터셋으로 퍼뮤테이션 기반 피처 중요도를 계산한다. 이때 퍼뮤테이션은 30회 실시하도록 하며 random_state=0, scoring='neg_mean_squared_error'를 적용한다.

1 https://scikit-learn.org/stable/modules/permutation_importance.html

8장

그레이디언트 부스팅 트리 모델

그레이디언트 부스팅 트리(GBT)는 결정 트리에 부스팅을 적용한 앙상블 모델이며, GBT를 알면 부스팅 원리도 함께 이해할 수 있다. 일반적으로 부스팅 모델은 딥러닝 모델과 함께 최고의 성능을 산출하는 모델의 하나로, 성능이 높은 모델을 찾는다면 반드시 검토하는 것이 좋다. 부스팅 기법 중에서 GBT는 에이다부스트 이후의 모델이며 XGBoost와 LightGBM보다는 이전 모델이다. 이들 부스팅 계열 모델과 GBT 모델을 비교하면 전반적인 이해도를 높일 수 있다.

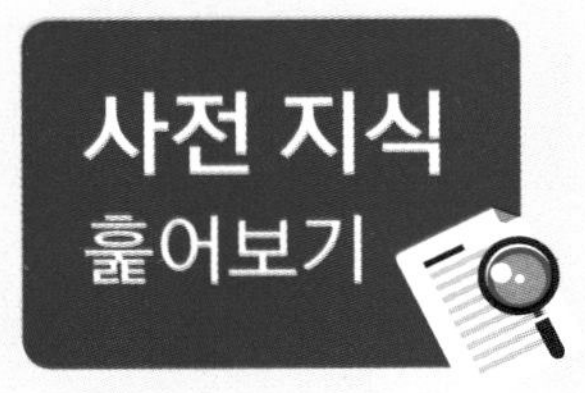

에이다부스트 모델 이론

에이다부스트AdaBoost는 GBT보다 이전 세대에 등장한 부스팅 트리 기법의 한 가지로, Freund & Schapire(1995)가 제시하였다. 어려운 예제difficult example에 집중한다는 개념은 GBT와 같으나 앞 단계의 모델이 잘 풀지 못하는 어려운 케이스 쪽에 집중할 수 있게 앞쪽 모델에서 틀린 샘플의 추출 확률을 높인다는 점에서 차이가 있다. 즉, 각 단계의 복원 추출 과정에서 이전에 틀린 샘플의 추출 확률이 높아지기 때문에 틀린 샘플이 학습 데이터로 여러 번 등장할 가능성이 커진다. 참고로 배깅에서는 모든 약한 학습기weak learner가 샘플을 균일 분포uniform distribution에서 추출한다는 점에서 차이가 있다.

에이다부스트 알고리즘을 학습한 후 이를 GBT와 비교해 보면 부스팅을 이해하는 데 도움이 된다. 이에 따라 이번 항에서는 에이다부스트 분류 모델의 알고리즘을 살펴본다. 여기서는 이진 분류binary classification 문제를 가정한다.

이진 분류 문제에 에이다부스트 알고리즘 적용하기

입력값

피처 행렬 X와 목표 클래스 변수 y가 $(X, y)=\{(x_1, y_1), \dots, (x_n, y_n)\}$ 쌍으로 주어진다. 그리고 y의 클래스 레이블을 -1과 1에 대응하여 $y_i \in \{-1, 1\}$을 만족한다고 가정한다. 이 요령을 사용하면 알고리즘을 간단하게 만들 수 있다.

초깃값

스테이지 1에서 각 샘플이 추출될 확률 함수 D_1은 균일 분포를 따른다. 즉, 모든 i에 대하여 $D_1(x_i) = \frac{1}{n}$이다.

학습 알고리즘

다음을 $t=1, \dots, n_{\text{trees}}$에 대하여 반복한다.

(1) D_t 분포를 이용해 (X, y)에서 복원 추출을 진행하여 데이터셋 $(\tilde{X}, \tilde{y})$를 구성한다.

(2) $(\tilde{X}, \tilde{y})$에 최대 깊이 1인 약한 트리 모델 h_t를 학습한다.

(3) 학습한 모델 h_t의 오분류율 $\varepsilon_t = \Pr_{D_t}(h_t(x) \neq y)$를 계산한다. ε_t가 $\frac{1}{2}$ 이상이라면 학습한 모델은 부스팅에 포함될 이점이 없는 모델이므로 (1) 단계로 되돌아간다. ε_t가 $\frac{1}{2}$ 미만이라면 다음 단계를 계속 진행한다.

(4) 모델 가중치 $\alpha_t = \frac{1}{2}\ln\left(\frac{1-\varepsilon_t}{\varepsilon_t}\right)$를 계산한다. 이는 모델의 오분류율 ε_t가 $\frac{1}{2}$에 가까워질 때 모델의 중요도를 떨어뜨리고자 α_t를 0에 가깝게 하며 ε_t가 0에 가까워질 때 모델의 중요도를 높이고자 α_t는 무한대에 가까워지도록 정의한 것이다. 즉, 모델의 전체적인 정확도가 낮을수록 얻어진 각 예측치의 신뢰성이 떨어지므로 이를 반영하고자 포함한 계수이다.

(5) 다음 단계에서의 추출 확률 함수 D_{t+1}을 정의한다. 식은 다음과 같다.

$$D_{t+1}(x_i) = \frac{D_t(x_i)e^{-\alpha_t y_i h_t(x_i)}}{Z_t}$$

여기서 Z_t는 정규화 상수normalizing constant로, 단지 D_{t+1}이 확률 함수의 조건 $\sum_{i=1}^{n} D_{t+1}(x_i) = 1$을 만족하도록 조정하는 값이다. 위 식에서 눈여겨봐야 할 부분은 분자의 지수부인 $-\alpha_t y_i h_t(x_i)$이다. 여기서 클래스 레이블 값 정의에 따라 y_i값과 $h_t(x_i)$값이 같으면 $y_i h_t(x_i)$값은 항상 1이 되며, 다르면 항상 -1이 된다는 것을 확인할 수 있다. 가중치 α_t값을 고려하여 전체적으로 생각한다면, 이 지수부는 다음을 나타낸다는 것을 알 수 있다.

모델 h_t가 예측에 틀린 샘플에 대해서는 추출 확률을 높이고 예측에 성공한 샘플에 대해서는 추출 확률을 낮추되 가중치 α_t를 반영한다.

학습 후 예측값 산출

이렇게 학습한 부스팅 모델의 최종 예측값은 다음과 같다.

$$H(x) = \text{sign}\left(\sum_{t=1}^{n_{trees}} \alpha_t h_t(x)\right)$$

이는 각각의 부스팅 모델을 선형 결합하여 그 부호로 최종 클래스를 판별하되, 각 모델의 예측 성능을 고려하여 가중 결합한 것으로 해석할 수 있다.

에이다부스트는 한 모델이 끝난 후에 그 모델의 성능을 바탕으로 다음 모델을 구축하므로 병렬 학습parallezation이 불가하다. 특이한 점은 매 단계에서의 학습 트리는 매우 약한 학습기weak learner로 구성된다는 점이다. 분류 모델은 결정 트리별로 한 번씩의 분할만 수행하는데, 이러한 결정 트리를 결정 스텀프decision stump라 부르기도 한다.

`sklearn.ensemble` 모듈의 `AdaBoostClassifier` 클래스[1]와 `AdaBoostRegressor` 클래스[2]는 각각 에이다부스트 분류 모델과 회귀 모델을 구현한다. 모두 기본 학습기를 설정하는 `base_estimator` 하이퍼파라미터가 있으며, 이를 별도로 설정하지 않

1 https://scikit-learn.org/stable/modules/generated/sklearn.ensemble.AdaBoostClassifier.html

2 https://scikit-learn.org/stable/modules/generated/sklearn.ensemble.AdaBoostRegressor.html

으면 각각 max_depth가 1인 DecisionTreeClassifier, max_depth가 3인 DecisionTreeRegressor를 기본 학습기로 지정한다.

에이다부스트 분류 모델 구현하기

이번에는 에이다부스트 분류 모델을 구현해 보자. 유방암 데이터셋을 사용하여 데이터셋을 랜덤하게 섞은 후 상위 400개는 학습 데이터셋, 나머지 169개는 테스트 데이터셋으로 사용한다. 에이다부스트 분류 모델의 알고리즘은 출력값이 1 또는 −1이라는 가정이므로 출력값이 0이라면 모두 −1로 변경한다.

```
from sklearn.datasets import load_breast_cancer
from sklearn.tree import DecisionTreeClassifier
from sklearn.model_selection import train_test_split
import numpy as np

df = load_breast_cancer(as_frame=True)['frame'].sample(
    frac=1, random_state=12).reset_index(drop=True)

def transfer_y(x):
    if x == 0: return -1
    return x

df['target'] = df['target'].apply(lambda x: transfer_y(x))

train = df.iloc[:400, :]
test = df.iloc[400:, :]

X_train, y_train = train.drop(['target'], axis=1), train['target']
X_test, y_test = test.drop(['target'], axis=1), test['target']
```

이제 알고리즘에 따라 에이다부스트 분류 모델을 구현한다. 트리의 수는 최대 10개로 하되, 오분류율 eps가 0이라면 alpha가 정의되지 않으므로 조기에 학습을 종료한다. 또한, eps가 1/2 이상이라면 해당 단계의 모델은 앙상블 모델 구성에 도움이 되지 않는데, 간단히 구현하고자 이때도 마찬가지로 학습을 종료한다.

▶ 최적화된 sklearn 패키지에서는 다른 방법으로 구현하므로 이 같은 상황에서도 학습을 조기 종료하지 않으나 여기서는 가장 간단한 방식으로 구현하도록 한다.

```
clfs = []
alphas = []

pmf = np.ones(len(train)) / len(train)

for i in range(10):
    sampled = train.sample(frac=1,
                           replace=True,
                           weights=pmf,
                           random_state=1234).reset_index(drop=True)
    X_sampled = sampled.drop(['target'], axis=1)
    y_sampled = sampled['target']

    clf = DecisionTreeClassifier(max_depth=1,
                                 random_state=1234).fit(X_sampled, y_sampled)
    y_pred = clf.predict(X_sampled)
    eps = (y_pred != y_sampled).mean()
    if eps == 0:
        print(f'오분류율이 0%에 도달하여 학습 조기 종료: 트리의 수 = {len(clfs)}')
        break
    if eps >= 0.5:
        print('오분류율 50% 이상이므로 학습 종료')
        break
    alpha = 1 / 2 * np.log((1 - eps) / eps)

    pmf = pmf * np.exp(-alpha * y_sampled * y_pred)
    pmf = pmf / pmf.sum()

    clfs.append(clf)
    alphas.append(alpha)
    if len(clfs) == 10:
        print(f'i = {i}에서 이터레이션 정상 종료')
        break
```

실행 결과

```
오분류율이 0%에 도달하여 학습 조기 종료: 트리의 수 = 7
```

트리 수 7에서 eps가 0에 도달했고 이에 따라 학습을 종료했다. 각 트리는 다른 비율로 샘플링된 학습 데이터셋으로 구성했고 따라서 분기에 사용한 피처와 분기 기준값이 다르게 나타난다. 모든 트리의 최대 깊이가 1이므로 다음 코드로 분기 기준을 쉽게 확인할 수 있다.

```
for clf in clfs:
    print(f'분기에 사용된 피처: {clf.tree_.feature[0]}, 분기 기준값:{clf.tree_.
threshold[0]: .4f}')
```

실행 결과

```
분기에 사용된 피처: 20, 분기 기준값: 16.7900
분기에 사용된 피처: 20, 분기 기준값: 16.8000
분기에 사용된 피처: 23, 분기 기준값: 865.4000
분기에 사용된 피처: 22, 분기 기준값: 102.1000
분기에 사용된 피처: 7, 분기 기준값: 0.0560
분기에 사용된 피처: 27, 분기 기준값: 0.1413
분기에 사용된 피처: 27, 분기 기준값: 0.1200
```

이제 학습 데이터셋 정확도와 테스트 데이터셋 정확도를 각각 확인한다.

```
y_train_pred = np.zeros(len(y_train))

for alpha, clf in zip(alphas, clfs):
    y_train_pred += alpha * clf.predict(X_train)

y_train_pred = (y_train_pred > 0) * 1
y_train_pred[y_train_pred == 0] = -1

print(f'트리의 수 = {len(clfs)}인 에이다부스트 모델의 학습 데이터셋 기준 정확도:
{(y_train_pred == y_train).mean() * 100: .2f}%')

y_pred = np.zeros(len(y_test))

for alpha, clf in zip(alphas, clfs):
    y_pred += alpha * clf.predict(X_test)
```

```
y_pred = (y_pred > 0) * 1
y_pred[y_pred == 0] = -1

print(f'트리의 수 = {len(clfs)}인 에이다부스트 모델의 테스트 데이터셋 기준 정확도:{(y_pred == y_test).mean() * 100: .2f}%')
```

실행 결과

```
트리의 수 = 7인 에이다부스트 모델의 학습 데이터셋 기준 정확도: 93.75%
트리의 수 = 7인 에이다부스트 모델의 테스트 데이터셋 기준 정확도: 97.04%
```

학습 데이터셋과 테스트 데이터셋을 기준으로 각각 93.75%와 97.04%의 정확도가 산출되었다.

Do it! 예제 8.1 결정 트리와 에이다부스트 비교하기[3]

이번 예제에서는 사인파sinusoidal wave에 정규 분포를 따르는 노이즈가 포함되어 생성된 데이터셋에 각각 결정 트리 회귀 모델과 에이다부스트 회귀 모델을 학습한 후 그 결과를 비교한다. 이는 각각의 모델로 학습 데이터셋을 얼마나 잘 근사할 수 있는지를 확인하려는 것이다. 데이터셋은 다음과 같이 정의한다.

```
# Author: Noel Dawe noel.dawe@gmail.com
# License: BSD 3 clause

import numpy as np
import matplotlib.pyplot as plt
import seaborn as sns
%matplotlib inline

rng = np.random.RandomState(1)
X = np.linspace(0, 6, 100)[:, np.newaxis]
y = np.sin(X).ravel() + np.sin(6 * X).ravel() + rng.normal(0, 0.1, X.shape[0])

colors = sns.color_palette("colorblind")
plt.scatter(X, y, color=colors[0])
plt.xlabel("data"), plt.ylabel("target"), plt.title("Sample dataset")
```

3 https://scikit-learn.org/stable/auto_examples/ensemble/plot_adaboost_regression.html

실행 결과

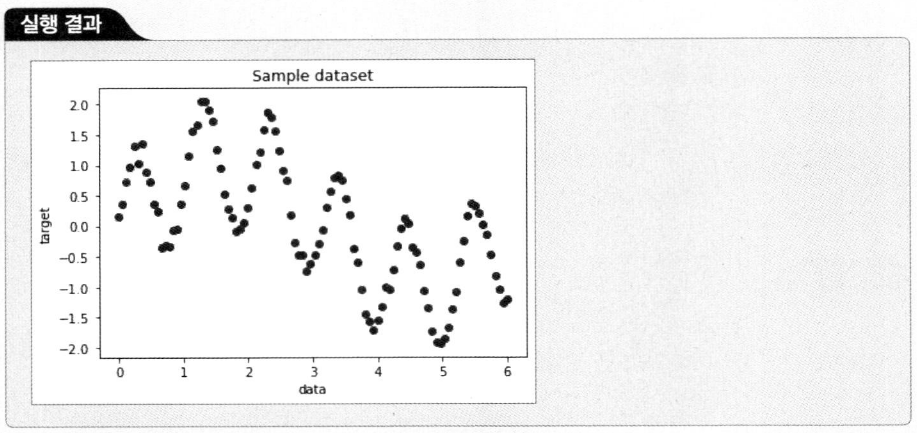

우선 최대 깊이가 4인 결정 트리 회귀 모델을 학습하고 그 결과를 그래프로 나타낸다. 최대 깊이가 4라면 최대 16개의 리프 노드[leaf node]가 생긴다. 이때 각 리프 노드는 한 가지 예측값만을 가지므로 결론적으로 이 모델은 최대 16개의 예측값만을 가진다.

```
from sklearn.tree import DecisionTreeRegressor

regr_1 = DecisionTreeRegressor(max_depth=4).fit(X, y)
y_1 = regr_1.predict(X)

plt.scatter(X, y, color=colors[0], label="training samples")
plt.plot(X, y_1, color=colors[1], label="DT Regressor", linewidth=2)
plt.xlabel("data"), plt.ylabel("target"), plt.title("DT Regressor"),
plt.legend()
```

실행 결과

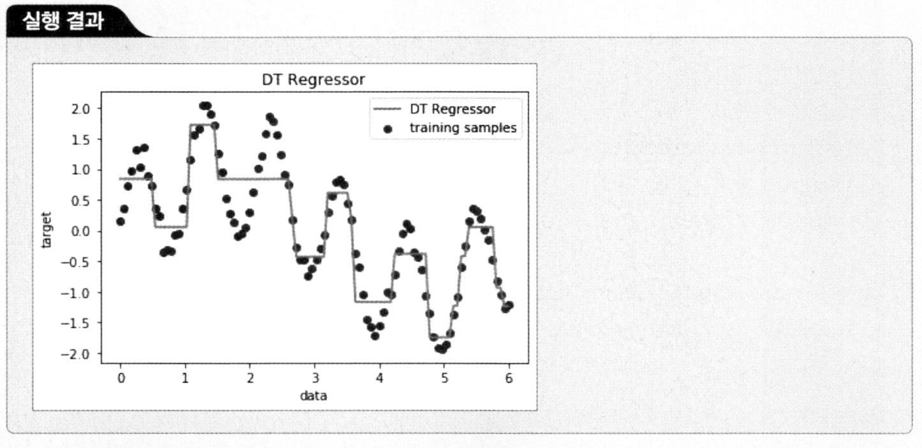

그래프에서 보듯이 이 결정 트리는 전반적으로 적당한 성능을 가지지만 일부 구간에서는 눈에 띄게 낮은 예측력을 보인다. 예를 들어, 피처값 2.0 전후에서 결정 트리는 원본 데이터의 저점과 고점을 모두 평균값으로만 예측하고 있다.

다음으로, 에이다부스트 회귀 모델을 학습하고 그 결과를 나타낸다. 마찬가지로 최대 깊이를 4로 하되 트리 개수를 나타내는 `n_estimators`를 `300`으로 설정하므로 예측 구획은 매우 다양하게 변화할 것으로 예상한다.

```
from sklearn.ensemble import AdaBoostRegressor

regr_2 = AdaBoostRegressor(DecisionTreeRegressor(max_depth=4),
                           n_estimators=300,
                           random_state=rng).fit(X, y)
y_2 = regr_2.predict(X)

plt.scatter(X, y, color=colors[0], label="training samples")
plt.plot(X, y_2, color=colors[2], label="Adaboost", linewidth=2)
plt.xlabel("data"), plt.ylabel("target"), plt.title("Adaboost"), plt.legend()
```

실행 결과

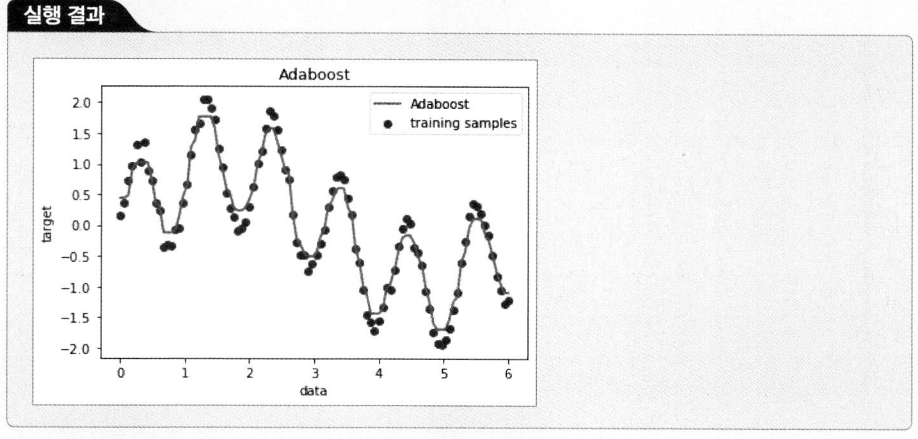

사인파와 거의 동일한 궤적으로 예측값이 나타나는 것을 확인할 수 있다. 이처럼 부스팅 모델은 일반적으로 기본 학습기의 편향성bias을 줄이는 고성능 모델이다.

8.1 그레이디언트 부스팅 트리 모델이란?

그레이디언트 부스팅 트리(gradient boosting trees, GBT)는 부스팅 기법의 하나인 GBM[gradient boosting machine]을 결정 트리에 적용한 앙상블 모델이다(Friedman, 2001). 회귀와 분류 문제에 모두 적용할 수 있으며 높은 성능을 자랑한다. 단계[stage]별로 샘플의 가중치를 조정하는 에이다부스트와 달리 GBT에서는 이전 단계에서 학습하지 못한 잔차[residual]를 새로운 목표 변수로 두고 학습한다는 아이디어에 기반을 둔다.

다음 그림이 주어진 경우에는 적합선[fitted line]과 샘플 사이의 차이인 세로선에 해당하는 값이 다음 단계에서 예측 목표가 될 것이다.

그림 8.1 샘플 데이터(점)와 샘플 데이터를 예측하는 적합선(빗금). 샘플과 적합선 사이의 차이인 잔차(세로선)를 다음 단계에서 학습한다.

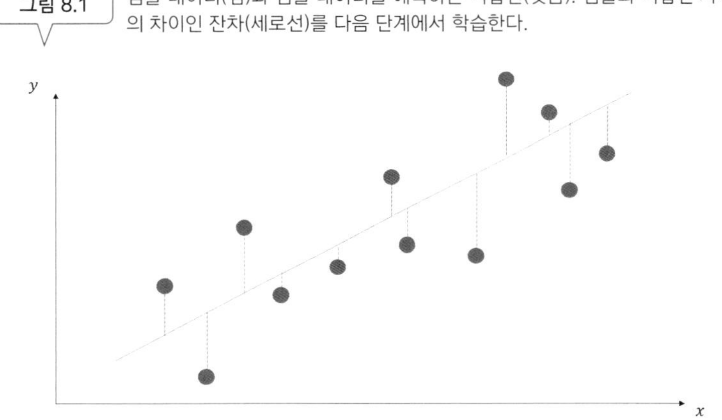

M개의 트리로 구성되는 GBT 모델의 아이디어는 다음과 같다. 먼저 첫 번째 단계에서는 목표 변수 y를 예측하는 트리 $h_1(x)$를 학습한다.

$$y \leftarrow h_1(x)$$

두 번째 단계에서는 첫 번째 단계에서 예측하지 못한 부분인 $(y\text{-}h_1(x))$를 예측하는 트리 $h_2(x)$를 학습한다.

$$y - h_1(x) \leftarrow h_2(x)$$

세 번째 단계에서는 두 번째 단계에서 예측하지 못한 부분인 $(y\text{-}h_1(x))\text{-}h_2(x)=y\text{-}h_1(x)\text{-}h_2(x)$를 예측하는 트리 $h_3(x)$를 학습한다.

$$y - h_1(x) - h_2(x) \leftarrow h_3(x)$$

이를 M번째 단계까지 반복하면 M번째 모델에서는 다음을 예측하게 된다.

$$y - \sum_{m=1}^{M-1} h_m(x) \leftarrow h_M(x)$$

이 식을 정리하면 결국 y는 각 단계에서 얻은 모델의 합으로 예측한다는 것으로 볼 수 있다.

$$\hat{y} = \sum_{m=1}^{M} h_m(x)$$

GBT 모델은 이 아이디어에 기반하며, 실제 최적화된 해를 계산할 때는 경사 하강법을 이용한다.

8.2 그레이디언트 부스팅 트리 모델 구현하기

8.2.1 그레이디언트 부스팅 트리 모델의 이론

이번 절에서는 그레이디언트 부스팅 트리(GBT) 회귀 모델과 분류 모델 이론을 살펴본다.

GBT 회귀 모델

GBT 모델은 직렬로 학습하는 가산 모델^{additive model}이다. $1 \le i \le n$에 대하여 입력 피처 x_i와 목표 변수 y_i의 쌍이 학습 데이터로 주어졌고 여기에 M개의 결정 트리 회귀 모델 h_m $(1 \le m \le M)$으로 이루어진 GBT 모델 F_M을 적용한다고 가정하자.

다른 부스팅 기법과 마찬가지로 GBT 모델의 학습은 그리디 알고리즘 방식으로 진행한다. 이에 따라 m번째 단계에서는 $(m\text{-}1)$번째의 단계에서 얻어진 앙상블 모델 F_{m-1}에 새로운 모델 h_m을 더하여 새로운 앙상블 모델 F_m를 얻게 된다.

▶ F_0은 목표 변수 y_i의 평균값으로 정의한다.

$$F_m(x) = F_{m-1}(x) + h_m(x)$$

여기서 새로운 모델 h_m은 이전 단계에서의 앙상블 모델 F_{m-1}이 주어진 상황에서 손실 함수의 합인 $L_m = \sum_{i=1}^{n} l(y_i, \hat{y}_i)$ 을 최소화하는 함수를 사용한다.

$$h_m = \arg\min_h L_m = \arg\min_h \sum_{i=1}^{n} l(y_i, F_{m-1}(x_i) + h(x_i))$$

한편, 점 a 근방에서손실 함수 l에 대한 1계 테일러 급수 근사[first-order Taylor approximation]는 다음과 같이 표현한다.

$$l(y_i, z+a) \approx l(y_i, a) + z\left[\frac{\partial l(y_i, z)}{\partial z}\right]_{z=a}$$

여기에 $z=h(x_i)$와 $a=F_{m-1}(x_i)$를 대입하면 다음 식을 얻는다.

$$l(y_i, F_{m-1}(x_i)+h(x_i)) \approx l(y_i, F_{m-1}(x_i)) + h(x_i)\left[\frac{\partial l(y_i, F(x_i))}{\partial F(x_i)}\right]_{F=F_{m-1}}$$

이를 h_m에 대한 앞의 식에 대입하면 다음과 같다.

$$h_m = \arg\min_h \sum_{i=1}^{n}\left(l(y_i, F_{m-1}(x_i)) + h(x_i)\left[\frac{\partial l(y_i, F(x_i))}{\partial F(x_i)}\right]_{F=F_{m-1}}\right)$$

이 식에서 $l(y_i, F_{m-1}(x_i))$는 h에 대하여 상수이므로 없앨 수 있다. 이제 l의 F_{m-1}에 대한 그레이디언트gradient인 $\left[\frac{\partial l(y_i, F(x_i))}{\partial F(x_i)}\right]_{F=F_{m-1}}$ 를 g_i라 두면 다음을 얻을 수 있다.

$$h_m \approx \arg\min_h \sum_{i=1}^{n} h(x_i) g_i$$

최솟값은 각각의 i에 대하여 $h(x_i)$를 $-g_i$에 비례하는 값이 되도록 h를 설정함으로써 달성된다. 이는 손실 함수 그레이디언트의 반대 방향으로 h를 설정하는 것이고, 따라서 이터레이션iteration마다 h_m은 그레이디언트의 반대 방향을 예측하는 방향으로 학습을 수행하게 되고 이들 그레이디언트 값은 이터레이션마다 업데이트된다. 수학적으로 이는 함수 공간에서의 경사 하강법의 일종으로 생각할 수 있다.

학습 후 입력 피처의 예측값은 다음과 같이 각 모델 예측값의 단순한 합 형태로 계산한다.

$$\hat{y}_i = F_M(x_i) = \sum_{m=1}^{M} h_m(x_i)$$

손실 함수 $l(y_i, F(x_i))$는 다양한 형태일 수 있다. 우선, 회귀 문제에서는 다음과 같이 정의하는 제곱 오차 손실squared loss을 가장 많이 사용한다.

$$l_{\text{squared loss}}(y_i, F(x_i)) = \frac{1}{2}(y_i - F(x_i))^2$$

절대 오차 손실absolute loss은 다음과 같이 정의한다.

$$l_{\text{absolute loss}}(y_i, F(x_i)) = |y_i - F(x_i)|$$

Huber 손실Hubor loss은 제곱 오차 손실과 절대 오차 손실을 조합한 것으로, 적당한 임계값 δ를 기준으로 실제값과 예측값이 δ 이하라면 제곱 오차 손실값을, δ보다 크다면 절대 오차 손실과 비례하는 값을 가지되 δ에서 연속 함수가 되게끔 정의한 것이다.

$$l_{\text{Huber loss}}(y_i, F(x_i)) = \begin{cases} \frac{1}{2}(y_i - F(x_i))^2 & \text{if} \quad |y_i - F(x_i)| \le \delta \\ \delta(|y_i - F(x_i)| - \frac{\delta}{2}) & \text{if} \quad |y_i - F(x_i)| > \delta \end{cases}$$

마지막으로 분위수 손실quantile loss은 주어진 α값에 대하여 다음과 같이 정의한다.

$$l_{\text{quantile loss}}(y_i, F(x_i)) = \begin{cases} (1-\alpha)|y_i - F(x_i)| & \text{if} \quad y_i - F(x_i) \le 0 \\ \alpha|y_i - F(x_i)| & \text{if} \quad y_i - F(x_i) > 0 \end{cases}$$

GBT 분류 모델

GBT 분류 모델은 GBT 회귀 모델과 비슷하나 GBT 회귀 모델에서의 예측값 $F_M(x_i) = \sum_{m=1}^{M} h_m(x_i)$를 클래스 또는 클래스의 확률값으로 변환하는 과정을 추가로 진행해야 한다. 변환 방법은 어떤 손실 함수를 선택하는가에 따라 달라지는데, 예를 들어 손실 함수가 로그 손실log loss이라면 샘플 피처 x_i가 클래스 레이블 1에 속할 확률은 시그모이드 함수 σ에 대하여 다음과 같이 모델링한다.

$$\Pr(y_i = 1 \mid x_i) = \sigma(F_M(x_i))$$

분류 문제에서도 약한 학습기weak learner h_m은 분류 모델classifier이 아니라 여전히 회귀 모델regressor이라는 사실을 명심해야 한다. 이는 예측하고자 하는 값이 연속값인 그레이디언트이기 때문이다.

8.2.2 부스팅 트리 회귀 모델 구현하기

여기서는 GBT 모델의 아이디어를 이용하여 가장 간단한 형태의 부스팅 트리 회귀 모델을 구현한다. 간단히 구현하고자 그레이디언트 개념을 사용하는 대신 각 단계에서 잔차residual를 학습한 후 최종 모델을 각 모델의 합으로 구성하도록 한다. 또한, 7장에서는 6장에서 구현한 결정 트리의 코드를 그대로 활용하여 베이스 학습기base learner를 구현하였으나 이번에는 코드를 간단하게 하고자 sklearn.tree.DecisionTree Regressor 클래스 객체를 베이스 학습기로 사용한다.

당뇨병 데이터셋을 사용하고 트리 개수는 100, 각 트리의 최대 깊이는 4로 설정한다.

```
from sklearn.datasets import load_diabetes
from sklearn.tree import DecisionTreeRegressor
from sklearn.model_selection import train_test_split
import numpy as np

df = load_diabetes(as_frame=True)['frame']
X = df.iloc[:, :-1]
y = df.iloc[:, -1]

X_train, X_test, y_train, y_test = train_test_split(X,
                                                    y,
                                                    test_size=0.33,
                                                    random_state=1234)
```

단계마다 잔차를 학습한다.

```
y_train2 = y_train.copy()

trees = []
for i in range(100):
    reg = DecisionTreeRegressor(max_depth=4,
                                random_state=1234).fit(X_train, y_train2)
    y_pred = reg.predict(X_train)
    y_train2 = y_train2 - y_pred
    trees.append(reg)
```

마지막으로, 테스트 데이터셋으로 학습한 부스팅 트리 모델을 적용하여 평균 절대 오차(MAE)를 계산한다.

```
y_pred = np.zeros(len(y_test))
for tree in trees:
    y_pred += tree.predict(X_test)

print(f'테스트 데이터셋 기준 MAE:{(np.abs(y_pred-y_test)).mean(): .2f}')
```

실행 결과

```
테스트 데이터셋 기준 MAE: 54.29
```

약 54.29의 MAE를 얻었다. 참고로, 다음 절에서 살펴볼 GradientBoostingRegressor 클래스를 이용한 모델 성능과 6장에서 학습한 DecisionTreeRegressor 클래스를 이용한 모델 성능과 비교하도록 한다.

```
from sklearn.ensemble import GradientBoostingRegressor

reg = GradientBoostingRegressor(n_estimators=100,
                                max_depth=4,
                                random_state=1234)
y_pred = reg.fit(X_train, y_train).predict(X_test)

print(f'GradientBoostingRegressor 테스트 데이터셋 기준 MAE:{(np.abs(y_pred - y_test)).mean():
.2f}')

y_pred = DecisionTreeRegressor(random_state=1234).fit(X_train,
                                                      y_train).predict(X_test)
print(f'DecisionTreeRegressor 테스트 데이터셋 기준 MAE:{(np.abs(y_pred - y_test)).mean():
.2f}')
```

실행 결과

```
GradientBoostingRegressor 테스트 데이터셋 기준 MAE: 44.96
DecisionTreeRegressor 테스트 데이터셋 기준 MAE: 59.04
```

최적화된 GradientBoostingRegressor 모델보다 성능은 낮지만 DecisionTreeRegressor보다는 성능이 높다는 것을 확인할 수 있다. 다음 절에서는 GradientBoostingRegressor 클래스를 자세히 살펴본다.

8.3 패키지로 표현하기

sklearn.ensemble 모듈의 GradientBoostingClassifier 클래스[1]와 Gradient Boosting Regressor 클래스[2]는 각각 GBT 분류 모델과 GBT 회귀 모델을 구현한다. 랜덤 포레스트 분류 모델이 DecisionTreeClassifier 클래스를 기반으로 구현되고 랜덤 포레스트 회귀 모델이 DecisionTreeRegressor 클래스를 기반으로 구현되는 것과 달리, GBT 분류 모델과 GBT 회귀 모델은 모두 DecisionTreeRegressor 클래스를 기반으로 구현한다. 이는 앞서 이론 편에서 살펴보았듯이 GBT가 연속적인 손실 함수loss function를 최소화하는 방식으로 업데이트하기 때문이다.

이에 따라 GBT 회귀 모델이 가장 기본적인 구현법이며 GBT 분류 모델은 GBT 회귀 모델을 응용한 구현법이라고 생각할 수 있다. 이는 선형 모델에서 OLS가 가장 기본이고 로지스틱 회귀 모델은 이를 응용한 개념이라는 것과 비슷하게 생각할 수 있다. 그러므로 이 절에서는 GradientBoostingRegressor 클래스를 먼저 살펴본 후 GradientBoostingClassifier 클래스를 살펴본다.

설명했듯이 GradientBoostingRegressor 클래스는 기본적으로 DecisionTreeRegressor 클래스의 하이퍼파라미터를 포함한다. GradientBoostingRegressor 클래스에 추가한 하이퍼파라미터는 부스팅 단계에서의 손실 함수와 학습률 등을 제어하고, 각각의 부스팅 라운드에서의 학습은 DecisionTreeRegressor 클래스와 비슷한 하이퍼파라미터를 공유한다. 이에 따라 이 절에서는 추가 하이퍼파라미터를 중심으로 설명한다.

하이퍼파라미터	주요값	기본값	의미
loss	'squared_error', 'absolute_error', 'huber', 'quantile'	'squared_error'	손실 함수 선택 - 'squared_error': 제곱 오차 손실 사용 - 'absolute_error': 절대 오차 손실 사용 - 'huber': Huber 손실 사용 - 'quantile': 분위수 손실 사용

1 https://scikit-learn.org/stable/modules/generated/sklearn.ensemble.GradientBoostingClassifier.html
2 https://scikit-learn.org/stable/modules/generated/sklearn.ensemble.GradientBoostingRegressor.html

learning_rate	float>0	0.1	모델 규제를 위해 각 부스팅 단계에 적용하는 학습률
n_estimators	int>0	100	부스팅 단계의 수. GBT 모델은 일반적으로 과적합에 강건[robust]하므로 큰 n_estimators 값이 선호될 수 있다.
subsample	float	1.0	모델의 규제를 위해 각 트리를 만들 때 전체 데이터 대신 subsample의 비율만을 랜덤 샘플링하여 사용. 일반적으로는 비복원 추출을 사용하나 복원 추출도 사용할 수 있다. subsample을 작게 설정하면 모델의 분산은 감소하지만 편향은 증가한다.

모델 규제를 위한 조기 종료[early stopping] 로직을 사용하려면 validation_fraction, n_iter_no_change, tol을 추가로 설정해야 한다. 이 세 하이퍼파라미터를 모두 설정해야만 각각은 의미를 가진다. 종합적으로 학습 데이터셋에서 validation_fraction만큼의 비율로 분할한 검증 데이터셋[validation set] 성능 점수의 증가값이 n_iter_no_change회 연속으로 tol보다 작다면 학습이 끝난다.

하이퍼파라미터	주요값	기본값	의미
validation_fraction	0<float<1	0.1	조기 종료를 위해 사용할 검증 데이터셋 비율
n_iter_no_change	None, int	None	조기 종료를 적용하고자 모니터링할 이터레이션의 횟수
tol	float	1e-4	조기 종료를 위한 허용 오차[tolerence]

한편, GradientBoostingClassifier는 GradientBoostingRegressor와 비교하여 다음과 같이 손실 함수를 측정하는 방법만 다르다.

하이퍼파라미터	주요값	기본값	의미
loss	'log_loss', 'exponential'	'log_loss'	손실 함수 선택. 'log_loss' 손실과 'exponential' 손실 중 선택할 수 있다.

실제 사용 시 활용 팁

- 모델 복잡도가 증가하는 하이퍼파라미터 `n_estimators`와 모델을 규제하는 `learning_rate`, `subsample`, `validation_fraction`, `n_iter_no_change`, `tol` 등은 상충 관계[trade-off]에 있으므로 적절히 선택해야 한다.
- GBT 모델에서 일반적으로 성능에 영향을 끼치는 가장 중요한 하이퍼파라미터는 `n_estimators`와 `learning_rate`로, 하이퍼파라미터를 튜닝할 때는 이를 먼저 고려해야 한다.

다음 그림은 지금까지 논의한 트리 계열 클래스의 확장 개념과 하이퍼파라미터의 차이를 요약한 것이다. `DecisionTreeClassifier` 클래스와 `DecisionTreeRegressor` 클래스는 분할 방법에만 차이가 있고 그 외는 같다. `DecisionTreeClassifier` 클래스는 `RandomForestClassifier` 클래스로 확장된다. `DecisionTreeRegressor` 클래스는 `RandomForestRegressor` 뿐만 아니라 `GradientBoostingRegressor`와 `GradientBoostingClassifier` 클래스로도 확장된다.

그림 8.2 트리 계열 모델 간의 관계

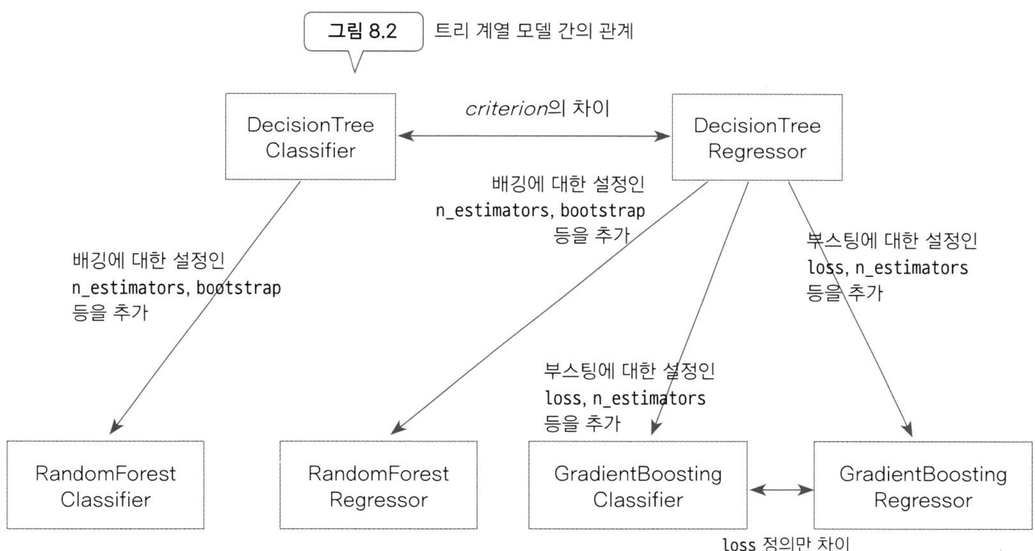

8.4 그레이디언트 부스팅 트리 모델 보충 수업

8.4.1 설명 가능 인공지능

정확도, 정밀도, 재현율 등 모델의 예측력은 모델을 선택할 때 가장 중요한 요소이지만, 실무 관점에서는 모델의 해석력interpretability 또한 중요하다. 실무에서는 예측 실패의 리스크가 클 때가 흔하므로 아무리 모델 성능이 좋더라도 일반화 가능성을 염두에 둘 때가 일반적이다. 이를 위해 모델의 예측 결과뿐만 아니라 학습한 모델이 왜 그러한 예측을 계산했는지 그 메커니즘 또한 이해하고 싶어 한다. 그러므로 같은 성능이라면 해석력이 높은 화이트 박스 모델을 선호하곤 한다.

하지만 랜덤 포레스트, 그레이디언트 부스팅 트리, 딥러닝 모델 등 성능이 높은 모델일수록 해석력이 떨어지는 경우가 많다. 즉, 모델의 성능과 해석력은 어느 정도 상충 관계이다.

설명 가능 인공지능(eXplainable AI, XAI)은 성능과 해석력을 모두 높이고자 제안한 영역으로, 이미 학습한 모델을 사후에 분석하여 예측값 계산 근거를 제공하는 메커니즘을 구현한다. 파이썬에서는 `lime`, `shap`, `eli5`, `interpret` 패키지 등이 XAI 프레임워크를 제공한다.

이 절에서는 이 중 `lime` 패키지[1]를 이용한 XAI 모델인 LIMElocal interpretable model-agnostic explanations을 살펴본다. `lime` 패키지는 `sklearn` 패키지와 호환성이 있어서 `sklearn`의 클래스 객체로 학습한 결과를 바로 적용할 수 있다.

`lime` 패키지는 구조화된 데이터셋에 사용하는 `lime_tabular` 모듈, 텍스트 데이터셋에 사용하는 `lime_text`, 그리고 이미지 데이터셋에 사용하는 `lime_image` 모듈 등으로 구성된다. 다음 예제에서는 이 중 `lime_text` 모듈을 활용해 영화 리뷰 분류 모델에 XAI를 적용한다.

LIME의 원리

(1) XAI를 적용할 샘플을 하나 선정한다. 그리고 이를 기반으로 가짜 데이터셋fake dataset을 생성하고, 이 데이터에 퍼뮤테이션permutation을 적용한다.

1 https://github.com/marcotcr/lime

(2) 퍼뮤테이션된 가짜 데이터와 실제 데이터 사이의 거리 또는 유사도를 계산한다.

(3) 예측한 모델을 퍼뮤테이션된 가짜 데이터에 적용하여 예측값을 산출한다.

(4) 퍼뮤테이션된 가짜 데이터를 기준으로 모델 성능을 가장 잘 설명하는 피처를 선정한다.

(5) OLS 모델이나 로지스틱 회귀 모델 등의 간단한 모델을 준비한 후 퍼뮤테이션된 데이터에서 선정한 피처를 이용해 학습을 수행한다.

(6) 간단한 모델에서 얻은 피처의 가중치를 사용해 각 피처가 원래 모델에서 예측에 어느 정도의 기여하는지를 판별한다.

Do it! 예제 8.2 lime_text 모듈을 통한 텍스트 모델의 사후 분석

이번에는 GBT 모델을 적용하여 한국 영화 리뷰 분류 모델을 학습하고 그 결과를 lime_text 모듈로 해석한다. 먼저 필요한 패키지를 불러오고 데이터셋을 내려받는다. 데이터셋은 영화 리뷰별로 0(부정) 또는 1(긍정)이 매겨졌으며 학습 데이터셋과 테스트 데이터셋으로 구분된다.

▶ 이번 예제에서는 한글 형태소 분석에 konlpy == 0.5.1 패키지를 사용한다. konlpy 패키지를 설치하고 구동하려면 자바를 설치해야 한다. konlpy 패키지의 설치와 구동은 konlpy 공식 홈페이지[2]를 참고하자.

```
import pandas as pd
import numpy as np
import urllib.request
from konlpy.tag import Okt

urllib.request.urlretrieve(
    "https://raw.githubusercontent.com/e9t/nsmc/master/ratings_train.txt",
    filename="ratings_train.txt")
urllib.request.urlretrieve(
    "https://raw.githubusercontent.com/e9t/nsmc/master/ratings_test.txt",
    filename="ratings_test.txt")
```

데이터셋의 크기가 커서 자연어 처리 단계에서 시간이 오래 걸리므로 튜토리얼을 위해 학습 데이터셋과 테스트 데이터셋에서 10%의 크기로 샘플링을 수행한다. pd.DataFrame.sample() 함수로 샘플링할 수 있으며, 결과의 재현성을 위해 random_state를 설정한다.

2 https://konlpy.org/ko/latest/

```
train = pd.read_table('ratings_train.txt').sample(
    frac=0.1, random_state=1234).reset_index()
train = train.dropna(how='any')

test = pd.read_table('ratings_test.txt').sample(
    frac=0.1, random_state=1234).reset_index()
test = test.dropna(how='any')

y_train = train['label']
y_test = test['label']

print('학습 데이터셋 크기:', train.shape)
print('테스트 데이터셋 크기:', test.shape)
print('y_train == 1의 비율:', y_train.mean())

train.head()
```

실행 결과

```
학습 데이터셋 크기: (14998, 4)
테스트 데이터셋 크기: (4999, 4)
y_train == 1의 비율: 0.49873316442192295
```

	index	id	document	label
0	105580	1356569	과장이 지나친 유치하고 짜증나는 10대 호러물.	0
1	131298	3568997	실제 저런 캠프가 있었데서 조금 더 썼다. 홀즈가 훨씬 낫다.	0
2	127581	9339206	자신이 낳은 자식이 곰이 되었기에 사랑하기에 놓아줘야하는 슬픔이 너무 절절하게 와닿는다.	1
3	82995	9306239	....ㅋㅋ....	0
4	54904	7266425	심형래 영화보다 재미없나?...	0

학습 데이터를 기준으로 레이블 0과 1의 비율이 약 1:1인 균형 데이터셋인 것을 확인했으므로 모델 성능을 정확도accuracy로 판정하도록 한다. 다음으로, 소비자 리뷰 텍스트에 해당하는 document 칼럼을 대상으로 자연어 처리를 수행한다. 자연어 처리에는 명사, 형용사를 추출하거나 접미사를 제거하는 등 다양한 방법이 있지만, 이번 예제에서는 명사만 사용해 분석을 수행하고자 한다. 이를 위해 konlpy 패키지의 Okt 태거를 이용한다. Okt 클래스를 불러와 okt 객체를 생성하고 okt.nouns() 함수로 명사만 추출한다. 얻은 명사는 document_nouns 칼럼으로 저장한다.

```
okt = Okt()

def get_nouns(x):
    return ' '.join(okt.nouns(x))

train['document_nouns'] = train['document'].apply(lambda x: get_nouns(x))
test['document_nouns'] = test['document'].apply(lambda x: get_nouns(x))

train
```

실행 결과

	index	id	document	label	document_nouns
0	105580	1356569	과장이 지나친 유치하고 짜증나는 10대 호러물.	0	과장 호러물
1	131298	3568997	실제 저런 캠프가 있었데서 조금 더 썼다. 홀즈가 훨씬 낫다.	0	실제 저런 캠프 조금 더 홀즈 낫다
2	127581	9339206	자신이 낳은 자식이 곰이 되었기에 사랑하기에 놓아줘야하는 슬픔이 너무 절절하게 와닿는다.	1	자신 자식 곰 사랑 슬픔 절절
3	82995	9306239	....ㅋㅋ....	0	
4	54904	7266425	심형래 영화보다 재미없나?...	0	심형래 영화
...	...	...	...	...	...
14995	49170	6186911	너무 좋았다. 이건 70년대 영화가 아니야.그나저나 프랭키가 그사람이라니....ㅜㅜ	1	이건 영화 프랭키 사람
14996	73778	6186657	그녀의 눈물엔 절절하게 공감하렵니다. 그러나 남자들의 눈물은 소름끼치는 코미디!	1	그녀 눈물 절절 공감 렵니 남자 눈물 코미디
14997	75446	9806634	마지막 빌의 눈물...오래 기억될거 같은 장면	1	마지막 눈물 기억 장면
14998	103583	8178502	재밌게 잘 보고 있어요살아있는 캐릭터들 덕에 시간 가는줄 모르겠네요^^	1	보고 캐릭터 덕 시간
14999	92738	6977094	뉴스데스크를 폐지해라. 어차피 똑같은 내용근데 엄마가 뭐길래는 진짜 재미없음.	0	뉴스데스크 폐지 어차피 내용 엄마 뭐길 진짜

14998 rows × 5 columns

▶ 명사 추출 과정에서 실행 오랜 시간이 소요된다.

다음으로, 머신러닝 모델을 학습하고 텍스트 데이터를 수치형 데이터로 전환한다. 다양한 방법이 있지만, 이 예제에서는 간단하게 TF-iDF[term frequency-inverse document frequency]로 전환한다. 이는 기본적으로 각각의 단어를 별개의 차원으로 주고 상대적 가중치로 값을 조정하는 희소 표현[sparse representation]이다. 이와 함께 차원 수를 제한하고자 너무 적게 등장하거나 너무 자주 등장하는 단어를 차원에서 배제하는 로직을 추가할 수 있다.

이번에는 0.1% 이하로 등장하거나 30% 이상으로 등장하는 단어를 제거했다. 실행 결과 얻어진 피처의 크기로 610차원을 얻었다.

```
from sklearn.feature_extraction.text import TfidfVectorizer

text_train = train['document_nouns']
text_test = test['document_nouns']

tfidf_vectorizer = TfidfVectorizer(min_df=0.001, max_df=0.3)
tfidf_vectorizer.fit(text_train)

X_train_tfidf = tfidf_vectorizer.transform(text_train)
X_test_tfidf = tfidf_vectorizer.transform(text_test)

print(X_train_tfidf.shape, X_test_tfidf.shape)
```

실행 결과

```
(14998, 610) (4999, 610)
```

이렇게 얻은 피처와 레이블을 대상으로 GBT 분류 모델을 학습한다.

```
from sklearn.ensemble import GradientBoostingClassifier

clf = GradientBoostingClassifier(random_state=1234)

clf.fit(X_train_tfidf, y_train)

print("Train Accuracy:", clf.score(X_train_tfidf, y_train))
print("Test Accuracy:", clf.score(X_test_tfidf, y_test))
```

실행 결과

```
Train Accuracy: 0.6733564475263368
Test Accuracy: 0.6595319063812762
```

테스트 데이터셋을 기준으로 정확도가 약 66%인 것을 확인할 수 있다. 이번 튜토리얼에서 얻은 정확도는 실무에 적용할 수 있을 정도의 높은 수준은 아니며, 이를 고도화하려면 자연어 처리 로직 강화, 텍스트 밀집 표현dense representation 적용 등을 사용하여 정확도를 개선해야 한다.

LIME은 모델링 사후에 적용하는 XAI 기법이므로 지금까지 단계는 일반적인 머신러닝 모델링과 일치한다. 이제 이렇게 학습한 모델에 lime 패키지를 호출하여 XAI를 수행한다. 우선 lime 패키지에서 lime_text 모듈을 호출하고 XAI를 위한 explainer 객체를 생성한다.

```
from lime import lime_text

explainer = lime_text.LimeTextExplainer(class_names=[0, 1])
```

explainer 객체는 레이블에 대한 예측 확률을 부여하는 분류 함수와 같이 동작한다. 이를 위해 분류 함수 pred_fn()을 정의한다. 함수 정의 부분 아래 출력 코드는 테스트 데이터의 0번째 샘플에서 추출한 명사와 학습된 clf 객체가 이 명사를 기준으로 어떻게 클래스를 예측하는지 나타낸다. "만화 내용 그냥 만화 끝내" 텍스트에 대하여 이 텍스트가 부정일 확률을 약 73%로 판정했다는 것을 확인할 수 있다.

```
def pred_fn(text):
    text_transformed = tfidf_vectorizer.transform(text)
    return clf.predict_proba(text_transformed)

print(text_test[0])
pred_fn(text_test[[0]])
```

실행 결과

```
만화 내용 그냥 만화 끝내
array([[0.73411262, 0.26588738]])
```

이제 원하는 샘플에 대한 판정 결과와 그 결과에 대한 이유를 확인할 수 있다. 한 예로 idx = 37의 레이블을 판정하고 판정에 큰 영향을 끼쳤던 명사를 확인해 보자.

```
idx = 37

print("Actual Text:", text_test[idx])

print("Prediction: ", clf.predict(X_test_tfidf[idx].reshape(1, -1))[0])
print("Actual:     ", y_test[idx])
```

```
explanation = explainer.explain_instance(text_test[idx], classifier_fn=pred_fn)

explanation.show_in_notebook()
```

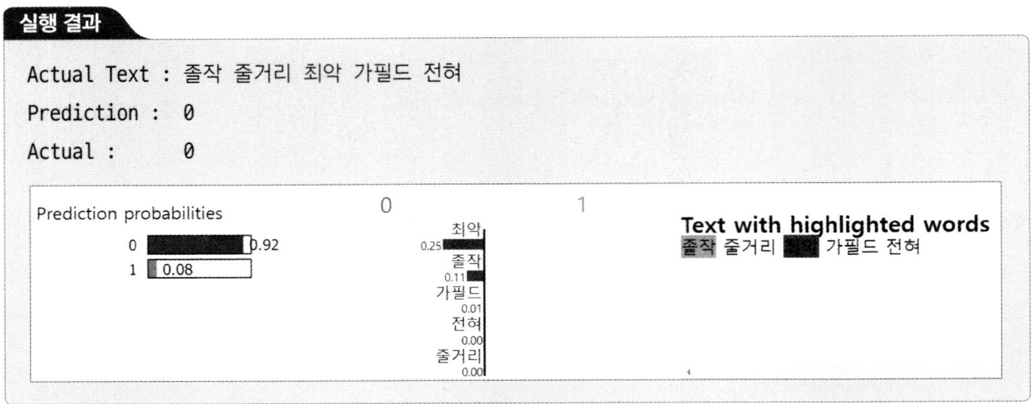

테스트 데이터의 37번째 샘플을 전처리한 '졸작 줄거리 최악 가필드 전혀'의 레이블을 92%의 확률로 0(부정)으로 판정하였다. 이 판정에는 '최악', '졸작'이라는 명사가 큰 기여를 한 것으로 보인다. 이는 사람의 기준으로도 타당한 결과라고 납득할 수 있어 보이며, 이를 통해 머신러닝 모델의 결함으로 말미암은 오판을 방지하는 데 큰 도움이 될 수 있다.

8.4.2 GBT 모델 이후의 부스팅 기법

XGBoost

XGBoost[extreme gradient boosting]의 기본 원리는 GBT 모델과 비슷하지만 GBT 모델에 병렬 처리, 하드웨어 최적화, 과적합 규제 페널티 등의 여러 개념을 도입하여 최적화한 모델이다(Chen & Guestrin, 2016). 예를 들어, XGBoost에서는 한 결정 트리를 학습할 때 모든 임계값을 기준으로 분할해서 불순도를 비교하는 대신 데이터셋을 수많은 서브데이터의 구획으로 분할한 다음, 그 서브데이터 내에서의 최적값을 각 병렬 환경에서 찾는다. 근사법이기 때문에 이 부분에서의 편향성은 일부 증가하지만 시간 복잡도는 크게 낮아진다.

2014년 등장 이후 캐글[Kaggle]을 포함한 많은 머신러닝 경진 대회에서 XGBoost를 사용한 팀이 우승을 차지하면서 빠르게 널리 알려졌다. XGBoost는 오픈 소스 소프트웨어 라이브러리로, 다양한 프로그래밍 언어로 구현하며 이 중에는 파이썬 패키지 `xgboost`[3]도 있다.

3 https://xgboost.readthedocs.io/en/stable/python/index.html

xgboost 사용법 중 sklearn에 익숙한 사용자에게 가장 유용한 방법은 sklearn API를 이용해 구현한 클래스를 사용하는 것으로, xgboost 패키지의 XGBRegressor 클래스[4]와 XGBClassifier 클래스[5]는 각각 sklearn API를 기반으로 한 XGBoost 회귀 모델과 XGBoost 분류 모델을 제공한다. 이들 클래스의 기본 사용법은 sklearn과 동일하다.

LightGBM

2017년 배포된 LightGBM은 XGBoost의 장점은 계승하고 단점은 보완하는 방식으로 개발된 모델로, GOSS^gradient-based one-sided sampling, EFB^exclusive feature bundling 등의 방법을 이용하여 XGBoost에 비하여 학습에 걸리는 시간과 메모리 사용량을 줄이고 다양한 기능을 추가로 구현한 가벼운^light GBT 모델을 제공한다(Ke et al., 2017).

LightGBM은 오픈 소스 소프트웨어이며 파이썬에서는 lightgbm 패키지로 제공한다. lightgbm 패키지 또한 xgboost 패키지와 마찬가지로 sklearn API로 구현되어 LightGBM 분류 모델과 회귀 모델인 LGBMClassifier 클래스[6]와 LGBMRegressor 클래스[7]를 제공한다.

한편, sklearn.ensemble 모듈의 HistGradientBoostingClassifier 클래스[8]와 HistGradientBoostingRegressor 클래스[9]는 LightGBM과 비슷한 기법을 구현한다. 이는 히스토그램 기반 추정 기법에 해당하며 샘플 개수가 수만 개 이상일 때 GradientBoosting Classifier 클래스와 GradientBoostingRegressor 클래스에 비해 속도가 매우 빠르다. 또한, 결측값을 처리하는 내장 함수^built-in function가 있으므로 결측값 대치 등의 추가 과정이 필요 없다.

4 https://xgboost.readthedocs.io/en/stable/python/python_api.html#xgboost.XGBRegressor
5 https://xgboost.readthedocs.io/en/stable/python/python_api.html#xgboost.XGBClassifier
6 https://lightgbm.readthedocs.io/en/latest/pythonapi/lightgbm.LGBMClassifier.html
7 https://lightgbm.readthedocs.io/en/latest/pythonapi/lightgbm.LGBMRegressor.html
8 https://scikit-learn.org/stable/modules/generated/sklearn.ensemble.HistGradientBoostingClassifier.html
9 https://scikit-learn.org/stable/modules/generated/sklearn.ensemble.HistGradientBoostingRegressor.html

8장에서 살펴본 내용

GBT 모델은 성능이 아주 뛰어나며 결정 트리의 결합으로 모델이 구성되어 결정 트리와 마찬가지로 피처 스케일링을 수행할 필요가 없다는 장점이 있다. 하지만 GBT 모델은 랜덤 포레스트 모델과 마찬가지로 결정 트리에 있는 해석력이 약화되어 결과가 나온 원인을 해석하지 못하는 블랙 박스 모델^{black box model}이라는 단점 또한 있다.

1. GradientBoostingRegressor 클래스 적용하기

이번 문제에서는 GradientBoostingRegressor 클래스를 이용하여 당뇨병의 GBT 예측 모델을 만들고 그 결과를 평가하고자 한다. 필요한 패키지와 데이터셋은 다음과 같다.

```
from sklearn.datasets import load_diabetes
from sklearn.ensemble import GradientBoostingRegressor
from sklearn.model_selection import train_test_split
import numpy as np

df = load_diabetes(as_frame=True)['frame']
X = df.iloc[:, :-1]
y = df.iloc[:, -1]

X_train, X_test, y_train, y_test = train_test_split(X,
                                                    y,
                                                    test_size=0.33,
                                                    random_state=1234)
```

단계 수를 200, 단계별 학습률을 0.05, 단계별 트리의 최대 깊이를 5로 하여 GBT 모델을 (X_train, y_train) 쌍으로 학습하라. 이때 랜덤성을 제어하고자 random_state=1234로 설정한다. 학습한 모델을 (X_test, y_test) 쌍에 적용하여 예측값을 생성하고 RMSE를 평가하라.

2. 후진 소거법을 이용하여 피처 선별하기

4장에서 RFE 클래스를 이용한 피처 선택법을 살펴보았다. 피처 선택법은 과적합을 방지해야 할 때 유용하게 사용할 수 있으며 과적합이 발생하기 쉬운 GBT 모델의 특성상 피처 선택법을 적용하는 것이 좋을 수 있다. 이번 문제에서는 샘플 개수에 비해 피처 개수의 비율이 상대적으로 높고 그중 대부분의 피처가 예측에 도움이 되지 않는 상황에서 후진 소거법을 이용해 중요한 피처만을 선별한 후 그 결과를 평가해 보고자 한다. 필요한 패키지와 데이터셋은 다음과 같다.

```
import numpy as np
import pandas as pd

from sklearn.datasets import make_classification
from sklearn.model_selection import train_test_split

from sklearn.ensemble import GradientBoostingClassifier
from sklearn.feature_selection import RFE

X, y = make_classification(n_samples=300,
                           n_features=100,
                           n_informative=30,
                           n_redundant=15,
                           n_repeated=5,
                           n_classes=2,
                           flip_y=0.05,
                           random_state=1234)

X = pd.DataFrame(X, columns=['feature_' + str(i) for i in range(1, 101)])
y = pd.Series(y, name='target')

X_train, X_test, y_train, y_test = train_test_split(X,
                                                    y,
                                                    test_size=0.33,
                                                    random_state=1234)
```

다음의 두 가지 분석을 수행하자.

(1) 먼저 (X_train, y_train) 쌍으로 GradientBoostingClassifier(random_state=1234) 모델을 학습하고 학습한 모델을 (X_test, y_test) 쌍에 적용하여 정확도를 계산하라.

(2) 다음으로, 동일하게 (X_train, y_train) 쌍으로 GradientBoostingClassifier(random_state=1234) 모델을 학습하되 sklearn.feature_selection.RFE 클래스를 이용한 후진 소거법을 적용하라. 후진 소거법 적용 시 이터레이션별로 가장 덜 중요한 한 개의 피처를 제거하며 총 80회의 소거를 수행하여 최종적으로 X_train에서 피처를 20개만 남기고 이를 X_train2라 한다. X_test에도 동일한 피처만 남기고 이를 X_test2라 한다. 마지막으로 (X_train2, y_train) 쌍으로 GradientBoostingClassifier(random_state=1234)를 학습하고 그 결과를 (X_test2, y_test) 쌍에 적용하여 정확도를 계산하라. 이때 피처 중요도는 GradientBoostingClassifier 객체의 feature_importances_ 어트리뷰트값을 기준으로 한다.

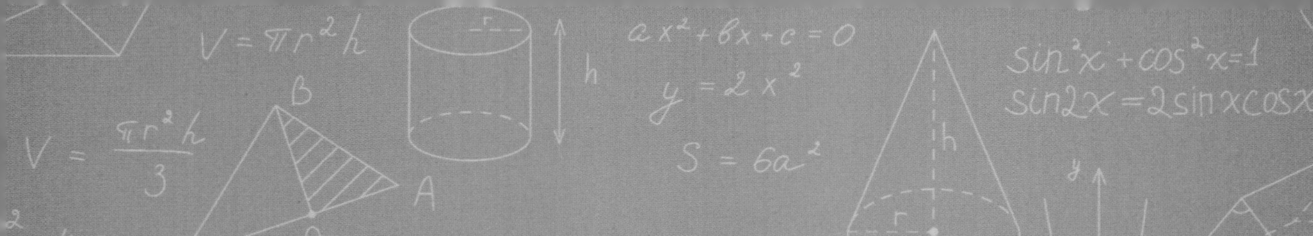

Other Supervised Learning Models

넷째마당

기타 지도 학습 모델

K-최근접 이웃, 서포트 벡터 머신, 다층 퍼셉트론 모델은 공통된 주제로 묶이지는 않지만 각각 매우 높은 이론적 혹은 실무적 중요성을 지니고 있어 지도 학습 모델을 소개함에 있어 빼놓을 수 없다. 지도 학습 모델의 마지막인 넷째마당에서 이들 모델을 차례로 소개한다.

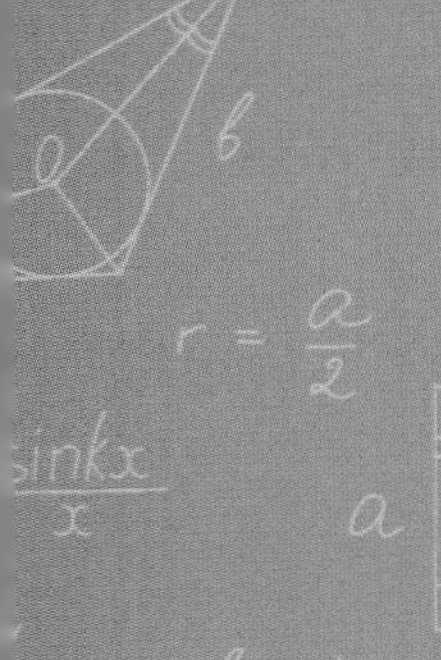

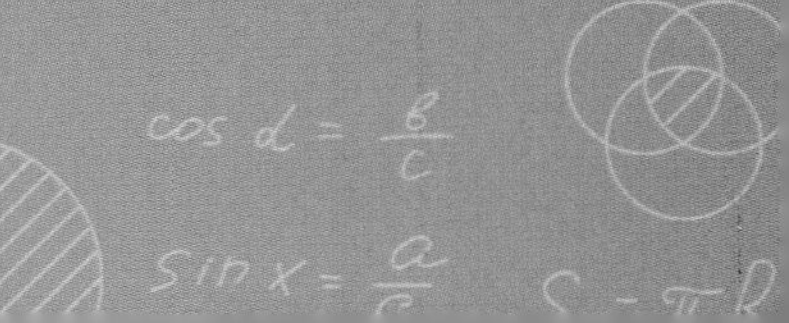

9장

K-최근접 이웃 모델

K-최근접 이웃(KNN) 모델은 데이터의 분포 또는 생성 프로세스에 대한 모수적 가정을 하지 않고 테스트 샘플의 주변 학습 데이터를 기준으로 출력값을 예측하는 비모수적 모델이다. 이론적으로 매우 간단한 모델임에도 좋은 성능을 보일 때가 많다. 이번 장에서는 KNN 모델을 알아본다.

거리 메트릭

KNN을 포함하여 거리에 기반을 두고 동작하는 모델은 거리 메트릭distance metric의 정의에 따라 모델링 결과가 달라진다. 거리 메트릭은 다양한 방법으로 정의할 수 있다. 임의의 벡터 $a,b,c \in \mathbb{R}^k$에 대하여 함수 d가 다음 조건을 만족하면 거리 메트릭으로 정의할 수 있다.

(1) 비음수성: $d(a, b) \geq 0$이다. $d(a, b)=0$이 되려면 $a=b$여야 하며, $a=b$일 때는 $d(a, b)=0$이다.

(2) 대칭성: $d(a, b)=d(b, a)$

(3) 삼각 부등식: $d(a, c) \leq d(a, b)+d(b, c)$

이 책에서는 민코프스키 메트릭Minkowski metric을 대표적으로 사용한다. 차수order가 p인 민코프스키 메트릭은 다음과 같이 정의한다.

$$D_p(a,b) = \left(\sum_{i=1}^{k} |a_i - b_i|^p \right)^{\frac{1}{p}}$$

벡터 a와 b에 대한 차수가 p인 민코프스키 메트릭값은 a-b에 대한 L_p-norm과 같은 값을 가진다.

$$D_p(a,b) = L_p(a-b) = \|a-b\|_p$$

민코프스키 메트릭은 p값에 따라 별칭을 가진다.

- $p=2$일 때는 $D_2(a,b) = \left(\sum_{i=1}^{k} |a_i - b_i|^2 \right)^{\frac{1}{2}}$로, 이는 바로 가장 보편적으로 사용하는 유클리드 거리Euclidean distance이다.
- $p=1$일 때는 $D_1(a,b) = \sum_{i=1}^{k} |a_i - b_i|$로 구하며, 맨해튼 거리Manhattan distance라고도 부른다. 이 값은 한 점에서 다른 점까지 좌표 평면에 평행한 방향으로만 갈 때의 최솟값이다. 빌딩과 격자 도로가 많은 뉴욕의 맨해튼 거리를 생각하면 쉬울 것이다. [그림 9.1]은 유클리드 거리와 맨해튼 거리를 비교한다.

그림 9.1 맨해튼 거리와 유클리드 거리[1]

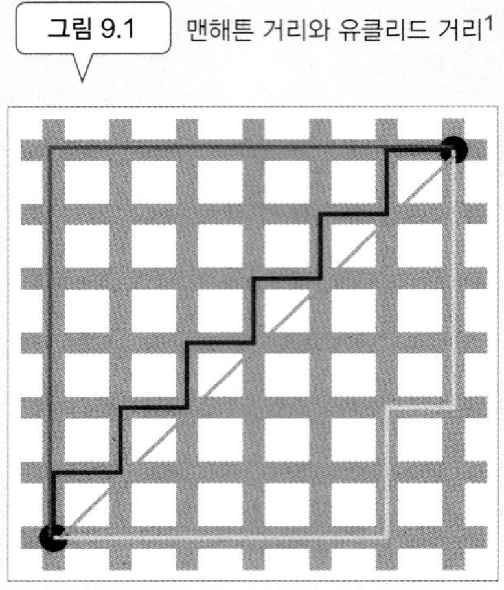

`sklearn.metrics` 모듈[2]은 sklearn에서 사용할 수 있는 다양한 메트릭을 제공한다. 이 메트릭뿐만 아니라 사용자 지정 메트릭을 정의하여 사용할 수도 있다.

1 두 점을 잇는 네 가지 길. 도로(회색 격자)를 따라서만 이동할 때 이 네 가지 길뿐만 아니라 수많은 방법이 있으나 모두 같은 최단 거리로, 이를 맨해튼 거리로 정의한다. 한편, 도로를 따라서 이동할 필요가 없다면 직선거리(대각선)가 최단 거리로, 이것이 유클리드 거리이다(https://ko.wikipedia.org/wiki/맨해튼_거리).

2 https://scikit-learn.org/stable/modules/classes.html#module-sklearn.metrics

9.1 K-최근접 이웃 모델이란?

관측한 입력 피처로 목표 변수를 예측하는 가장 직관적인 방법의 하나로, 입력 피처와 가장 비슷한 K개의 (알려진) 피처값과 이에 대응하는 목표 변수의 쌍 $(X_1, y_1), (X_2, y_2), \ldots, (X_K, y_K)$에 대하여 $y_1, y_2, \ldots, y_K$개의 정보를 종합하는 것을 생각할 수 있다. 예를 들어 목표 변수 y가 클래스 레이블인 분류 문제라면 $y_1, y_2, \ldots, y_K$에 다수결majority vote을 적용하여 클래스 레이블을 예측할 수 있고 y가 연속 변수인 회귀 문제라면 출력값의 평균인 $\frac{1}{K}\sum_{i=1}^{K} y_i$를 예측값으로 사용할 수 있다.

K-최근접 이웃(K-nearest neighbors, KNN) 모델은 입력값에서 가장 가까운 거리에 있는 K개 샘플의 출력값을 종합하여 입력값의 출력값을 예측하는 기법이다. 예를 들어 KNN 분류 기법에서는 입력값에서 가장 가까운 K개 샘플의 클래스 레이블 중 가장 많은 클래스 레이블을 출력으로 선택한다. 학습 데이터가 주어졌을 때 파라미터를 별도로 학습하지 않으므로 KNN은 비모수적 모델nonparametric model에 해당한다.

먼저 KNN 분류 모델을 자세히 설명하고 9.4절에서 KNN 회귀 모델을 추가로 다루도록 한다.

9.2 K-최근접 이웃 모델 구현하기

9.2.1 KNN 모델의 기본 이론

피처 행렬 X와 이에 대응하는 클래스 레이블 y가 주어지고, 이 데이터에 KNN 분류 기법을 적용한다고 가정하자. 고려할 최근접 이웃의 수를 K라 할 때 테스트 샘플이 주어지면 X 샘플 중 테스트 샘플에서 거리가 가장 가까운 K개의 샘플을 선택하고 그 샘플에 대응하는 y 중 가장 빈도가 높은 클래스 레이블을 테스트 샘플의 출력으로 결정한다. [그림 9.2]는 이를 나타낸 예이다.

그림 9.2 KNN 분류 기법의 예

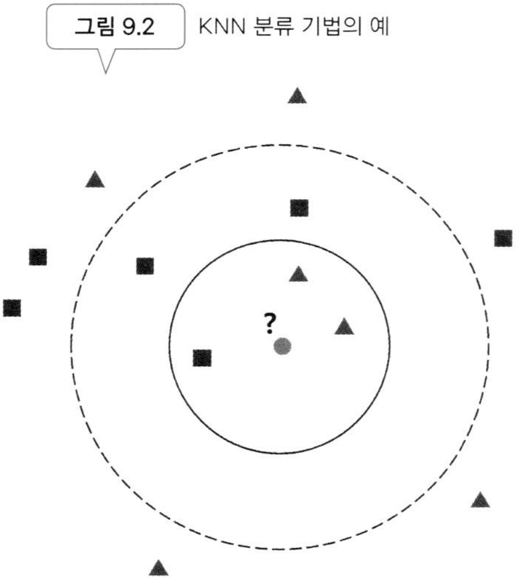

테스트 샘플(가운데 원)을 사각형이나 삼각형 중 하나로 분류하는 문제이다. K가 3이라면 테스트 샘플은 사각형으로 분류되는데, 가장 가까운 3개의 이웃을 세었을 때 두 개의 삼각형과 한 개의 사각형이 있기 때문이다(검은 실선의 경계선 형성). 이와 달리 K가 5라면 사각형이 세 개, 삼각형이 두 개이므로 테스트 샘플은 사각형으로 분류한다(점선 경계선).

KNN 기법을 모델링하는 가장 기본적인 알고리즘은 테스트 샘플이 주어졌을 때 모든 학습 데이터에 대한 거리를 계산한 후 거리 순으로 정렬하여 가장 가까운 K개를 얻는 것으로, 이를 완전 탐색 알고리즘brute force algorithm이라 한다. 하지만 이 방법은 학습 데이터가 많다면 시간 복잡도가 매우 높아지므로 이럴 때는 KD 트리나 Ball 트리 자료 구조 등을 적용해 데이터를 효율적으로 저장하여 가까운 이웃을 빠르고 효율적으로 탐색하도록 한다. 먼저 완전 탐색 알고리즘을 알아보고 나머지 탐색 알고리즘은 다음 항에서 간단히 살펴보도록 한다.

완전 탐색 알고리즘

완전 탐색 알고리즘에서는 테스트 샘플과 모든 학습 데이터 샘플 피처와의 거리를 비교한 후 그중 가장 가까운 K개의 이웃을 찾아내 출력값의 정보를 종합한다. 각각의 샘플이 들어왔을 때 매번 처음부터 거리 비교를 진행하므로 효율적인 방법은 아니다. 한 개의 테스트 샘플에 대한 완전 탐색 알고리즘의 시간 복잡도는 다음과 같다.

완전 탐색 알고리즘에서의 테스트 데이터 기준 시간 복잡도

$n \times p$ 차원의 피처 행렬 X와 클래스 레이블 변수 y를 대응한 데이터셋에 대하여 완전 탐색 알고리즘을 사용할 때 테스트 샘플 한 건의 시간 복잡도는 절차별로 다음과 같다.

(1) 2개의 샘플에 대한 거리 계산은 총 $O(p)$의 시간이 소요되며 쉽게 계산할 수 있다. 예를 들어, 유클리드 거리라면 좌표별 차이를 계산하고(p회 연산) 이를 제곱한 다음(p회 연산), 더하고(p-1회 연산) 제곱근을 취하는(1회 연산) 등 총 $3p$회의 연산을 통해 거리를 계산할 수 있다. 다른 거리 메트릭에서도 비슷한 결과를 얻을 수 있다.

(2) KNN 기법의 완전 탐색 알고리즘에서는 모든 샘플의 쌍에 대한 거리를 계산한다. 학습 데이터의 크기는 n이며 테스트 데이터의 크기가 1이므로 $O(n)$가지의 쌍이 있다.

그러므로 전체 시간 복잡도는 (1)과 (2)에 따라 $O(np)$이다.

완전 탐색 알고리즘은 데이터셋의 크기가 작을 때는 이론이 단순하고 구현이 쉬우므로 좋은 선택이 될 수 있으나, 데이터셋이 커지면 시간 복잡도가 증가하므로 사용하기가 어려워진다.

K 설정하기

KNN 기법에서는 최근접 이웃의 수 K 설정이 핵심이다. K의 최적값은 데이터에 따라 다르며 일반적으로 K가 클수록 노이즈(분산)는 줄지만 클래스의 결정 경계가 단순해진다. 최적의 K는 다양한 하이퍼파라미터 최적화 기법으로 선택할 수 있다.

한편, 이진 분류 문제에서는 K를 홀수로 설정하여 다수결을 할 수 없는 상황을 피하는 것이 일반적이다. 단, 클래스 레이블 개수가 2보다 큰 다중 클래스 분류 문제에서는 동률을 피할 수 없으며 상용 패키지에서는 각각 다른 방법을 사용하여 최종 예측값을 계산한다. 회귀 문제에서는 이러한 문제가 발생하지 않는다.

9.2.2 KNN 모델의 심화 이론

KNN 기법에서는 다음의 하이퍼파라미터를 추가로 조절하여 모델을 최적화한다.

거리 메트릭과 가중치

KNN과 같이 거리를 이용한 기법에서는 거리 메트릭의 정의에 따라 다양한 결과를 얻을 수 있다. 연속 변수의 거리를 계산할 때 가장 많이 사용하는 거리 메트릭은 유클리드 거리이다.

한편, 거리 메트릭을 정의하고 최근접 이웃을 얻은 후, 최근접 이웃의 정보를 집계하면서 더 가까운 이웃에 더 큰 중요도를 부과하고자 거리에 반비례하는 가중치를 설정할 수 있다. 이때 분류 문제라면 투표 결과에, 회귀 문제라면 출력값에 거리의 역수에 해당하는 가중치를 곱해 계산한다. 즉, 이웃까지의 거리를 d라 할 때 이웃에게 $1/d$의 가중치를 적용하는 방법이 있다.

클래스 가중치

목표 출력값에 클래스 불균형class imbalance이 있다면 다수결 방식은 예측값이 가장 높은 비율을 가지는 레이블 값으로 과도하게 치우치는 단점이 있다. 이 문제를 줄이고자 거리를 계산할 때 클래스별로 가중치를 다르게 설정하기도 한다.

최근접 이웃 탐색 알고리즘 개선하기

완전 탐색 알고리즘으로 구현한 KNN 모델은 데이터 수가 늘수록 비효율적이다. 이를 해결하고자 다양한 트리 기반 데이터 구조가 제안되었다. 이들 데이터 구조는 거리 정보를 효과적으로 저장하여 필요한 거리 계산의 횟수를 줄이는 것이 목적이다.

샘플 A, B, C에 대하여 A와 B가 매우 멀고 B와 C가 매우 가깝다면 A와 C가 매우 멀다는 것은 계산하지 않아도 알 수 있다는 것이 기본 아이디어이다. 이 방식을 사용하면 이웃을 찾는 데에 걸리는 시간 복잡도를 개선할 수 있다. 이는 완전 탐색 알고리즘에 비하여 큰 개선이라고 볼 수 있다. KD 트리^KD tree^(K-dimensional tree)나 Ball 트리^ball tree^가 해당 데이터 구조로 가장 널리 활용된다. 하지만 최적의 탐색 알고리즘은 샘플 개수와 피처 개수에 따라 다르므로 이를 선택하는 자세한 방법은 sklearn 웹 페이지의 최근접 이웃 알고리즘 소개 페이지[1] 를 참고한다.

- **KD 트리**: 이진 탐색 트리^binary search tree^는 1차원 데이터를 특수한 방식의 이진 트리로 표현하여 원하는 샘플을 빠르게 탐색할 수 있도록 하는 자료 구조이다. KD 트리는 이진 탐색 트리를 K차원 데이터에 적용할 수 있도록 확장한 자료 구조이다(Bentley, 1975). 구축된 KD 트리에서는 깊이 0에 해당하는 루트 노드에서는 첫 번째 차원만 이용하여 탐색을 진행하고, 깊이 1에서는 두 번째 차원만 이용하여 탐색을 진행한다. 이를 반복하여 깊이 K-1에서는 K번째 차원만 이용하여 탐색을 진행하고, 다시 깊이 K에서는 첫 번째 차원만 이용하여 탐색을 진행한다. KD 트리 자료 구조는 K차원 공간을 좌표축에 평행한 방향을 따라 재귀 분할^recursive partition^하는 형태를 가진다. KD 트리는 저차원에서는 구축 후 탐색의 속도가 매우 빠르나 20차원 이상의 고차원에서는 K가 커짐에 따라 점점 비효율적으로 변한다는 단점이 있다.
- **Ball 트리**: Ball 트리는 KD 트리의 고차원에서의 비효율성을 해결하기 위하여 KD 트리를 개선한 자료 구조이다(Omohundro, 1989). KD 트리에 비해 구축 과정에서 더 큰 시간이 필요하지만 고차원으로 갈수록 효율적인 데이터 구조를 만든다.

9.2.3 KNN 분류 모델 구현하기

이 절에서는 완전 탐색 알고리즘에 기반을 둔 가장 간단한 형태의 KNN 분류 기법을 구현한다. 거리는 유클리드 거리, 최근접 이웃의 수는 5로 설정한다. 첫 번째 단계로 필요한 패키지를 불러오고 데이터셋을 정의한다. 붓꽃 데이터셋을 불러온 후 이진 분류로 문제를 간소화하고자 목표 변수의 값이 2인 샘플은 제외하였다.

```
import pandas as pd
import numpy as np
from sklearn.datasets import load_iris

K = 5
```

1 https://scikit-learn.org/stable/modules/neighbors.html#choice-of-nearest-neighbors-algorithm

```
df = load_iris(as_frame=True)['frame'].sample(frac=1, random_state=1234)
df = df[df['target'] <= 1]
train, test = df.iloc[:75, :], df.iloc[75:, :]

train
```

실행 결과

	sepal length (cm)	sepal width (cm)	petal length (cm)	petal width (cm)	target
91	6.1	3.0	4.6	1.4	1
63	6.1	2.9	4.7	1.4	1
6	4.6	3.4	1.4	0.3	0
59	5.2	2.7	3.9	1.4	1
29	4.7	3.2	1.6	0.2	0
...	...	...	...	...	...
89	5.5	2.5	4.0	1.3	1
31	5.4	3.4	1.5	0.4	0
95	5.7	3.0	4.2	1.2	1
96	5.7	2.9	4.2	1.3	1
13	4.3	3.0	1.1	0.1	0

75 rows × 5 columns

완전 탐색 알고리즘으로 KNN 기법을 구현할 때는 별도의 훈련 과정이 필요 없다. 각각의 테스트 샘플이 입력될 때마다 모든 학습 데이터 샘플과의 거리를 계산하고 낮은 순으로 샘플 K개를 뽑아서 그 결과를 종합하면 된다.

간단하게 구현하려면 모든 학습 데이터셋과의 거리를 구한 후 거리 배열을 정렬할 수도 있지만 이번 구현에서는 거리를 구할 때마다 최근접 이웃을 담은 리스트 `dist_list`와 비교하여 이를 업데이트한다.

```
def update_dist(dist_list, elem):
    if len(dist_list) == 0:
        return [elem]

    if elem[1] >= dist_list[-1][1]:
        if len(dist_list) == K:
            return dist_list
```

```
        else:
            return dist_list + [elem]
    else:
        if len(dist_list) == K:
            for i, val in enumerate(dist_list):
                if val[1] > elem[1]:
                    return dist_list[:i] + [elem] + dist_list[i:-1]
        else:
            for i, val in enumerate(dist_list):
                if val[1] > elem[1]:
                    return dist_list[:i] + [elem] + dist_list[i:]
    return 1 / 0

# 예시
dist_list = [[0, 1], [4, 3], [1, 6], [5, 7], [4, 9]]
update_dist(dist_list, [5, 8])
```

실행 결과

```
[[0, 1], [4, 3], [1, 6], [5, 7], [5, 8]]
```

마지막으로 테스트 데이터셋에 모델을 적용하여 정확도를 계산한다.

```
pred = []
for i, row_test in test.iterrows():
    dist_list = []
    for i, row_train in train.iterrows():
        tmp = np.sqrt(((row_train[:-1] - row_test[:-1])**2).sum())
        dist_list = update_dist(dist_list, [row_train[-1], tmp])
    c0 = 0
    c1 = 0
    for elem in dist_list:
        if elem[0] == 0: c0 += 1
        elif elem[0] == 1: c1 += 1
    if c0 >= c1: s = 0
```

```
    elif c1 > c0: s = 1

    pred.append(s)

pred = np.array(pred)

print(f"테스트 데이터셋 기준 정확도:{(test['target'] == pred).mean()*100: .2f}%")
```

실행 결과

```
테스트 데이터셋 기준 정확도: 100.00%
```

9.3 패키지로 표현하기

sklearn.neighbors.KNeighborsClassifier 클래스[1]는 KNN 분류 모델을 구현한다. KNeighborsClassifier 클래스의 주요 하이퍼파라미터는 다음과 같다. n은 학습 데이터의 샘플 개수, K는 최근접 이웃 개수를 의미한다.

하이퍼파라미터	주요값	기본값	의미
n_neighbors	int>0	5	최근접 이웃의 수 K 설정
weights	'uniform', 'distance'	'uniform'	예측 가중치 설정 - 'uniform': 최근접 이웃 안에 포함되기만 하면 동등한 가중치 부여. 즉, K개의 최근접 이웃에 대한 가중치는 모두 $1/K$로, 그 외의 데이터의 가중치는 0으로 설정한다. 가장 간단한 형태의 옵션으로 생각할 수 있다. - 'distance': 최근접 이웃에 대하여 거리의 역수에 해당하는 가중치를 설정. 따라서 가까운 거리에 있는 이웃의 클래스가 최종 클래스 결정에 더 많이 기여한다.
algorithm	'auto', 'ball_tree', 'kd_tree', 'brute'	'auto'	최근접 이웃 탐색 알고리즘 선택 - 'ball_tree': Ball 트리 알고리즘 사용 - 'kd_tree': KD 트리 알고리즘 사용 - 'brute': 완전 탐색 알고리즘 사용 - 'auto': 입력 데이터를 기준으로 추천 알고리즘을 선택 후 진행. 예를 들어, 피처 개수가 15보다 크거나 $K \geq n/2$일 때는 완전 탐색 알고리즘을 사용한다.
leaf_size	int>0	30	algorithm이 'ball_tree'이거나 'kd_tree'일 때만 유효하다. 이 값은 최근접 이웃 탐색 결과에는 영향을 끼치지 않으나 알고리즘의 수행 속도와 메모리에 영향을 끼치며 최적값은 데이터의 형태에 따라 다르다.
p	int≥1	2	p=1(맨해튼 거리)나 p=2(유클리드 거리)를 주로 사용한다.

1 https://scikit-learn.org/stable/modules/generated/sklearn.neighbors.KNeighborsClassifier.html

metric	'minkowski', 'manhattan', 'mahalanobis' 등 DistanceMetric 클래스[2]의 메트릭 함수	'minkowski'	거리 메트릭 선택 - 'minkowski': 가장 기본적인 형태이자 기본값으로, 민코프스키 메트릭을 계산한다. p 하이퍼파라미터와 같이 사용한다. - 'manhattan': 맨해튼 거리 사용. metric='minkowski'로 하고 p=1로 설정한 결과와 같다. - 'mahalanobis': 마할라노비스 거리^Mahalanobis distance^ 사용

실제 사용 시 활용 팁

- KNN 분류 모델은 거리 기반으로 동작하므로 sklearn.preprocessing 모듈의 StandardScaler 클래스나 MinMaxScaler 클래스 등으로 피처 스케일링을 먼저 수행하는 것이 좋다.
- KNN 분류 모델과 9.4.1항에서 살펴볼 KNN 회귀 모델 모두 K에 따라 모델의 복잡도가 달라진다. K가 작다면 주변의 학습 데이터 샘플만 참조하므로 테스트 샘플의 예측값의 편향^bias^은 작지만 분산^variance^은 크다. 즉, 과적합^overfitting^의 가능성이 커진다. K가 커짐에 따라 모델은 점점 편향은 커지며 분산은 작아지는 과소적합^underfitting^ 모델이 된다. 극단적으로 K가 학습 데이터의 크기와 같다면 K개의 최근접 이웃은 테스트 샘플의 피처 값에 관계없이 모든 학습 데이터 샘플을 가리키고, 따라서 모든 테스트 샘플의 예측값은 학습 데이터 샘플 목푯값의 최빈값(분류 모델)이나 평균값(회귀 모델)으로 얻어진다. 이러한 모델은 피처와 목푯값과의 관계를 전혀 반영하지 못하므로 지양하는 것이 좋다.
- KNeighborsClassifier 클래스에는 보통의 지도 학습 모델과 마찬가지로 모델을 학습하는 fit() 메서드와 predict() 메서드가 있어서 KNeighborsClassifier는 다른 지도 학습 모델과 비슷한 용법으로 사용할 수 있다. algorithm이 'brute'일 경우 fit() 메서드를 적용해도 별도의 학습이 이루어지지 않으나 'kd_tree'나 'ball_tree'와 같이 KD 트리나 Ball 트리 자료 구조를 선택할 경우 fit() 메서드를 통해 학습 데이터가 해당 자료 구조로 저장된다.
- KD 트리나 Ball 트리는 sklearn.neighbors 모듈에서 KDTree 클래스와 BallTree 클래스로 별도 구현되어 있고 algorithm을 'kd_tree'와 'ball_tree'로 적용하면 각각 호출된다. 이들 클래스는 주어진 데이터에서 특정 샘플의 최근접 이웃 탐색이 필요한 경우 유용하게 사용할 수 있다.
- KNN 모델은 KD 트리나 Ball 트리 자료 구조 적용 외에는 별도의 학습 과정이 없으나 예측 과정에서 매우 높은 시간 복잡도가 소요된다. 주어진 최근접 이웃의 수에 대하여 완전 탐색 알고리즘을 가정할 때 예측에 $O(np)$의 시간이 소요되며 Ball 트리 알고리즘을 적절히 적용할 수 있는 데이터라도 $O(p\log n)$의 시간이 필요하다. 다른 모델과 비교하면 OLS 모델은 학습에 $O(np^2)$가 소요되나 테스트에서는 $O(p)$가 소요되어 테스트 과정에서는 OLS 모델이 훨씬 적은 시간이 걸린다. 결정 트리 모델은 학습에 $O(np\log n)$이 소요되나 테스트에 $O(\log n)$이 소요되어 마찬가지로 테스트 과정에서 훨씬 적은 시간이 걸린다. 이와 같이 KNN 모델은 테스트 샘플이 늘어날수록 다른 머신러닝 모델에 비해 시간 복잡도 측면에서 비효율

2 https://scikit-learn.org/stable/modules/generated/sklearn.metrics.DistanceMetric.html

적이다. 이를 완화하기 위해 피처 추출법, 학습 데이터 샘플링 등 다양한 방법을 시도할 수 있으나, 그럼에도 KNN 모델의 예측에는 많은 시간이 소요된다는 점을 기억해야 한다.

Do it! 예제 9.1 KNN 회귀, OLS, 결정 트리 회귀 모델의 학습 및 예측 시간 비교

이번 예제에서는 데이터셋의 길이와 피처 수를 바꾸어가며 KNN 회귀, OLS, 결정 트리 회귀 모델의 학습과 예측 시간을 비교한다. 전체 데이터셋의 길이는 2,000개, 10,000개, 20,000개로 변화시키되 학습 데이터 샘플 개수는 1,000개로 고정한다. 피처 개수는 200개, 1,000개, 2,000개로 변화시킨다.

필요한 패키지, 데이터셋의 길이와 피처 개수 리스트는 다음과 같이 정의한다. 시간을 측정하고자 내장 패키지 `time`을 사용한다.

```
import itertools
import time
import pandas as pd

from sklearn.datasets import make_regression
from sklearn.model_selection import train_test_split

from sklearn.linear_model import LinearRegression
from sklearn.tree import DecisionTreeRegressor
from sklearn.neighbors import KNeighborsRegressor

n_samples_list = [2000, 10000, 20000]
n_features_list = [200, 1000, 2000]
```

`n_samples_list`와 `n_features_list`를 바꾸어 가며 학습과 테스트에 소요되는 시간을 구한 후 해당 정보를 저장하고자 리스트를 선언한다.

```
n_sampless, n_featuress, OLS_trains, DT_trains, KNN_trains, OLS_tests, DT_tests, KNN_
tests = [], [], [], [], [], [], [], []
```

이제 n_samples_list와 n_features_list 원소의 조합별로 데이터셋을 생성하고 OLS, 회귀 트리, KNN 회귀 모델 순으로 학습과 예측을 수행하며 시간을 측정한다.

```
for n_samples, n_features in itertools.product(n_samples_list, n_features_list):
    X, y = make_regression(n_samples=n_samples,
                           n_features=n_features,
                           random_state=1234)
    X_train, X_test, y_train, y_test = train_test_split(X,
                                                        y,
                                                        train_size=1000,
                                                        random_state=1234)

    time1 = time.time()
    reg_OLS = LinearRegression().fit(X_train, y_train)
    time2 = time.time()
    y_pred = reg_OLS.predict(X_test)
    time3 = time.time()
    OLS_trains.append(time2 - time1)
    OLS_tests.append(time3 - time2)

    time1 = time.time()
    reg_DT = DecisionTreeRegressor(max_depth=4,
                                   random_state=1234).fit(X_train, y_train)
    time2 = time.time()
    y_pred = reg_DT.predict(X_test)
    time3 = time.time()
    DT_trains.append(time2 - time1)
    DT_tests.append(time3 - time2)

    time1 = time.time()
    reg_KNN = KNeighborsRegressor().fit(X_train, y_train)
    time2 = time.time()
    y_pred = reg_KNN.predict(X_test)
    time3 = time.time()
    KNN_trains.append(time2 - time1)
    KNN_tests.append(time3 - time2)

    n_samplesss.append(n_samples)
    n_featuress.append(n_features)
```

마지막으로 저장된 정보를 데이터프레임 형태로 정의하고 소요 시간을 소수점 둘째 자리까지 표현하도록 한다. 컴퓨터 환경에 따라 소요 시간이 계속 달라질 수 있음을 염두에 두도록 한다. 또한, 이 예제에서는 예제라는 취지에 따라 코드 실행 속도를 길지 않게 하고자 데이터셋과 피처 개수를 작게 선정하였으므로 시간 복잡도가 이론적인 비율과 일치하지 않을 수 있다.

```
df = pd.DataFrame({
    'n_samples': n_sampless,
    'n_features': n_featuress,
    'OLS_train': OLS_trains,
    'DT_train': DT_trains,
    'KNN_train': KNN_trains,
    'OLS_test': OLS_tests,
    'DT_test': DT_tests,
    'KNN_test': KNN_tests
})

df.round(2)
```

실행 결과

	n_samples	n_features	OLS_train	DT_train	KNN_train	OLS_test	DT_test	KNN_test
0	2000	200	0.05	0.08	0.00	0.00	0.00	0.04
1	2000	1000	0.69	0.33	0.00	0.00	0.00	0.05
2	2000	2000	1.16	0.68	0.00	0.00	0.00	0.09
3	10000	200	0.05	0.06	0.00	0.00	0.01	0.24
4	10000	1000	0.65	0.34	0.00	0.03	0.03	0.57
5	10000	2000	0.95	0.66	0.00	0.02	0.05	0.79
6	20000	200	0.03	0.06	0.00	0.02	0.02	0.50
7	20000	1000	0.76	0.35	0.02	0.04	0.04	1.11
8	20000	2000	1.10	0.68	0.00	0.07	0.11	1.44

학습 시간과 테스트 시간을 보면 다음 내용을 알 수 있다.

우선 KNN 회귀 모델은 학습에 시간이 거의 소요되지 않는다. 한편, OLS와 결정 트리 회귀는 샘플 개수가 아니라 피처 개수에 따라서만 학습 시간이 달라진다. 샘플 개수에 영향을 받지 않는 이유는 학습 데이터의 크기를 1,000개로 고정했기 때문이다. OLS 모델은 피처 개수의 제곱에 비례하여 학습 시간이 증가하며 결정 트리 회귀는 피처 개수에 비례하여 학습 시간이 증가하나, 여기서는 데이터셋과 피처 개수를 작게 설정했으므로 피처 개수에 따라 시간이 증가하는 양상이 명확히 확인되지는 않는다.

다음으로, 테스트 데이터셋의 예측에 걸리는 시간은 KNN 회귀 모델이 다른 두 모델보다 압도적으로 높음을 확인할 수 있다. OLS와 회귀 트리 모델은 예측에 대한 속도가 0에 가깝지만 KNN 회귀 모델은 데이터셋 규모가 커짐에 따라 속도가 계속 증가한다.

요컨대 이 예제에서 확인할 수 있는 사실은 KNN 모델은 다른 많은 머신러닝 모델과 반대로 학습 시간은 짧으나 예측 시간은 길다는 점이다. 이 예제에서 볼 수 있듯이, KNN 모델이 시간 측면에서 비효율적이라 하는 이유는 학습과 예측이 모두 오래 걸려서가 아니다.

KNN 모델의 비효율성은 학습한 모델을 실무에 모델을 적용할 때 발생하는 것으로, 모델의 예측력이 좋다면 학습된 모델을 실무에서 사용하며 계속해서 새로운 테스트 샘플에 대한 예측값을 산출하게 되는데, KNN 모델은 이 과정에서 다른 모델의 속도를 따라가기 어렵기 때문이다.

9.4 K-최근접 이웃 모델 보충 수업

9.4.1 KNN 회귀 모델

KNN 분류 모델의 개념과 같은 방식으로 목표 변수가 클래스 레이블이 아니라 연속값인 KNN 회귀 모델을 정의할 수 있다. 이때는 입력 샘플의 최근접 이웃의 목표 변수 평균이 출력값이 된다.

`sklearn.neighbors.KNeighborsRegressor` 클래스[1]는 KNN 회귀 기법을 구현한다. 용법이나 하이퍼파라미터 대부분은 `KNeighborsClassifier` 클래스와 같다. 단, `KNeighborsClassifier` 클래스에서 `weights`는 다수결의 가중치를 조절할 때 간접적으로 사용했지만, `KNeighborsRegressor` 클래스에서는 목푯값을 테스트 피처와 학습 피처의 거리에 따라 직접 조절할 때 사용한다는 점에 유의하여야 한다. 다음 그림의 그래프와 같이 `weights`가 `'uniform'`이라면 일정 영역에서는 예측값이 변하지 않는 계단 함수step function 형태지만, `weights`가 `'distance'`라면 거리의 변화에 따라 가중치가 달라지므로 예측값 또한 연속적으로 변한다.

그림 9.3 KNN 분류 모델의 예측 결과[2]

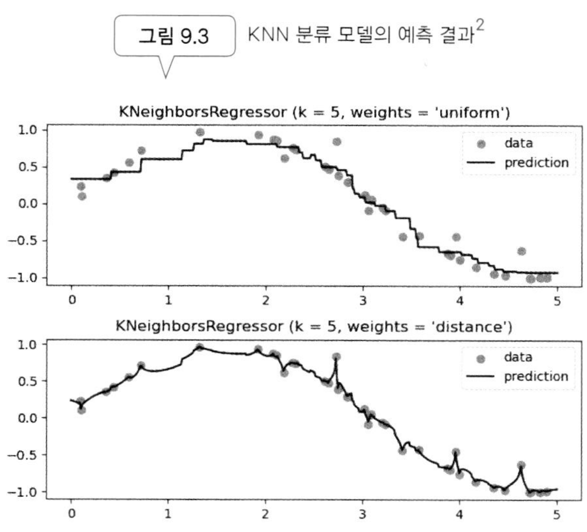

1 https://scikit-learn.org/stable/modules/generated/sklearn.neighbors.KNeighborsRegressor.html

2 https://scikit-learn.org/stable/modules/neighbors.html#regression

Do it! 예제 ▶ 9.2 최근접 이웃의 수에 따른 KNN 회귀 모델의 예측 양상

[그림 9.3]에서 거리 가중치 weights가 'uniform'일 때 KNN 회귀 모델은 계단 형태의 예측값을 계산한다는 것을 보았다. 과소적합과 과적합의 관점에서는 계단의 수가 많을수록 과적합에 가까우며 적을수록 과소적합에 가까운 것으로 생각할 수 있다. 다음 예제는 KNeighbors Regressor에서 이웃의 수 K를 바꾸어 가며 예측값 그래프의 계단 양상이 어떻게 바뀌는지를 탐구한다. 사용할 데이터셋과 패키지는 다음과 같다.

목푯값 y를 예측함에 있어 단일 피처만 사용하며 해당 피처는 학습 데이터에서 0에서 10까지 1의 간격으로 주어져 있다. y는 0에서 1까지 균등 분포uniform distribution로 랜덤한 값을 가진다. 피처와 목푯값 사이의 관계가 없다면 머신러닝 모델링은 그 의의가 떨어지지만, 이 예제에서는 KNN 회귀 모델의 예측값 산출 원리에 집중하고자 의도적으로 랜덤한 목푯값을 설정하도록 한다.

```
import pandas as pd
import numpy as np
import matplotlib.pyplot as plt
from sklearn.neighbors import KNeighborsRegressor
%matplotlib inline

X_train = pd.DataFrame({'x': [x for x in range(11)]})

np.random.seed(1234)
y_train = np.random.uniform(0, 1, 11)
```

한편, 테스트 데이터의 피처는 -2에서 12까지 균등한 간격으로 1,000개를 생성한다. 이는 예측 그래프 계단의 경계를 보기 위함이다.

```
X_test = pd.DataFrame({'x': np.linspace(-2, 12, 1000)})
```

이제 이웃의 수를 1에서 11까지 2의 간격으로 변화시키며 테스트 데이터에 대한 목푯값을 KNN 모델로 예측한다. plt.subplots() 함수를 통해 3행 2열 형태의 6개 그래프를 나타내었으며, sharex=True로 설정하여 x축의 값을 각 열에서 한 번만 나타내게 하였다.

```python
fig, axs = plt.subplots(3, 2, sharex=True, figsize=(12, 6))
for ind in range(6):
    i = int(ind / 2)
    j = ind % 2
    n_neighbors = 2 * ind + 1
    reg = KNeighborsRegressor(n_neighbors=n_neighbors).fit(X_train, y_train)
    y_test = reg.predict(X_test)
    axs[i, j].scatter(X_train, y_train)
    axs[i, j].scatter(X_test, y_test, s=3)
    axs[i, j].set_title('Number of neighbors=' + str(n_neighbors))
```

실행 결과

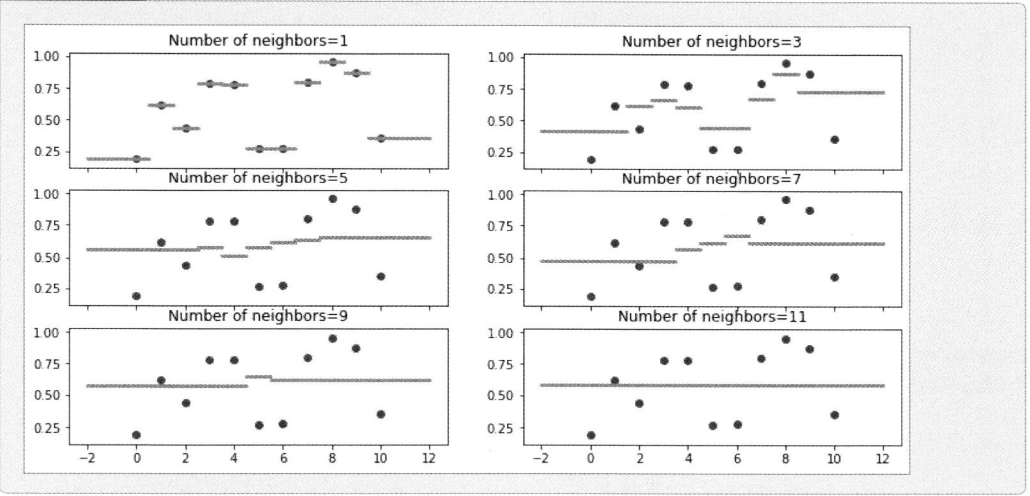

최근접 이웃의 수가 1일 경우 모든 점에 대해 계단이 생성되어 11개의 계단이 있음을 알 수 있다. 각 계단의 경계는 최근접 이웃이 변하는 지점으로, 피처가 0에서 10까지의 정수값을 가지므로 경곗값은 0.5, 1.5, 2.5, ⋯, 10.5에 해당한다. 또한, 경곗값 내에서 예측값은 동일하며 경계 내부의 피처값에 대응되는 목푯값과 동일한 값으로 예측한다는 점에 유의하라.

▶ 여기서의 계단의 경계는 다음 절에서 살펴볼 결정 경계와 동일한 개념으로 볼 수 있다.

최근접 이웃의 수가 증가함에 따라 계단의 수가 점점 줄어들며 높이의 편차 또한 줄어드는 것을 확인할 수 있다. 최근접 이웃의 수가 학습 데이터 샘플 개수와 동일한 11개라면 예측값은 테스트 샘플 피처값과 관계없이 학습 데이터 목푯값의 평균이 된다.

이처럼 적절한 최근접 이웃의 수 K는 데이터의 형태에 따라 달라지지만, 학습 데이터와 검증 데이터에서의 성능을 비교한 후 과적합이 의심된다면 K를 증가시키고 과소적합이 의심된다면서 K를 감소시키는 것이 도움이 될 수 있다. 마지막으로 학습 데이터의 피처 범위 밖에서는 y는 상수로 예측되는 것을 확인할 수 있다. 이는 가중치가 없는 KNN 모델은 최근접 이웃이 변하지 않는 한 예측값이 동일하기 때문에 발생하는 현상이다.

9.4.2 결정 경계

연속형 피처로 목푯값을 학습하는 분류 모델에서 학습 후 모델은 범위 내의 임의의 피처값에 따라 예측한 클래스 레이블을 반환한다. 일반적으로 이 예측 클래스 레이블은 피처 공간에서 피처값에 따라 연속으로 변하지 않고 계속 같은 값을 반환하다가 특정 경계를 기점으로 반환하는 클래스 레이블이 달라지는데, 이 경계를 결정 경계 decision boundary 또는 분류 경계 classification boundary 라 한다.

▶ 단, 그 클래스 레이블의 추정 확률은 연속적으로 변화하는 경우도 많다.

앞서 학습한 각각의 지도 학습 모델에는 모두 고유한 형태의 결정 경계가 있다. 3장의 로지스틱 회귀 모델의 결정 경계는 피처 공간에서 초평면 hyperplane 형태이며, 결정 트리의 결정 경계는 좌표에 수직인 여러 개의 직육면체 모양이다. 그리고 이 장에서 학습한 KNN 분류 모델은 일반적으로 곡면에 가까운 비선형 결정 경계를 나타낸다.

Do it! 예제 9.3 KNN 분류 모델의 결정 경계성[3]

이번 예제에서는 붓꽃 데이터셋을 KNN 분류 기법으로 학습하고 그 결정 경계를 표시한다. 우선 필요한 패키지와 데이터를 불러온다. 2차원 결정 경계를 시각적으로 표현하고자 이 예제에서는 붓꽃 데이터셋 피처의 첫 두 피처만 분석에 사용한다.

```
import numpy as np
import matplotlib.pyplot as plt
import seaborn as sns
from sklearn.datasets import load_iris
from sklearn.neighbors import KNeighborsClassifier
%matplotlib inline

iris = load_iris()
X = iris.data[:, :2]
y = iris.target
```

3 https://scikit-learn.org/stable/auto_examples/neighbors/plot_classification.html

이제 KNN 분류 기법을 학습하고 학습한 결정 경계를 표시한다. weights가 모든 이웃에 대해 동일한 'uniform'과 거리에 반비례하는 'distance'를 각각 학습하고 그 결정 경계를 그래프로 표현한다.

```
n_neighbors = 15
h = 0.02  # mesh의 단계 크기

for weights in ["uniform", "distance"]:
    clf = KNeighborsClassifier(n_neighbors, weights=weights).fit(X, y)

    # 결정 경계를 meshgrid로 표현
    x_min, x_max = X[:, 0].min() - 1, X[:, 0].max() + 1
    y_min, y_max = X[:, 1].min() - 1, X[:, 1].max() + 1
    xx, yy = np.meshgrid(np.arange(x_min, x_max, h),
                         np.arange(y_min, y_max, h))
    Z = clf.predict(np.c_[xx.ravel(), yy.ravel()])

    Z = Z.reshape(xx.shape)
    plt.figure(figsize=(8, 6))
    plt.contourf(xx, yy, Z)

    # 학습 데이터를 scatter로 표현
    sns.scatterplot(x=X[:, 0],
                    y=X[:, 1],
                    hue=iris.target_names[y],
                    alpha=1.0,
                    edgecolor="black")
    plt.xlim(xx.min(), xx.max())
    plt.ylim(yy.min(), yy.max())
    plt.title("3-Class classification (k = %i, weights = '%s')" %
              (n_neighbors, weights))
    plt.xlabel(iris.feature_names[0])
    plt.ylabel(iris.feature_names[1])
```

실행 결과

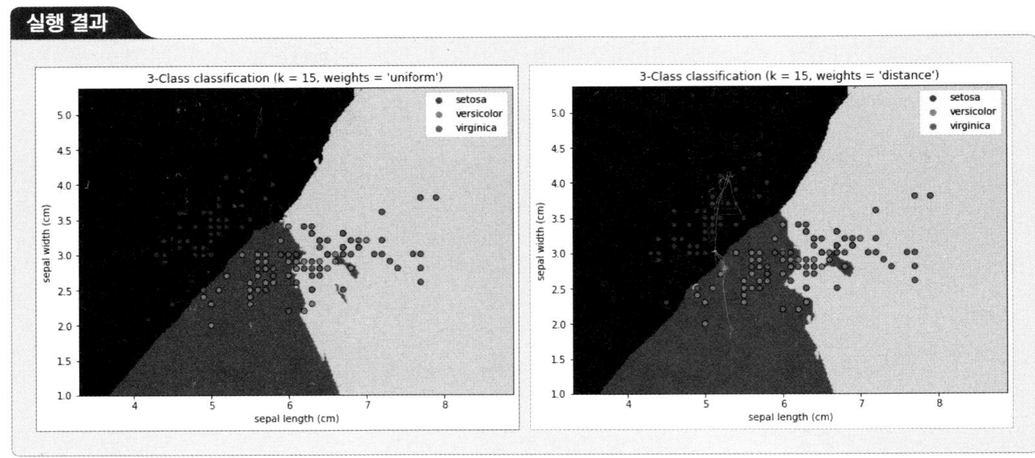

각 분류 영역은 전체 형태에서는 큰 차이가 없지만, 경계선(결정 경계) 부분에서 차이가 발생하여 일부 학습 데이터 샘플이 다른 영역에 포함되는 것을 확인할 수 있다.

9.4.3 고정 반지름 근접 이웃 모델

KNN 기법에서는 주어진 샘플에서 가장 가까운 K개의 샘플을 비슷한 샘플이라 정의했지만, 주어진 샘플에서 거리 r 이내의 모든 샘플을 비슷한 샘플이라 정의하는 방식도 있다. 고정 반지름 근접 이웃fixed-radius near neighbors 모델이 이에 해당하는 기법이다. `sklearn.neighbors` 모듈의 `RadiusNeighborsClassifier` 클래스[4]와 `RadiusNeighborsRegressor` 클래스[5]는 각각 고정 반지름 근접 이웃 기반 분류 모델과 회귀 모델을 구현한다. 이 두 모델은 KNN일 때와 매우 비슷한 구조이며, 고려할 최근접 이웃의 수 대신 반지름의 길이를 주된 하이퍼파라미터로 지정한다는 점에서만 차이가 있다.

9.4.4 KNN 이상값 모델

KNN 모델의 아이디어를 변형하여 점의 밀집도를 정의할 수 있다. 각각의 점에 대하여 첫 번째 이웃 점에서 K번째 이웃 점까지의 거리가 짧을수록 지역 밀도가 높다고 간주할 수 있다. 이 개념을 이용해 KNN을 이상값 탐지outlier detection에 적용할 수 있으며, 이를 KNN 이상값KNN outlier 모델이라 한다. 이웃까지의 거리가 매우 길어서 지역 밀도가 낮은 점은 이상값으로 판정하는 것이다. KNN 이상값 모델은 간단한 모형이지만 복잡한 이상값 감지 모델과 비교해도 성능은 괜찮은 편이다.

4 https://scikit-learn.org/stable/modules/generated/sklearn.neighbors.RadiusNeighborsClassifier.html

5 https://scikit-learn.org/stable/modules/generated/sklearn.neighbors.RadiusNeighborsRegressor.html

9장에서 살펴본 내용

KNN 모델은 피처의 값을 기준으로 근처의 이웃을 찾은 후 그 이웃에 대한 목표 변수의 값을 종합하여 예측값을 산출하는 비모수적 지도 학습 기법이다. 노이즈나 관계없는 피처가 포함된다면 KNN 모델의 정확도는 크게 낮아질 수 있으며 피처 단위나 스케일이 다를 때는 피처 스케일링을 먼저 수행한 후 사용해야 한다.

KNN 모델은 이론이 직관적이고 이해하기 쉽고 결과도 아주 쉽게 해석할 수 있는 화이트 박스 모델white box model이라는 장점이 있다. 하지만 데이터의 지역적인 구조에 민감하게 반응하며 유클리드 거리를 거리 메트릭으로 사용한다면 고차원 데이터에서 잘 동작하지 않다는 단점이 있다. 이는 차원이 커질수록 테스트 샘플과 모든 학습 데이터 샘플 간의 거리가 비슷해지는 차원의 저주curse of dimensionality 현상의 하나로, 이를 피하고자 10차원 이상 등의 고차원 데이터에는 KNN을 적용하기 전에 차원 축소dimensionality reduction를 적용하기도 한다.

9장 되새김 문제

1. KNeighborsClassifier 클래스 적용하기

이번 문제에서는 `KNeighborsClassifier` 클래스를 이용해 붓꽃 데이터셋을 대상으로 KNN 분류 모델을 개발하고자 한다. 사용할 패키지와 데이터셋 정의는 다음과 같다.

```
from sklearn.model_selection import train_test_split
from sklearn.datasets import load_iris
from sklearn.neighbors import KNeighborsClassifier

X, y = load_iris(return_X_y=True, as_frame=False)
X_train, X_test, y_train, y_test = train_test_split(X,
                                                    y,
                                                    test_size=0.33,
                                                    random_state=1234)
```

KNN 분류기를 `(X_train, y_train)` 쌍으로 학습하고 `(X_test, y_test)` 쌍에 적용하여 정확도를 계산하라. 이때 사용할 KNN 분류기의 자세한 정보는 다음과 같다.

(1) 고려할 최근접 이웃의 수를 5로 한다.

(2) 두 점 x_1과 x_2 사이의 거리에 대한 메트릭을 다음과 같이 정의한다.

$$d(x_1, x_2) = \|x_2 - x_1\|_1$$

(3) 모든 최근접 이웃에게 동일한 가중치를 부여하지 않고 거리의 역수에 반비례하게 가중치를 정의한다.

2. KNN 회귀 모델 구현하기

앞서 학습한 KNN 분류 모델에서 일부 코드만 수정하면 KNN 회귀 모델을 구현할 수 있다. 이번 문제에서는 당뇨병 데이터셋을 대상으로 KNN 회귀 모델을 구현하여 이를 학습하고 결과를 평가한다. 먼저 필요한 패키지와 데이터셋을 불러온다. 빠르게 실행하고자 전체 데이터의 40%만 분석에 사용한다.

```
import numpy as np
import pandas as pd
from sklearn.datasets import load_diabetes

dic = load_diabetes(as_frame=True)
df = dic['frame'].sample(frac=0.4, random_state=1234)

train, test = df.iloc[:150, :], df.iloc[150:, :]
X_train = train.iloc[:, :-1]
y_train = train.iloc[:, -1]
X_test = test.iloc[:, :-1]
y_test = test.iloc[:, -1]
```

이제 KNN 회귀 모델을 구현하고 이를 `(X_train, y_train)` 쌍으로 학습한 후 `(X_test, y_test)` 쌍에 적용하여 평균 절대 오차(MAE)를 구하라.

10장

서포트 벡터 머신 모델

커널 방법론을 이용한 서포트 벡터 머신(SVM)은 90년대부터 10여 년 동안 딥러닝이 널리 활용되기 전까지 높은 성능 덕분에 머신러닝 분야에서 가장 널리 사용되던 모델의 하나였다. 이에 10장에서는 SVM 이론과 커널 방법론을 살펴본다. 단, SVM과 커널 방법론은 이론이 매우 방대하므로 이번 장에서는 개념 일부와 관련 내용만 소개한다.

10.1 서포트 벡터 머신 모델이란?

서포트 벡터 머신(support vector machine, SVM)은 분류와 회귀 문제 모두에 적용할 수 있는 지도 학습 모델이다. 예시를 위해 먼저 SVM 이진 분류 모델에 대해 간단히 살펴보도록 한다. 두 개의 클래스 레이블이 있는 학습 데이터가 있고 새로운 테스트 샘플을 추가했을 때 어느 클래스로 분류하는 것이 적절한지 판단하고 싶다고 하자. 가장 간단한 접근의 하나는 두 클래스를 분할하는 좋은 직선 또는 초평면hyperplane을 그은 후 이를 분류 경계로 삼는 것이다. 좋은 직선으로 분할하는 경계선의 후보로 [그림 10.1]과 같이 H_1, H_2, H_3을 고려한다.

그림 10.1 분할 초평면 예시

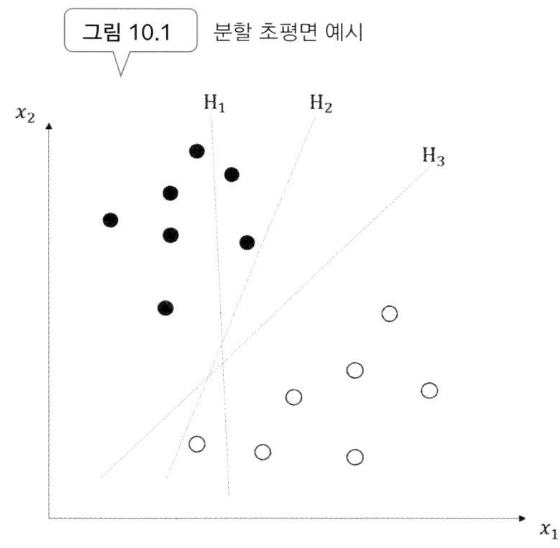

이 그림에서 H_1은 검은 데이터와 흰 데이터를 완전히 분할하지 못한다. H_2는 분할에는 성공했지만 경계선과 일부 점의 위치가 너무 가까워 새로운 데이터 포인트에 자그마한 노이즈라도 있다면 예측에 실패할 수 있어 좋은 분할 경계라고 할 수 없을 것이다. 이와 달리 H_3은 분할도 성공적으로 수행했고 모든 점과 경계선의 거리가 멀어 좋은 경계선이라 볼 수 있다.

이를 자세히 살펴보면 다음과 같다. 2개의 레이블과 p차원의 피처 데이터가 있을 때 이 데이터를 클래스 레이블에 맞게 분할하는 적절한 $(p\text{-}1)$차원 초평면, 즉 선형 분류기linear classifier를 알고 싶다. **적절한 초평면**의 한 가지 정의로는 영역 경계에서 가장 가까운 점들을 등분하는 초평면이 될 수 있을 것이다. SVM은 각각의 클래스의 가장 경계에 있는 데이터 포인트의 경계 영역을 **등분하는 직선**을 찾는 것이라 할 수 있다. 이는 결정 경계에서 점까지의 최소 거리인 마진margin을 최대화하는 직선을 찾는 것으로 해석할 수 있다. 이러한 초평면이 있다면 이를 최대 마진 초평면maximum margin hyperplane이라 하며 여기서 정의되는 선형 분류기를 최대 마진 분류기maximum-margin classifier라 한다.

이렇듯 SVM은 좋은 경계선을 찾는 모델이라고 할 수 있다. 기본적인 SVM은 두 클래스 레이블이 분포된 영역을 최대한 잘 분리하는 결정 경계decision boundary를 찾는 것이 목표이며 이때 학습한 SVM은 선형 분류기로 동작한다. 하지만 커널 트릭kernel trick을 사용하면 SVM은 비선형 분류기non-linear classifier로 동작할 수 있다. 커널 트릭이란 입력 공간에 적절한 함수 변환을 수행해 입력 공간을 고차원의 피처 공간으로 변환한 후 그곳에서 선형 결정 경계를 찾아내는 방법을 뜻한다.

먼저 SVM 분류 기법인 서포트 벡터 분류(support vector classification, SVC) 모델을 중심으로 살펴보고, '10.4 서포트 벡터 머신 모델 보충 수업'에서 SVM 회귀 기법인 서포트 벡터 회귀(support vector regression, SVR) 모델을 알아본다.

10.2 서포트 벡터 머신 모델 구현하기

10.2.1 서포트 벡터 머신 모델의 이론

SVM은 분할 초평면을 찾는 것이 목표이며, 개념적으로 보았을 때 좋은 분할은 초평면에서 각 클래스의 가장 가까운 데이터 포인트까지의 거리가 최대인 상황이라고 볼 수 있다. 이를 초평면과 각각의 클래스와의 마진이 최대화된다고 표현한다.

일반적으로 마진이 클수록 이 분류기의 일반화 오차generalization error가 작아질 것으로 예상할 수 있다. 하지만 원래의 공간에서는 분할해야 할 집합을 선형으로 분할할 수 없을 때linearly non-separable가 흔한데, 이럴 때는 원래의 공간을 고차원으로 매핑mapping하여 그 고차원 공간에서 쉽게 분할하는 방법을 시도할 수 있다. 이때 커널 트릭이라 불리는 기법을 사용한다.

선형 SVM

가장 간단한 선형 SVMlinear SVM 또는 선형 커널linear kernel을 적용한 SVM을 먼저 살펴본다. 학습 데이터셋이 p차원 벡터인 피처 x_i와 클래스 레이블 $y_i \in \{-1, 1\}$에 대하여 n개의 샘플 (x_1, y_1), (x_2, y_2), …, (x_n, y_n)이 있다고 가정하자. 여기서는 $y_i=1$일 때의 데이터 샘플과 $y_i=-1$인 데이터 샘플을 분할하는 초평면 중 마진을 최대화하는 것을 찾는 것이 목표이다.

학습 데이터를 선형으로 분할할 수 있다면linearly separable 두 개의 평행한 초평면을 그어 두 데이터셋을 구분한다. 이때 평행한 두 초평면 사이의 영역을 마진이라 정의한다. 언제나 이 평행한 두 초평면을 조정하여 마진을 최대화할 수 있으며, 이 두 초평면을 절반으로 나누는 초평면을 최대 마진 초평면이라 한다. 즉, 이 최대 마진 초평면을 찾는 것이 목적이다.

그림 10.2 이진 클래스 SVM 분류 모델 학습 결과. 실선이 최대 마진 초평면이며 이 초평면을 정의하고자 계산한 점선에 걸친 두 개의 검은 점과 한 개의 흰 점을 서포트 벡터support vector라 한다.

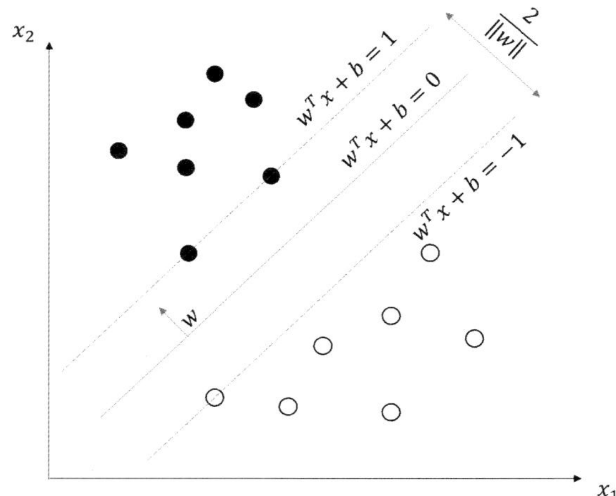

최대 마진 초평면은 법선 벡터normal vector w와 편향값bias b가 주어졌을 때 유일하게 결정할 수 있으며, 다음을 만족하는 벡터 x의 집합으로 정의한다.

$$w^{\mathrm{T}} x + b = 0$$

최대 마진 초평면 분할이 성공적이려면 분류 초평면에서 가장 가까운 두 점에 대하여 $|w^{\mathrm{T}}x+b|=1$을 만족해야 한다. $w^{\mathrm{T}}x+b\geq1$인 영역에서는 $y=1$을 만족해야 하며 $w^{\mathrm{T}}x+b\leq-1$인 영역에서는 $y=-1$을 만족해야 한다. 따라서 모든 i에 대하여 $y_i(w^{\mathrm{T}}x_i+b)\geq1$을 만족해야 한다.
다음으로, 이 조건을 만족하는 초평면 중에서 마진을 최대화해야 한다. 마진의 크기는 $\frac{2}{\|w\|}$로, 이를 최대화하는 w는 수학적으로 $\frac{1}{2}\|w\|^2$를 최소화하는 w와 같다.
따라서 선형 SVM에서의 최적화 문제는 다음과 같다.

$$\min_w \frac{1}{2}\|w\|^2 \quad \text{subject to} \quad y_i(w^{\mathrm{T}}x_i + b) \geq 1 \quad \text{for} \quad 1 \leq i \leq n$$

이를 풀이하여 SVM 모델의 해를 구할 수 있다. 이 최적화 문제는 라그랑주 승수법Lagrange multiplier method으로 해결할 수 있다.

여기서 잠깐!

최적화 문제를 푸는 방법은?

이 책에서는 이 최적화 문제를 푸는 자세한 방법은 생략한다. 요컨대, 이 문제의 해는 쌍대 문제dual problem로 전환 후 다음 식을 풀면 얻을 수 있다.

$$\min\ L_p(w,\ b,\ \alpha_i) = \frac{1}{2}\|w\|^2 - \sum_{i=1}^{N} \alpha_i (y_i (w^{\mathrm{T}} x_i + b) - 1) \quad \text{subject to} \quad \alpha_i \geq 0$$

자세한 풀이와 이론은 Bishop & Nasrabadi(2006)를 참고하자.

한편, 앞의 SVM 모델은 노이즈 때문에 일부 샘플이 다른 클래스 레이블을 가진 샘플 사이에 놓이면 최적해를 구할 수 없다. 또한, 기본적으로 SVM 모델은 선형 모델이라 비선형 문제를 해결할 수도 없지만, 소프트 마진soft-margin과 커널 트릭을 이용하면 이를 해결할 수 있다. 이들 개념 덕분에 SVM 모델은 더 유연해졌고, 결과적으로 높은 정확도와 안정성 등으로 아직까지도 널리 사용된다.

소프트 마진 SVM

앞서 살펴본 SVM은 정확한 분류를 목표로 하는 하드 마진 SVMhard-margin SVM에 해당한다. 커널이 선형이든 비선형이든 고차원 공간으로 투영하면 그곳에서는 오차 없이 초평면으로 모든 샘플을 정확하게 나눌 수 있기 때문이다. 하지만 일반적으로는 어느 정도 데이터가 섞일 때가 흔하므로 이를 100% 정확히 구분할 수 없을 때가 잦다.

따라서 가정을 일부 완화하여 정확한 분류에 성공하는 것을 목표로 하는 대신 어느 정도 오차를 허용하되 오차가 발생할 때마다 페널티를 비용 함수에 부과하는 방식을 생각할 수 있다. 이것이 소프트 마진 SVMsoft-margin SVM이며, 이는 SVM에 규제 페널티를 도입하여 하드 마진 SVM을 일반화한 것이다. 여기서는 규제의 역수 하이퍼파라미터 C를 도입한 소프트 마진 분류 모델인 C-SVC를 설명한다.

▶ C-SVC 외에도 nu-SVC 방법이 있으며, 이는 10.4절 보충 수업에서 간단하게 살펴본다.

$1 \leq i \leq n$에 대하여 학습 데이터 $x_i \in \mathbb{R}^p$와 클래스 레이블 $y_i \in \{1, -1\}$이 주어졌을 때 학습 목표는 $\mathrm{sign}(w^{\mathrm{T}} x_i + b)$가 y_i와 일치하는 i의 수를 최대화하는 $w \in \mathbb{R}^p$와 $b \in \mathbb{R}$을 찾는 것이다. 이는 수학적으로 다음과 같이 표현할 수 있다.

$$\min_{w,b,\xi} \left(\frac{1}{2} w^{\mathrm{T}} w + C \sum_{i=1}^{n} \xi_i \right) \quad \text{subject to} \quad y_i (w^{\mathrm{T}} x_i + b) \geq 1 - \xi_i \quad \text{and} \quad \xi_i \geq 0 \quad \text{for} \quad 1 \leq i \leq n$$

이 최적화 문제 또한 이와 같은 라그랑주 승수법 방식으로 풀 수 있다. 이 식은 직관적으로 볼 때 $||w||^2=w^Tw$를 최소화하여 마진을 최대화하면서 샘플이 잘못 분류되거나 마진 경계 안에 들어갈 경우 페널티를 부과한 것으로 볼 수 있다. 이상적으로는 모든 i에 대하여 $y_i(w^Tx_i+b)\geq 1$이 성립해 100%의 분류 정확도를 달성하는 것이 좋지만, 실제로는 정확하게 경계를 가르는 결정 초평면이 없을 수도 있다. 그래서 i번째 샘플이 결정 경계에서 ξ_i의 거리만큼 벗어나게 하는 것을 페널티값과 함께 허용한다. 하이퍼파라미터 C는 이 페널티의 크기를 제어하는 값으로, 규제 강도의 역수에 해당한다.

커널 SVM

기본적인 선형 SVM은 선형 결정 경계가 있으므로 모든 결정 경계는 초평면으로 분할할 수 있지만, 주어진 데이터가 휘어진 경계로 구분될 때는 선형 SVM은 이를 정확히 분할할 수 없다. 예를 들어 선형 SVM은 다음 XOR 문제를 해결할 수 없고, 이는 소프트 마진으로 개념을 확장하더라도 마찬가지이다. 소프트 마진 선형 SVM도 얻어진 결정 경계는 여전히 선형이기 때문이다.

그림 10.3 XOR 문제

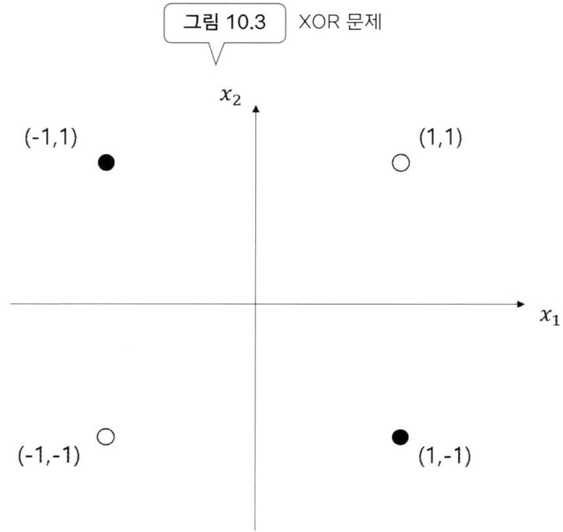

사실 대부분의 데이터는 결정 경계가 초평면으로 정확히 분할되지 않기 때문에 선형 SVM을 활용하기에는 제약이 있다. 이를 해결하고자 커널 SVM이 제시되었다.

커널 SVM은 데이터를 원래의 차원보다 더 높은 고차원 공간에 투영하여 그 공간에서는 선형 경계를 가지게끔 하고 분류를 수행하는 기법이다. 예를 들어 위의 XOR 문제에 다음의 커널 함수를 적용할 수 있다.

$$x = (x_1, x_2) \quad \rightarrow \quad \phi(x) = (x_1^2, x_2^2, \sqrt{2}x_1, \sqrt{2}x_2, \sqrt{2}x_1x_2, 1)$$

▶ 이 형태는 $\gamma=1$, $r=1$, $d=2$인 다항 커널polynomial kernel이다.

그러면 원래의 XOR 공간은 6차원으로 매핑되며 이 중 한 축이 $y_4 = \sqrt{2}x_2$, 나머지 한 축이 $y_5 = \sqrt{2}x_1x_2$인 공간에서는 다음과 같이 표현된다.

그림 10.4 XOR 문제 데이터 변환

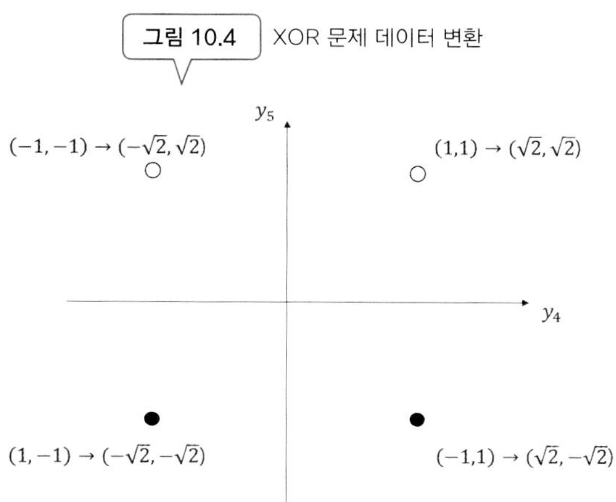

이제 변환한 데이터셋은 y_4 축을 경계로 하여 분할된다. 이와 같은 아이디어로 분류 경계를 형성할 수 있고 이 초평면을 원래 공간으로 투영하면 비선형 경계를 얻을 수 있다.

고차원으로 투영하지 않고도 최적화 해 찾기

커널 함수를 특정한 형태로 잡으면 매핑 후 최적화 해를 찾는 대신 바로 최적화 해를 찾아낼 수 있으며, 이를 통해 계산량을 큰 폭으로 줄일 수 있다. 정확하게 표현하면 커널 트릭은 데이터를 고차원으로 매핑하는 방법 자체를 의미하는 것이 아닌, 데이터를 고차원으로 매핑한 후 고차원에서 수행해야 할 계산을 저차원에서 수행하여 시간 복잡도를 감소하는 방법을 의미한다. 커널 트릭에 대한 자세한 설명은 이 책의 범위를 벗어나므로 자세한 내용은 Bishop & Nasrabadi(2006)를 참고하자.

이처럼 고차원 공간에서 선형 경계로 분할한 공간은 원래 공간에서는 결정 경계가 비선형일 수 있다. 붓꽃 데이터셋으로 다중 분류를 수행한 [그림 10.5]에서 위쪽 두 플롯은 선형 커널을 사용하여 결정 경계를 학습하였고, 아래쪽 두 플롯은 비선형 커널을 사용하여 결정 경계를 학습했다. 아래쪽의 결정 경계 모양이 훨씬 더 유연하다는 것을 알 수 있다.

그림 10.5 선형 커널(위쪽)과 비선형 커널(아래쪽)로 결정 경계를 표현(결정 경계로 둘러싼 각 색은 해당 클래스로 판정하는 공간을 뜻함)[1]

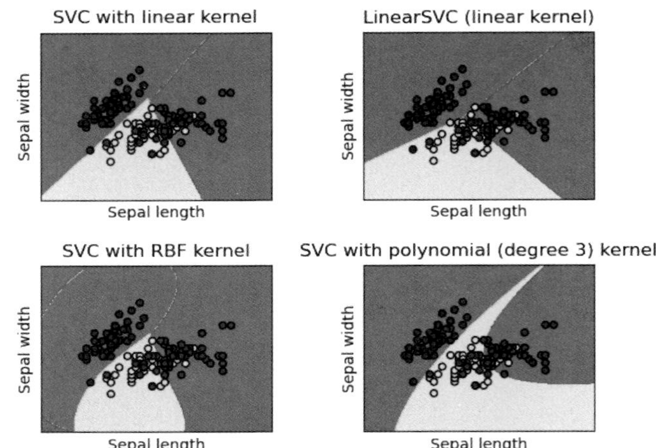

소프트 마진 커널 C-SVC의 최적화 문제는 소프트 마진 C-SVC와 커널 SVM을 합친 것으로, 커널 함수 $\phi : \mathbb{R}^k \rightarrow \mathbb{R}^{k'}$ $(k < k')$에 대하여 다음과 같이 정의한다.

$$\min_{w,b,\xi}\left(\frac{1}{2}w^{\mathrm{T}}w + C\sum_{i=1}^{n}\xi_i\right) \quad \text{subject to} \quad y_i(w^{\mathrm{T}}\phi(x_i)+b) \geq 1-\xi_i \quad \text{and} \quad \xi_i \geq 0 \quad \text{for} \quad 1 \leq i \leq n$$

다음의 커널 함수를 대표적으로 사용한다.

커널 명칭	형태	비고
선형 커널linear kernel	$K(x_1, x_2) = x_1^{\mathrm{T}} x_2$	커널을 정의하지 않는 선형 SVM와 동일하다.
다항 커널polynomial kernel	$K(x_1, x_2) = (\gamma x_1^{\mathrm{T}} x_2 + r)^d$	계수coefficient에 해당하는 γ, 절편intercept에 해당하는 r, 차수degree에 해당하는 d를 가진다. 선형 커널을 확장한 개념으로, γ=1, r=0, d=1일 때 선형 커널과 같다.
RBF 커널radial basis function kernel	$K(x_1, x_2) = e^{-\gamma\lVert x_1 - x_2\rVert^2}$	분산의 역수에 해당하는 계수 γ를 가진다. 가우시안 분포Gaussian distribution와 비슷한 형태이므로 가우시안 커널Gaussian kernel이라고도 한다. SVM 모델에서 가장 많이 사용하는 커널 함수의 하나이다.
시그모이드 커널sigmoid kernel	$K(x_1, x_2) = \tanh(\gamma x_1^{\mathrm{T}} x_2 + r)$	γ는 함수의 기울기를 조정하는 계수이며, r은 절편에 해당한다.

1 https://scikit-learn.org/stable/modules/svm.html#classification

SVM 모델의 시간 복잡도[2]

SVM은 강력한 모델이지만 시간 복잡도는 학습 벡터의 수가 증가함에 따라 급속도로 증가한다. SVM 풀이 중 핵심 부분은 이차계획법quadratic programming으로, 이는 학습 데이터에서 서포트 벡터를 찾아내는 것이다. `libsvm` 라이브러리에서 구현된 이차계획법 최적화 알고리즘에 의한 시간 복잡도는 $O(n^2p)$에서 $O(n^3p)$ 사이로, 이는 데이터셋의 성질에 따라 다르다.

▶ 이는 `sklearn`의 SVC 클래스의 시간 복잡도에 해당한다. 선형 커널만을 사용할 때는 `sklearn`의 `liblinear` 구현을 사용한 `LinearSVC` 클래스를 사용하는 것이 더 좋은데, 이는 수백만의 샘플/피처에 대하여 거의 선형적으로 시간 복잡도가 증가하기 때문이다.

10.2.2 SVM 모델 구현하기

SVM 모델의 정확한 구현을 위해서는 커널을 정의한 후 이를 쌍대 문제로의 전환하여 풀이가 필요하다. 이 내용에 대한 구현은 이 책의 범위를 넘으므로 생략하며, 필요하다면 Chang & Lin(2011)을 참고하자. 파이썬에서는 `libsvm`과 `liblinear` 라이브러리를 이용해 필요한 계산을 수행하며 이들 라이브러리는 C와 Cython 언어로 표현되었다.

2 https://scikit-learn.org/stable/modules/svm.html#complexity

10.3 패키지로 표현하기

sklearn.svm.SVC 클래스[1]는 C-SVC 분류 모델을 구현한다. SVC를 포함한 sklearn의 모든 SVM 패키지는 C와 Cython 기반의 libsvm이나 liblinear 라이브러리로 구현되었다. SVC 클래스의 주요 하이퍼파라미터는 다음과 같다.

하이퍼파라미터	주요값	기본값	의미
C	float>0	1.0	규제 강도의 역수
kernel	'linear', 'poly', 'rbf', 'sigmoid', 'precomputed'	'rbf'	사용할 커널의 종류. 사용자 지정 함수를 사용할 수 있다.
probability	bool	False	확률적 추정을 사용할지의 여부. 교차검증법cross validation을 사용하므로 속도가 떨어질 수 있다.
tol	float>0	1e-3	정지 조건에 대한 허용 오차
class_weight	None, 'balanced', dict	None	클래스 가중치 설정. 클래스 불균형class imbalance 효과를 줄이고자 할 때 유용하다. - None: 모든 클래스에 같은 가중치 부여 - 'balanced': 클래스 빈도에 반비례하는 가중치 설정 - dict: 사용자 지정 가중치 부여
max_iter	int>0 또는 int=-1	-1	이터레이션의 상한선 - max_iter=-1: 상한선 없음. tol에 의한 정지 조건에 도달할 때까지 계속 학습한다.
decision_function_shape	'ovr', 'ovo'	'ovr'	다중 클래스일 때 반환할 결정 함수의 종류 설정. 이진 분류라면 무시한다. - 'ovr': OVRone-vs-rest 결정 함수 - 'ovo': libsvm의 OVOone-vs-one 결정 함수
random_state	None, int	None	probability=True에 한해 데이터 셔플링data shuffling에 대한 랜덤성을 제어

1 https://scikit-learn.org/stable/modules/generated/sklearn.svm.SVC.html

또한 커널의 종류를 나타내는 kernel의 값에 따라 추가 하이퍼파라미터를 설정할 수도 있다. degree는 kernel='poly'일 때 설정할 수 있으며 차수를 나타낸다. gamma는 kernel이 'rbf', 'poly', 'sigmoid'일 때 커널 계수를 나타낸다. 마지막으로 coef0는 kernel이 'poly'나 'sigmoid'일 때 설정할 수 있으며 커널 함수의 절편을 뜻한다.

실제 사용 시 활용 팁

- C는 모든 SVM 커널에 대해 설정할 수 있으며 오분류율과 결정 경계의 복잡도에 대한 상충 관계trade-off를 설정한다. 작은 C는 결정 경계를 부드럽게 만들며 큰 C는 더 많은 학습 데이터를 정확히 분류하게 한다. 한편, gamma는 개별적인 학습 데이터가 얼마나 큰 영향력을 가지게 하는지를 조절한다. gamma가 클수록 영향을 받는 샘플이 늘어난다. C와 gamma의 적절한 선택이 SVM의 성능에 큰 영향을 끼친다. RBF 커널 SVM을 학습할 때는 특히 C와 gamma를 적절히 선택해야 한다.
- C 설정: C의 기본값은 1이며 이는 일반적으로 괜찮은 선택이 될 수 있다. 하지만 관측에 노이즈가 많다면 C를 감소할 것을 추천하는데, 작은 C가 더 큰 규제를 의미하기 때문이다. 한편, SVM 클래스에서는 C가 규제 정도의 역수를 의미하지만 다른 대부분의 sklearn 머신러닝 클래스에서는 alpha로 규제 정도 자체를 표현한다. 따라서 C와 alpha는 서로 반대 의미이다.
- SVC 클래스는 class_weight를 통한 가중치 조절 방법 외에도 fit() 메서드의 sample_weight 하이퍼파라미터를 이용해 샘플의 가중치를 조절할 수 있다. 이를 통해 다음 그림과 같이 더 정확한 결정 경계를 찾아낼 수 있다.

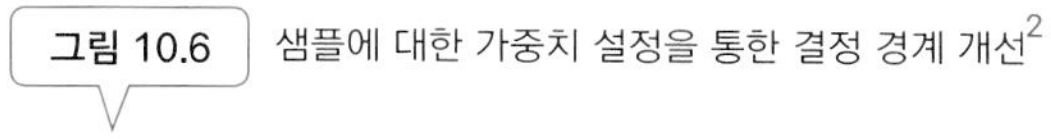

그림 10.6 샘플에 대한 가중치 설정을 통한 결정 경계 개선[2]

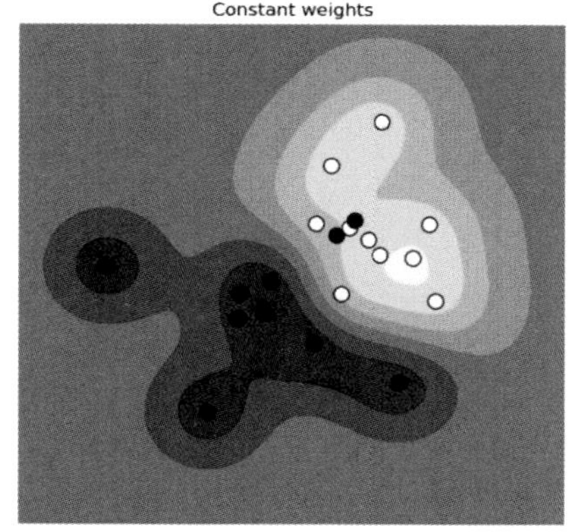

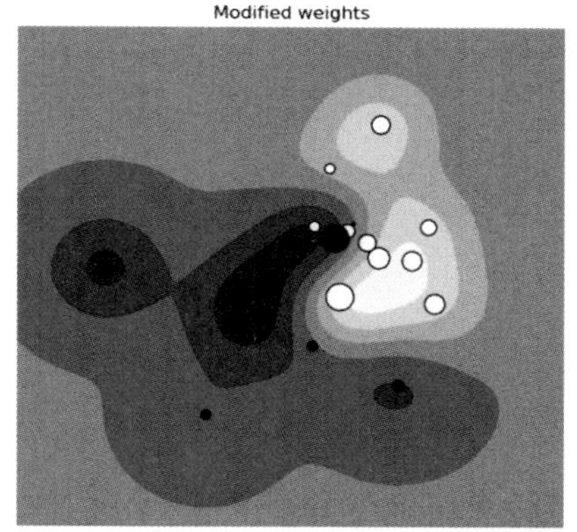

2 https://scikit-learn.org/stable/auto_examples/svm/plot_weighted_samples.html)

Do it! 예제 10.1 선형 커널을 사용한 하드 마진 SVM 분류 모델[3]

이 예제는 가장 기본 문제로, 선형 커널을 사용하고 규제 페널티를 0에 가깝게 설정하여 하드 마진에 가까운 형태의 SVC를 학습하고 그 결과를 그래프로 나타낸다. 먼저 필요한 패키지와 데이터를 불러온다. 여기서는 샘플이 40개인 가상 데이터셋을 만들어 사용한다.

```
import numpy as np
import matplotlib.pyplot as plt
from sklearn import svm
from sklearn.datasets import make_blobs

X, y = make_blobs(n_samples=40, centers=2, random_state=6)
```

다음으로, SVC를 학습한다. kernel을 'linear'로 설정하여 선형 커널을 선택하였으며 규제 페널티의 영향을 줄이고자 C를 높은 값으로 설정했다.

```
clf = svm.SVC(kernel="linear", C=1000).fit(X, y)
```

이제 결과를 그래프로 나타낸다. 서포트 벡터와 분할 초평면을 찾아 그래프에 표현한다.

```
plt.scatter(X[:, 0], X[:, 1], c=y, s=30, cmap=plt.cm.Paired)

ax = plt.gca()
xlim, ylim = ax.get_xlim(), ax.get_ylim()

xx = np.linspace(xlim[0], xlim[1], 30)
yy = np.linspace(ylim[0], ylim[1], 30)
YY, XX = np.meshgrid(yy, xx)
xy = np.vstack([XX.ravel(), YY.ravel()]).T
Z = clf.decision_function(xy).reshape(XX.shape)

ax.contour(XX,
           YY,
```

3 https://scikit-learn.org/stable/auto_examples/svm/plot_separating_hyperplane.html

```
            Z,
            colors="k",
            levels=[-1, 0, 1],
            alpha=0.5,
            linestyles=["--", "-", "--"])
ax.scatter(clf.support_vectors_[:, 0],
           clf.support_vectors_[:, 1],
           s=100,
           linewidth=1,
           facecolors="none",
           edgecolors="k")
```

실행 결과

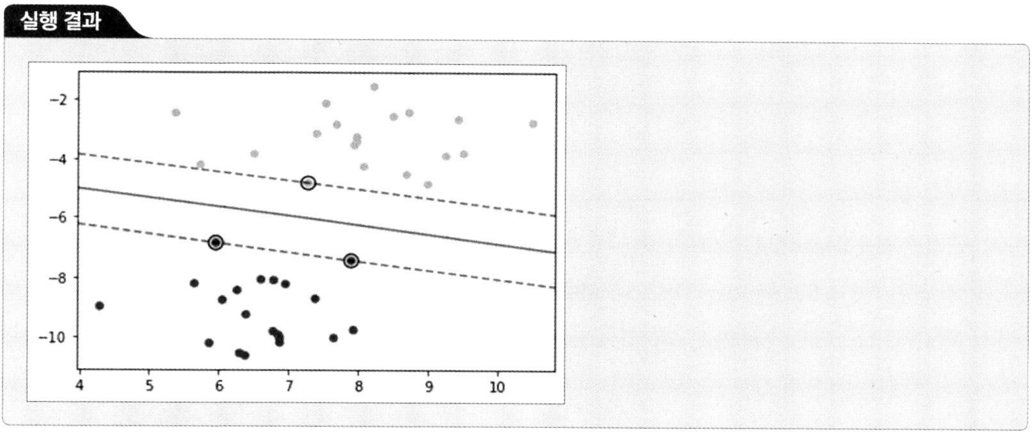

10.3.1 다른 패키지로 구현하기

LinearSVC 클래스

`sklearn.svm.LinearSVC` 클래스[4]는 선형 커널 SVM 분류 모델로, `SVC` 클래스에서 하이퍼파라미터 `kernel`의 값을 `'linear'`로 선택한 것과 그 의미가 같다. 단, `LinearSVC` 클래스는 `libsvm`이 아니라 `liblinear` 라이브러리로 구현되므로 페널티와 비용 함수의 선택지가 더 다양하며 샘플의 크기가 클 때 `SVC` 클래스의 선형 커널보다 더 빠르게 학습된다.

`LinearSVC`에서는 다음의 비용 함수 최적화로 해를 계산한다. 앞의 `LinearSVR` 모델과 비슷한 형태의 식이다.

4 https://scikit-learn.org/stable/modules/generated/sklearn.svm.LinearSVC.html

$$\min_{w,b}\left(\frac{1}{2}w^{\mathrm{T}}w + C\sum_{i=1}^{n}\max(0,1-y_i(w^{\mathrm{T}}x_i+b))\right)$$

이는 힌지 손실 함수로부터 직접 도출한 것이다.

LinearSVC와 LinearSVR

LinearSVC와 LinearSVR은 C가 커질수록 C의 값에 덜 민감해진다. 하지만 C가 커질수록 학습에 더 큰 시간을 소요하게 되는데, 경우에 따라 10배까지도 차이가 날 수 있다(Fan et al., 2008). 또한, LinearSVC를 사용할 때 L1 페널티를 적용하는 `LinearSVC(penalty='l1', dual=False)`을 사용하면 일부 피처만 0이 아닌 계수값을 가지는 희소 해(sparse solution)가 얻어진다. 즉, 피처 선택법의 효과가 나타난다. 여기서 C를 감소하면 점점 더 적은 피처가 선택된다. C의 값을 `l1_min_c`로 선택하면 모든 가중치가 0이 되는 모델을 얻는다.

NuSVC 클래스

`SVC` 클래스와 `LinearSVC` 클래스 외에도 `sklearn.svm` 모듈의 `NuSVC` 클래스[5]도 SVM 분류 모델을 지원한다. `NuSVC`는 nu-SVC(Schölkopf et. al, 2000)를 구현한 것으로, nu-SVC는 앞에서 학습한 C-SVC에서의 C 대신 v(nu) 하이퍼파라미터를 도입하여 다른 방법으로 모델 복잡도를 제어한다. `NuSVC`는 `SVC`와 수학적으로는 동일하나 식의 표현법 차이 등으로 말미암아 하이퍼파라미터가 조금 다르다.

5 https://scikit-learn.org/stable/modules/generated/sklearn.svm.NuSVC.html

10.4 서포트 백터 머신 모델 보충 수업

10.4.1 서포트 벡터 회귀로 확장하기

SVM 분류 모델을 확장하여 SVM 회귀 분석을 수행하는 서포트 벡터 회귀(support vector regression, SVR) 모델을 정의할 수 있다. SVM 분류 모델과 마찬가지로 `sklearn`에서는 SVM 회귀 모델을 학습하는 `SVR`, `NuSVR`, `LinearSVR` 클래스를 제공한다. `LinearSVR`은 빠르지만 선형 커널만 선택할 수 있으며 `SVR`과 `NuSVR`은 본질적으로 비슷한 구조이다. SVR에도 여러 가지 형태의 구현이 있으며, 이 절에서는 가장 기본적인 형태인 ε-SVR을 살펴본다.

$1 \le i \le n$에 대하여 데이터 샘플의 피처 벡터 $x_i \in \mathbb{R}^p$, 목푯값 $y_i \in \mathbb{R}$과 오차 허용 범위 $\varepsilon > 0$이 주어졌을 때 ε-SVR은 다음 최적화 문제를 통해 파라미터를 도출한다.

$$\min_{w,b,\xi,\xi^*} \left(\frac{1}{2} w^{\mathrm{T}} w + C \sum_{i=1}^{n} (\xi_i + \xi_i^*) \right)$$

$$\text{subject to} \quad y_i - w^{\mathrm{T}}\phi(x_i) - b \le \varepsilon + \xi_i, \quad w^{\mathrm{T}}\phi(x) + b - y_i \le \varepsilon + \xi_i^* \quad \text{and} \quad \xi_i,\ \xi_i^* \ge 0, \quad \text{for} \quad 1 \le i \le n$$

비용 함수를 계산할 때 목푯값^target value^에 매우 가까운 샘플에는 규제를 부여하지 않는다. 즉, 여기서 예측값이 실제값보다 ε 크기 이상으로 벗어난 샘플에만 규제를 적용한다. 이 규제 페널티의 정도는 벗어난 방향에 따라 ξ_i 또는 ξ_i^*로 적용한다.

▶ 이와 같이 특정 임계값 이내의 오차는 0으로 간주하고 임계값 이상의 오차부터 손실을 부여하는 손실 함수를 힌지 손실^hinge loss^ 함수라 한다.

`sklearn.svm.SVR` 클래스[1]는 ε-SVR을 구현한다.

`SVR` 클래스는 `SVC` 클래스와 하이퍼파라미터 대부분을 공유하나 `SVR` 클래스의 대표적인 차이는 오차 허용 범위 `epsilon` 하이퍼파라미터이다. 이는 학습 데이터 샘플과 적합선^fitted line^의 차이가 `epsilon` 미만이라면 손실 함수에 페널티를 부여하지 않는다.

---

1 https://scikit-learn.org/stable/modules/generated/sklearn.svm.SVR.html

한편, 분류 모델에서 SVC 클래스에 대응되는 선형 커널 전용의 LinearSVC 클래스가 있는 것과 마찬가지로 회귀 모델에서도 SVR 클래스에 대응하는 LinearSVR 클래스[2]가 있다.

LinearSVR 모델은 다음의 최적화 문제를 통해 해를 도출한다.

$$\min_{w,b}\left(\frac{1}{2}w^{\mathrm{T}}w + C\sum_{i=1}^{n}\max(0,\ \left|y_i - (w^{\mathrm{T}}\phi(x_i)+b)\right| - \varepsilon)\right)$$

이 식 또한 오차가 ε보다 작다면 비용을 부과하지 않는다.

이 책에서는 이 정도로 SVM 회귀 모델을 설명하도록 하며 더 자세한 내용은 Smola & Schölkopf (2004)를 참고하자.

10.4.2 클래스 분류의 확률 판정법

SVM 모델은 비확률론적인 분류기nonprobabilistic classifier를 생성하나, SVM 분류 모델의 결정 함수를 이용하면 각 샘플의 클래스별 점수score나 확률을 얻을 수 있다. 이진 분류의 확률은 Platt 스케일링 기법(Platt, 1999)으로 얻을 수 있으며 다중 클래스 분류에서는 Wu, Lin & Weng(2003) 방법으로 확장할 수 있다. sklearn.svm 모듈의 SVC 클래스와 NuSVC 클래스에서 probability=True로 설정하면 확률 판정법을 수행한다.

10장에서 살펴본 내용

SVM 모델은 스케일링 여부에 따라 결과에 영향을 받으므로 학습 전 각각의 피처를 최소-최대 스케일링min-max scaling이나 표준 스케일링standard scaling을 통해 스케일링하는 것이 바람직하다.

SVM 모델에는 다양한 장점이 있다. 고차원 데이터 학습에 효과적이며 차원 개수가 샘플 개수보다 많을 때도 효과적이다. 단, 이럴 때는 과적합을 피하고자 적절한 커널 함수와 규제 페널티를 포함해야 한다.

2 https://scikit-learn.org/stable/modules/generated/sklearn.svm.LinearSVR.html

또한 SVM 모델은 학습 데이터의 일부인 서포트 벡터만 결정 함수로 사용하기 때문에 메모리 사용이 효율적이며 다양한 커널 함수를 학습에 시도해볼 수 있다는 장점도 있다. 잘 알려진 커널이 있지만 사용자 정의 커널 custom kernel 또한 적용할 수 있다.

SVM을 응용하면 지도 학습이 아닌 다양한 방법에도 적용할 수 있다. 예를 들어, SVM의 아이디어를 이용하여 이상값 감지를 수행하는 비지도 학습 기법인 원클래스 SVM one-class SVM 을 만들 수 있으며, 이는 `sklearn.svm.OneClassSVM` 클래스[3]에 구현되었다.

하지만 SVM 모델은 샘플 크기가 수만 개 이상인 큰 데이터셋에서는 시간 복잡도 때문에 비효율적일 수 있다는 단점이 있다.

이 장에서는 커널 방법론을 SVM에 한정하여 설명했지만, 커널 방법론은 SVM에 한정되지 않고 다양한 모델에 적용된다. 예를 들어, 선형 판별 분석(linear discriminant analysis, LDA)에 커널 기법을 도입한 KFD(kernel Fisher discriminant analysis)와 주성분 분석에 커널 기법을 도입한 커널 주성분 분석(kernel principal component analysis, KPCA)이 있다.

3 https://scikit-learn.org/stable/modules/generated/sklearn.svm.OneClassSVM.html

10장

되새김 문제

1. SVC 클래스의 적용

이번 문제에서는 SVC 클래스를 이용해 유방암 데이터셋을 대상으로 한 여러 개의 SVM 분류 모델을 개발하고 그 성능을 비교한다. 사용할 패키지와 데이터셋 정의는 다음과 같다.

```
from sklearn.model_selection import train_test_split
from sklearn.datasets import load_breast_cancer
from sklearn.svm import SVC

X, y = load_breast_cancer(return_X_y=True, as_frame=False)
X_train, X_test, y_train, y_test = train_test_split(X,
                                                    y,
                                                    test_size=0.33,
                                                    random_state=1234)
```

학습 데이터 쌍 (X_train, y_train)에 표준 스케일링standard scaling을 적용한 후 세 개의 SVM 분류기를 각각 학습하라. 그 후, 테스트 데이터 쌍 (X_test, y_test)에 표준 스케일링 후 SVM 모델을 학습하는 파이프라인을 적용하여 예측값을 산출하고 정확도를 구하라. 이때 사용할 세 SVM 분류기의 정보는 다음과 같다.

(1) 선형 커널

(2) 다항 커널

(3) RBF 커널

11장

다층 퍼셉트론 모델

이번 장에서는 딥러닝 모델 중 가장 간단한 구조인 다층 퍼셉트론(MLP) 모델을 살펴본다. 딥러닝 모델은 현대에 가장 널리 사용하는 고급 모델로, 대형 데이터셋을 대상으로 높은 성능이 필요할 때 가장 선호하는 모델의 하나이다. 딥러닝 모델에는 MLP뿐만 아니라 컨볼루션 신경망(CNN)이나 순환 신경망(RNN) 계열 모델 등 다양한 구조의 모델이 있다. MLP 모델에도 다양한 논의와 폭넓은 이론 배경이 있으나 이 책에서는 MLP 모델을 기본 내용 위주로 살펴보도록 한다.

확률적 최적화 알고리즘

MLP 등의 인공 신경망은 주로 샘플과 피처가 모두 많은 대형 데이터셋에 적용한다. 대형 데이터셋이라면 알고리즘 수행 시간이 오래 걸리고 필요한 메모리가 많아 컴퓨터 연산 장치가 작동하기 어려울 때가 흔하다. 확률적 최적화 알고리즘stochastic solver은 이와 같은 대형 데이터셋에 적용하기 좋은 최적화 기법으로, 전체 데이터셋을 한 번에 학습하는 것이 아니라 일부 데이터셋만을 샘플링한다는 것이 기본 아이디어이다. 5장에서 학습하였던 SAG와 SAGA가 확률적 최적화 알고리즘의 예시이다.

확률적 경사 하강법(stochastic gradient descent, SGD)은 가장 기본적인 확률적 최적화 알고리즘의 하나이다. 데이터셋을 미니 배치mini batch라고 불리는 서브데이터셋으로 랜덤하게 분할한 후 순서대로 경사 하강법을 적용한다. MLP뿐만 아니라 로지스틱 회귀 모델이나 선형 SVM 등 다른 기법에도 적용할 수 있다.

`sklearn`에서는 `SGDClassifier`와 `SGDRegressor` 클래스가 각각 SGD를 이용한 분류 모델과 회귀 모델을 구현한다. `SGDClassifier`와 `SGDRegressor` 클래스는 하이퍼파라미터 설정에 따라 다양한 모델을 포함한다. 예를 들어 `SGDClassifier(loss='log')`로 생성한 객체는 `LogisticRegression` 클래스와 마찬가지 최적화 문제를 푼다. 또한, `SGDRegressor(loss='squared_error', penalty='l2')`로 생성한 객체는 릿지 회귀ridge regression 모델과 마찬가지 최적화 함수를 사용한다.

SGD는 기본적으로 비용 함수를 경사 하강법으로 푼다. 배치에서의 손실값을 Loss, 현 시점의 파라미터 값에 따라 계산한 규제값을 Penalty라 하면 SGD 파라미터의 업데이트 공식은 다음과 같다.

$$w \leftarrow w - \eta \left(\frac{\partial \text{Loss}}{\partial w} + \alpha \frac{\partial \text{Penalty}}{\partial w} \right)$$

SGD는 효율적이고 구현이 쉬우나 규제 하이퍼파라미터와 이터레이션 횟수 등을 세밀하게 설정해야 학습을 잘 수행할 수 있다. 한편, Adamadaptive moment estimation 알고리즘은 SGD와 비슷한 확률적 최적화 알고리즘이며, 더 세밀하게 최적화를 수행하므로 구조가 좀 더 복잡하다.

11.1 다층 퍼셉트론 모델이란?

다층 퍼셉트론(multilayer perceptron, MLP)은 생물의 신경망 구조에 착안하여 발전된 인공 신경망[artificial neural network] 모델의 하나이다. MLP는 여러 개의 레이어 또는 층[layer]으로 구성된다. 레이어는 1개의 입력층[input layer]과 1개의 출력층[output layer], 그리고 입력층과 출력층 사이에 있는 1개 이상의 은닉층[hidden layer]으로 구분된다. 은닉층이 2개 이상인 MLP는 심층 신경망[deep neural network]의 일종이다. 은닉층이 1개인 가장 단순한 형태의 MLP는 다음 그림과 같다.

그림 11.1 은닉층이 1개인 MLP 모델(편향 항은 표현하지 않음)

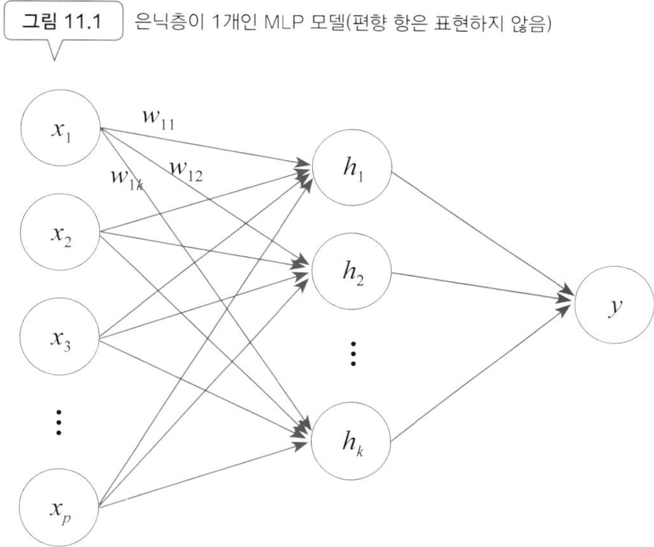

가장 왼쪽 레이어는 입력층이며 p개의 뉴런($x_1, x_2, \ldots, x_p$)로 이루어진다. 가장 오른쪽 레이어는 출력층이며 1개의 뉴런 y를 가진다. 입력층을 제외한 모든 층에서 각각의 뉴런은 이전 층 뉴런의 함수로, 다음과 같이 계산한다.

▶ 입력층에서의 뉴런은 일반적인 머신러닝에서의 피처와 같은 개념이다.

뉴런의 순전파

(1) 이전 층 뉴런의 선형 결합을 수행한다. 뉴런별로 적용하는 파라미터 값은 다르다. 예를 들어, 첫 번째 은닉 뉴런이라면 편향 항을 포함하여 $w_{01}+w_{11}x_1+\ldots+w_{p1}x_p$ 값을 얻는다.

(2) 얻은 값은 그대로 다음 뉴런으로 전달하는 것이 아니라 활성화 함수activation function $g:\mathbb{R}\rightarrow\mathbb{R}$로 변환한 후 전달한다. 활성화 함수는 생명체의 자극 전달 방식을 모방한 것으로, 기본적으로 특정 임계값 이하의 값(자극)은 전달하지 않고 버린다는 의미가 있다. 활성화 함수는 다양하게 구성할 수 있으며 시그모이드 함수 $f(x)=\frac{1}{1+e^{-x}}$, 하이퍼볼릭 탄젠트 함수hyperbolic tangent $f(x)=\tanh x$, ReLUrectified linear unit 함수 $f(x)=\max(0, x)$ 등 비선형 활성화 함수를 주로 사용하나 회귀 모델에서는 최종 출력층의 활성화 함수로 선형 활성화 함수인 항등 함수identity function $f(x)=x$를 사용한다.

출력층에 이를 때까지 이 과정을 반복한다. 출력층은 MLP 회귀 모델 또는 이진 MLP 분류 모델이라면 한 개의 뉴런으로 구성되며, K개 클래스(K>2)인 다중 MLP 분류 모델이라면 K개의 뉴런으로 구성된다.

MLP 기법에서는 은닉층 개수와 은닉층별 뉴런 개수, 최대 이터레이션 횟수 등을 어떻게 튜닝하는지가 성능에 큰 영향을 끼친다.

11.2 다층 퍼셉트론 모델 구현하기

11.2.1 다층 퍼셉트론 모델의 이론

MLP는 단순한 형태의 수많은 퍼셉트론perceptron을 연결하는 구조이다. 파라미터가 주어졌을 때 입력은 출력까지 순방향으로 이루어지고, 입력값으로 계산한 출력값과 실제 목푯값을 비교한 후 그 오차를 역전파backpropagate하여 파라미터를 수정하는 과정으로 볼 수 있다.

일반적으로 MLP 모델을 학습할 때에는 다음의 절차를 수행한다. 피처 $x = (x_1, x_2, \cdots, x_p) \in \mathbb{R}^p$가 주어졌으며 회귀 또는 이진 분류 문제를 가정하여 목푯값 y는 연속값 또는 $\{0, 1\}$인 클래스 레이블을 가진다고 가정하자. 또한, 은닉층은 하나로 설정하고 은닉층에는 하나의 뉴런만 두도록 한다. 이 구조를 그림으로 표현하면 다음 그림과 같다.

그림 11.2 1개의 은닉 뉴런을 가지는 MLP 모델

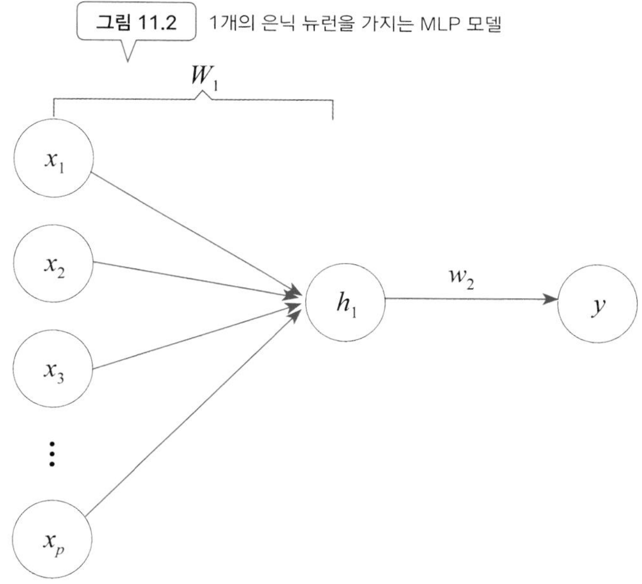

0단계: 파라미터를 랜덤하게 초기화한다.

▶ 완전한 랜덤 초기화는 아니며, Xavier 초기화나 He 초기화 등 학습이 잘 이루어지도록 하는 초기화 방법이 제안되고 있다.

1단계: 주어진 파라미터 값에 데이터를 적용하여 예측 클래스 또는 예측값을 계산한다.

모델 파라미터를 $W_1 \in \mathbb{R}^p$와 $w_2, b_1, b_2 \in \mathbb{R}$로 표현한다. 여기서 W_1과 w_2는 각각 입력층과 은닉층에서 다음 층으로 진행할 때의 선형 가중치를 의미하고 b_1과 b_2는 각각의 선형 결합 후 더해지는 편향[bias] 항이다. 마지막으로, 은닉층의 활성화 함수로 다음의 하이퍼볼릭 탄젠트 함수를 사용한다고 가정한다.

▶ 편향 항은 일반적인 선형 모델에서의 절편[intercept]과 같은 개념이다.

$$g(z) = \tanh(z) = \frac{e^z - e^{-z}}{e^z + e^{-z}}$$

이제 입력층에서 첫 번째 은닉층까지 선형 변환 후 활성화 단계를 거치면 값 $g(W_1^{\mathrm{T}}x+b_1)$이 얻어지고, 이 값이 출력층으로 가면서 다시 한번 선형 변환이 이루어져 출력층에는 다음의 값이 도달한다.

$$f(x) = w_2 g(W_1^{\mathrm{T}} x + b_1) + b_2$$

여기까지의 과정은 MLP 분류 모델과 MLP 회귀 모델 모두 마찬가지이며, 마지막으로 f를 변환하는 과정이 문제의 종류에 따라 달라진다.

이진 분류 모델에서는 $f \in (-\infty, \infty)$의 범위를 [0, 1]로 단조 변환하여 출력값을 확률로 나타낸다. 이는 로지스틱 회귀 모델에서 사용했던 다음 시그모이드 함수를 활성화 함수로 적용하면 얻을 수 있다.

$$g_{\text{output}}(z) = \frac{1}{1+e^{-z}}$$

이 과정을 통해 얻은 최종 출력에 해당하는 확률값이 0.5 이상이라면 출력값을 1, 0.5 미만이라면 출력값을 0으로 간주하여 파라미터가 정해졌다고 전제할 때의 출력 클래스를 결정할 수 있게 된다.

회귀 모델에서는 출력층에 도달한 값 f를 변환하는 대신 항등 함수를 활성화 함수로 사용하여 선형 결합값을 최종 출력값으로 결정한다.

다중 분류의 MLP 모델

클래스 개수가 2보다 큰 다중 분류에서는 MLP 모델의 출력층에서 $f(x)$를 $\mathbb{R}$이 아닌 $\mathbb{R}^K$에 대응한다.

그림 11.3 은닉 뉴런의 개수가 1개인 MLP 다중클래스 분류 모델의 구조

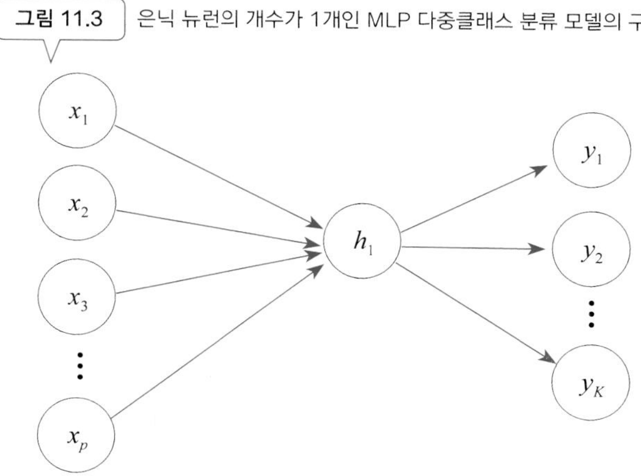

그 후 각각의 원소에 대하여 다음의 소프트맥스 함수softmax function를 적용한다. 소프트맥스 함수는 $\mathbb{R}^K \to \mathbb{R}^K$의 함수이며 실수 전체에서 정의된 벡터를 각각 값이 [0, 1] 사이이고 합이 1인 벡터로 단조 변환한 것으로, 확률 모델링에서 널리 사용한다.

$$\text{softmax}(z)_i = \frac{\exp(z_i)}{\sum_{i=1}^{K} \exp(z_i)}$$

이진 클래스 분류에서 사용하는 시그모이드 함수는 K가 2일 때의 소프트맥스 함수와 같은 기능을 수행한다는 점에 유의하도록 한다. 이 식에서 z_i는 소프트맥스 함수의 입력 벡터 중 i번째 차원의 원소이며, 이 값이 클수록 해당 샘플이 i번째 클래스에 해당할 확률이 높아지게끔 모델링되었다. 이제 이 식에 따라 얻은 확률 벡터는 각각의 값이 0과 1 사이인 K차원 벡터가 되며, 이 중 가장 높은 값인 차원에 대응하는 클래스를 최종 출력 클래스로 결정한다.

2단계: 예측한 클래스나 값과 실제 클래스나 값을 비교한 후 비용 함수를 계산한다.

비용 함수는 분류인지 회귀인지에 따라 달라진다. 우선 분류 문제에서는 비용 함수를 로지스틱 회귀 분석에서와 마찬가지로 크로스 엔트로피cross-entropy 함수로 설정한다. 편의상 전체 파라미터 W_1, w_1, b_1, b_2를 벡터 w_{total}로 표현하면 목푯값 y_i와 예측값 $\hat{y}_i$이 주어진 상태에서 이진 분류 비용 함수는 다음과 같다.

$$J(w_{\text{total}}) = \sum_{i=1}^{n} (-y_i \ln \hat{y}_i - (1-y_i)\ln(1-\hat{y}_i)) + \alpha \|w_{\text{total}}\|_2^2$$

여기서 $\alpha\|w_{\text{total}}\|_2^2$는 모델의 복잡도를 제어하는 L2 규제 페널티이다. α는 0 이상의 값으로, 값이 클수록 복잡도에 대하여 큰 페널티가 부여된다.

한편, 회귀 문제에서 MLP는 제곱 오차 비용 함수squared error cost function를 사용하며, 이는 평균 제곱 오차(mean squared error, MSE)와 동일한 개념의 비용 함수이다.

$$J(w_{\text{total}}) = \frac{1}{2}\|\hat{y} - y\|_2^2 + \frac{\alpha}{2}\|w_{\text{total}}\|_2^2$$

▶ 비용 함수에서의 제곱 오차와 평균 제곱 오차는 샘플 수에 의한 정규화 여부만 차이가 있는 값이다.

3단계: 비용 함수를 줄이는 방향으로 1단계와 2단계를 반복하며 최적화를 진행한다.

계산한 비용 함수를 이용해 경사 하강법을 기반으로 하여 파라미터의 업데이트를 수행한다. 이터레이션 단계를 t, 학습률을 ε이라 할 때 업데이트 규칙은 다음과 같다.

$$w_{\text{total}}^{(t+1)} = w_{\text{total}}^{(t)} - \varepsilon \nabla Loss_{w_{\text{total}}}^{(t)}$$

경사 하강법을 적용하고자 그레이디언트를 계산하는 3단계 과정은 여러 층에 대한 각각의 지점에서 체인 룰chain rule을 적용하여 얻는다. 이 모습이 오차가 반대 방향으로 전파되는 것 같다 하여 오차 역전파error backpropagation라는 별칭이 붙었고, 이에 대응하여 비용 함수를 계산하는 1~2단계 과정은 정방향으로 진행되므로 순전파forward propagation라는 별칭이 붙었다.

MLP는 랜덤한 파라미터 초깃값에서 시작하여 1~3단계의 과정을 통해 비용 함수의 지역 최솟값을 찾는다. 즉, MLP의 학습 과정은 다음과 같다.

MLP 모델의 학습 과정

(1) 파라미터를 랜덤하게 초기화한다.

(2) 정지 규칙에 도달할 때까지 다음을 반복한다.

- 순전파로 비용 함수 계산
- 오차 역전파를 적용해 비용 함수를 줄이는 방향으로 파라미터를 업데이트
- 업데이트한 파라미터로 순전파를 수행해 비용 함수 계산

정지 규칙은 사전 지정한 최대 이터레이션 횟수에 도달하거나 비용 함수의 개선이 특정 임계값 이하가 되는 등이다.

시간 복잡도

n개의 관측값과 p개의 피처가 있으며 목표 클래스의 레이블 수를 K라 할 때 이 방식의 학습 시간 복잡도는 다음과 같다. 각각 h개의 뉴런으로 구성된 m개의 은닉층을 구성하고 i회의 이터레이션을 수행하였다고 가정하자. 학습에 걸리는 전체 시간 복잡도는 순전파가 아닌 역전파 과정에 의해 결정된다. 오차 역전파 과정의 시간 복잡도는 $O(nph^mKi)$이고, 따라서 전체 학습의 시간 복잡도 또한 이와 같다. 오차 역전파의 시간 복잡도가 높고 조기 종료 없이 긴 시간 동안 학습을 하더라도 과적합 가능성이 있으므로 학습을 끝까지 마치는 대신 다양한 조기 종료 규칙을 추가하는 것이 좋다.

11.2.2 다층 퍼셉트론 모델 구현하기

다층 퍼셉트론 모델은 초기화 이후 순전파와 오차 역전파를 반복하다가 최대 이터레이션에 도달하거나 정지 조건을 만족할 시 학습을 종료하는 방법으로 구현할 수 있다. 큰 데이터를 가정할 경우 모든 샘플을 이용하여 파라미터 업데이트를 하는 대신 SGD 등의 확률적 최적화 알고리즘을 이용해 일부 샘플만을 사용한다. 구현은 이 책의 범위를 벗어나므로 생략하며, 자세한 내용은 사이토 고키(2017)를 참고하자.

11.3 패키지로 표현하기

sklearn.neural_network.MLPClassifier 클래스[1]는 MLP 분류 모델을 구현한다. 확률적 최적화 알고리즘인 SGD 또는 Adam일 때와 비확률적 최적화 알고리즘일 때 적용할 수 있는 하이퍼파라미터의 구성이 조금씩 달라진다. 샘플 개수를 n이라 할 때 MLPClassifier의 주요 하이퍼파라미터는 다음과 같다.

하이퍼파라미터	주요값	기본값	의미
hidden_layer_sizes	tuple	(100,)	튜플tuple 순서대로 해당 은닉층의 뉴런의 수를 의미
activation	'identity', 'logistic', 'tanh', 'relu'	'relu'	은닉층에 사용할 활성화 함수 선택 - 'identity': 활성화 과정 없이 입력값을 그대로 반환하는 항등 함수 - 'logistic': 시그모이드 함수 - 'tanh': 하이퍼폴릭 탄젠트 함수 - 'relu': ReLU 함수
solver	'lbfgs', 'sgd', 'adam'	'adam'	최적화 알고리즘 선택 - 'lbfgs': L-BFGS-B 알고리즘 - 'sgd': SGD 알고리즘 - 'adam': Adam 알고리즘
alpha	float≥0	0.0001	L2 규제항의 계수
batch_size	'auto', int	'auto'	미니 배치mini-batch의 크기를 결정하며 확률적 최적화 알고리즘에서만 적용 - 'auto': min(200, n)의 미니 배치 크기 사용
learning_rate_init	float>0	0.001	확률적 최적화 알고리즘에서의 초기 학습률
max_iter	int>0	200	에포크epoch의 최대 횟수. tol에 따른 학습 조기 종료가 일어나지 않는다면 max_iter번 후 학습을 종료한다. 확률적 최적화 알고리즘에서는 max_iter가 파라미터의 업데이트 횟수가 아니라 에포크의 수라는 것에 유의해야 한다.

1 https://scikit-learn.org/stable/modules/generated/sklearn.neural_network.MLPClassifier.html

shuffle	bool	True	확률적 최적화 알고리즘에서 이터레이션마다 데이터 셔플링data shuffling 여부를 결정
random_state	int	None	랜덤성의 제어. 이는 학습 파라미터 초기화, early_stopping이 True일 때의 검증 데이터셋 분할, solver가 'sgd'나 'adam'일 경우 배치 추출 등에서의 랜덤성을 제어하는 데 적용한다.
tol	float	1e-4	학습 조기 종료에 관련된 허용 오차. 손실 함수의 값이나 성능이 n_iter_no_change번의 이터레이션 동안 tol 이상만큼 향상하지 않고 learning_rate가 'adaptive'가 아닌 경우 학습이 종료된다.
early_stopping	bool	False	확률적 최적화 알고리즘에서만 적용되며, 학습 조기 종료를 판단할 때 검증 데이터셋을 사용할 것인지를 선택한다. - True: n_iter_no_change회 에포크 동안 검증 데이터셋에서 tol만큼의 개선이 없다면 학습 조기 종료 - False: n_iter_no_change회 에포크 동안 학습 데이터셋 전체에서 tol만큼의 개선이 없다면 학습 조기 종료
validation_fraction	0<float<1	0.1	early_stopping이 True일 때만 적용하며 학습 조기 종료 판단 시 학습 데이터셋 중 검증 데이터셋의 비율 설정
n_iter_no_change	int	10	확률적 최적화 알고리즘에서 tol 개선 여부에 따라 학습 조기 종료를 판단할 에포크의 수

최적화 알고리즘으로 SGD(solver='sgd')를 선택하면 다음 하이퍼파라미터를 추가로 사용할 수 있다.

하이퍼파라미터	주요값	기본값	의미
learning_rate	'constant', 'invscaling', 'adaptive'	'constant'	학습률 크기 설정 - 'constant': learning_rate_init값 계속 적용 - 'invscaling': 학습률을 점진적으로 감소. t번째 단계에서 $\frac{\text{learning\_rate\_init}}{t^{\text{power\_t}}}$ 로 설정한다. - 'adaptive': 학습 데이터셋의 비용 함수 값이 계속해서 적절히 감소하는 한 학습률을 learning_rate_init로 유지한다. 연속한 두 에포크에서 학습 데이터셋의 손실이 tol 이하로 감소하지 않거나 early_stopping=True에서 검증 데이터셋 기준 성능이 tol 만큼 증가하지 못한다면 현재의 학습률을 1/5배로 감소한다.
power_t	float>0	0.5	learning_rate가 'invscaling'일 때 학습률의 감쇄 지수

momentum	0<float≤1	0.9	경사 하강법을 이용한 파라미터 업데이트에서의 모멘텀momentum
nesterovs_momentum	bool	True	momentum>0일 때만 적용하며 Nesterov 모멘텀을 사용할지를 결정

Adam 알고리즘을 선택하면 다음 하이퍼파라미터를 추가로 사용할 수 있다.

하이퍼파라미터	주요값	기본값	의미
epsilon	float	1e-8	수치적 안정성 조절 지표
beta_1	0≤float<1	0.9	첫 번째 모멘텀 벡터 추정값의 지수 감쇄율
beta_2	0≤float<1	0.999	두 번째 모멘텀 벡터 추정값의 지수 감쇄율

실제 사용을 위한 팁

- 피처 스케일 차이가 크다면 학습이 원활하게 되지 않을 가능성이 높기 때문에 피처 스케일링을 선행해야 한다.
- 적절한 규제penalty 하이퍼파라미터 α를 찾고자 `GridSearchCV` 클래스의 그리드 서치 등을 사용할 수 있다. 이때 사전 지식이 없다면 α의 범위는 $10^{-np.arrange(1, 7)}$을 선택하는 것이 좋다.
- Adam 알고리즘은 샘플이 수천 개 이상인 상대적으로 큰 데이터셋이라면 학습 속도와 검증 데이터셋 성능 측면에서 모두 우수한 경향이 있다. 하지만 작은 데이터셋에서는 L-BFGS-B가 더 빨리 수렴하고 성능 또한 더 우수할 수 있다. 확률적 최적화 알고리즘에서는 온라인 학습online learning과 미니 배치 학습mini-batch learning을 지원하나 L-BFGS-B에서는 지원하지 않는다. 한편, 하이퍼파라미터를 적절하게 선택한다면 위 두 알고리즘보다 Nesterov 모멘텀을 사용한 SGD가 더 우수한 성능을 낼 수도 있다.

Do it! 예제 11.1 MLPClassifier의 최적화 알고리즘 비교하기[2]

이번 예제에서는 `MLPClassifier` 클래스를 이용하여 SGD와 Adam 등을 포함한 여러 가지 최적화 알고리즘을 비교한다. 튜토리얼의 목적상 작은 데이터셋을 사용하나 이 데이터셋의 결과는 큰 데이터셋에도 일반화할 수 있다. 하지만 모델의 성능은 데이터셋의 종류와 `learning_rate_init` 등의 하이퍼파라미터의 값에 크게 영향을 받는다.

먼저 필요한 패키지와 데이터를 불러온다. 데이터셋에 따른 결과를 비교하고자 이 예제에서는 붓꽃 데이터셋, 손 글씨 숫자 데이터셋MNIST digit dataset과 두 개의 합성 데이터셋을 사용하도록 한다.

2 https://scikit-learn.org/stable/auto_examples/neural_networks/plot_mlp_training_curves.html

```
import warnings
import matplotlib.pyplot as plt
from sklearn import datasets
from sklearn.preprocessing import MinMaxScaler
from sklearn.neural_network import MLPClassifier
from sklearn.exceptions import ConvergenceWarning
%matplotlib inline
warnings.filterwarnings("ignore")

iris = datasets.load_iris()
X_digits, y_digits = datasets.load_digits(return_X_y=True)
data_sets = [(iris.data, iris.target), (X_digits, y_digits),
             datasets.make_circles(noise=0.2, factor=0.5, random_state=1),
             datasets.make_moons(noise=0.3, random_state=0)]
```

다음으로, 비용 함수 최적화 알고리즘을 지정한다. 이 예제에서는 `learning_rate`를 각각 `'constant'`, `'invscaling'`, `'adam'`으로 설정하여 최적화를 진행한다.

```
labels = ["constant learning-rate", "inv-scaling learning-rate", "adam"]
params = [{
    "solver": "sgd",
    "learning_rate": "constant",
    "momentum": 0,
    "learning_rate_init": 0.2
}, {
    "solver": "sgd",
    "learning_rate": "invscaling",
    "momentum": 0,
    "learning_rate_init": 0.2
}, {
    "solver": "adam",
    "learning_rate_init": 0.01
}]
```

이제 학습 후 결과를 그래프로 나타낸다. 각 그래프는 이터레이션별 손실값을 나타낸다.

```
plot_args = [{
    "c": "red",
    "linestyle": "-"
}, {
    "c": "blue",
    "linestyle": "-"
}, {
    "c": "black",
    "linestyle": "-"
}]

def plot_on_dataset(X, y, ax, name):
    ax.set_title(name)

    X = MinMaxScaler().fit_transform(X)
    mlps = []
    if name == "digits": max_iter = 15
    else: max_iter = 400

    for label, param in zip(labels, params):
        mlp = MLPClassifier(random_state=0, max_iter=max_iter, **param).fit(X, y)
        mlps.append(mlp)

    for mlp, label, args in zip(mlps, labels, plot_args):
        ax.plot(mlp.loss_curve_, label=label, **args)

fig, axes = plt.subplots(2, 2, figsize=(15, 10))
for ax, data, name in zip(axes.ravel(), data_sets,
                          ["iris", "digits", "circles", "moons"]):
    plot_on_dataset(*data, ax = ax, name=name)

fig.legend(ax.get_lines(), labels, ncol=3, loc="upper center")
plt.show()
```

실행 결과

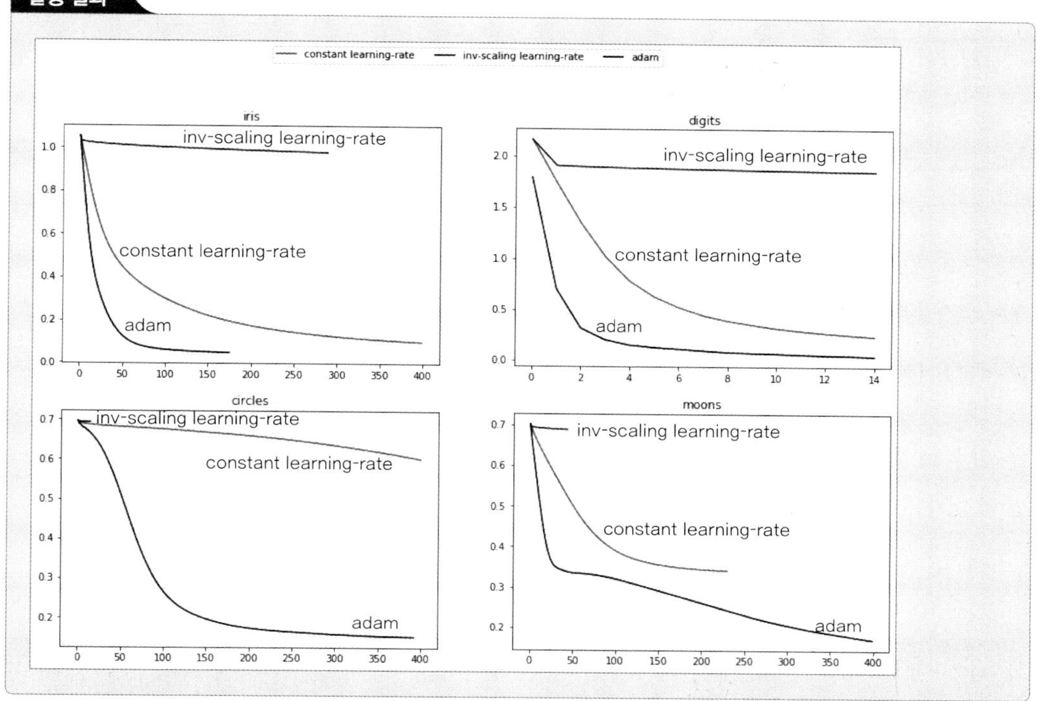

이번 예제에서 사용한 데이터셋은 모두 'adam'에서 좋은 성능을 나타냈으며 'invscaling'에서 가장 안 좋은 성능을 나타냈다. 단, 좋은 모델의 성능은 데이터셋의 특성과 같이 튜닝하는 다른 하이퍼파라미터에 따라 달라질 수 있음을 염두에 두어야 한다. 예를 들어, Nesterov 모멘텀을 추가 하이퍼파라미터로 적용하여 모델의 성능을 변화시킬 수 있다.

마지막으로 MLP는 전역 최적화를 달성할 수 없는 만큼 랜덤성에도 영향을 받는다. 예를 들어, 이 예제에서는 random_state를 0으로 지정했는데, 1234로 설정하면 조금 다른 결과를 얻게 된다.

11.4 다층 퍼셉트론 모델 보충 수업

11.4.1 MLP 회귀 모델

`sklearn.neural_network.MLPRegressor` 클래스[1]는 MLP 회귀 모델을 구현한다. MLP 분류 모델과 MLP 회귀 모델은 출력층에서의 활성화 함수에서만 차이가 있을 뿐, 출력층에 적용하는 활성화 함수는 내부에서 결정되므로 결과적으로 `MLPRegressor` 클래스는 `MLPClassifier` 클래스와 같은 성격의 하이퍼파라미터를 가진다.

11장에서 살펴본 내용

MLP 모델의 최적화 결과는 피처 스케일링feature scaling 여부에 민감하게 반응한다. 따라서 일반적으로 학습 전 스케일링을 수행해야 한다.

한편, MLP 모델은 모든 형태의 비선형 모델을 학습할 수 있고 잘 학습하면 성능이 매우 우수하다는 장점이 있다. 하지만 일반적으로 학습에 오랜 시간이 걸리며 과적합이 발생할 가능성이 크다. 또한, 은닉층이 있는 MLP의 비용 함수는 컨벡스 함수convex function가 아니므로 지역 최솟값local minimum이 여러 개 생길 수 있다. 따라서 최적화에서 초깃값에 따라 서로 다른 여러 가지 해를 얻을 수 있다는 단점 또한 있다.

1 https://scikit-learn.org/stable/modules/generated/sklearn.neural_network.MLPRegressor.html

11장

되새김 문제

1. MLPClassifier 클래스 적용하기

이번 문제에서는 MLPClassifier 클래스를 사용하여 유방암 데이터셋을 학습하고 그 결과를 평가한다. 먼저 다음과 같이 패키지와 데이터셋을 불러온다.

```
from sklearn.datasets import load_breast_cancer
from sklearn.model_selection import train_test_split
from sklearn.neural_network import MLPClassifier

X, y = load_breast_cancer(return_X_y=True, as_frame=False)
X_train, X_test, y_train, y_test = train_test_split(X,
                                                    y,
                                                    test_size=0.30,
                                                    random_state=1234)
```

(X_train, y_train) 쌍으로 MLP 분류 모델을 학습하고 그 결과를 (X_test, y_test) 쌍에 적용하여 예측값을 계산한 후 재현율[recall]을 구하라. 이때 MLP 분류 모델은 다음의 조건을 만족하도록 한다.

(1) 은닉층의 수는 2이며 각 은닉층의 크기는 입력층에 가까운 순으로 각각 20개와 10개로 한다.

(2) 조기 종료가 가능하도록 설정하고 최대 이터레이션 수를 1,000회로 한다.

(3) Adam 최적화 알고리즘을 사용한다.

(4) 결과의 재현성을 위해 random_state=1234로 설정한다.

2. 최적의 지도 학습 모델 탐색하기

이번 문제에서는 지금까지 학습한 다양한 모델을 이용하여 MNIST 데이터셋에 대한 가장 적절한 모델을 탐색하고 이를 테스트 데이터셋에 적용하여 정확도를 계산하도록 한다. 사용할 패키지와 데이터셋 정의는 다음과 같다.

```
from sklearn.datasets import load_digits
from sklearn.model_selection import train_test_split
from sklearn.preprocessing import StandardScaler
from sklearn.model_selection import GridSearchCV

from sklearn.linear_model import LogisticRegression
from sklearn.tree import DecisionTreeClassifier
from sklearn.ensemble import RandomForestClassifier, GradientBoostingClassifier
from sklearn.neighbors import KNeighborsClassifier
from sklearn.svm import SVC
from sklearn.neural_network import MLPClassifier

X, y = load_digits(return_X_y=True)
X_train, X_test, y_train, y_test = train_test_split(X,
                                                    y,
                                                    test_size=0.25,
                                                    random_state=1234)
```

학습 데이터셋 (X_train, y_train) 쌍을 표준 스케일링한 후 LogisticRegression, DecisionTreeClassifier, RandomForestClassifier, KNeighborsClassifier, SVC, MLPClassifier 등 6개의 기법을 적용하라. 각각에 GridSearchCV를 적용하여 최적의 하이퍼파라미터를 산출하고, 그중 성능이 가장 좋은 모델을 찾는다. 마지막으로, 해당 모델을 (X_test, y_test) 쌍에 적용하여 최종 정확도를 계산한다. 이때 각 기법의 하이퍼파라미터는 자유롭게 선택한다.

▶ GBT 모델은 실행 시간을 고려하여 포함하지 않았다.

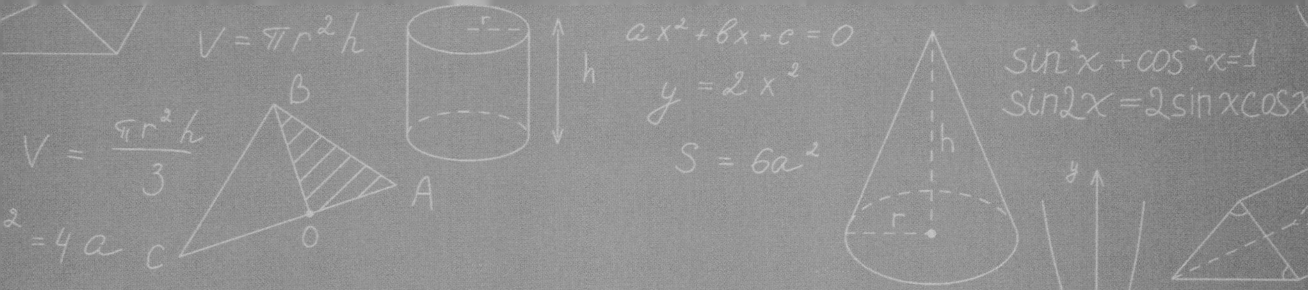

Unsupervised Learning Models

다섯째마당

비지도 학습 모델

비지도 학습 모델은 군집화, 차원 축소, 이상값 탐색 등 주어진 피처 공간을 모델링하는 것에 초점을 둔다. 비지도 학습은 그 자체의 목적도 있으나 비지도 학습의 결과를 지도 학습에 적용하기도 하므로 지도 학습과 연결되기도 한다. 이 책에서는 일부 비지도 학습 모델에 대해서만 간단히 소개하나 그 중요성은 지도 학습에 비해 떨어지지 않는다.

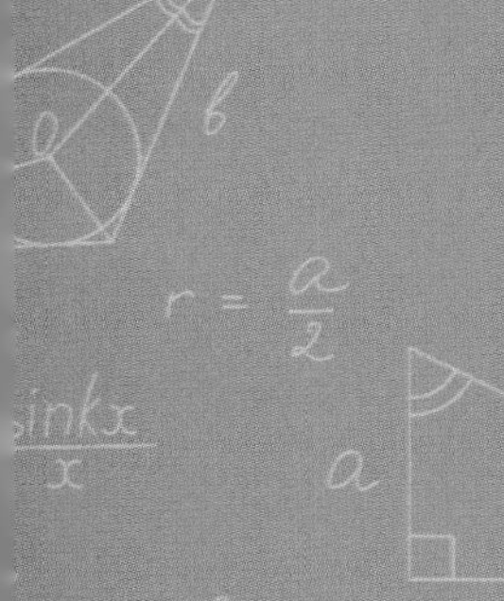

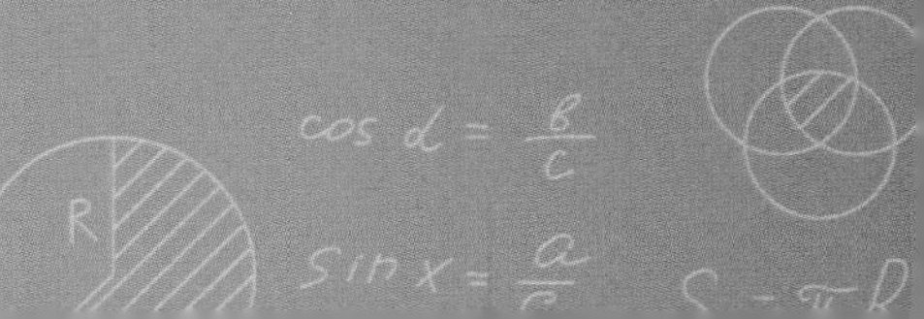

12장

K-평균 군집화 모델

K-평균 군집화 모델은 가장 널리 사용하는 군집화 모델의 하나로, 중심 근처의 점을 해당 군집으로 배정하고 중심을 다시 업데이트하는 과정을 반복하여 데이터를 군집화하는 모델이다. K-평균 군집화 모델은 이론이 매우 간단하고 성능이 안정적이면서도 학습 시간 복잡도가 낮다는 측면에서 장점이 있다. 이에 따라 이 책의 첫 번째 모델로 K-평균 군집화 모델을 살펴보도록 한다.

12.1 K-평균 군집화 모델이란?

K-평균 군집화(K-means clustering) 모델이란 주어진 K에 대하여 각 샘플과 그 샘플이 속한 군집의 중심까지 거리의 제곱합을 최소화하는 K개의 군집을 찾아내는 기법이다. K-평균 군집화 기법은 큰 데이터셋에서도 효율적이며 다양한 분야에서 널리 사용한다.

12.2 K-평균 군집화 모델 구현하기

12.2.1 K-평균 군집화 모델의 이론

K-평균 군집화 기법은 n개의 샘플로 구성된 피처 행렬 X를 중심이 μ_j $(1 \leq j \leq K)$인 K개의 군집으로 분할한다. 중심은 군집 내 각 원소의 평균값으로 정의하며, 따라서 중심값이 X의 샘플 중에 포함되지 않을 수도 있다. K-평균 군집화 기법은 클러스터 내의 제곱합을 최소화하는 중심을 찾는 것을 목표로 한다. 군집의 중심 집합을 $C=\{\mu_j | 1 \leq j \leq K\}$라 할 때 비용 함수는 다음과 같이 정의한다.

$$J(\mu_1, \cdots, \mu_j) = \sum_{i=1}^{n} \min_{\mu_j \in C} \left(\left\| x_i - \mu_j \right\|^2 \right)$$

이 비용 함수는 얼마나 군집 내 원소가 뭉쳐서 형성되어 있는지를 평가한다.

K-평균 군집화 기법 문제를 푸는 알고리즘으로는 로이드[Lloyd] 알고리즘과 엘칸[Elkan] 알고리즘이 있으며, 여기서는 가장 기본 방법인 로이드 알고리즘을 살펴본다. 이 알고리즘은 다음 단계로 이루어진다.

(1) K개의 중심을 임의로 고른다.

(2) 각 샘플에서 가장 가까운 중심을 해당 샘플을 포함한 군집의 중심으로 정한다.

(3) 군집별로 샘플 피처값의 평균을 계산하여 이를 군집의 새로운 중심으로 업데이트한다.

(4) 더는 중심이 변하지 않거나 변화가 임계값 이하일 때까지 (2)~(3) 과정을 반복한다.

일반적으로 알고리즘은 이터레이션 사이의 비용 함수 감소량이 임계값 이하로 떨어지면 종료된다. 알고리즘은 언제나 수렴하지만, 수렴값은 전역 최솟값을 보장하지 못한다. 수렴값은 초기 중심값의 위치에 따라 크게 달라질 수 있다. 이에 따라 실제 계산에서는 다른 초깃값을 준 상태에서 알고리즘을 여러 번 반복하여 전역 최적값을 추정한다. 이때 도움이 되는 방법의 하나는 k-means++ 초기화 방법이다. 이 방법은 초기 중심값을 멀리 떨어지게 하여 랜덤 초기화보다 좋은 결과를 만들어낼 수 있다.

▶ k-means++ 초기화 방법은 `sklearn.cluster.KMeans` 클래스의 객체 하이퍼파라미터 `init`를 `'k-means++'`로 설정하는 것과 동일하고 이 값이 기본값이다.

시간 복잡도

K-평균 군집화 기법은 가장 빠른 군집화 알고리즘의 하나이다. K를 군집 개수, n을 샘플 개수, i를 이터레이션 횟수라 했을 때 로이드 알고리즘을 이용한 K-평균 군집화 기법의 평균 시간 복잡도는 $O(Kni)$이다.

12.2.2 K-평균 군집화 모델 구현하기

여기서는 로이드 알고리즘 기반의 K-평균 군집화 모델을 구현한다. 먼저 필요한 패키지를 불러오고 데이터셋을 정의한다. 두 개의 지점을 중심으로 원형으로 흩어진 데이터셋을 가상으로 생성하여 사용한다.

```
import numpy as np
import pandas as pd
import matplotlib.pyplot as plt
import seaborn as sns
from sklearn.datasets import make_blobs
import warnings
%matplotlib inline
warnings.filterwarnings("ignore")

X = make_blobs(n_samples=500, centers=2, random_state=1234)[0]
plt.scatter(X[:, 0], X[:, 1], s=2)
```

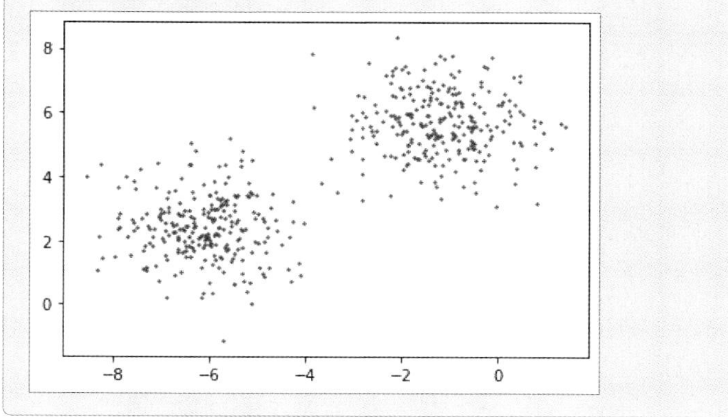

이제 초기 중심점을 랜덤하게 설정하고 학습을 수행한다. 최대 이터레이션 횟수를 10회로 하고 각 샘플의 군집 대응과 중심점 업데이트를 반복한다. 업데이트가 일어나지 않으면 종료한다. 시각화를 위해 이터레이션별로 군집의 위치와 각 샘플의 포함 군집을 나타내도록 한다. 관찰이 쉽도록 그래프는 최대 6개까지만 그린다.

```
np.random.seed(1234)
cluster = np.zeros(X.shape[0])
centroid_old = X[np.random.randint(X.shape[0], size=2), :]

f = plt.figure(figsize=(20, 4))
for it in range(1, 11):
    for i, row in enumerate(X):
        d = float('inf')
        for ind, centroid in enumerate(centroid_old):
            tmp = np.linalg.norm(centroid - row)
            if d > tmp:
                d = tmp
                cluster[i] = ind
    ax = f.add_subplot(1, 6, it)
    ax.set_title("Iteration: " + str(it))
    sns.scatterplot(X[:, 0], X[:, 1], s=10, hue=cluster)
    sns.scatterplot(centroid_old[:, 0], centroid_old[:, 1], s=50, color='k')

    centroid = pd.DataFrame(X).groupby(by=cluster).mean().values
    print(f'이터레이션: {it}, 중심: {centroid}\n')
    if np.allclose(centroid, centroid_old):
        print(f'이터레이션 {it}에서 학습 종료\n')
        break
    centroid_old = centroid
```

실행 결과

```
이터레이션: 1, 중심: [[-6.1135271   1.58096684]
 [-2.90878169  4.78340178]]

이터레이션: 2, 중심: [[-6.1550979   2.32910441]
 [-1.3419916   5.62012837]]

이터레이션: 3, 중심: [[-6.11472428  2.40975303]
 [-1.18984097  5.67112071]]

이터레이션: 4, 중심: [[-6.10376937  2.41413748]
 [-1.18110522  5.67979891]]

이터레이션: 5, 중심: [[-6.10376937  2.41413748]
 [-1.18110522  5.67979891]]

이터레이션 5에서 학습 종료
```

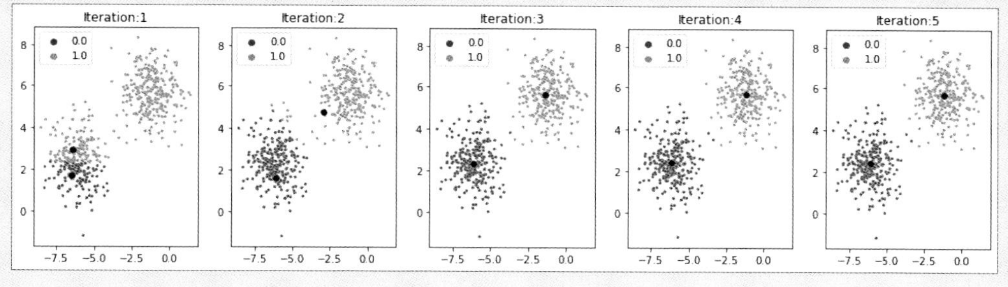

그래프는 이터레이션에 따른 군집 변화를 나타낸다. 초기에는 파란색 군집(레이블 0.0)이 왼쪽 아래에만 일부 생성되었지만, 이터레이션 진행에 따라 주황색 군집(레이블 1.0)을 밀어내는 것을 확인할 수 있다. 이는 오른쪽 위의 점들이 주황색 군집의 중심을 계속해서 당기기 때문으로 생각할 수 있다. 각 군집의 중심점이 점점 자리를 찾아가고, 이터레이션 4와 5에서 군집 중심에 변화가 없으므로 최대 이터레이션에 도달하지 않더라도 이터레이션 5에서 학습을 종료한다.

12.3 패키지로 표현하기

sklearn.cluster.KMeans 클래스[1]는 K-평균 군집화 기법을 구현한다. KMeans 클래스의 주요 하이퍼파라미터는 다음과 같다.

하이퍼파라미터	주요값	기본값	의미
n_clusters	int>0	8	생성할 클러스터의 수
init	'k-means++', 'random'	'k-means++'	초기화 방법 선택 - 'k-means++': 수렴 속도를 높이기 위한 초기 중심값을 설정 - 'random': 임의로 초기 중심값을 선택
n_init	int>0	10	설정된 알고리즘을 반복하는 횟수. 반복마다 서로 다른 중심 초깃값을 사용한다. 전체 수행 후 비용 함수가 가장 작은 결과를 최종 결과로 선택한다.
max_iter	int>0	300	각각의 알고리즘 반복에서 이터레이션의 상한값
tol	float>0	1e-4	조기 종료를 위한 허용 오차 설정. 두 이터레이션 동안의 군집 중심 변화를 Frobenius norm으로 구한 후 이 값이 tol보다 작다면 종료한다.
random_state	int, None	None	중심 초기화에 대한 랜덤성 제어
algorithm	'lloyd', 'elkan'	'lloyd'	학습에 사용할 알고리즘 선택 - 'lloyd': 로이드 알고리즘(기본적인 EM-알고리즘) - 'elkan': 삼각 부등식triangle inequality을 이용하는 엘칸 알고리즘을 적용. 효율적으로 학습할 수 있으나 메모리를 많이 사용할 수 있다.

▶ Frobenius norm은 L2-norm의 개념을 벡터에서 행렬로 확장시킨 것이다.

실제 사용 시 활용 팁

- K-평균 군집화 기법은 거리를 기반으로 작동하므로 모델링 전에 각 피처를 스케일링하는 것이 좋다.
- tol이나 max_iter 등 때문에 완전히 수렴하기 전에 알고리즘이 멈춘다면 중심이 각각의 클러스터의 평균과 다를 수도 있으므로 조심해야 한다.

1 https://scikit-learn.org/stable/modules/generated/sklearn.cluster.KMeans.html

- 지도 학습 기법과 마찬가지로 KMeans 클래스에서도 fit() 메서드와 predict() 메서드를 이용하여 학습과 예측 과정을 분리할 수 있다. 같은 데이터셋에 학습과 예측을 동시에 수행하려면 fit_predict() 메서드를 사용한다.

Do it! 예제 12.1 KMeans 클래스 사용하기[2]

이번 예제에서는 KMeans 클래스를 사용하여 주어진 데이터를 학습하고 학습한 레이블을 확인하는 간단한 과정을 진행한다. 먼저 필요한 패키지를 불러오고 데이터셋을 정의한다. 데이터셋으로는 샘플이 6개인 2차원 피처를 가상으로 생성하여 사용한다.

```
from sklearn.cluster import KMeans
import numpy as np

X = np.array([[1, 2], [1, 4], [1, 0], [10, 2], [10, 4], [10, 0]])
```

이제 군집의 수가 2인 K-평균 군집화 모델을 학습하고 레이블을 출력한다. 반복의 랜덤성을 제어하고자 random_state를 지정한다.

```
kmeans = KMeans(n_clusters=2, random_state=0).fit(X)
print(f'샘플별 군집 번호: {kmeans.labels_}')
```

실행 결과

```
샘플별 군집 번호:[1 1 1 0 0 0]
```

첫 3개 샘플이 레이블 1에 대응하고 그 다음 3개 샘플이 레이블 0에 대응한다. 첫 3개 샘플과 다음 3개 샘플은 각각 첫 번째 피처의 값이 1과 10으로 크게 차이 나기 때문에 이 군집화 결과는 가까운 샘플을 같은 군집으로 배정한 측면에서 유효한 결과라 할 수 있다.

2 https://scikit-learn.org/stable/modules/generated/sklearn.cluster.KMeans.html

12.4 K-평균 군집화 모델 보충 수업

12.4.1 K-평균 군집화 모델 적용이 부적절한 데이터셋

K-평균 군집화 모델은 이론적으로 각 중심점 근처의 샘플은 모두 동일 군집으로 간주한다. 이에 따라 K-평균 군집화 모델에서 각 군집은 그 경계가 다른 군집을 둘러싸지 않는 컨벡스 집합convex set 형태로 형성된다. 하지만 이 상황은 컨벡스하지 않은 여러 집합이 모여 전체 데이터셋을 구성한다면 사용하기에 부적절할 수 있다.

▶ 집합 A가 있을 때 임의의 $t \in [0, 1]$에 대하여 $x, y \in A$이면 $tx+(1\text{-}t)y \in A$를 항상 만족할 경우 A를 컨벡스 집합이라 한다. 컨벡스 집합에서는 경계선 내부를 모두 원소로 가지므로 내부가 빈 데이터셋은 컨벡스 집합이 아니다. 컨벡스 집합은 컨벡스 함수와 밀접한 수학적 관계가 있으나 이에 대해서는 이 책의 범위를 벗어나므로 생략한다.

예를 들어 [그림 12.1]은 3가지 데이터셋에 대한 실제 군집(왼쪽 그래프)과 K-평균 군집화 모델링 결과(오른쪽의 그래프)를 보여주는데, 위 두 줄의 데이터셋에서는 K-평균 군집화 기법으로는 실제의 패턴을 찾기 어렵다.

위 그림은 도넛 안에 다른 도넛이 든 데이터셋으로, 두 개의 도넛이 합쳐져서 형성된 데이터셋이므로 분석가는 왼쪽 그림과 같이 각 도넛을 다른 군집으로 얻기를 원할 것이다. 하지만 K-평균 군집화 모델은 이터레이션을 반복하며 각 군집별 경계선의 내부를 같은 군집으로 채우게 된다. 따라서 결과적으로는 두 도넛을 일직선으로 분할하는 형태의 군집을 얻는다.

가운데 그림은 반달 모양이 교차되어 형성된 것이다. 마찬가지로 각 반달은 다른 군집에 해당하는 결과를 원하지만, 마찬가지 이유로 두 반달을 자르는 형태로 두 군집을 얻는다.

따라서 가장 아래 그림과 같이 분리된 컨벡스 집합의 조합으로 형성된 데이터셋 등에 한하여 K-평균 군집화 기법을 사용하는 것이 가장 적절하다.

이와 달리 그림 위쪽 두 데이터셋에는 단일 연결법을 사용하는 계층적 군집화 모델이나 DBSCAN 모델 등 다른 군집화 모델을 적용하는 것이 적절하다. 계층적 군집화 모델은 13장에서 자세히 알아보도록 한다.

그림 12.1 데이터 모양별 K-평균 군집화 기법에 따른 군집[1]

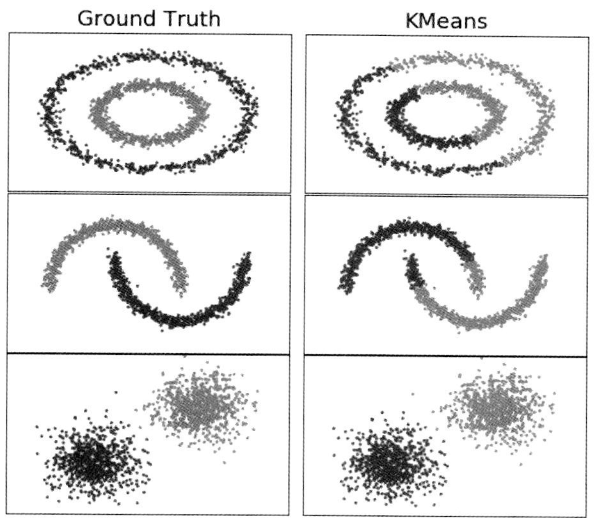

12.4.2 군집화 결과 평가하기

지도 학습 모델과 마찬가지로 군집화 기법의 성능을 평가하는 것은 중요한 문제이다. 군집화 기법의 성능을 정의하면 얼마나 잘 학습한 모델인지도 평가할 수 있고, 군집 개수와 같은 중요 하이퍼파라미터를 튜닝할 수도 있다.

하지만 군집화 기법의 성능을 평가하는 방법은 지도 학습 기법에서 정확도, 정밀도, 재현율 등을 평가하는 것과는 완전히 다른데, 지도 학습 기법과 달리 명쾌한 정답이 없을 때가 흔하기 때문이다. 그러므로 다음과 같은 방식 중 하나로 군집화 모델의 성능을 평가하곤 한다.

- 데이터 분할에 대한 실제 레이블이 있다면 레이블과 군집화 결과가 비슷할수록 좋은 모델링이다. 이 경우에도 실제 레이블 번호와 군집의 레이블 번호의 값을 직접 비교하지는 않는데, 군집에 어떠한 번호가 부여되었는지는 사실 중요하지 않고 전체 데이터가 분할된 분포 또는 패턴만이 중요하기 때문이다. 즉, 군집 번호의 퍼뮤테이션permutation에 따라 군집화 모델의 성능은 변하지 않는다.
- 데이터 분할에 대한 실제 레이블이 없다면 같은 군집 내의 원소끼리는 가까울수록, 다른 군집 내의 원소와는 멀수록 좋은 군집화이다.

여기서는 첫 번째 경우에 대해 Rand 지수를, 두 번째 경우에 대해 실루엣 계수를 예로 들어 설명한다.

1 https://scikit-learn.org/stable/modules/clustering.html

Rand 지수

Rand 지수(Rand index, RI)는 군집 번호에 대한 실제 레이블이 있을 때 실제 기준 군집 P와 모델링에 따른 군집화 결과 C를 비교한다. 전체 샘플 개수를 n이라 하자. 이제 다음의 두 수를 정의한다.

(1) a: P에서도 같은 군집에 속하고 C에서도 같은 군집에 속한 쌍의 수

(2) b: P에서도 다른 군집에 속하고 C에서도 다른 군집에 속한 쌍의 수

RI는 a와 b의 합을 C에서 두 원소를 선택하는 경우의 수인 $\binom{n}{2} = \frac{n(n-1)}{2}$로 나눈 것으로 정의한다.

$$\text{RI} = \frac{2(a+b)}{n(n-1)}$$

RI는 퍼뮤테이션을 무시했을 때 같은 데이터에 대한 두 군집화 결과의 유사성을 측정하는 방법으로, 군집에 부여한 번호에 따른 계산 차이는 생기지 않는다.

RI는 전체 쌍 중에서 조건을 만족하는 쌍의 비율을 직접 구하는 방식이므로 결과를 해석하기가 쉽다. 또한 RI는 군집 구조에 대한 어떠한 가정도 필요로 하지 않는다. 따라서 RI는 실제 레이블 값이 알려졌을 때 모든 군집화 기법을 평가하는 데에 적용할 수 있다는 장점이 있다. 0에서 1 사이의 값이며 클수록 결과가 비슷하다. 완벽한 동일 결과라면 값은 1이다.

하지만 RI는 완전한 임의의 두 군집화 결과에 대해서도 0이 아닌 비교적 큰 값을 부여하고, 크게 다른 두 군집화 결과에 대해서도 1에 가까운 큰 값을 부여하는 등 유사도를 과대평가한다는 문제점이 있다. 이를 완화하고자 두 랜덤한 군집화 결과에 대해서는 0에 가까운 값을 부여하는 수정 Rand 지수(adjusted Rand index, ARI)도 많이 활용한다.

$$\text{ARI} = \frac{\text{RI} - E[\text{RI}]}{\max(\text{RI}) - E[\text{RI}]}$$

ARI는 −1에서 1 사이의 값이다. 클러스터 개수와 샘플 개수에 관계없이 랜덤한 두 군집화 결과에 대하여는 0에 가까운 값을 부여한다. 하지만 RI와 ARI 모두 실제 레이블에 대한 지식을 요구하는데, 실제

▶ 실제 레이블이 주어진 문제에서는 RI나 ARI 외에도 V-measure, Fowlkes-Mallows 지수 등을 사용할 수 있다.

사례에서는 실제값을 데이터화한 경우가 많지 않다는 문제점이 있다. 이를 밝히려면 추가로 시간과 비용을 들여 사람이 직접 레이블링을 해야 할 때가 흔하다.

Do it! 예제 12.2 RI와 ARI 계산하기[2]

여섯 개의 샘플로 구성된 데이터의 군집 결과가 [0, 1, 2], [3, 4, 5]라 하자. 데이터의 실제 분할이 [0, 1], [2, 3], [4, 5]라고 할 때 군집 결과의 RI와 ARI를 구하고 이를 여러 측면에서 비교해 보자. RI는 `sklearn.metrics.rand_score()` 함수로 계산할 수 있다.

```
from sklearn import metrics

labels_true = [0, 0, 0, 1, 1, 1]
labels_pred = [0, 0, 1, 1, 2, 2]

print(f'RI:{metrics.rand_score(labels_true, labels_pred): .4f}')
```

실행 결과

```
RI:0.6667
```

이 값은 직접 계산해도 쉽게 구할 수 있다.

(1) 모델링 결과와 실제 결과에서 모두 같은 군집에 포함된 샘플의 쌍: (0, 1), (4, 5) → a=2

(2) 모델링 결과와 실제 결과에서 모두 다른 군집에 포함된 샘플의 쌍: (0, 3), (0, 4), (0, 5), (1, 3), (1, 4), (1, 5), (2, 4), (2, 5) → b=8

전체 쌍의 수는 $\binom{6}{2}=15$이고, 따라서 RI는 $\frac{2+8}{15}=0.667$이다.

한편, ARI는 `sklearn.metrics.adjusted_rand_score()` 함수로 계산한다.

```
print(f'ARI:{metrics.adjusted_rand_score(labels_true, labels_pred): .4f}')
```

실행 결과

```
ARI: 0.2424
```

2 https://scikit-learn.org/stable/modules/clustering.html#rand-score

RI와 ARI는 군집 레이블의 퍼뮤테이션에 대하여 변하지 않는다. 즉, 군집 번호가 달라져도 결과는 동일하다.

```
labels_pred = [1, 1, 0, 0, 3, 3]
print(f'퍼뮤테이션 후 RI:{metrics.rand_score(labels_true, labels_pred): .4f}')
print(f'퍼뮤테이션 후 ARI:{metrics.adjusted_rand_score(labels_true, labels_pred): .4f}')
```

실행 결과

```
퍼뮤테이션 후 RI: 0.6667
퍼뮤테이션 후 ARI: 0.2424
```

또한 RI와 ARI는 두 입력값의 순서가 달라도 결과는 바뀌지 않으므로 실제값과 군집화 결과를 비교하는 대신 단순히 두 입력값에 대한 비교나 두 군집화 결과의 유사도similarity에도 적용할 수 있다.

```
print(f'대칭된 입력값에 대한 RI:{metrics.rand_score(labels_pred, labels_true): .4f}')
print(f'대칭된 입력값에 대한 ARI:{metrics.adjusted_rand_score(labels_pred, labels_true):
.4f}')
```

실행 결과

```
대칭된 입력값에 대한 RI: 0.6667
대칭된 입력값에 대한 ARI: 0.2424
```

완전히 동일한 입력값에 대해서는 RI와 ARI 모두 항상 1을 얻는다.

```
labels_pred = labels_true.copy()
print(f'동일한 입력값의 RI:{metrics.rand_score(labels_true, labels_pred): .4f}')
print(f'동일한 입력값의 ARI:{metrics.adjusted_rand_score(labels_true, labels_pred): .4f}')
```

실행 결과

```
동일한 입력값의 RI: 1.0000
동일한 입력값의 ARI: 1.0000
```

한편, 거의 랜덤한 두 입력값이 주어졌을 때 ARI는 0에 가깝거나 심지어 음수의 값을 가지기도 한다. 하지만 RI의 경우 0보다 꽤 큰 값을 가지는 경우가 자주 발생한다.

```
labels_true = [0, 0, 0, 0, 0, 0, 1, 1]
labels_pred = [0, 1, 2, 3, 4, 5, 5, 6]
print(f'거의 랜덤한 입력값의 RI:{metrics.rand_score(labels_true, labels_pred): .4f}')
print(f'거의 랜덤한 입력값의 ARI:{metrics.adjusted_rand_score(labels_true, labels_pred): .4f}')
```

실행 결과

```
거의 랜덤한 입력값에 대한 RI: 0.3929
거의 랜덤한 입력값에 대한 ARI:-0.0721
```

실루엣 계수

실제 레이블을 모를 때는 모델 내의 정보로 군집화 모델의 성능을 판정해야 한다. 실루엣 계수silhouette coefficient를 이용한 판정법(Rousseeuw, 1987)은 이럴 때 유용하다. 실루엣 계수는 샘플별로 계산할 수 있고, 이를 평균하여 전체 군집화 결과의 실루엣 계수값 또한 얻을 수 있다.

피처 행렬 X의 샘플 개수를 n이라 하자. 먼저 샘플별 실루엣 계수를 정의하고자 X의 한 샘플 x_i가 군집 C에 포함되었다고 가정하자. 실루엣 계수를 구하려면 먼저 다음의 두 값을 계산한다.

(1) a: x_i와 C 내에서 x_i가 아닌 모든 샘플의 거리를 구한 후 이를 평균한 값

(2) b: C와 다른 각각의 군집을 D라 하고, x_i와 D 내 모든 샘플 간 거리의 평균을 계산한 후 이를 모든 군집별로 비교한 후 얻은 최솟값

이때 x_i의 실루엣 계수 $s(x_i)$는 다음과 같이 정의한다.

$$s(x_i) = \frac{b-a}{\max(a,b)}$$

이제 전체 데이터에 대한 실루엣 계수 $s(X)$는 모든 i에 대한 $s(x_i)$의 평균으로 얻을 수 있다.

$$s(X) = \frac{1}{n}\sum_{i=1}^{n} s(x_i)$$

실루엣 계수는 -1과 1 사이의 값이며, 같은 군집 내의 원소는 가깝고 다른 군집의 원소는 먼 좋은 군집화 결과에서는 1에 가깝고 부적절한 군집화 결과일수록 -1에 가깝다는 장점이 있다. 한편, 실루엣 계수는 컨벡스[convex]한 군집에서 높게 나타나는 경향이 있다는 단점이 있다. 예를 들어 컨벡스하지 않은 군집에 대해서도 잘 동작하는 것을 목표로 하는 DBSCAN 등의 기법에서는 실루엣 계수의 활용성이 떨어진다.

▶ 한편, 실제 레이블을 모를 때는 실루엣 계수 외에도 Calinski-Harabasz 지수, Davies-Bouldin 지수 등으로 군집화 결과를 평가할 수도 있다.

실루엣 계수는 sklearn.metrics.silhouette_score() 함수로 계산한다. silhouette_score() 함수 자체는 각 샘플에 대한 실루엣 계수를 계산하며, 이를 샘플별로 계산 후 이에 대한 전체 평균을 구하여 전체 데이터의 실루엣 계수를 계산할 수 있다.

Do it! 예제 12.3 실루엣 계수

본 예제에서는 붓꽃 데이터셋에 군집화를 적용하고 이 결과를 실루엣 계수로 평가한다.

```
import numpy as np
from sklearn.cluster import KMeans
from sklearn import metrics
from sklearn.datasets import load_iris

X, y = load_iris(return_X_y=True)

kmeans_model = KMeans(n_clusters=3, random_state=1234).fit(X)
labels = kmeans_model.labels_
print(f"X의 군집화 결과의 실루엣 계수:{metrics.silhouette_score(X, labels, metric='euclidean'):
.4f}")
```

실행 결과

```
X의 군집화 결과의 실루엣 계수: 0.5528
```

12장에서 살펴본 내용

이번 장에서는 개념적으로 가장 간단한 군집화 기법의 하나인 K-평균 군집화 기법을 알아보았다. K-평균 군집화 기법에서는 전역 최적값global optimum 추정을 계산할 수 없으며, 일반적으로 사용하는 로이드 알고리즘에서는 랜덤 초기화 후 EM 알고리즘으로 지역 최적해를 탐색하는 것을 여러 차례 반복한다. K-평균 군집화 기법은 학습 시간이 매우 짧다는 장점이 있다.

한편, K-평균 군집화 기법의 해는 지역 최적값에 갇히기 쉽다는 단점이 있다. 이를 해결하고자 `'kmeans++'`와 같은 초기화 기법이 별도로 있으며, 일반적으로 알고리즘을 여러 번 수행하고 그 결과를 종합하여 결론을 내린다. 또한, K-평균 군집화 기법은 컨벡스하지 않은 여러 서브데이터로 이루어진 데이터셋에서는 적용하기가 부적절할 수도 있다.

계층적 군집화 모델은 이럴 때를 대체할 수 있는 군집화 기법으로, 이론적으로 K-평균 군집화 기법과는 매우 다른 접근법이다. 13장에서 계층적 군집화 기법을 자세히 알아보도록 한다.

12장 되새김 문제

1. KMeans 클래스 적용하기

이번 문제에서는 당뇨병 데이터셋의 피처에 K-평균 군집화를 적용하여 군집화를 수행한다. 다음의 패키지와 데이터셋을 사용한다.

```
import numpy as np
from sklearn.datasets import load_diabetes
from sklearn.model_selection import train_test_split
from sklearn.cluster import KMeans
from sklearn.preprocessing import StandardScaler

X, y = load_diabetes(return_X_y=True, as_frame=True)
X_train, X_test, y_train, y_test = train_test_split(X,
                                                    y,
                                                    test_size=0.33,
                                                    random_state=1234)
```

다음 절차에 따라 군집화를 수행하고 질문에 답하라.

(1) X_train에 표준 스케일링[standard scaling]을 수행하여 스케일링한 피처 행렬 X_train_scaled를 생성한다. 또한, 같은 평균과 분산을 X_test에 적용하여 스케일링한 행렬 피처 X_test_scaled를 생성한다.

(2) X_train_scaled로 군집의 수가 7인 K-평균 군집화 모델을 학습한다. 이때 다음 조건을 만족하도록 한다. 알고리즘별로 이터레이션의 횟수는 기본값을 사용하며 알고리즘의 전체 반복 횟수는 15회로 한다. 결과의 재현성을 위해 random_state=1234로 설정한다.

(3) 학습한 모델을 X_test_scaled에 적용하여 군집 레이블을 예측한다.

(4) 테스트 데이터셋을 기준으로 군집 레이블별로 y_test값의 평균을 구한다. 이 값을 이용하면 군집별 목표 변수의 분포를 해석할 수 있다.

2. 실루엣 계수로 최적의 군집 수 계산하기[1]

이번 문제에서는 실루엣 계수를 기준으로 최적의 군집화를 수행하고 그 결과를 해석한다. 문제를 간단히 하고자 피처 스케일링 절차는 생략한다. 사용할 패키지와 데이터셋은 다음과 같다.

```
from sklearn.datasets import make_blobs
from sklearn.cluster import KMeans
from sklearn.metrics import silhouette_score
import numpy as np
import pandas as pd

X, _ = make_blobs(n_samples=500,
                  n_features=3,
                  centers=6,
                  cluster_std=1,
                  center_box=(-10.0, 10.0),
                  random_state=1234)
```

군집 수를 2에서 6까지 변화하며 X에 대하여 K-평균 군집화 분석을 수행하고 각각의 실루엣 계수를 계산한다. 그리고 실루엣 계수를 기준으로 최적의 군집 수를 찾아내고, 그 군집 수를 기준으로 다시 K-평균 군집화를 수행하라. KMeans 클래스를 사용하며 결과의 재현성을 위해 random_state=1234로 지정한다.

군집화 후 label이 2인 샘플만 추출한 후 피처별 평균을 구하라.

1 https://scikit-learn.org/stable/auto_examples/cluster/plot_kmeans_silhouette_analysis.html

13장

계층적 군집화 모델

이번 장에서는 두 번째 군집화 모델로 계층적 군집화 모델을 알아본다. 계층적 군집화 모델에서는 거리와 연결법에 대한 정의를 먼저 이해해야 하며 이와 관련한 하이퍼파라미터도 다양하지만, 모델링 자체는 매우 직관적이고 이해하기 쉽다. 계층적 군집화 모델은 구현이 간단하고 결과가 깔끔하며 한눈에 알기 쉽다는 점이 장점이다.

13.1 계층적 군집화 모델이란?

계층적 군집화hierarchical clustering는 계층적으로 포함 관계인 군집nested cluster을 병합merging하거나 분할splitting하는 군집화 알고리즘을 의미한다. 군집 계층clusters hierarchy은 트리 또는 덴드로그램dendrogram 형태로 시각화한다. 이 트리의 루트 노드root node는 모든 샘플로 구성된 단일 군집이며, 이 루트 노드의 자식 노드로 진행할수록 점점 더 많은 군집으로 분할된다.

이 중 병합적 군집화agglomerative clustering는 계층적 군집화를 상향식bottom-up 방식으로 진행하는 방법이다. 모든 샘플은 각자 자신만으로 구성된 군집 상태로 시작하며 계층이 진행될수록 가장 가까운 군집끼리 연결되어 새로운 군집을 형성하면서 군집 개수가 줄기 시작한다. 마지막 단계에서는 모든 샘플이 하나의 군집에 포함되며 군집화를 종료한다.

병합적 군집화는 큰 크기의 샘플에도 적용할 수 있다. 하지만 제약 조건이 없다면 클수록 계산이 복잡해지는데, 각 병합의 모든 경우의 수를 고려하기 때문이다. 이 장에서는 계층적 군집화 모델 중 병합적 군집화 모델을 살펴보도록 한다.

13.2 계층적 군집화 모델 구현하기

13.2.1 계층적 군집화 모델의 이론

병합적 군집화에서는 가까운 군집끼리 묶어 새로운 군집을 형성하므로 먼저 두 점 사이의 거리를 정의한 후 두 점 사이의 거리를 이용하여 군집 사이의 거리를 정의해야 한다. 두 점 사이의 거리 계산값을 이용하여 군집 사이의 거리를 계산하며, 병합적 군집 분석의 각 단계에서는 군집 간 거리를 모두 계산한 후 가장 가까운 두 군집을 병합한다.

두 샘플 사이의 거리

두 샘플이 주어졌을 때 그 두 샘플 사이의 거리 메트릭distance metric을 정의한다. 보통 유클리드 거리, L1 거리, L2 거리, 코사인 거리 등을 사용한다.

군집 사이의 거리

연결법linkage criteria은 샘플 간 거리를 정의한 상태에서 두 군집 사이의 거리를 정의한 것으로, 단일 연결법, 최장 연결법, 평균 연결법, 와드 연결법 등 다양한 방식이 있다. 두 군집 A, B를 가정한다.

우선 단일 연결법single/minimum linkage은 두 군집 간 원소끼리의 거리를 모두 비교한 후 그중 최소 거리를 군집 간 거리로 정의하는 방법이다.

$$\text{SingleLinkage}(A, B) = \min\{d(a,b) : a \in A, b \in B\}$$

최장 연결법complete/maximum linkage은 두 군집 간 원소끼리의 거리를 모두 비교한 후 그중 최대 거리를 군집 간 거리로 정의하는 방법이다.

$$\text{CompleteLinkage}(A, B) = \max\{d(a,b) : a \in A, b \in B\}$$

평균 연결법average linkage은 두 군집 간 원소끼리의 거리를 모두 비교한 후 그 평균 거리를 군집 간 거리로 정의하는 방법이다.

$$\text{AverageLinkage}(A,B) = \frac{1}{|A| \times |B|} \sum_{a \in A, b \in B} d(a,b)$$

중심 연결법centroid linkage은 각 군집의 중심centroid을 구한 후 중심 사이의 거리를 군집의 거리로 정의하는 방법이다.

$$\text{CentroidLinkage}(A,B) = d(\mu_A, \mu_B)$$

각 군집의 중심은 군집 내 원소의 무게 중심으로 정의한다. 예를 들어 두 개의 피처 공간이 있고, 군집 A가 $A = \{(x_1, y_1), \cdots, (x_{n_A}, y_{n_A})\}$라면 A의 중심은 다음과 같다.

$$\mu_A = \frac{\sum_{i=1}^{n_A} (x_i, y_i)}{|A|}$$

마지막으로 와드 연결법Ward linkage은 두 군집을 병합했을 때 군집 내 분산의 증가분을 두 군집 사이의 거리로 정의하는 방법이다. 군집 내 분산은 각 군집을 그 군집의 중심으로만 근사했을 때 발생하는 정보의 손실로 해석할 수 있다. 와드 연결법은 세부적으로 다양한 변형 정의가 있으며 기본 형태의 하나는 다음과 같다.

$$\text{WardLinkage}(A,B) = \sum_{a \in A} d(a, \mu_A) + \sum_{b \in B} d(b, \mu_B) - \sum_{c \in A \cup B} d(c, \mu_{A \cup B})$$

여기서 μ_A, μ_B와 $\mu_{A \cup B}$는 각각 A 집합, B 집합, A와 B 합집합의 무게 중심이다. 와드 연결법에서는 각 군집의 크기가 비슷해지면서 병합되는 경향이 있다.

연결법 선택

데이터 형태나 분석 목적에 따라 적합한 연결법은 다를 수 있다. 비슷한 크기의 여러 군집을 형성하고 싶은 상황이라면 일반적으로 단일 연결법은 좋지 않은 선택지이며 와드 연결법이 가장 좋은 전략이 될 수 있다.

한편, 단일 연결법은 데이터의 노이즈에 강건robust하지는 못하지만 매우 빠르게 계산할 수 있고 큰 데이터셋에서 계층적 군집화를 수행할 때에는 유용할 수 있다. 또한, [그림 13.1]에서 보듯이 컨벡스 집합convex set이 아니라면 상대적으로 성능이 우수하다.

그림 13.1 연결법에 따른 군집화의 결과 비교[1]

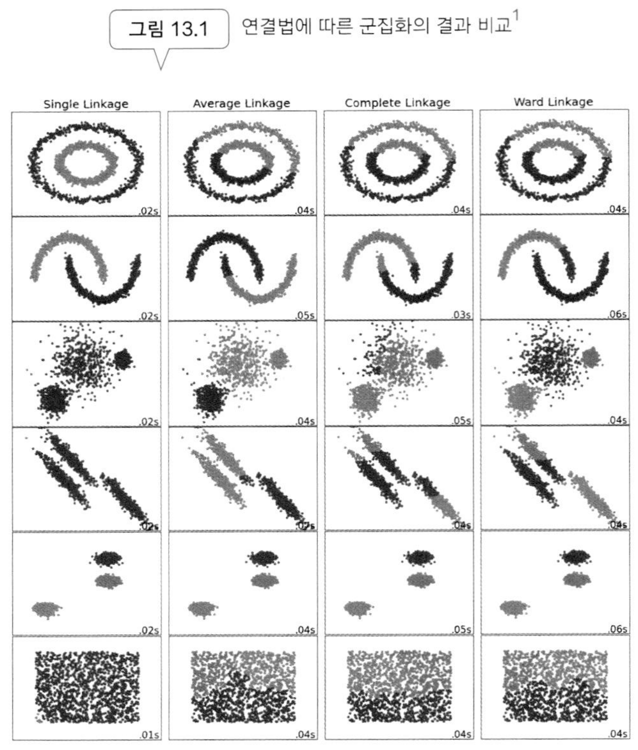

시간 복잡도

병합적 군집화 알고리즘의 시간 복잡도는 단일 연결법이 $O(n^2)$으로 가장 우수하며 나머지 연결법은 $O(n^2 \log n)$ 이상으로, 단일 연결법보다는 더 많은 시간이 걸린다. 일반적으로 K-평균 군집화 모델에 비해 높은 시간 복잡도를 가진다. 연결법에 따른 구체적인 시간 복잡도와 그 계산 과정은 Manning et al.(2008)을 참고하자.

1 https://scikit-learn.org/stable/modules/clustering.html#different-linkage-type-ward-complete-average-and-single-linkage

13.2.2 계층적 군집화 모델 구현하기

여기서는 유클리드 거리 메트릭과 단일 연결법을 이용하여 병합적 군집화 기법을 구현한다. 필요한 패키지와 사용할 데이터셋은 다음과 같다.

```
import numpy as np

X = np.array([[1, 0], [1, 3], [0, 1], [4, 9], [3, -2], [-1, 1]])
```

첫 단계에서는 모든 샘플이 각자 클러스터를 이루도록 구성한다.

```
clusters = [[X[i]] for i in range(len(X))]
print(f'초기 군집: {clusters}')
```

실행 결과

```
초기 군집: [[array([1, 0])], [array([1, 3])], [array([0, 1])], [array([4, 9])], [array([
3, -2])], [array([-1,  1])]]
```

다음으로, 유클리드 거리와 단일 연결법을 이용한 군집 간 거리 함수를 정의한다. 군집 A와 B가 입력값으로 주어졌을 때 각 군집의 원소 쌍을 뽑아 거리를 계산한 후 그중 최솟값을 반환하도록 한다.

```
def dist(A, B):
    val = np.inf
    for a in A:
        for b in B:
            tmp = np.linalg.norm(a - b)
            if tmp < val: val = tmp
    return val
```

마지막으로 군집 개수가 1개가 될 때까지 군집 개수를 하나씩 줄이며 병합을 수행한다.

```python
while len(clusters) > 1:
    val = np.inf
    ind1 = -1
    ind2 = -1
    # a > b
    for a in range(len(clusters)):
        for b in range(a):
            tmp = dist(clusters[a], clusters[b])
            if tmp < val:
                val = tmp
                ind1 = a
                ind2 = b
    c1 = clusters.pop(ind1)
    c2 = clusters.pop(ind2)

    clusters.append(c1 + c2)
    print(f'단계 {6 - len(clusters)}: {clusters}')
```

실행 결과

```
단계 1: [[array([1, 0])], [array([1, 3])], [array([4, 9])], [array([ 3, -2])], [array([-1,
1]), array([0, 1])]]
단계 2: [[array([1, 3])], [array([4, 9])], [array([ 3, -2])], [array([-1,  1]), array([0,
1]), array([1, 0])]]
단계 3: [[array([4, 9])], [array([ 3, -2])], [array([-1,  1]), array([0, 1]), array([1,
0]), array([1, 3])]]
단계 4: [[array([4, 9])], [array([-1,  1]), array([0, 1]), array([1, 0]), array([1, 3]),
array([ 3, -2])]]
단계 5: [[array([-1,  1]), array([0, 1]), array([1, 0]), array([1, 3]), array([ 3, -2]),
array([4, 9])]]
```

13.3 패키지로 표현하기

sklearn.cluster.AgglomerativeClustering 클래스[1]는 병합적 군집화 기법을 구현한다. AgglomerativeClustering 클래스의 주요 하이퍼파라미터는 다음과 같다.

하이퍼파라미터	주요값	기본값	의미
n_clusters	int>0, None	2	생성할 군집 수
affinity	'euclidean', 'l1', 'l2', 'manhattan', 'cosine', 'precomputed'	'euclidean'	연결에 사용할 메트릭 - 'precomputed': 사용자 지정 거리 행렬 사용. 이때 fit() 메서드가 유사도 행렬 대신 거리 행렬을 인자로 받게 된다.
linkage	'ward', 'complete', 'average', 'single'	'ward'	연결법 선택. 각각 와드 연결법, 완전 연결법, 평균 연결법, 단일 연결법을 의미한다. 'ward'일 때는 affinity='euclidean'로 설정해야 한다.
distance_ threshold	None, float>0	None	군집화 기준 거리 설정. 군집의 범위를 제어하는 값이다. - None: 모든 거리에 대해 군집화를 수행하여 데이터 전체가 1개의 군집으로 병합될 때까지 계층 구조를 형성한다. - float: 거리가 이 값 이상인 군집은 병합하지 않는다. n_clusters가 None이어야 동작한다.

실제 사용 시 활용 팁

- 일반적인 다른 군집화 기법과 마찬가지로 피처 스케일링을 선행해야 한다.
- 계층적 군집화 모델은 군집 개수를 먼저 결정하지 않고 계층의 형태를 보고 사후에 군집 개수를 결정할 수 있다는 장점이 있다. 이를 위한 방법으로 덴드로그램을 그려 계층을 시각화한 후 군집 개수를 결정할 수 있다.
- 분석 방법은 크게 n_clusters에 적절한 값을 설정하는 경우와 n_clusters를 None으로 하고 distance_threshold를 설정하여 그 거리 내에서 군집화를 하는 경우 등 2가지로 나눌 수 있다.

Do it! 예제 ▶ 13.1 AgglomerativeClustering 클래스 사용하기[2]

이번 예제에서는 AgglomerativeClustering 클래스를 사용해 여러 가지 방식으로 병합적 군집 분석을 수행하고 그 결과를 비교한다. 거리 메트릭은 유클리드 거리를, 연결법은 최장 연결법을 사용한다. 사용할 패키지와 데이터셋은 다음과 같다.

```
from sklearn.cluster import AgglomerativeClustering
import numpy as np

X = np.array([[1, 2], [1, 4], [1, 0], [4, 2], [4, 4], [4, 0]])
```

가장 간단한 사용법은 n_clusters를 원하는 값으로 설정하는 것이다.

```
clustering1 = AgglomerativeClustering(n_clusters=2, linkage='complete').fit(X)
print(f'군집의 수를 설정한 모델링 결과: {clustering1.labels_}')
```

실행 결과

```
군집의 수를 설정한 모델링 결과: [0 0 1 0 0 1]
```

계층적 군집화는 각 계층에서 거리가 가까운 순끼리 묶으면서 군집을 하나씩 줄이다가 군집이 1개가 되면 끝낸다. n_clusters=2는 그 과정 중 군집 개수가 2인 단면을 나타내는 것이다. n_clusters의 값과 distance_threshold의 값은 적당한 대응 관계가 있으므로 n_clusters를 지정하는 대신 distance_threshold를 지정해 그 거리를 기준으로 군집화를 끝내는 방법으로 문제에 접근할 수도 있다. 예를 들어 거리 2.5를 기준으로 모든 군집 쌍의 거리가 그 이상이라면 학습을 끝낸다고 가정하면 다음과 같다.

```
clustering2 = AgglomerativeClustering(n_clusters=None,
                                      linkage='complete',
                                      distance_threshold=2.5).fit(X)
print(f'군집화 기준 거리를 설정한 모델링 결과: {clustering2.labels_}')
```

2 https://scikit-learn.org/stable/modules/generated/sklearn.cluster.AgglomerativeClustering.html

실행 결과

```
군집화 기준 거리를 설정한 모델링 결과: [2 2 3 0 0 1]
```

4개의 군집이 생성된 것을 확인할 수 있다. 계층적 군집화는 군집화 과정에서의 랜덤성이 없고 n_clusters와 distance_threshold는 군집을 묶는 방법을 설정하는 하이퍼파라미터가 아니라 계층의 단면 위치만을 나타내므로 distance_threshold를 지정하지 않고 n_clusters를 4로 지정해도 같은 군집화 결과를 얻을 수 있다.

```
clustering3 = AgglomerativeClustering(n_clusters=4, linkage='complete').fit(X)
print(f'군집의 수를 4로 설정한 모델링 결과: {clustering3.labels_}')
```

실행 결과

```
군집의 수를 4로 설정한 모델링 결과: [2 2 3 0 0 1]
```

13.4 계층적 군집화 모델 보충 수업

13.4.1 덴드로그램으로 군집 계층 시각화하기

계층적 군집화가 유용한 이유의 하나는 덴드로그램으로 군집 계층clusters hierarchy을 시각화하여 군집별 묶음을 직관적으로 이해할 수 있다는 것이다. 단, 데이터셋이 커질수록 이 유용성이 줄기도 한다.

Do it! 예제 13.2 덴드로그램으로 계층적 군집화 결과 시각화하기[1]

이번 예제에서는 AgglomerativeClustering 클래스를 이용해 병합적 군집 분석을 수행하고 scipy.dendrogram() 함수로 이 결과를 덴드로그램으로 나타낸다.

먼저 필요한 패키지를 불러오고 사용할 붓꽃 데이터셋을 정의한다. 피처의 군집화가 목표이므로 y는 정의하지 않는다.

```
import numpy as np
from matplotlib import pyplot as plt
from scipy.cluster.hierarchy import dendrogram
from sklearn.datasets import load_iris
from sklearn.cluster import AgglomerativeClustering

X = load_iris().data
```

다음으로, 병합적 군집화 모델을 생성하고 모델을 학습한다. 생성할 때 distance_threshold를 0으로 설정하여 전체 계층 구조를 계산해야 한다는 점에 조심한다.

```
model = AgglomerativeClustering(distance_threshold=0, n_clusters=None)
model = model.fit(X)
```

1 https://scikit-learn.org/stable/auto_examples/cluster/plot_agglomerative_dendrogram.html

학습한 모델로 linkage_matrix를 계산한다.

```
counts = np.zeros(model.children_.shape[0])
n_samples = len(model.labels_)
for i, merge in enumerate(model.children_):
    current_count = 0
    for child_idx in merge:
        if child_idx < n_samples:
            current_count += 1  # leaf node
        else:
            current_count += counts[child_idx - n_samples]
    counts[i] = current_count

linkage_matrix = np.column_stack([model.children_, model.distances_,
                                  counts]).astype(float)
```

마지막으로 linkage_matrix를 이용하여 덴드로그램을 그린다. 샘플이 150개인 덴드로그램을 그리면 형태가 매우 복잡하여 관찰과 해석이 어려울 수 있다. 이를 해결하고자 dendrogram() 함수는 truncate_mode='level', p=3로 설정한다. 이는 덴드로그램을 위에서부터 3개 계층까지만 표현하도록 하는 인수이다.

계층이 3개 이하이고 마지막 계층에 한 개의 샘플만 있다면 해당 샘플의 인덱스index를 x축에 표시하고, 계층이 3개를 초과하고 마지막 계층에 여러 샘플이 있다면 괄호와 함께 해당 계층 이후의 전체 샘플 수를 x축에 표시한다. 이렇게 하면 군집화 결과를 간단하게 표현할 수 있으므로 상대적으로 결과를 쉽게 해석할 수 있다.

```
dendrogram(linkage_matrix, truncate_mode="level", p=3)
plt.title("Hierarchical Clustering Dendrogram")
plt.xlabel("Number of points in node (or index of point if no parenthesis).")
plt.show()
```

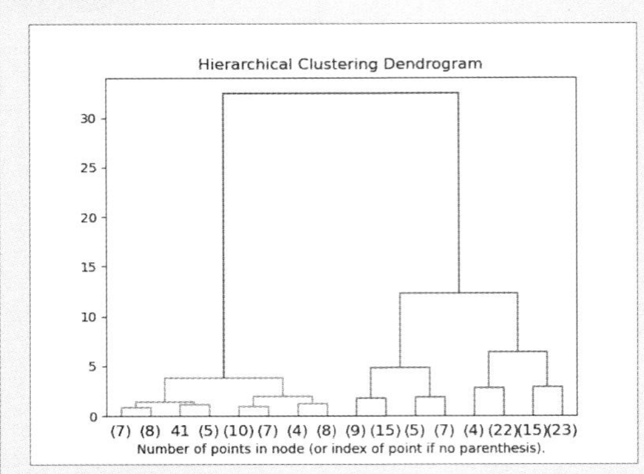

13장에서 살펴본 내용

이번 장에서는 계층적 군집화 모델 중 병합적 군집 분석 모델을 알아보았다. K-평균 군집화 모델과 마찬가지로 계층적 군집화 모델은 거리에 기반을 두고 동작하므로 모델링 전에 피처 스케일링을 먼저 수행하는 것이 좋다.

계층적 군집화 모델은 결과가 화이트 박스 형태이고 K-평균 군집화 기법과 달리 랜덤성이 없으므로 항상 같은 결과를 산출한다는 장점이 있다. 이와 달리 계층적 군집화 모델은 시간 복잡도가 $O(n^2)$ 또는 $O(n^2 \log n)$ 이상으로 수행 시간이 매우 느리므로 데이터셋이 커질수록 적용하기 어렵다는 단점이 있다.

마지막으로, 모든 단계에서 군집이 형성된다는 특징은 장점인 동시에 단점이 될 수도 있다. 모델에는 최대한의 유연성이 있지만, 군집화 결과를 보고 분석가가 결국에는 적절한 군집 개수를 택해야 하기 때문에 선택의 주관성 문제가 생길 수 있다.

13장
되새김 문제

1. AgglomerativeClustering 클래스 적용하기

이번 문제에서는 AgglomerativeClustering 클래스로 병합적 군집화 모델을 학습하고 그 결과를 평가한다. 필요한 패키지와 사용할 데이터셋은 다음과 같다.

```
import numpy as np
from sklearn.datasets import load_diabetes
from sklearn.model_selection import train_test_split
from sklearn.cluster import AgglomerativeClustering
from sklearn.metrics import silhouette_score

X, _ = load_diabetes(return_X_y=True, as_frame=True)
```

이제 군집 개수에 따른 군집화 결과의 실루엣 계수를 계산한 후 이를 근거로 최적의 군집 개수를 계산하고 이 개수의 군집으로 데이터를 분할하여 군집별 bmi값을 비교하고자 한다. 다음 절차를 따르도록 한다.

(1) 군집 개수를 5에서 11까지 변화하며 AgglomerativeClustering 클래스 객체를 학습하고 실루엣 계수를 계산한 후 이를 기반으로 최적의 군집 수를 계산하라. 이때 샘플 간 거리 메트릭은 유클리드 거리를 사용하고, 군집 간 연결법은 와드 연결법을 사용한다.

(2) (1)에서 얻은 군집 개수로 AgglomerativeClustering 클래스 객체를 학습하라. 이때 하이퍼파라미터는 (1)과 같게 유지한다.

(3) 군집별 bmi 변수의 평균을 계산하고 그중 최댓값을 구한다.

14장

주성분 분석 모델

피처 개수가 너무 많으면 시간과 공간 복잡도 증가, 차원의 저주 등의 문제가 생긴다. 주성분 분석(PCA) 모델은 이럴 때 유용한 모델로, 피처 개수가 많고 피처 사이에 선형 관계가 클 때 정보 중복을 제거하는 피처 추출 모델로 사용할 수 있다. 이번 장에서는 PCA 모델을 알아보고 추가로 MDS, Isomap, LLE, t-SNE 등 비슷한 피처 추출 기법도 함께 살펴본다. 이 중 PCA와 MDS 모델은 선형 피처 추출 모델이고 Isomap, LLE, t-SNE는 비선형 피처 추출 모델이다.

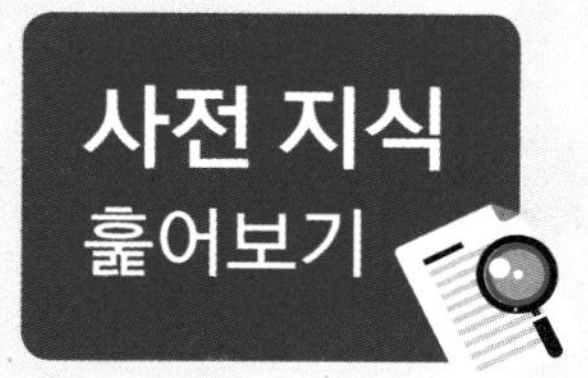

차원 축소

차원 축소dimensionality reduction는 주어진 피처 공간의 차원 수를 줄이는 기법을 모두 일컫는다. 많은 머신러닝 모델은 차원의 수에 따라 시간과 공간 복잡도가 기하급수로 증가하며, 주어진 샘플 개수에 비해 차원의 수가 증가할 경우 차원의 저주curse of dimensionality 현상이 발생해 왜곡된 분석 결론에 도달할 수 있다.

▶ 일반적으로 샘플 수가 피처 수에 대하여 지수적으로exponentially 증가하여야 차원의 저주 현상을 완화할 수 있다.

차원 축소는 이러한 문제를 피하고자 데이터의 전처리 과정에서 주로 사용한다. 차원 수를 감소하는 과정에서 정보 손실은 불가피한 일로, 차원 축소의 핵심은 최대한 정보의 손실을 적게 하며 차원의 수를 감소하는 것이다.

차원 축소는 크게 피처 선택법feature selection과 피처 추출법feature extraction으로 구분할 수 있다. 피처 선택법은 전체 피처의 집합에서 일부 부분 집합을 선택하는 방법으로, 분석 데이터에 대한 도메인 지식domain knowledge을 활용해 특정 피처를 선택하거나 배제할 수 있으며 필터filter, 래퍼wrapper, 임베디드embedded 등 머신러닝 방법론을 이용하여 피처를 선택할 수 있다. 피처 선택법은 4장에서 자세히 살펴본 바 있다.

한편, 피처 추출법은 주어진 데이터의 정보를 최대한 보존하는 새로운 피처 조합을 생성하는 방법으로, 주어진 피처보다 적은 수의 피처를 얻지만, 얻은 각 피처는 주어졌던 피처와는 다른 값을 갖는다. 널리 사용되는 피처 추출법에는 이번 장에서 알아볼 PCA를 포함해 다차원 척도법(multidimensional Scaling, MDS), Isomap, LLE(locally linear embedding), t-SNE(t-distributed stochastic neighbor embedding)을 포함해 사회 과학 영역에서 폭넓게 사용하는 EFA(explanatory factor analysis), CFA(confirmatory factor analysis) 등의 요인 분석factor analysis 기법이 있다.

▶ 오토인코더autoencoder와 같이 차원의 수를 축소시킨 후 복원하는 모델을 학습함으로써 잠재 차원latent dimension을 찾는 방법론도 있다. 이를 피처 러닝feature learning/representation learning이라 한다.

14.1 주성분 분석 모델이란?

주성분 분석(principal component analysis, PCA)은 차원 축소를 위한 비지도 학습 모델이다. PCA에서는 원 데이터가 가진 전체 정보를 최대한 훼손하지 않는 범위에서 차원을 축소하며, 이는 상관성이 높은 피처를 이용해 새로운 피처를 생성하는 것으로 생각할 수 있다. 이를 위해 원 데이터에서 분산이 높은 부분(방향)은 최대한 유지하고 분산이 낮은 부분은 들어내는 방향으로 분석을 진행한다. 즉, 원 데이터의 분산을 최대한 보존하며 차원을 축소하는데, 이를 위해 변수 간의 공분산 행렬을 분석한다.

PCA에서는 원 데이터 공간에서 분산이 가장 커지는 축을 첫 번째 주성분 축으로 하며, 첫 번째 축에 수직인 차원 공간 중 분산이 두 번째로 커지는 축을 두 번째 주성분 축으로 한다. 이를 필요한 주성분의 수만큼 반복한다. 새로운 피처는 원래 피처를 선형 결합하여 얻을 수 있으며, 이를 주성분principal component이라 한다. 따라서 PCA는 선형 차원 축소 기법이다.

14.2 주성분 분석 모델 구현하기

14.2.1 주성분 분석 모델의 이론

PCA는 차원 축소dimensionality reduction 기법의 하나로, 다차원 데이터셋을 데이터 분포의 분산이 큰 순으로 구성한 일련의 새로운 성분으로 분해decompose하는 기법이다. 그 결과로 얻은 성분은 기존 피처의 선형 결합으로 정의한다.

$$\begin{aligned} PC_1 &= w_{11}X_1 + w_{12}X_2 + \ldots + w_{1p}X_p \\ PC_2 &= w_{21}X_1 + w_{22}X_2 + \ldots + w_{2p}X_p \\ &\cdots \\ PC_p &= w_{p1}X_1 + w_{p2}X_2 + \ldots + w_{pp}X_p \end{aligned}$$

새로운 성분은 선형적으로 서로 상관성이 없어지며 이를 수직orthogonal인 관계라 표현한다.

PCA를 수행하는 가장 간단한 방법으로는 피처 공분산 행렬covariance matrix의 고윳값 분해eigen-decomposition을 이용한 방법이 있다. 이를 살펴보고자 피처 개수 p, 샘플 개수 n에 대하여 피처 행렬 X가 $p \times n$의 전치transpose된 형태로 주어지고 평균 중심화mean centering를 통해 평균을 0으로 변경했다고 가정하자. 그러면 X의 공분산 행렬 S는 다음과 같다.

$$S = Cov(X) = \frac{1}{n}(X - \bar{X})(X - \bar{X})^{\mathrm{T}} = \frac{1}{n}XX^{\mathrm{T}}$$

이때 공분산 행렬 S는 $p \times p$ 차원이 된다. 이제, 크기가 1인 선형 결합 연산자 $w \in \mathbb{R}^p$를 적용하여 변환한 벡터 $w^T X$의 분산 V는 다음과 같다.

$$V = \frac{1}{n}(w^{\mathrm{T}}X)(w^{\mathrm{T}}X)^{\mathrm{T}} = \frac{1}{n}w^{\mathrm{T}}XX^{\mathrm{T}}w = w^{\mathrm{T}}Sw$$

PCA가 해결하고자 하는 문제는 $w^Tw=1$의 제약 조건에서 이 분산 $V=w^TSw$를 최대화하는 것이다. 이를 해결하고자 라그랑주 승수법Lagrange multiplier method을 적용한다. 라그랑주 승수법에서 L은 다음과 같다.

$$L = w^{\mathrm{T}}Sw - \lambda(w^{\mathrm{T}}w - 1)$$

최적해가 되기 위한 필요조건으로 L에 대한 w의 편미분 값은 0이 되어야 한다.

$$\frac{\partial L}{\partial w} = 0 \;\rightarrow\; Sw - \lambda w = 0 \;\rightarrow\; (S - \lambda I)w = 0$$

결국 이는 S의 고윳값eigenvalue과 고유 벡터eigenvector를 찾는 문제로 귀결된다. S의 고유 벡터는 S에 의한 선형 변환을 취했을 경우 방향은 변하지 않고 크기만 변하는 벡터를 의미하며, 고윳값은 이에 해당하는 크기의 변화량 계수를 의미한다.

한편, $p \times p$ 행렬 S가 특이 행렬이 아닌 정칙 행렬non-singular matrix이라면 $(\lambda_1, w_1), \ldots, (\lambda_p, w_p)$ 등 p개의 고윳값과 고유 벡터 쌍이 존재하고 각각의 고유 벡터는 서로 직교orthogonal한다는 성질이 있다. 즉, $i \neq j$일 경우 $w_i^T w_j=0$이 성립한다. 2장의 최소 제곱법(OLS) 모델에서와 마찬가지로 X가 완전 다중공선성이 없는 풀 칼럼 랭크 행렬이라 가정한다. 이때 S는 특이 행렬이 아니고 p개의 고윳값과 고유 벡터의 쌍이 존재한다. p개의 이들 고유 벡터가 새로운 주성분을 이루며, 각각의 주성분이 설명하는 원 데이터의 분산은 λ_j와 같다. 이를 살펴보고자 이 중 한 해를 (λ_j, w_j) 라 하자. $Sw_j=\lambda_j w_j$이므로 양변의 왼쪽에 w_j^T를 곱하면 다음이 성립한다.

$$w_j^{\mathrm{T}} S w_j = w_j^{\mathrm{T}} \lambda_j w_j = \lambda_j w_j^{\mathrm{T}} w_j = \lambda_j$$

따라서 주성분 w_j에 의해 투영된 데이터는 λ_j만큼의 분산을 가진다. 이 주성분에 의한 투영은 전체 데이터 분산의 $\frac{\lambda_j}{\sum_{j=1}^{p} \lambda_j}$ 만큼을 설명한다.

이 이론에 따라 피처 공분산 행렬의 고윳값과 고유 벡터를 구하면 주성분을 구할 수 있다. 실제로는 공분산 행렬에 고윳값 분해를 적용하면 이를 간단히 구할 수 있으며, 구한 고윳값과 고유 벡터의 쌍을 고윳값의 내림차순으로 정렬한 후 일정 임계값 밑의 고윳값과 고유 벡터의 쌍을 제거하여 분포를 근사한다.

한편, 이 방법 외에도 피처 행렬에 특잇값 분해(SVD)를 적용하는 방법으로 PCA를 수행할 수도 있다. SVD를 이용한 방법은 고윳값 분해를 이용한 방법과 거의 동일한 결과를 나타낸다. 이는 OLS를 풀 때 정규 방정식과 SVD 모두 사용할 수 있다는 것과 비슷한 맥락이다. 2장의 `LinearRegression` 클래스와 마찬가지로 `sklearn`은 SVD를 이용한 PCA를 수행한다. 여기에서는 SVD를 이용한 PCA의 이론적 도출은 생략한다.

14.2.2 PCA 모델 구현하기

이번에는 피처 공분산 행렬의 고윳값 분해eigen-decomposition를 이용한 방법과 SVD를 이용한 방법을 각각 적용하여 PCA를 수행하는 방법을 구현하고 이를 비교한다. 데이터셋은 붓꽃 데이터셋을 사용한다.

고윳값 분해를 이용한 방법

여기에서는 피처의 공분산 행렬을 구한 후 이에 고윳값 분해를 적용하는 방법을 통하여 PCA를 수행하는 방법을 구현한다. 먼저 필요한 패키지를 불러오고 데이터셋을 정의한다.

```
import pandas as pd
import numpy as np
from sklearn.datasets import load_iris
import seaborn as sns
import matplotlib.pyplot as plt
%matplotlib inline

X, y = load_iris(return_X_y=True)
```

PCA는 각 피처의 평균이 0이라고 가정하므로 피처 행렬에 평균 중심화mean centering를 적용한다. 그리고 고윳값 분해를 수행하고 고윳값이 작아지는 순으로 고윳값 행렬과 고유 벡터 행렬을 정렬한다.

```
X_centered = X - np.mean(X, axis=0)
X_cov = np.cov(X_centered.T)
eigenvalue, eigenvector = np.linalg.eigh(X_cov)

ind = np.argsort(eigenvalue)[::-1]
eigenvalue_sorted = eigenvalue[ind]
eigenvector_sorted = eigenvector[:, ind]
```

이제 얻은 고유 벡터를 통하여 피처의 차원을 축소할 수 있다. PCA 표현을 구한 후 2개의 주성분만을 택해 피처 행렬을 축소한다. 이 예에서는 축소할 차원을 2로 설정한다. 축소한 결과를 산점도로 표현하면 추가 통찰을 얻을 수 있다.

```
num_components = 2
eigenvector_extracted = eigenvector_sorted[:, :num_components]

X_extracted_eigen = np.dot(eigenvector_extracted.transpose() ,
                           X_centered.transpose() ).transpose()
print('축소된 피처 행렬의 크기:', X_extracted_eigen.shape,'\n')
print('축소된 피처 행렬의 첫 5개 샘플:\n', X_extracted_eigen[:5, :])
```

실행 결과

```
축소된 피처 행렬의 크기: (150, 2)

축소된 피처 행렬의 첫 5개 샘플:
 [[ 2.68412563  0.31939725]
 [ 2.71414169 -0.17700123]
 [ 2.88899057 -0.14494943]
 [ 2.74534286 -0.31829898]
 [ 2.72871654  0.32675451]]
```

마지막으로 얻은 결과를 산점도로 나타낸다.

```
df = pd.DataFrame(X_extracted_eigen, columns=['PC1', 'PC2'])
df['y'] = y

sns.scatterplot(data=df, x='PC1', y='PC2', hue='y')
```

실행 결과

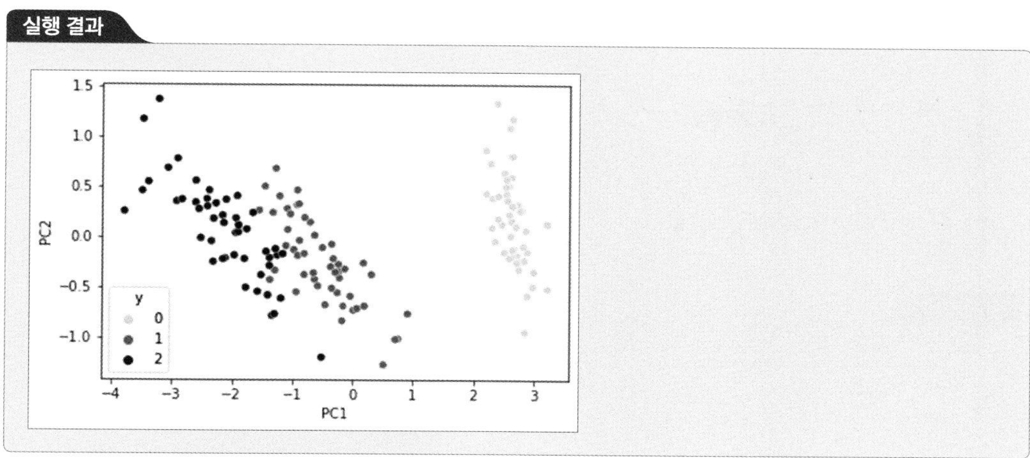

축소된 각 차원을 직관적으로 해석하기는 쉽지 않지만, 축소된 차원을 기준으로 붓꽃 데이터셋의 레이블을 분류하는 방법이라는 것을 쉽게 알 수 있다. 예를 들어, PC1이 2 이상이라면 y를 0으로 예측하고, y가 1이거나 2라면 PC1과 PC2가 적당한 초평면[hyperplane]을 이루게끔 구성하면 높은 정확도로 분류할 수 있을 것으로 예상된다.

SVD를 이용한 방법

이번에는 피처에 SVD를 적용하는 방법으로 PCA를 수행한다. 패키지와 데이터셋은 앞과 같고, X에 평균 중심화를 수행한 X_centered까지 주어져 있다고 가정한다. svd 클래스만 불러온 후 SVD를 바로 수행한다.

```
from numpy.linalg import svd

u, s, vh = np.linalg.svd(X_centered)
```

X_centered @ vh.T를 계산하면 차원을 축소할 수 있다. 축소할 차원은 앞과 마찬가지로 2로 한다. 계산 문제로 (X_centered @ vh.T)[:, :2]와 앞서 구한 X_extracted는 반대의 방향이 되며, 이를 같은 부호로 비교하고자 X_extracted_svd는 -(X_centered @ vh.T)[:, :2]로 정의한다.

▶ 부호 차이만 있을 뿐 분산이 큰 방향부터 차원 추출이 이루어졌다는 점에서 X_extracted_svd와 -(X_centered @ vh.T)[:, :2]는 본질적으로 동일하다.

```
X_extracted_svd = -(X_centered @ vh.T)[:, :2]

df = pd.DataFrame(X_extracted_svd, columns=['PC1', 'PC2'])
df['y'] = y

sns.scatterplot(data=df, x='PC1', y='PC2', hue='y')
```

실행 결과

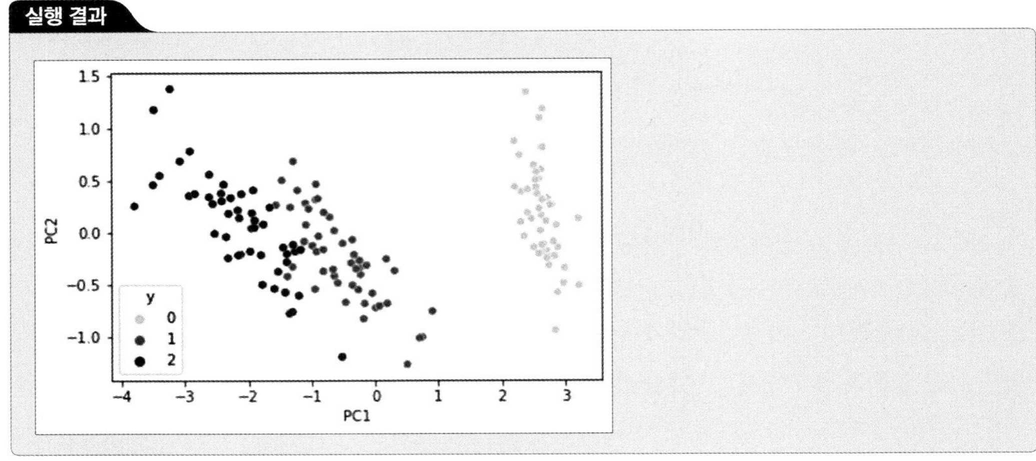

고윳값 분해를 이용한 방법과 마찬가지의 그래프를 얻었다. 실제로 np.allclose() 함수를 이용하면 같은 값의 주성분을 얻었다는 것을 확인할 수 있다.

```
np.allclose(X_extracted_eigen, X_extracted_svd)
```

실행 결과

```
True
```

14.3 패키지로 표현하기

sklearn.decomposition.PCA 클래스[1]는 SVD에 기반을 두고 데이터를 저차원 공간으로 투영[project]하는 PCA 모델을 구현한다. PCA 클래스는 SVD 이전 데이터에 대해 평균을 0으로 맞추는 평균 중심화[mean centering]는 수행하지만 기본 하이퍼파라미터 설정에서는 분포의 분산을 조정하는 스케일링[scaling]은 진행하지 않는다. PCA 클래스의 주요 하이퍼파라미터는 다음 표와 같다. n은 샘플 개수, p는 피처 개수를 의미한다.

하이퍼파라미터	주요값	기본값	의미
n_components	None, int, 0<float<1, 'mle'	None	추출할 주성분의 수 - None: n_components=$\min(n, p)$가 되어 전체 정보를 보존하는 최대 주성분을 선택하지만 svd_solver='arpack'일 때는 주성분의 수는 n과 p보다 모두 작아야 하므로 $\min(n, p)$-1을 선택한다. - float: svd_solver='full'이면 전체 데이터에서 n_components이 넘는 비율의 분산이 설명될 때까지의 주성분을 추출 - 'mle': svd_solver가 'full'이나 'auto'이면 Minka(2000)에 소개된 최대 가능도 추정(maximum likelihood estimation, MLE) 기법으로 차원의 수를 결정
whiten	bool	False	분산 조정 여부 - True: 각각의 components_ 벡터에 $\sqrt{n}$을 곱하고 각각의 특잇값[singular value]을 나누어 출력 벡터의 각 분산을 1로 조정하고 출력값의 상관성을 제거한다. 이 과정은 신호[signal]의 분산 정보를 제거하므로 일부 정보 손실이 생길 수 있으나 이를 통해 PCA 이후에 진행될 머신러닝 모델에서 성능이 증가할 수도 있다.

1 https://scikit-learn.org/stable/modules/generated/sklearn.decomposition.PCA.html

svd_solver	'full', 'arpack', 'randomized', 'auto'	'auto'	최적화 알고리즘 선택 - 'full': scipy.linalg.svd를 통해 LAPACK 알고리즘으로 SVD를 수행하고 주성분을 택한다. - 'arpack': scipy.sparse.linalg.svds를 통해 ARPACK 알고리즘으로 TSVD(truncated SVD)을 통해 근사값을 찾는다. 0<n_components<min(n, p)여야 한다. - 'randomized': 무작위 SVD[randomized SVD](Halko et al., 2011)를 수행한다. - 'auto': n, p, n_components에 따라 자동으로 결정한다. 만약 입력 데이터의 차원이 500×500보다 크고 추출할 주성분 수가 min(n, p)×0.8보다 작으면 'randomized'를 적용한다. 그 외는 'full'을 적용하며 때에 따라 결과에서 절삭[truncation]을 통한 근사값을 찾게 된다.
tol	float≥0	0.0	svd_solver가 'arpack'일 때 유지할 특잇값에 대한 허용 오차[tolerance]를 설정
iterated_power	'auto', int≥0	'auto'	svd_solver가 'randomized'일 때의 이터레이션 횟수
random_state	int	None	svd_solver가 'arpack'이나 'randomized'일 때 랜덤성을 제어하고자 사용

실제 사용 시 활용 팁

- PCA 클래스는 자동으로 평균 중심화를 수행하므로 이 과정은 전처리에서 수행하지 않아도 괜찮지만 whiten 하이퍼파라미터의 기본값이 False이므로 분산의 스케일링은 PCA 클래스에서 이루어지지 않는다. 이 부분을 조심해야 하며 분산을 스케일링해야 한다면 whiten을 True로 설정하거나 전처리에서 분산을 스케일링해야 한다.
- PCA 클래스 객체는 fit() 메서드를 이용하여 n개의 주성분을 학습한다. 학습 후 객체는 transform() 메서드를 이용하여 테스트 데이터로 학습한 결과로 PCA를 수행할 수 있다. 혹은 fit_transfrom() 메서드로 fit()과 transform() 메서드를 한 번에 적용할 수도 있다.

Do it! 예제 14.1 Pipeline을 이용한 PCA와 로지스틱 회귀 모델 순차 적용하기[2]

지도 학습 문제에서 주어진 피처의 차원이 매우 높다면 PCA를 우선 적용한 후 축소한 차원에 지도 학습 모델을 적용하는 방법을 고려할 수 있다. 이번 예제에서는 피처 스케일링과 PCA로 차원을 축소한 후 로지스틱 회귀 모델을 적용하는 파이프라인을 구축하고 이를 적용한다.

2 https://scikit-learn.org/stable/auto_examples/compose/plot_digits_pipe.html

PCA의 차원을 결정하고자 여기서는 GridSearchCV를 사용한다.

먼저 필요한 패키지와 데이터셋을 불러온다. 이번 예제에서는 비교적 차원이 높은 MNIST 데이터셋을 사용한다.

```
# Code source: Gaël Varoquaux
# Modified for documentation by Jaques Grobler
# License: BSD 3 clause

import numpy as np
import pandas as pd
import matplotlib.pyplot as plt
from sklearn.datasets import load_digits
from sklearn.preprocessing import StandardScaler
from sklearn.decomposition import PCA
from sklearn.linear_model import LogisticRegression
from sklearn.pipeline import Pipeline
from sklearn.model_selection import GridSearchCV
%matplotlib inline

X, y = load_digits(return_X_y=True)
```

피처 스케일링, PCA, 로지스틱 회귀 분석으로 이어지는 파이프라인을 구성하고 고정할 파라미터를 먼저 입력한다. 랜덤성이 발생할 수 있는 PCA와 LogisticRegression에는 random_state를 지정한다. 튜토리얼 코드로 빠르게 학습하고자 LogisticRegression의 tol값을 적당히 큰 값으로 설정한다.

```
scaler = StandardScaler()
pca = PCA(random_state=1234)
logistic = LogisticRegression(max_iter=10000, tol=0.1, random_state=1234)

pipe = Pipeline(steps=[("scaler", scaler), ("pca", pca), ("logistic", logistic)])
```

이제 탐색할 하이퍼파라미터를 정의하고 전체 경우의 수에 대한 그리드[grid]를 설정한다. 20가지의 경우의 수에 대하여 GridSearchCV를 수행하고 CV Score가 가장 높은 하이퍼파라미터를 선택한다. 그리드를 정의하는 param_grid에서 각각의 키[Key]는 (객체)__(하이퍼파라미터) 형식으로 지정해야 한다.

```
param_grid = {
    'pca__n_components': [5, 15, 30, 45, 60],
    'logistic__C': np.logspace(-4, 4, 4)
}
search = GridSearchCV(pipe, param_grid)
search.fit(X, y)

print('Best parameter (CV score', search.best_score_,'):', search.best_params_)
```

실행 결과

```
Best parameter (CV score 0.9237759207675642 ): {'logistic__C': 0.046415888336127774,
'pca__n_components': 60}
```

마지막으로 결과를 그래프로 나타낸다.

```
pca.fit(X)

fig, (ax0, ax1) = plt.subplots(nrows=2, sharex=True, figsize=(6, 6))
ax0.plot(np.arange(1, pca.n_components_ + 1),
         np.cumsum(pca.explained_variance_ratio_),
         "+",
         linewidth=2)
ax0.set_ylabel("PCA cumulative explained variance ratio")

ax0.axvline(search.best_estimator_.named_steps["pca"].n_components,
            linestyle=":",
            label="n_components chosen")
ax0.legend(prop=dict(size=12))

results = pd.DataFrame(search.cv_results_)
components_col = "param_pca__n_components"
best_clfs = results.groupby(components_col).apply(
    lambda g: g.nlargest(1, "mean_test_score"))
```

```
best_clfs.plot(x=components_col,
               y="mean_test_score",
               yerr="std_test_score",
               legend=False,
               ax=ax1)
ax1.set_ylabel("Classification accuracy (val)")
ax1.set_xlabel("n_components")

plt.xlim(-1, 70)

plt.tight_layout()
plt.show()
```

실행 결과

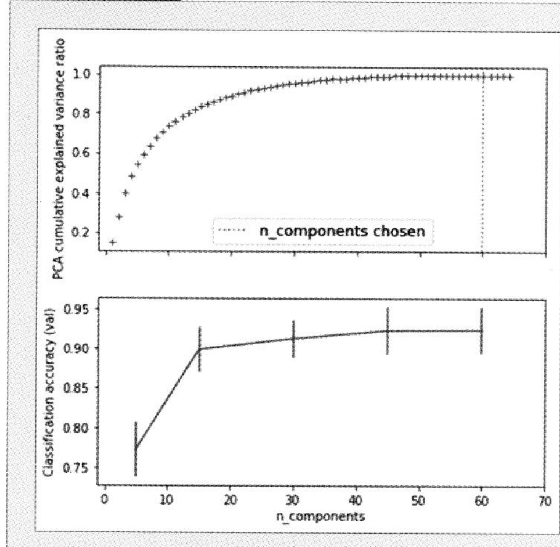

14.4 주성분 분석 모델 보충 수업

14.4.1 다양한 차원 축소 기법

PCA에서는 원 데이터의 정보를 데이터의 분산으로 정의하여 이 분산을 최대한 유지하는 방향으로 차원 축소를 진행했으나 원 데이터의 정보는 이 외에도 다양한 방법으로 정의할 수 있다. 다음 기법은 원 데이터 정보를 다양한 관점에서 정의하여 차원 축소를 진행한다. 모든 기법은 `PCA` 클래스와 마찬가지로 패키지 표현에서 `n_components` 하이퍼파라미터로 축소할 차원의 수를 지정한다.

다차원 척도법

다차원 척도법(multidimensional scaling, MDS)은 주어진 고차원에서의 샘플 간 거리가 저차원에서도 최대한 보존되도록 변환하는 **선형 차원 축소** 기법이다. 이를 위해 MDS에서는 샘플 간의 거리를 모두 계산한 후 이 정보를 활용한다. 샘플이 n개이고 i번째 샘플과 j번째 샘플 사이의 거리를 d_{ij}라 하면 다음과 같이 거리 행렬 D를 정의할 수 있다.

$$D = \begin{pmatrix} 0 & d_{12} & \cdots & d_{1n} \\ d_{21} & 0 & \cdots & d_{2n} \\ \vdots & \vdots & \ddots & \vdots \\ d_{n1} & d_{n2} & \cdots & 0 \end{pmatrix}$$

MDS에서는 이 거리 행렬을 최대한 보존하는 저차원의 좌표계를 계산한다. MDS는 `sklearn.manifold` 모듈의 `MDS` 클래스[1]로 구현한다.

1 https://scikit-learn.org/stable/modules/generated/sklearn.manifold.MDS.html

Isomap

Isomap은 많은 부분에서 MDS와 비슷하지만 샘플 사이의 거리 행렬을 구하는 방법만을 달리하여 **비선형 차원 축소**를 수행하는 기법이다. 거리 행렬을 구할 때 유클리드 거리 대신 데이터에 내재적인 매니폴드intrinsic manifold를 가정하고 그 매니폴드상에서의 거리를 최대한 보존하도록 변환을 수행한다.

이를 위해 샘플별로 주위 샘플과의 거리를 나타내는 그래프를 구축하고 두 점 사이의 거리는 구축한 그래프에서 최단 거리를 계산하여 얻는다. 이 과정을 모든 샘플에 반복하여 거리 행렬을 얻은 후 MDS와 마찬가지 방식으로 차원을 축소한다. Isomap은 `sklearn.manifold.Isomap` 클래스[2]로 구현한다.

LLE

LLE(locally linear embedding)는 비선형 차원 축소 기법이다. Isomap과 마찬가지로 각 샘플의 이웃neighbor에 대한 정보를 활용하여 차원 축소를 진행한다. LLE에서는 각 샘플의 최근접 이웃nearest neighbors을 찾은 후 이웃 샘플로 해당 샘플을 근사하거나 재구성reconstruction한다. 마지막으로 재구성한 정보를 이용하여 저차원으로 축소를 진행한다. LLE는 `sklearn.manifold.LocallyLinearEmbedding` 클래스[3]로 구현한다.

t-SNE

LLE에서 샘플별로 고정된 이웃에 대한 정보를 사용하는 것과 달리 t-SNE(t-distributed stochastic neighbor embedding)는 확률적으로 이웃을 선택한다고 가정한다. 즉, 가까운 샘플일수록 이웃으로 선택될 확률이 높지만 거리가 먼 샘플이더라도 이웃으로 선택될 확률이 있다고 본다. 그리고 원 데이터 공간에서 한 샘플이 다른 샘플을 이웃으로 선택할 확률 분포가 저차원 공간에서도 유지되도록 차원 축소를 진행한다. 쿨백-라이블러 발산Kullback-Leibler divergence 개념을 사용한다. `sklearn.manifold.TSNE` 클래스[4]는 t-SNE 기법을 구현한다.

2 https://scikit-learn.org/stable/modules/generated/sklearn.manifold.Isomap.html

3 https://scikit-learn.org/stable/modules/generated/sklearn.manifold.LocallyLinearEmbedding.html

4 https://scikit-learn.org/stable/modules/generated/sklearn.manifold.TSNE.html

Do it! 예제 14.2 차원 축소 기법 사용하기

이번 예제에서는 PCA 모델을 포함해 앞서 학습한 MDS, Isomap, LLE, t-SNE 모델을 MNIST 데이터셋의 피처에 적용해 차원을 축소하고 그 결과를 비교한다. 우선 필요 패키지와 데이터셋을 정의한다. 빠르게 실행하고자 전체 데이터의 10%만 샘플링하여 사용한다.

```
import matplotlib.pyplot as plt
from sklearn.datasets import load_digits
from sklearn.preprocessing import StandardScaler
from sklearn.decomposition import PCA
from sklearn.manifold import MDS, Isomap, LocallyLinearEmbedding, TSNE
from sklearn.pipeline import make_pipeline
%matplotlib inline

df = load_digits(as_frame=True)['frame'].sample(frac=0.1, random_state=1234)
X, y = df.drop(['target'], axis=1), df['target']
```

다음으로, 각 방법의 파이프라인을 정의한다. 파이프라인은 모두 표준 스케일링 이후 차원을 2로 축소하는 것으로 정의하도록 한다.

```
pca = make_pipeline(StandardScaler(), PCA(n_components=2, random_state=1234))
mds = make_pipeline(StandardScaler(), MDS(n_components=2, random_state=1234))
isomap = make_pipeline(StandardScaler(), Isomap(n_components=2))
lle = make_pipeline(StandardScaler(),
                    LocallyLinearEmbedding(n_components=2, random_state=1234))
tsne = make_pipeline(StandardScaler(), TSNE(n_components=2, random_state=1234))

methods = [("PCA", pca), ("MDS", mds), ("Isomap", isomap), ("LLE", lle),
           ("TSNE", tsne)]
```

이제 MNIST 데이터셋의 피처에 각각의 모델을 적용하여 차원을 축소한 후 그 결과를 그래프로 나타낸다. 같은 색깔은 같은 클래스, 즉 같은 숫자를 의미한다.

```
fig, axs = plt.subplots(1, 5, figsize=(18, 3))
for i, (name, model) in enumerate(methods):
    X_embedded = model.fit_transform(X)
    axs[i].scatter(X_embedded[:, 0], X_embedded[:, 1], c=y, cmap="Set1")
    axs[i].set_title(name)
```

실행 결과

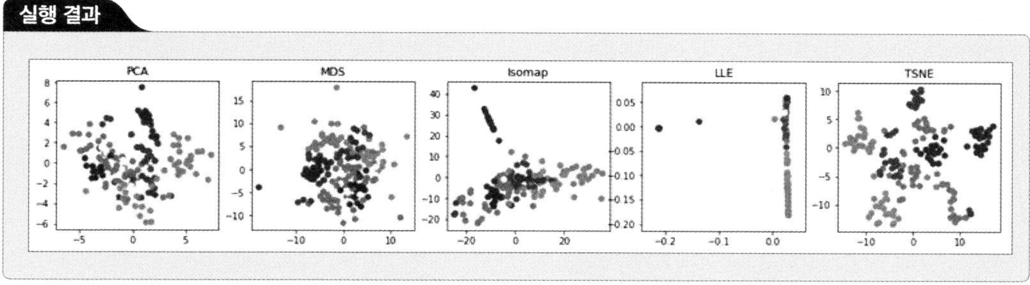

같은 색깔의 점들끼리 근처에 모여 있고 다른 색깔 영역까지의 거리가 멀수록 차원 축소가 성공적으로 이루어졌다고 볼 수 있다. 이번 예제에서는 t-SNE의 성능이 가장 좋아 보인다.

14장에서 살펴본 내용

이번 장에서는 PCA 모델을 비롯한 차원 축소 기법을 살펴보았다. 다양한 기법이 있지만 모든 기법에는 정보의 양을 최대한 보존하면서 차원의 수를 줄인다는 공통점이 있으며, 기법 간 차이는 정보의 양을 어떻게 정의하는지에서 비롯한다.

PCA 모델은 차원 축소 자체로도 의미가 있으며, 차원을 축소한 피처를 머신러닝 모델과 연계하여 활용할 수 있다는 점에서 사용성이 높다. PCA 모델은 차원 축소 모델 중 특히 이론적으로 간단하고 수행 속도가 빠르다는 장점이 있다.

하지만 PCA는 선형 차원 축소 기법이므로 피처 공간에 있는 차원이 비선형적인 관계라면 피처 추출 성능이 떨어진다는 단점이 있다. 또한, PCA를 포함한 모든 피처 추출 기법은 추출한 각 피처를 해석하기 어려우므로 이들 피처를 활용한 머신러닝 모델 또한 해석이 어려울 수 있다.

14장 되새김 문제

1. PCA 클래스 적용하기

이번 문제에서는 PCA 모델을 와인 데이터셋에 적용하여 차원을 축소하고 그 결과를 그래프로 나타낸다. 사용할 패키지와 데이터셋은 다음과 같다.

```
from sklearn.datasets import load_wine
from sklearn.decomposition import PCA
from sklearn.preprocessing import StandardScaler
import seaborn as sns
import matplotlib.pyplot as plt
%matplotlib inline

X, _ = load_wine(return_X_y=True)
```

이제 X에 표준 스케일링standard scaling을 적용하고 PCA 모델을 X에 적용하여 2개의 차원을 추출하고 추출한 피처를 그래프로 나타내라.

2. 차원 축소 기법 비교하기

이번 문제에서는 차원 축소 기법인 PCA, MDS, Isomap, LLE, t-SNE 결과를 비교한다. 이를 위해 각 방법으로 주어진 데이터 차원을 축소한 후 지도 학습을 적용해 모델링을 수행하고 예측 결과를 비교한다. 필요한 패키지와 데이터셋은 다음과 같다.

```
from sklearn.datasets import load_digits
from sklearn.model_selection import train_test_split
from sklearn.preprocessing import StandardScaler
from sklearn.decomposition import PCA
from sklearn.manifold import MDS, Isomap, LocallyLinearEmbedding, TSNE
from sklearn.pipeline import make_pipeline
from sklearn.linear_model import LogisticRegression
import warnings

warnings.filterwarnings("ignore")

df = load_digits(as_frame=True)['frame'].sample(frac=0.1, random_state=1234)
X, y = df.drop(['target'], axis=1), df['target']
```

이제 PCA, MDS, Isomap, t-SNE 모델을 각각 이용하여 MNIST 데이터셋의 피처 차원을 2로 축소한 후 로지스틱 회귀 모델을 학습하라. 단, 차원 축소 전 표준 스케일링standard scaling을 통해 피처를 정규화한다오. 로지스틱 선형 회귀 모델에서 `random_state` 하이퍼파라미터는 `1234`로 설정하고 나머지 옵션은 기본값으로 설정한다.

로지스틱 회귀 모델을 학습한 후 동일한 피처에 다시 모델을 적용하여 정확도를 구한다.

부록

한눈에 보는 머신러닝 용어 지도

머신러닝의 세계는 아주 넓고 복잡하다. 그래서 내가 무엇을 알고 있고, 무엇을 모르는지 잘 파악해야 다음에 어떤 걸 공부하면 좋을지 잘 선택할 수 있다. 이를 위해 머신러닝의 다양한 분류와 종류, 개념을 한눈에 파악할 수 있는 용어 지도를 그려 보았다. 지도를 살펴보면서 지금까지 책으로 공부했던 내용을 복기해 보고, 다음에 머신러닝 세계의 어디를 탐험할지도 즐겁게 고민해 보자.

- 가급적 책에 주로 등장한 용어만 수록했다. 예를 들어 앙상블 모델에는 배깅과 부스팅 이외의 요소도 있지만, 여기에서는 배깅과 부스팅만 분류 요소로 표현했다.
- 여러 카테고리에 해당할 수 있는 용어는 한 곳에만 표기했다. 예를 들어 PCA는 비지도 학습이면서 전처리에도 활용되지만, 여기에서는 지도 학습을 중심으로 용어를 정리하면서 PCA를 지도 학습의 전처리 부분에 포함했다.

데이터 과학 개요

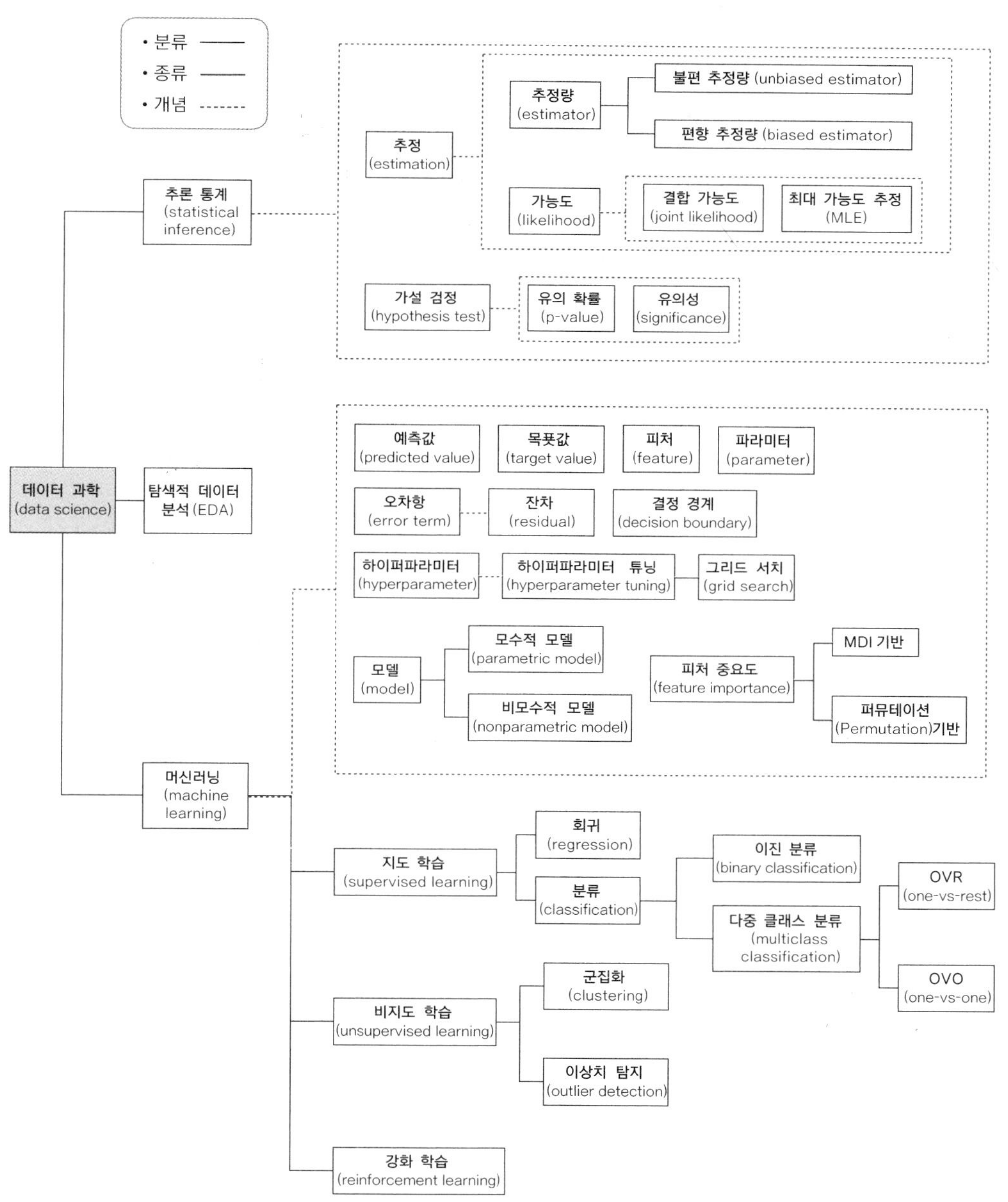

- 이 책은 머신러닝을 주로 다루므로 추론 통계에 대한 내용은 극히 일부만 포함했다. 하지만 추론 통계는 인사이트를 얻기 위해 꼭 알아야 할 데이터 과학의 큰 영역이라는 점을 유념하자.
- 모델은 모델 파라미터를 가지는 모수적 모델과 별도의 모델 파라미터를 가지지 않는 비모수적 모델로 구분할 수 있다.
- 모델은 목푯값이 피처의 함수와 오차항으로 구성된다고 가정하여 파라미터를 학습한 후 예측값을 산출한다. 잔차는 그 산출된 예측값과 실제 목푯값의 사후적인 차이이다.

머신러닝 절차 1. 전처리

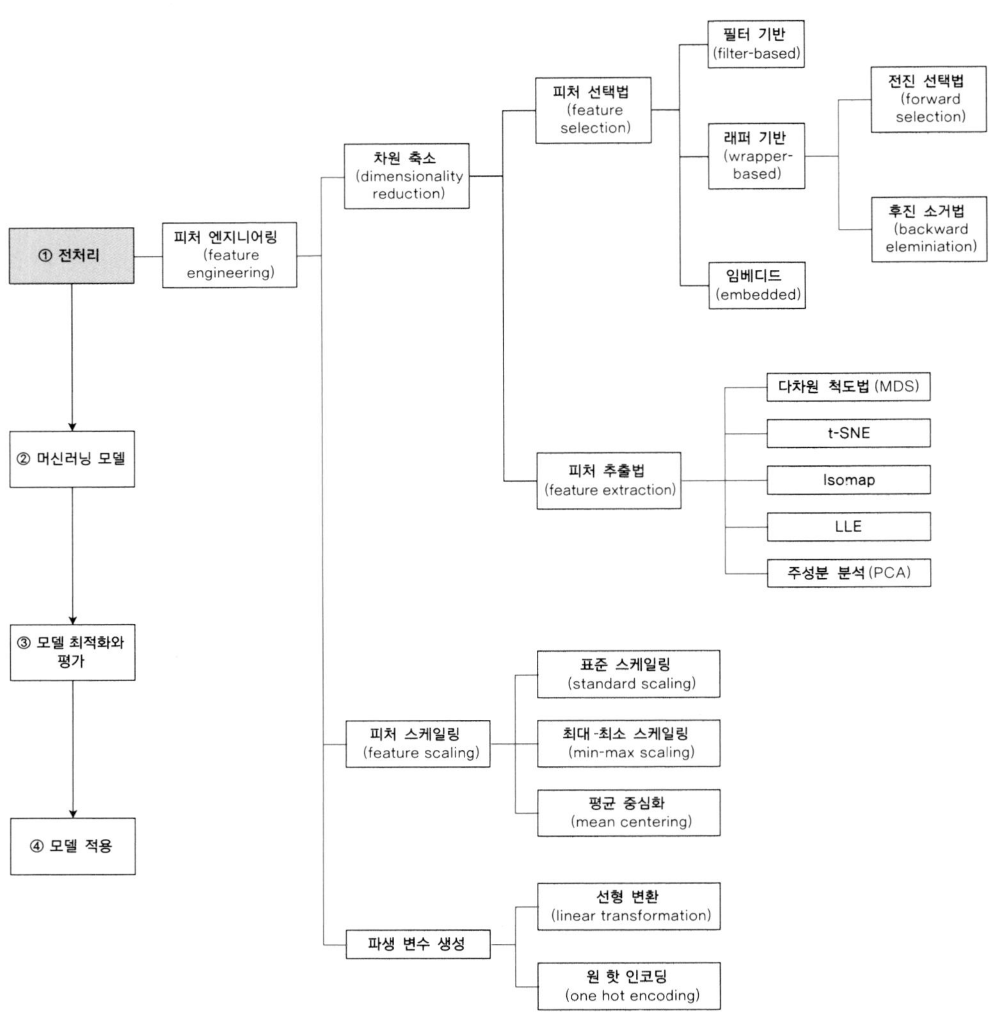

- 머신러닝 모델에서 피처의 개수가 과도하게 많을 경우 차원의 저주에 의한 과적합을 방지하기 위해 차원 축소를 수행하는 것이 좋다. 차원 축소는 주어진 피처의 집합에서 목푯값을 가장 잘 설명하는 피처의 부분 집합을 고르는 피처 선택법과 주어진 피처들의 함수로 새로운 소수의 피처를 생성해 내는 차원 추출법으로 구분할 수 있다.
- 표준 스케일링은 피처에 평균 중심화를 적용한 후 이를 해당 피처의 표준편차로 나눈 것과 같다.

머신러닝 절차 2. 머신러닝 모델

✚ 선형 모델, 결정 트리

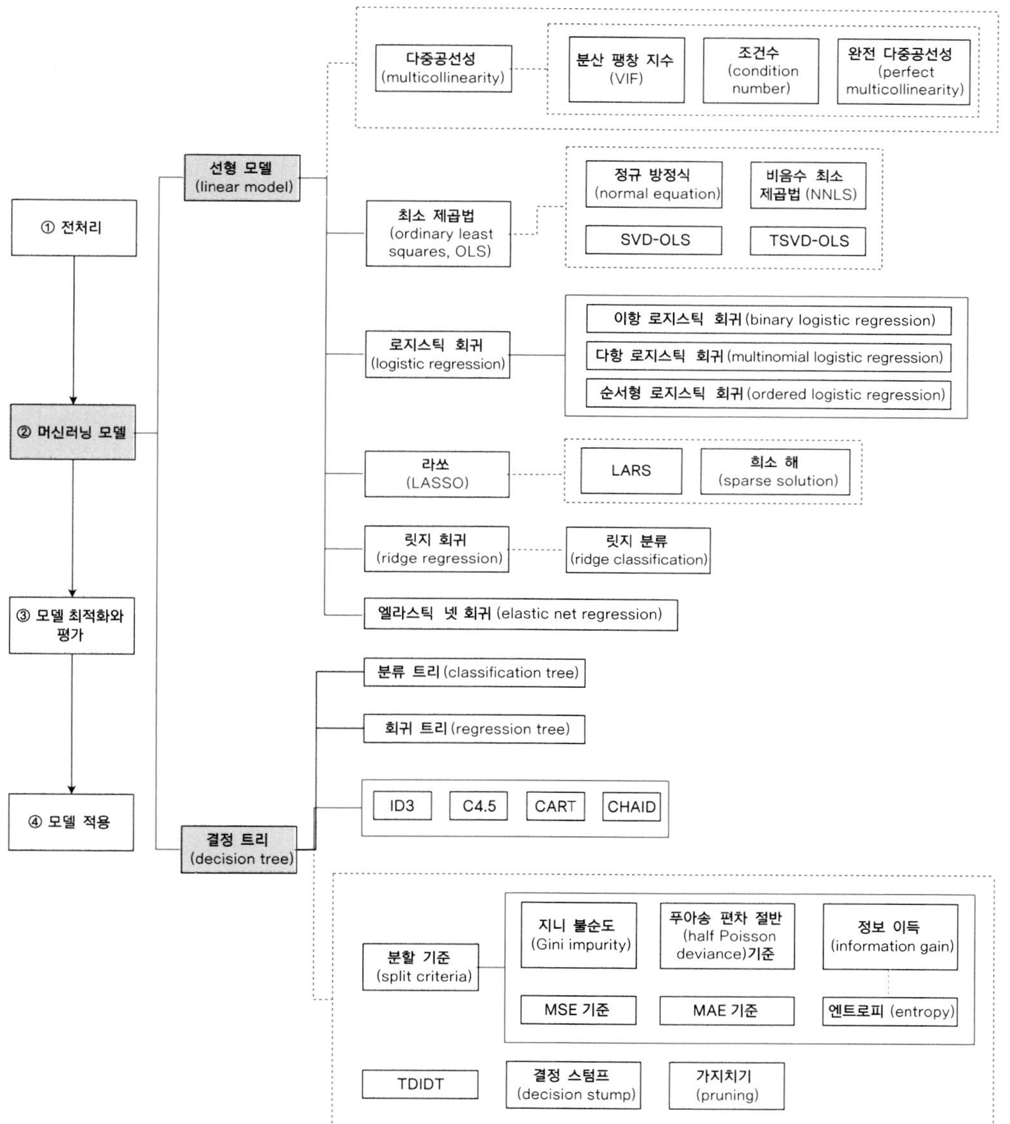

- 비음수 최소 제곱법은 최소 제곱법의 비용 함수에 모든 계수가 비음수인 제약 조건을 부과한 것이다.
- 다중공선성은 분산 팽창 지수와 조건수 등으로 측정할 수 있으며, 피처 사이에 완전한 선형 관계가 있을 경우 완전 다중공선성이 있다고 한다.
- 분류 트리의 분할 기준에는 지니 불순도와 정보 이득 등이 있으며, 회귀 트리의 분할 기준에는 MSE 기준, MAE 기준, 푸아송 편차 절반 기준 등이 있다.

✚ 앙상블 모델, K-최근접 이웃(KNN), 서포트 벡터 머신(SVM)

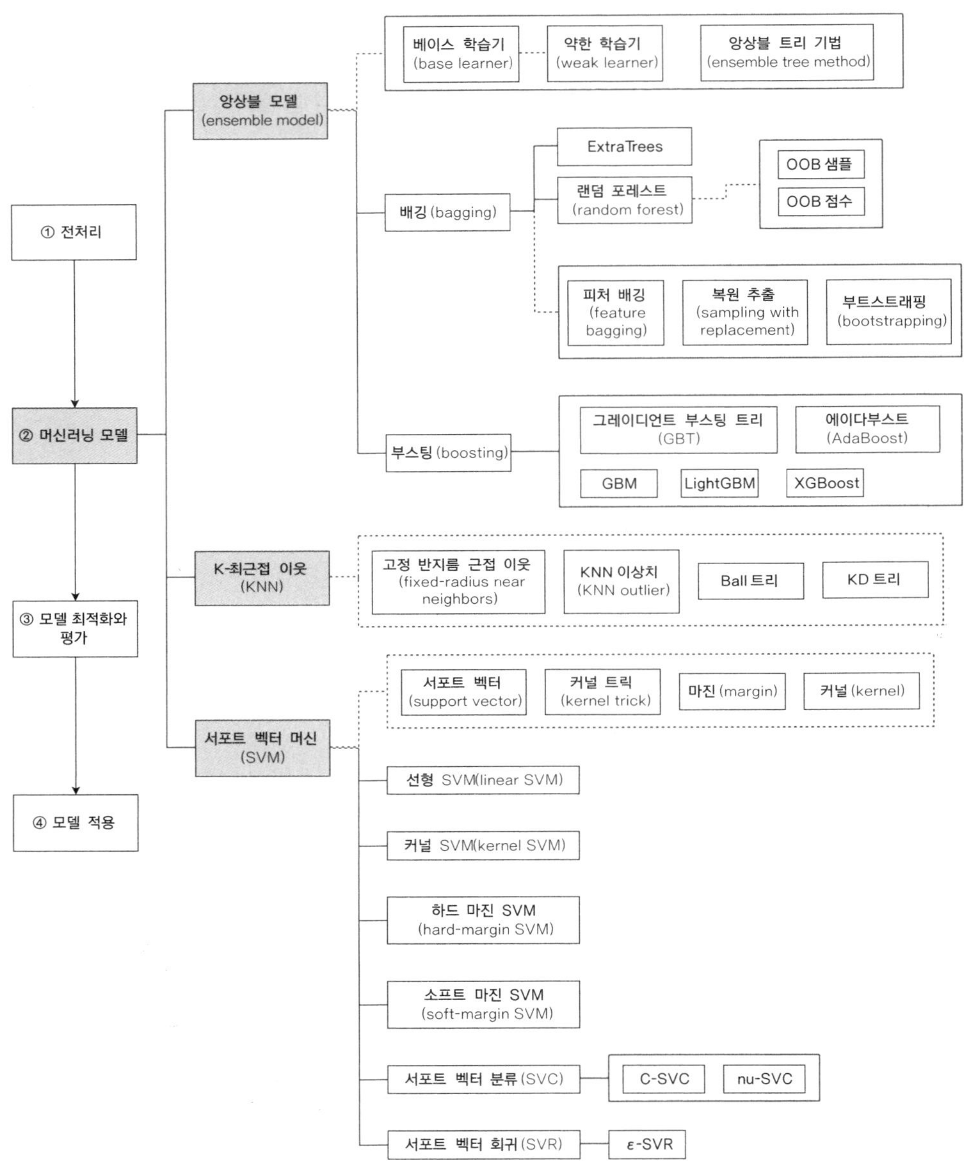

- 배깅과 부스팅은 모두 약한 학습기를 베이스 학습기로 사용하는 앙상블 기법이나 배깅은 병렬 구조, 부스팅은 직렬 구조로 이어진다는 점이 다르다.
- 선형 커널을 사용하는 가장 간단한 형태의 SVM 모델은 비선형 문제를 풀 수 없으나 마진과 커널의 개념을 도입할 경우 SVM 모델은 매우 유연해진다.

✚ 다층 퍼셉트론(MLP), 비계층적 군집화, 계층적 군집화

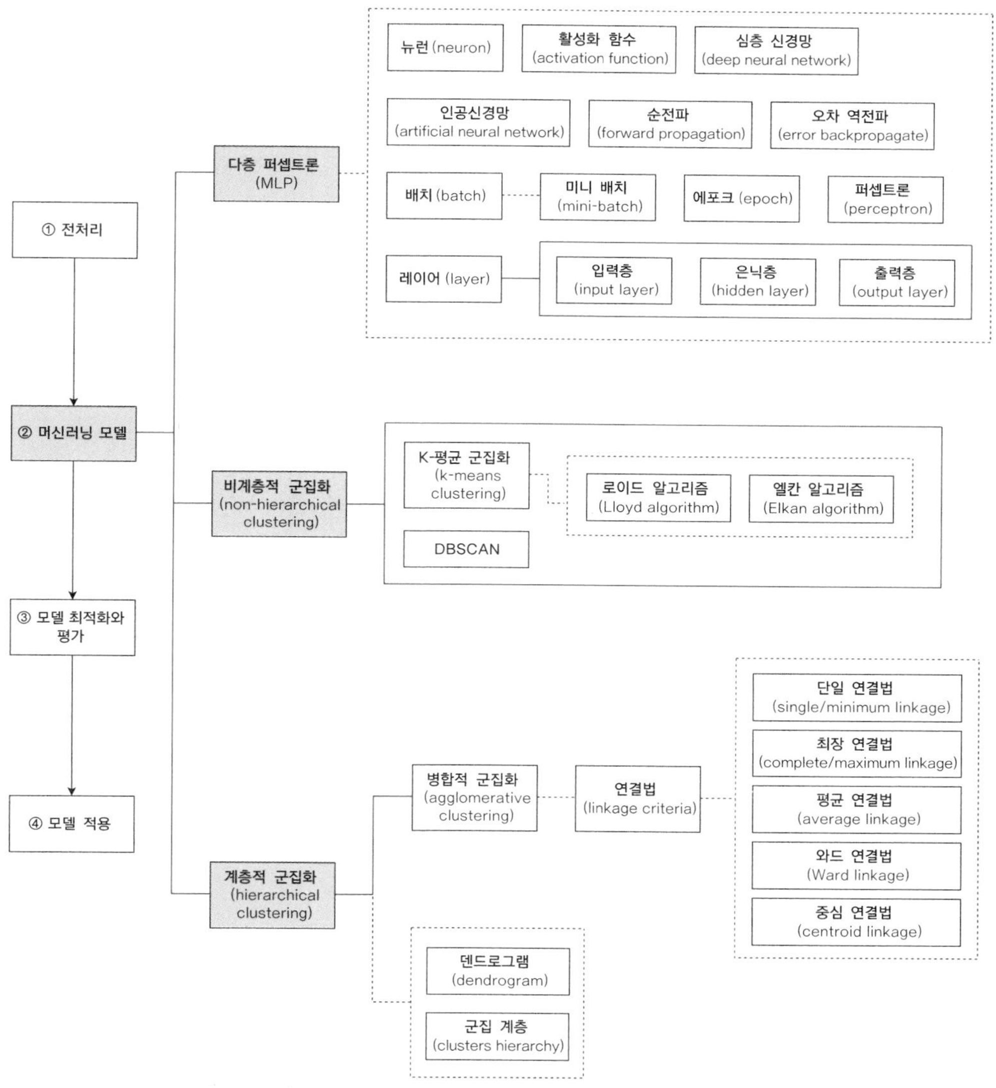

- 퍼셉트론은 은닉층 없이 하나의 입력층과 1개의 뉴런을 가지는 출력층으로 구성되는 가장 간단한 형태의 인공 신경망 구조이다. MLP는 은닉층이 1개 이상인 인공신경망이며, MLP 구조는 여러 퍼셉트론이 연결되어 구성되는 것으로 이해할 수 있다.
- 은닉층이 2개 이상인 MLP는 심층 신경망에 속하며, 이는 딥러닝의 가장 기본적인 형태이다.
- MLP 모델의 최적화는 배치 단위로 순전파와 오차 역전파가 반복하며 이루어진다.

머신러닝 절차 3. 모델 최적화와 평가

✚ 모델의 수학적 최적화

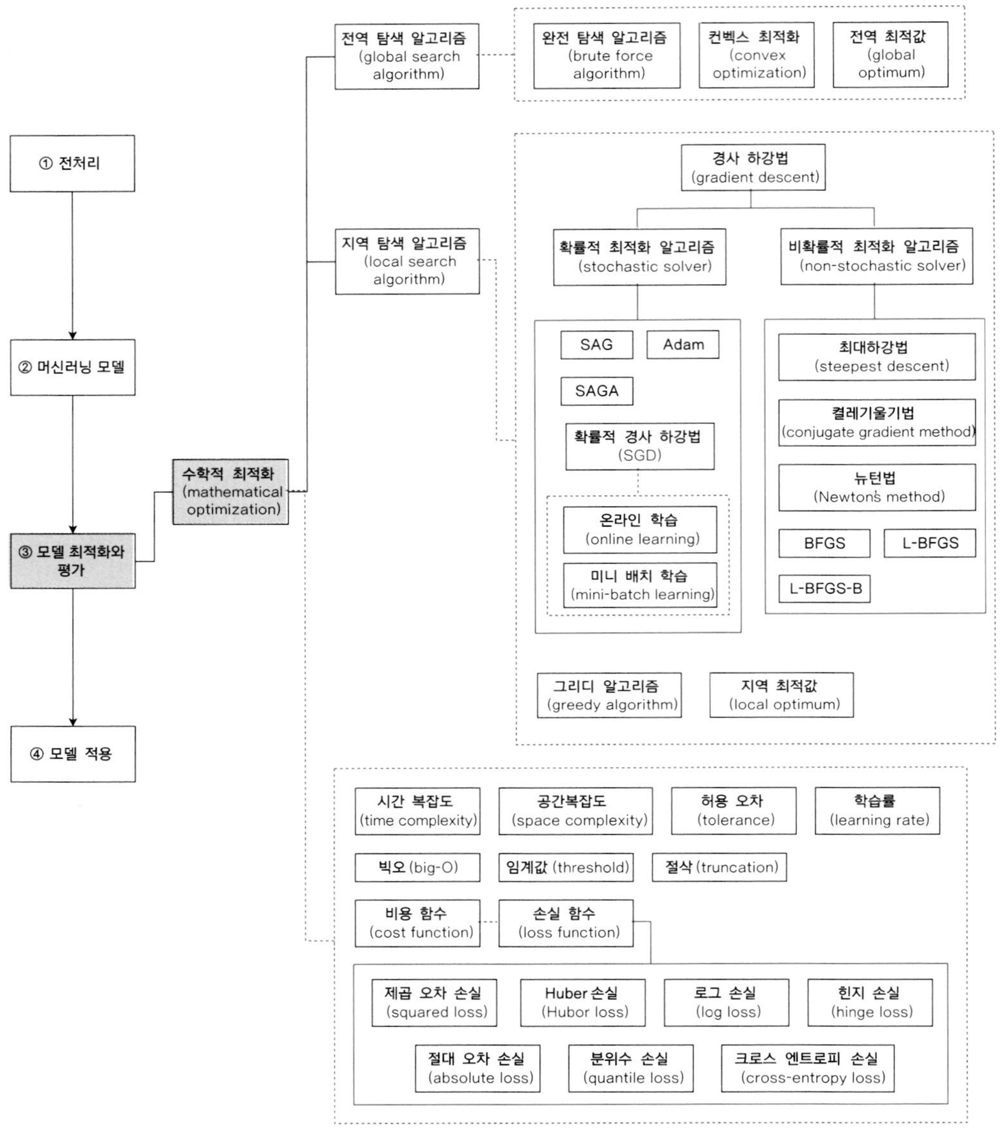

- 확률적 최적화 알고리즘은 매우 큰 데이터셋에 적용되고 학습 시간도 오래 걸리기 때문에 온라인 학습과 미니 배치 학습을 지원하는 경우가 많다.
- 비용 함수는 샘플 단위의 손실 함수를 누계한 것이다. 예를 들어 단일 샘플에 대하여 실제값과 예측값을 비교하여 크로스 엔트로피 손실을 계산할 때, 이를 전체 학습 데이터에 대해 누계하면 크로스 엔트로피 비용 함수가 된다.

✚ 모델의 평가

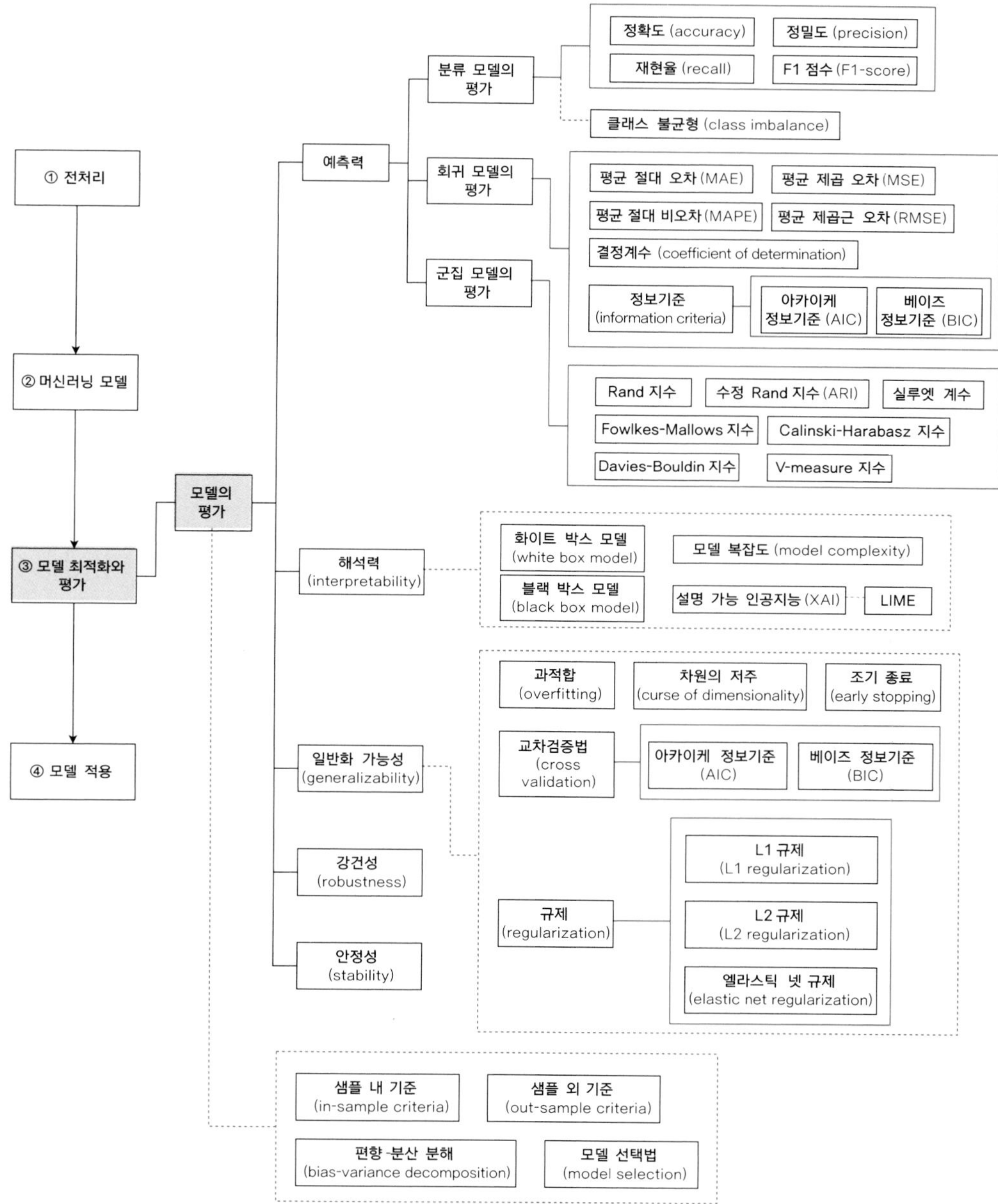

- 클래스 불균형이 심한 데이터의 경우 정확도 대신 정밀도, 재현율, F1 점수가 더 의미 있는 경우가 많다.
- 일반적으로 해석력과 일반화 가능성은 상충 관계이므로 한쪽이 높은 모델은 나머지 한 쪽이 낮다. XAI는 일반화 가능성이 높지만 해석력이 낮은 모델의 학습 사후 해석을 연구하는 영역이다.

수학 용어 지도

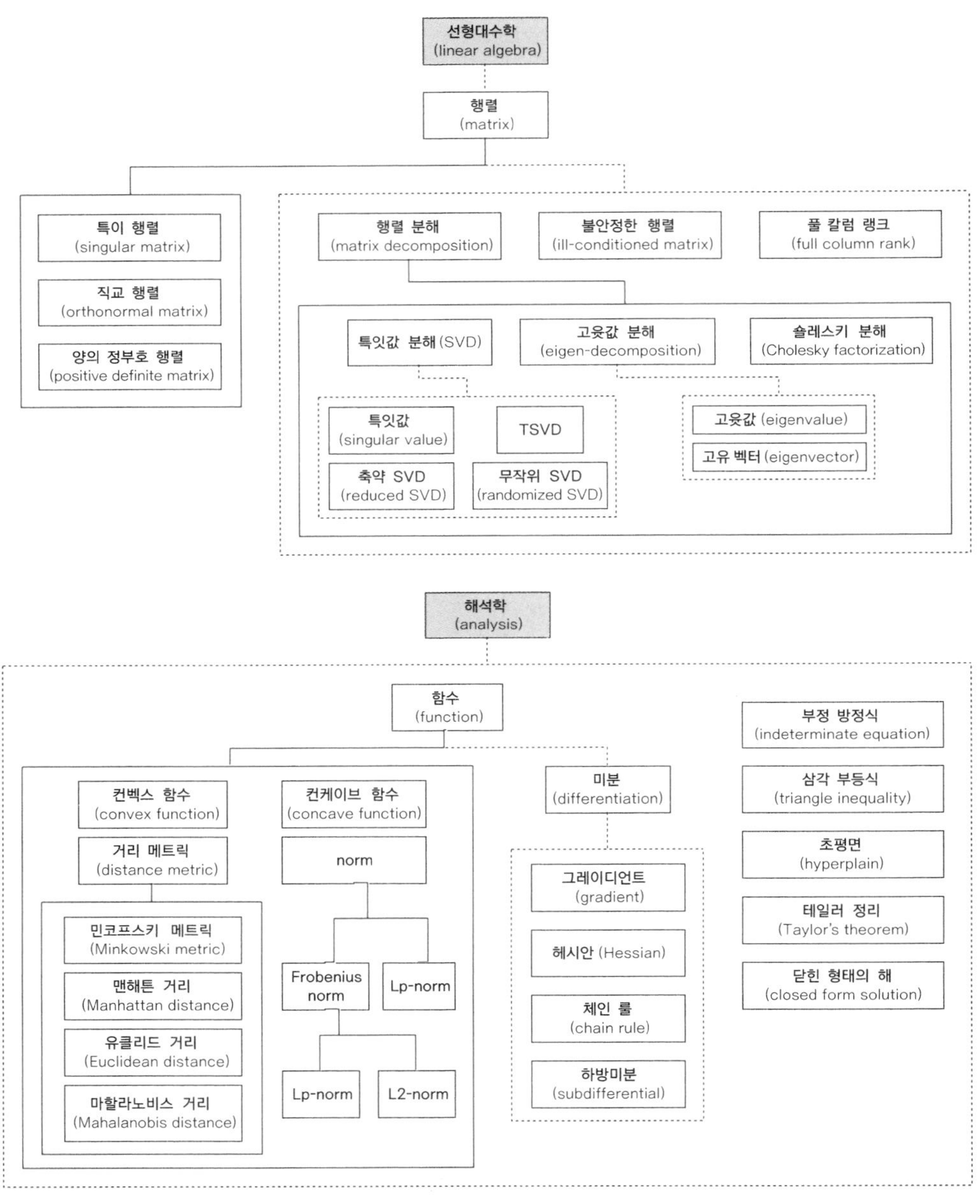

선형대수학
(linear algebra)
행렬
(matrix)
특이 행렬
(singular matrix)
직교 행렬
(orthonormal matrix)
양의 정부호 행렬
(positive definite matrix)
행렬 분해
(matrix decomposition)
불안정한 행렬
(ill-conditioned matrix)
풀 칼럼 랭크
(full column rank)
특잇값 분해(SVD)
고윳값 분해
(eigen-decomposition)
숄레스키 분해
(Cholesky factorization)
특잇값
(singular value)
TSVD
축약 SVD
(reduced SVD)
무작위 SVD
(randomized SVD)
고윳값 (eigenvalue)
고유 벡터 (eigenvector)
해석학
(analysis)
함수
(function)
부정 방정식
(indeterminate equation)
컨벡스 함수
(convex function)
컨케이브 함수
(concave function)
미분
(differentiation)
삼각 부등식
(triangle inequality)
거리 메트릭
(distance metric)
norm
초평면
(hyperplain)
그레이디언트
(gradient)
테일러 정리
(Taylor's theorem)
민코프스키 메트릭
(Minkowski metric)
헤시안 (Hessian)
맨해튼 거리
(Manhattan distance)
Frobenius norm
Lp-norm
닫힌 형태의 해
(closed form solution)
체인 룰
(chain rule)
유클리드 거리
(Euclidean distance)
하방미분
(subdifferential)
마할라노비스 거리
(Mahalanobis distance)
Lp-norm
L2-norm

되새김 문제 풀이

2장

2.1

73쪽

```
reg = LinearRegression()

reg = reg.fit(X_train, y_train)
y_pred = reg.predict(X_test)

print(f'RMSE: {np.sqrt(((y_pred - y_test)**2).mean()): .3f}')
```

실행 결과

```
RMSE: 52.917
```

2.2

73~74쪽

```
reg = LinearRegression(positive=True).fit(X, y)
print(f'계수:\n{reg.coef_:}')
```

실행 결과

```
계수:
[585.32306094 257.89983408   0.           0.           0.
  68.07534057 496.65568471  31.84470422]
```

3장

3.1

106~107쪽

```
scaler = MinMaxScaler()
clf = LogisticRegression(random_state=1234, solver='saga')
pipe = Pipeline(steps=[("scaler", scaler), ("clf", clf)])

y_pred = pipe.fit(X_train, y_train).predict(X_test)

pre = precision_score(y_test, y_pred, average=None)
print(f'정밀도:{pre[1]*100: .2f}%')
```

실행 결과

```
정밀도: 94.12%
```

3.2

107쪽

다양한 방법이 가능할 것으로 예상하나 여기서는 그중 하나의 가능성으로 풀어 본다. 구현 부분에서 설명했던 비용 함수 최적화 알고리즘을 그대로 적용하여 xb, pi, y 순으로 값을 구한다. 앞에서는 y가 주어진 상황이었으나 이번에는 xb가 주어진 상태에서 y를 구하는 역순으로 진행한다고 보면 될 것이다.

문제의 지시에 따라 intercept, beta[0], beta[1]은 적당한 음수를 선택하였으며 beta[2], beta[3], beta[4]는 적당한 양수를 택하였다. 또한, 정확도를 일정 수준까지 떨어뜨려야 하므로 xb를 계산할 때에 마지막에 평균이 0이고 분산이 7.5가 되는 가우시안 노이즈 항 np.random.normal(0, 7.5)를 포함했다.

```
ys = []
intercept = -2
beta = np.array([[-2, -2, 3, 4, 5]]).reshape(-1, 1)

np.random.seed(1111)
for i in range(n):
```

```
    xb = np.exp((intercept + (X.iloc[i].values.reshape(1, -1) @ beta)[0][0]) +
                np.random.normal(0, 7.5))
    pi = xb / (1 + xb)
    if pi >= 0.5: y = 1
    else: y = 0
    ys.append(y)
y = pd.Series(ys)
```

이렇게 생성한 모델은 모든 문제 조건을 만족한다.

```
from sklearn.linear_model import LogisticRegression

clf = LogisticRegression(random_state=1234)
clf = clf.fit(X, y)

print(f'절편: {clf.intercept_[0]}')
print(f'계수: {clf.coef_[0]}')

y_pred = clf.predict(X)

print(f'정확도:{(y == y_pred).mean() * 100: .2f}%')
```

실행 결과

```
절편: -0.578686940895635
계수: [-0.52203159 -0.51494024  0.71392631  1.05416056  1.06007824]
정확도: 78.00%
```

풀이에서 가장 중요한 부분은 가우시안 노이즈 항에서의 분산 크기이다. 분산이 0에 가깝다면 정확도는 100%에 수렴하며 분산이 증가할수록 정확도는 감소할 것이다. 따라서 문제의 조건에 맞도록 적당한 크기의 분산을 탐색하는 것이 중요하다. 이번 문제에서는 계수 추정값의 부호는 계수를 적당히 설정하기만 하면 다른 부분은 통제할 필요가 없기에 비교적 쉽게 분산을 탐색할 수 있었다.

4장

4.1

137쪽

```
lassoCV = LassoCV(alphas=[0.01, 0.1, 1, 10, 100], cv=10)
reg = make_pipeline(StandardScaler(), lassoCV).fit(X_train, y_train)
y_pred = reg.predict(X_test)

print('최적의 alpha:', lassoCV.alpha_)
print(f'계수: {lassoCV.coef_}')
print(f'MAE:{(np.abs(y_pred - y_test)).mean(): .3f}')
```

실행 결과

```
최적의 alpha: 1.0
계수: [ -0.          -11.51765404  23.99105458  14.40703304  -5.33719989
  -0.          -9.73608914   2.29161593  23.67465157   3.04274953]
MAE: 42.992
```

4.2

138~139쪽

우선 LinearRegression 클래스의 객체 reg1을 생성하여 최소 제곱법(OLS) 모델을 학습한다. 학습한 모델로 학습 데이터셋 MSE와 테스트 데이터셋 MSE를 각각 계산한다.

```
reg1 = LinearRegression()
reg1 = reg1.fit(X_train, y_train)
y_train_pred = reg1.predict(X_train)
print(f'학습 데이터셋 기준 OLS 모델의 MSE:{((y_train - y_train_pred)**2).mean(): .2f}')

y_test_pred = reg1.predict(X_test)
print(f'테스트 데이터셋 기준 OLS 모델의 MSE:{((y_test - y_test_pred)**2).mean(): .2f}')
```

실행 결과

```
학습 데이터셋 기준 OLS 모델의 MSE: 0.00
테스트 데이터셋 기준 OLS 모델의 MSE: 66235.35
```

▶ 해의 불안정성 탓에 실행 결괏값은 패키지 버전과 CPU 등에 따라 조금씩 다를 수 있다.

학습 데이터셋을 기준으로 OLS 모델은 MSE를 0으로 계산했다. 샘플 개수보다 추정해야 할 파라미터 개수가 더 많으므로 **남는 파라미터**가 생기며 학습 데이터셋 기준으로 모델은 정확하다. 하지만 이 모델은 일반화 가능성을 완전히 잃게 된다. 테스트 데이터셋을 기준으로 했을 때 MSE는 66235.35라는 큰 값이 된다. 이 숫자가 얼마나 큰 값인지는 라쏘 모델의 실행 결과와 비교하면 알 수 있다.

```
reg2 = Lasso()
reg2 = reg2.fit(X_train, y_train)
y_train_pred = reg2.predict(X_train)
print(f'학습 데이터셋 기준 LASSO 모델의 MSE:{((y_train - y_train_pred)**2).mean(): .2f}')

y_test_pred = reg2.predict(X_test)
print(f'테스트 데이터셋 기준 LASSO 모델의 MSE:{((y_test - y_test_pred)**2).mean(): .2f}')
```

실행 결과

```
학습 데이터셋 기준 LASSO 모델의 MSE: 130.41
테스트 데이터셋 기준 LASSO 모델의 MSE: 457.40
```

라쏘 모델에서도 학습 데이터셋 MSE보다 테스트 데이터셋 MSE가 여전히 크지만 OLS 모델에 비하면 아주 낮은 값이다. 따라서 이 데이터셋에서는 OLS 모델보다 라쏘 모델이 더 적합한 선택지라고 볼 수 있다. 이처럼 OLS 모델이 정확히 작동하기 어려운 상황에서는 라쏘 모델이 좋은 선택이다.

5장

5.1

161쪽

```
scaler = MinMaxScaler().fit(X_train)

X_train_scaled = scaler.transform(X_train)
X_test_scaled = scaler.transform(X_test)

reg = Ridge(alpha=10, solver='sag', random_state=1234)
```

```
y_pred = reg.fit(X_train_scaled, y_train).predict(X_test_scaled)

print(f'RMSE:{np.sqrt(((y_pred - y_test)**2).mean()): .3f}')
```

실행 결과

```
RMSE: 56.379
```

5.2

162~163쪽

sklearn.linear_model 모듈에서 LinearRegression, Lasso, Ridge 클래스를 불러와 모델링을 수행한다.

```
from sklearn.linear_model import LinearRegression, Lasso, Ridge

reg1 = LinearRegression()
y_pred = reg1.fit(X_train, y_train).predict(X_test)
print(f'OLS 모델의 MAE:{((y_pred - y_test)**2).mean(): .2f}')

reg2 = Lasso()
y_pred = reg2.fit(X_train, y_train).predict(X_test)
((y_pred - y_test)**2).mean()
print(f'LASSO 모델의 MAE:{((y_pred - y_test)**2).mean(): .2f}')

reg3 = Ridge()
y_pred = reg3.fit(X_train, y_train).predict(X_test)
((y_pred - y_test)**2).mean()
print(f'릿지 회귀 모델의 MAE:{((y_pred - y_test)**2).mean(): .2f}')
```

실행 결과

```
OLS 모델의 MAE: 2482.06
LASSO 모델의 MAE: 2745.02
릿지 회귀 모델의 MAE: 2483.00
```

MAE가 2,000 이상임을 확인할 수 있다. 이 MAE가 어느 정도의 성능인지를 판단하는 방법은 여러 가지지만, 이번 문제에서는 간단하게 비교하고자 셋째마당에서 다룬 고급 앙상블 모델인 랜덤 포레스트 회귀 모델과 비교하도록 한다.

```
from sklearn.ensemble import RandomForestRegressor

reg4 = RandomForestRegressor(random_state=1234)
y_pred = reg4.fit(X_train, y_train).predict(X_test)
print(f'랜덤 포레스트 회귀 모델의 MAE:{((y_pred - y_test)**2).mean(): .2f}')
```

실행 결과

```
랜덤 포레스트 회귀 모델의 MAE: 60.18
```

30배 이상 차이가 나는 작은 MAE를 확인할 수 있다. 사실 주어진 데이터셋은 X5가 0일 때 피처와 y가 양의 관계, X5가 1일 때 음의 관계라는 두 가지의 패턴만 있으므로 모델이 이 패턴만 학습할 수 있다면 높은 성능을 얻는다. 선형 모델은 이를 할 수 없으나 랜덤 포레스트 모델은 이를 할 수 있다는 점에서 성능 차이가 나타나는 것으로 해석할 수 있다.

6장

6.1

196~197쪽

우선 좋은 데이터셋으로 결정 트리를 학습하고 결과를 평가한다. max_depth를 1부터 30까지로 하고 반복으로 값을 변경하며 정확도를 계산한다.

```
train_acc = []
test_acc = []
max_depths = range(1, 31)
for max_depth in max_depths:
    clf = DecisionTreeClassifier(max_depth=max_depth, random_state=1234)
    clf = clf.fit(X_train, y_train)
    y_train_pred = clf.predict(X_train)
```

```
    y_pred = clf.predict(X_test)

    train_acc.append((y_train == y_train_pred).mean() * 100)
    test_acc.append((y_test == y_pred).mean() * 100)

plt.plot(max_depths, train_acc, label='Train set')
plt.plot(max_depths, test_acc, label='Test set')
plt.legend()
```

실행 결과

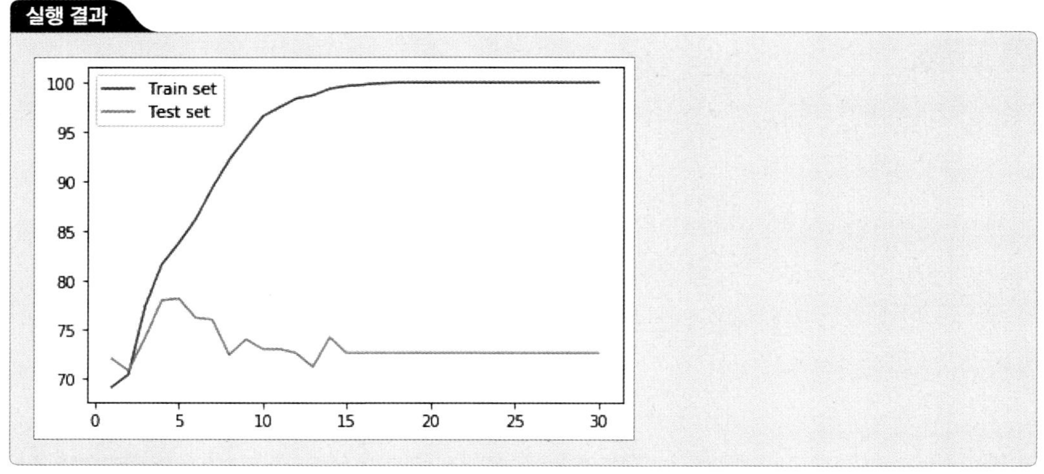

학습 데이터셋 기준 정확도는 단조 증가하며 max_depth가 20 전후일 때를 기점으로 100%에 다다른다. 하지만 테스트 데이터셋은 max_depth가 5일 때를 기점으로 정확도가 감소하기 시작한다. 이는 결정 트리가 그때를 기점으로 과적합이라는 것을 뜻한다. 한편, 테스트 데이터셋 기준 최종 정확도는 70%에서 75% 사이로 수렴했다.

이와 같은 학습 데이터셋과 테스트 데이터셋 사이의 차이는 거의 랜덤한 데이터셋에서도 마찬가지다. 두 번째 사례는 피처와 목표 변수 사이의 관계가 사실상 없는 상황이지만, 결정 트리 모델은 학습 데이터셋 기준으로 여전히 높은 성능을 나타낸다.

```
train_acc2 = []
test_acc2 = []
max_depths = range(1, 31)
for max_depth in max_depths:
    clf2 = DecisionTreeClassifier(max_depth=max_depth, random_state=1234)
    clf2 = clf2.fit(X_train2, y_train2)
    y_train_pred2 = clf2.predict(X_train2)
    y_pred2 = clf2.predict(X_test2)

    train_acc2.append((y_train2 == y_train_pred2).mean() * 100)
    test_acc2.append((y_test2 == y_pred2).mean() * 100)

plt.plot(max_depths, train_acc2, label='Train set')
plt.plot(max_depths, test_acc2, label='Test set')
plt.legend()
```

실행 결과

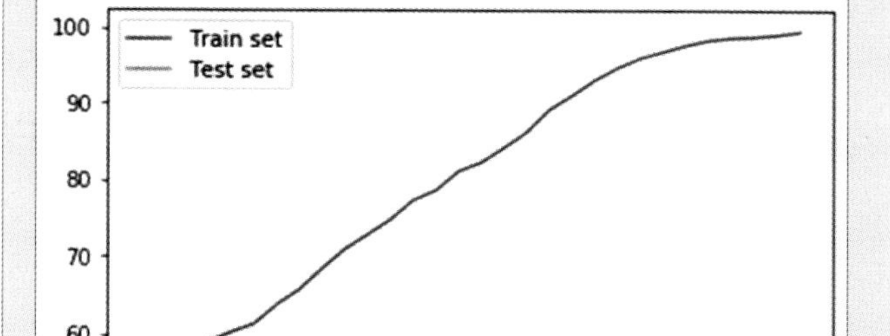

결정 트리 모델은 학습 데이터셋 기준으로 여전히 100%로 수렴한다. 테스트 데이터 기준 정확도는 50%로 나타났다. 실제로 주어진 데이터셋 X와 y 사이에 관계가 없으므로 이 모델은 클래스 레이블 비율에 해당하는 50%만을 랜덤으로 예측하고 있는 것이라 보아야 할 것이다.

이처럼 결정 트리에서 트리 규모에 대한 제약을 제거하면 학습 데이터셋과 테스트 데이터셋 사이의 정확도 차이가 매우 커진다. 여러 가지로 해석할 수 있지만, 학습한 결정 트리를 학습 데이터셋에만 적용한다면 결정 트리는 여전히 매력적인 옵션이 될 수 있다. 예를 들어, 거대한 데이터셋을 구축하여 스무 고개 게임을 푸는 알고리즘을 만들 때 질문자가 속으로 생각하는 정답이 학습 데이터셋에 있을 때 알고리즘은 해답을 찾을 수 있을 것이다. 중간중간 기상천외한 질문으로 구성할 수도 있겠지만, 그럼에도 갑자기 정답을 찾게 되는 신비한 알고리즘이 될 수 있다.

▶ 이 상황은 과적합을 의미할 수도 있다.

6.2

197~198쪽

문제의 조건에 따라 하이퍼파라미터를 설정한다.

```
max_depth = 4
min_samples_split = 4
```

분류 트리와 비교하여 거의 유일하게 바뀐 점은 지니 불순도를 계산하는 함수를 MSE를 계산하는 함수로 바꾸었다는 것과 리프 노드에서 클래스 레이블을 계산하는 대신 그 노드에서의 목푯값 평균값을 계산한다는 것이다.

```
def eval_mse(left, right, y_col):
    mse, n1, n2 = 0, len(left), len(right)
    score = ((left[y_col] - left[y_col].mean())**2).mean()
    mse += score * n1 / (n1 + n2)
    score = ((right[y_col] - right[y_col].mean())**2).mean()
    mse += score * n2 / (n1 + n2)
    return mse

def eval_y(df, y_col):
    return df[y_col].mean()
```

나머지는 구조적인 측면에서 분류 트리의 구현과 같다.

```
tree = []
for i in range(0, 2**(max_depth + 1)):
    tree.append(dict({'struct': None}))

tree[1]['struct'] = train

for i in range(1, len(tree)):
    if not isinstance(tree[i]['struct'], pd.DataFrame): continue
    if i >= 2**max_depth:
        tree[i]['struct'] = eval_y(tree[i]['struct'], y_col)
        continue

    data = tree[i]['struct']
    a, b, c, d, e = '', float('inf'), float('inf'), None, None

    for X_col in X_cols:
        vals = np.sort(data[X_col].unique())
        for val in vals[1:]:
            left, right = data[data[X_col] < val], data[data[X_col] >= val]
            mse = eval_mse(left, right, y_col)
            if mse < c: a, b, c, d, e = X_col, val, mse, left, right

    tree[i]['col'] = a
    tree[i]['val'] = b

    if len(d) >= min_samples_split: tree[i << 1]['struct'] = d
    else: tree[i << 1]['struct'] = eval_y(e, y_col)

    if len(e) >= min_samples_split: tree[(i << 1) + 1]['struct'] = e
    else: tree[(i << 1) + 1]['struct'] = eval_y(e, y_col)
```

학습 후 학습 데이터셋과 테스트 데이터셋의 평균 절대 오차(MAE)는 다음과 같이 얻을 수 있다.

```
error = 0
for i in range(len(X_train)):
    row = X_train.iloc[i]
    ind = 1
    node = tree[ind]
    while isinstance(node['struct'], pd.DataFrame):
        if row[node['col']] < node['val']: ind = ind << 1
        else: ind = (ind << 1) + 1
        node = tree[ind]

    y_pred = node['struct']
    error += np.abs(y_pred - y_train.iloc[i])
print(f'학습 데이터셋 MAE:{error / len(y_train): .2f}')

error = 0
for i in range(len(X_test)):
    row = X_test.iloc[i]
    ind = 1
    node = tree[ind]
    while isinstance(node['struct'], pd.DataFrame):
        if row[node['col']] < node['val']: ind = ind << 1
        else: ind = (ind << 1) + 1
        node = tree[ind]

    y_pred = node['struct']
    error += np.abs(y_pred - y_test.iloc[i])
print(f'테스트 데이터셋 MAE:{error / len(y_test): .2f}')
```

실행 결과

```
학습 데이터셋 MAE: 40.32
테스트 데이터셋 MAE: 45.49
```

이는 sklearn.tree.DecisionTreeRegressor 클래스를 사용한 모델과 그 결과가 비슷하다.

```
from sklearn.tree import DecisionTreeRegressor

reg = DecisionTreeRegressor(random_state=1234,
                            max_depth=4,
                            min_samples_split=4).fit(X_train, y_train)

y_pred_train = reg.predict(X_train)
print(f'학습 데이터셋 MAE:{(np.abs(y_pred_train - y_train)).mean(): .2f}')

y_pred = reg.predict(X_test)
print(f'테스트 데이터셋 MAE:{(np.abs(y_pred - y_test)).mean(): .2f}')
```

실행 결과

```
학습 데이터셋 MAE: 39.30
테스트 데이터셋 MAE: 45.67
```

6.3

198~199쪽

그리드는 다음과 같이 구성한다.

```
max_depths = [3, 4, 5]
class_weights = [None, 'balanced']
```

그리드 서치로 하이퍼파라미터 튜닝을 수행한다.

```
from itertools import product

best_max_depth, best_class_weight, best_acc = None, None, 0

for max_depth, class_weight in product(max_depths, class_weights):
    clf = DecisionTreeClassifier(random_state=1234,
                                 max_depth=max_depth,
                                 class_weight=class_weight)
    y_pred = clf.fit(X_train, y_train).predict(X_val)
```

```
        acc = (y_pred == y_val).mean()
    if acc > best_acc:
        best_acc = acc
        best_max_depth = max_depth
        best_class_weight = class_weight

print('best acc:', best_acc, '\nmax_depth:', best_max_depth, '\nclass_weight:',
      best_class_weight)
```

실행 결과

```
best acc: 0.95
max_depth: 3
class_weight: None
```

최대 깊이 3, 클래스 가중치 None을 선택했다. 이제 이를 테스트 데이터셋에 적용하여 최종 성능을 계산한다.

```
clf = DecisionTreeClassifier(random_state=1234,
                             max_depth=best_max_depth,
                             class_weight=best_class_weight)

y_pred = clf.fit(X_train, y_train).predict(X_test)
acc = np.abs(y_pred == y_test).mean()
print(f'정확도:{acc * 100: .2f}%')
```

실행 결과

```
정확도: 84.75%
```

6.4

199쪽

풀이 방법은 다양하지만, 이 문제에서는 f1과 f2를 0 또는 1의 값으로 구성하되 서로 엇갈린 값을 가지게 정의한다. 이렇게 하면 첫 번째 분기를 어떻게 하더라도 두 번째 분기에서는 모든 피처값이 상수가 된다.

```
import pandas as pd

f1 = [1, 0] * 10
f2 = [0, 1] * 10
y = [0] * 10 + [1] * 10
df = pd.DataFrame({'f1': 1, 'f2': f2, 'y': y})

X = df[['f1', 'f2']]
y = df['y']

y_pred = clf.fit(X, y).predict(X)

acc = (y_pred == y).mean()
print(f'정확도: {acc*100:.2f}%')
```

실행 결과

```
정확도: 50.00%
```

이 트리는 한 번 분기 후에 각 노드가 상수 피처로 구성되므로 최대 깊이가 1이고 더 이상 분기를 진행할 수 없다.

```
from sklearn import tree
import matplotlib.pyplot as plt

tree.plot_tree(clf)
plt.show()
```

실행 결과

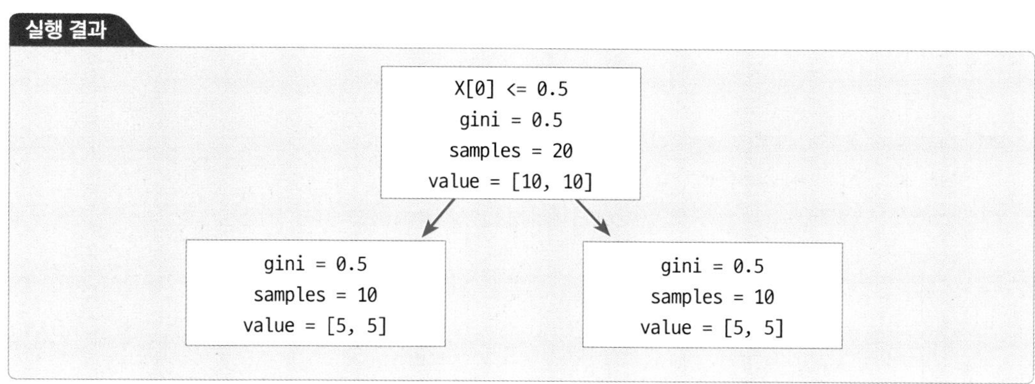

7장

7.1

221쪽

```
clf = RandomForestClassifier(random_state=1234,
                             n_estimators=50,
                             criterion='gini',
                             max_depth=4,
                             max_features='log2')

y_pred = clf.fit(X_train, y_train).predict(X_test)
print(f'정확도:{(y_pred == y_test).mean() * 100: .2f}%')
```

실행 결과

```
정확도: 98.00%
```

7.2

221~222쪽

문제의 지시에 따라 하이퍼파라미터를 생성한다.

```
max_depth = 3
min_samples_split = 4
```

랜덤 포레스트에 사용할 `eval_mse()` 함수, `eval_y()` 함수와 회귀 트리의 구조는 6장에서 구현한 회귀 트리와 마찬가지로 작성한다. 단, 트리 정의 부분을 함수 형태로 변환하여 함수화한다.

```
def eval_mse(left, right, y_col):
    mse, n1, n2 = 0, len(left), len(right)
    score = ((left[y_col] - left[y_col].mean())**2).mean()
    mse += score * n1 / (n1 + n2)
    score = ((right[y_col] - right[y_col].mean())**2).mean()
    mse += score * n2 / (n1 + n2)
```

```
    return mse

def eval_y(df, y_col):
    return df[y_col].mean()

def base_tree(train, X_cols, y_col, max_depth=4, min_samples_split=4):
    tree = []
    for i in range(0, 2**(max_depth + 1)):
        tree.append(dict({'struct': None}))
    tree[1]['struct'] = train
    for i in range(1, len(tree)):
        if not isinstance(tree[i]['struct'], pd.DataFrame): continue
        if i >= 2**max_depth:
            tree[i]['struct'] = eval_y(tree[i]['struct'], y_col)
            continue

        data = tree[i]['struct']
        a, b, c, d, e = '', float('inf'), float('inf'), None, None
        for X_col in X_cols:
            vals = np.sort(data[X_col].unique())
            for val in vals[1:]:
                left, right = data[data[X_col] < val], data[data[X_col] >= val]
                mse = eval_mse(left, right, y_col)
                if mse < c: a, b, c, d, e = X_col, val, mse, left, right
        tree[i]['col'] = a
        tree[i]['val'] = b
        if len(d) >= min_samples_split: tree[i << 1]['struct'] = d
        else: tree[i << 1]['struct'] = eval_y(e, y_col)

        if len(e) >= min_samples_split: tree[(i << 1) + 1]['struct'] = e
        else: tree[(i << 1) + 1]['struct'] = eval_y(e, y_col)
    return tree
```

이 정의를 이용해 랜덤 포레스트 회귀 모델을 생성한다. 랜덤 포레스트 회귀 모델은 일반적으로 수십 또는 수백 개의 트리로 구성하나 튜토리얼이라는 목적에 맞게 빠른 실행을 위해 5개의 트리만 사용한다. 그리고 데이터에서 30%의 샘플만을 각각 사용하도록 한다.

```
max_samples = 0.3
forest = []

for i in range(5):
    train0 = train.sample(frac=max_samples, random_state=123)
    forest.append(base_tree(train0, X_cols, y_col))
```

이제 학습한 모델을 테스트 데이터셋에 대입해 예측값을 구하고 평균 절대 오차(MAE)를 계산한다.

```
mae = 0
for i in range(len(X_test)):
    row = X_test.iloc[i]
    y_pred = 0
    for tree in forest:
        ind = 1
        node = tree[ind]
        while isinstance(node['struct'], pd.DataFrame):
            if row[node['col']] < node['val']: ind = ind << 1
            else: ind = (ind << 1) + 1

            node = tree[ind]
        y_pred += node['struct']

    y_pred = y_pred / len(forest)
    mae += np.abs(y_pred - y_test.iloc[i])

print(f'테스트 데이터셋 기준 MAE:{mae / len(y_test): .2f}')
```

실행 결과

```
테스트 데이터셋 기준 MAE: 46.28
```

약 46.28의 MAE를 얻었다. 샘플링 과정에서의 `random_state`에 의한 차이가 조금 있지만 이 결과는 랜덤 포레스트 회귀 트리 패키지 `sklearn.ensemble.RandomForestRegressor` 클래스를 사용한 학습 결과와 비슷하다.

```
from sklearn.ensemble import RandomForestRegressor

reg = RandomForestRegressor(n_estimators=5,
                            random_state=1234,
                            max_depth=3,
                            min_samples_split=4)
y_pred = reg.fit(X_train, y_train).predict(X_test)
print(f'RandomForestRegressor로 학습한 모델의 테스트 데이터셋 기준 MAE:{(np.abs(y_pred - y_
test)).mean(): .2f}')
```

실행 결과

```
RandomForestRegressor로 학습한 모델의 테스트 데이터셋 기준 MAE: 45.39
```

7.3

222쪽

```
from sklearn.linear_model import Ridge
from sklearn.inspection import permutation_importance

model = Ridge(alpha=1e-2).fit(X_train, y_train)

pi = permutation_importance(model,
                            X_val,
                            y_val,
                            n_repeats=30,
                            random_state=0,
                            scoring='neg_mean_squared_error')

pi_series = pd.Series(pi.importances_mean, index=X_train.columns)
print(f'퍼뮤테이션 기반 피처별 중요도: {pi_series.sort_values(ascending=False).values[:3]}')
```

실행 결과

```
퍼뮤테이션 기반 피처별 중요도: [1013.90265117  872.69427744  438.68103665]
```

8장

8.1

250쪽

```
reg = GradientBoostingRegressor(learning_rate=0.05,
                                n_estimators=150,
                                max_depth=5,
                                random_state=1234)

y_pred = reg.fit(X_train, y_train).predict(X_test)
print(f'테스트 데이터셋 기준 RMSE:{np.sqrt(((y_pred - y_test)**2).mean()): .2f}')
```

실행 결과

```
테스트 데이터셋 기준 RMSE: 54.36
```

8.2

250~251쪽

후진 소거법을 고려하지 않고 전체 피처를 사용할 경우 다음의 모델링을 수행한다.

```
clf = GradientBoostingClassifier(random_state=1234)
y_pred = clf.fit(X_train, y_train).predict(X_test)

print(f'전체 피처를 사용한 GBT 모델의 정확도: {(y_pred == y_test).mean()*100:.2f}%')
```

실행 결과

```
전체 피처를 사용한 GBT 모델의 정확도: 66.67%
```

다음으로 RFE 클래스를 이용한 후진 소거법을 적용한다. 한 이터레이션 별로 하나의 피처를 제거하므로 step=1이며, 최종적으로 20개의 피처만 남기므로 n_features_to_select=20으로 한다. selector 객체 학습 후 support_ 어트리뷰트의 첫 10개만 출력해 보도록 한다. selector. support_에서 True는 선택된 피처, False는 제거된 피처를 나타낸다.

```
clf = GradientBoostingClassifier(random_state=1234)
selector = RFE(clf, n_features_to_select=20, step=1)
selector = selector.fit(X_train, y_train)
selector.support_[:10]
```

실행 결과

```
array([False, False, False,  True, False,  True,  True, False, False, False])
```

마지막으로 선택한 피처만 사용하여 모델을 학습하고 정확도를 산출한다.

```
X_train2 = X_train.iloc[:, selector.support_]
X_test2 = X_test.iloc[:, selector.support_]

clf = GradientBoostingClassifier(random_state=1234)

y_pred = clf.fit(X_train2, y_train).predict(X_test2)

print(f'RFE 클래스 기반 후진 소거법을 적용한 GBT 모델의 정확도: {(y_pred == y_test).
mean()*100:.2f}%')
```

실행 결과

```
RFE 클래스 기반 후진 소거법을 적용한 GBT 모델의 정확도: 75.76%
```

기존 모델의 정확도 66.67%에 비해서 후진 소거법 적용 후 높게 상승한 것을 확인할 수 있다. 이렇게 후진 소거법은 피처가 많은 상황에서 유용하게 적용할 수 있다. 단, 후진 소거법은 전역 최적 모델 선택법이 아니라 그리디 알고리즘greedy algorithm을 기반으로 한 피처 선택법이므로, 이 방법으로 얻은 조합이 최적 피처 조합이 아닐 수 있다는 점을 염두에 두어야 한다.

9장

9.1

278쪽

```
clf = KNeighborsClassifier(n_neighbors=5,
                           weights='distance',
                           metric='manhattan')
y_pred = clf.fit(X_train, y_train).predict(X_test)

print(f'테스트 데이터셋 기준 정확도:{(y_test == y_pred).mean()*100: .2f}%')
```

실행 결과

```
테스트 데이터셋 기준 정확도: 98.00%
```

9.2

279쪽

K-최근접 이웃 모델(KNN)과 마찬가지로 완전 탐색 알고리즘 기반의 KNN 회귀 모델도 별다른 학습 과정 없이 구현할 수 있다. 각각의 테스트 샘플이 주어졌을 때 가장 가까운 *K*개의 학습 데이터 샘플을 찾은 후 이들의 목푯값의 평균을 예측값으로 사용한다.

```
K = 3

preds = []
for i, row_test in X_test.iterrows():

    y2 = pd.DataFrame(y_train)
    dist = []
    for i, row_train in X_train.iterrows():
        dist.append(np.sqrt(((row_train - row_test)**2).sum()))
    y2['dist'] = dist

    pred = y2.sort_values(by='dist').iloc[:K, 0].values.mean()
    preds.append(pred)
```

```
preds = pd.Series(preds)

mae = np.abs((y_test.reset_index(drop=True) - preds)).mean()
print(f'테스트 데이터셋 기준 MAE:{mae: .2f}')
```

실행 결과

```
테스트 데이터셋 기준 MAE: 50.91
```

10장

10.1

298쪽

```
from sklearn.pipeline import make_pipeline
from sklearn.preprocessing import StandardScaler

kernels = ['linear', 'poly', 'rbf']

for kernel in kernels:
    clf = make_pipeline(StandardScaler(),
                        SVC(kernel=kernel)).fit(X_train, y_train)
    y_pred = clf.predict(X_test)
    acc = (y_test == y_pred).mean() * 100
    print(f'커널: {kernel}, 정확도:{acc: .2f}%')
```

실행 결과

```
커널: linear, 정확도: 95.21%
커널: poly, 정확도: 84.57%
커널: rbf, 정확도: 94.15%
```

11장

11.1

315쪽

```
from sklearn.metrics import recall_score

clf = MLPClassifier(hidden_layer_sizes=(20, 10),
                    solver='adam',
                    max_iter=1000,
                    random_state=1234,
                    early_stopping=True)

y_pred = clf.fit(X_train, y_train).predict(X_test)

print(f'테스트셋 재현율:{recall_score(y_test, y_pred) * 100: .2f}%')
```

실행 결과

```
테스트셋 재현율: 91.43%
```

11.2

316쪽

다양한 하이퍼파라미터의 조합을 선택할 수 있다. 이번 문제에서는 일반적으로 중요한 하이퍼파라미터의 조합을 한 개에서 두 개 정도를 선택하되, 수행 속도를 고려하여 작은 경우의 수에 대해 탐색을 진행하도록 한다.

```
import numpy as np
from sklearn.pipeline import Pipeline
import time
import warnings

warnings.filterwarnings("ignore")

scaler = StandardScaler()

logistic = LogisticRegression(max_iter=10000, tol=0.1, random_state=1234)
```

```
DT = DecisionTreeClassifier(random_state=1234)
RF = RandomForestClassifier(random_state=1234, n_estimators=200)
KNN = KNeighborsClassifier()
svc = SVC(random_state=1234)
mlp = MLPClassifier(random_state=1234)

logistic_param_grid = {
    'logistic__penalty': ['l1', 'l2', 'elasticnet'],
    'logistic__C': np.logspace(-4, 4, 4)
}
DT_param_grid = {
    'DT__max_depth': range(1, 6),
    'DT__ccp_alpha': np.logspace(-6, 2, 8)
}
RF_param_grid = {'RF__max_depth': [9, 10, 11]}
KNN_param_grid = {'KNN__n_neighbors': [2 * x + 1 for x in range(1, 10)]}
svc_param_grid = {
    'svc__C': np.logspace(-4, 4, 4),
    'svc__kernel': ['linear', 'poly', 'rbf', 'sigmoid']
}
mlp_param_grid = {
    'mlp__hidden_layer_sizes': [(30, ), (20, 20), (10, 10, 10)],
    'mlp__solver': ['lbfgs', 'sgd', 'adam']
}

search_space = [['logistic', logistic, logistic_param_grid],
                ['DT', DT, DT_param_grid], ['RF', RF, RF_param_grid],
                ['KNN', KNN, KNN_param_grid], ['svc', svc, svc_param_grid],
                ['mlp', mlp, mlp_param_grid]]

for s in search_space:
    start_time = time.time()
    pipe = Pipeline(steps=[("scaler", scaler), (s[0], s[1])])
    search = GridSearchCV(pipe, s[2])
    search.fit(X, y)

    print(f'모델: {s[0]}, 소요 시간: {time.time() - start_time:.3f}초, 탐색 결과: {search.
best_params_}, CV 점수: {search.best_score_:.3f}')
```

실행 결과

```
모델: logistic, 소요 시간: 1.006초, 탐색 결과: {'logistic__C': 0.046415888336127774, 'logis-
tic__penalty': 'l2'}, CV 점수: 0.923
모델: DT, 소요 시간: 2.209초, 탐색 결과: {'DT__ccp_alpha': 0.0026826957952797246, 'DT__max_
depth': 5}, CV 점수: 0.629
모델: RF, 소요 시간: 13.479초, 탐색 결과: {'RF__max_depth': 11}, CV 점수: 0.939
모델: KNN, 소요 시간: 1.132초, 탐색 결과: {'KNN__n_neighbors': 3}, CV 점수: 0.945
모델: svc, 소요 시간: 11.434초, 탐색 결과: {'svc__C': 21.54434690031882, 'svc__kernel':
'poly'}, CV 점수: 0.952
모델: mlp, 소요 시간: 47.104초, 탐색 결과: {'mlp__hidden_layer_sizes': (30,), 'mlp__solver':
'adam'}, CV 점수: 0.927
```

이번 문제에서는 모델 대부분의 CV 점수가 0.92 이상으로 높지만, 결정 트리의 CV 점수는 0.629로, 매우 낮은 것을 확인할 수 있다. 이처럼 결정 트리는 과적합에 매우 취약하므로 단일 결정 트리를 사용하는 대신 결정 트리를 결합한 랜덤 포레스트나 GBT 등의 앙상블 기법을 사용하는 것이 좋다.

또한, 로지스틱 회귀 모델은 구조는 단순하지만 다른 모델과 비교했을 때 0.923이라는 비교적 높은 수준의 CV 점수를 얻었다. 이는 로지스틱 회귀 모델 자체의 우수성 때문이기도 하지만, 다른 모델의 하이퍼파라미터를 충분히 튜닝하지 못했다는 측면도 있다. 이는 고급 모델을 적용하더라도 튜닝이 충분하지 않으면 단순한 모델에 비해서도 좋은 성능을 기대할 수 없음을 의미한다.

이번 문제에서는 SVC 모델의 CV 점수가 가장 높았다. 이에 따라 SVC 모델과 해당 모델의 최적 하이퍼파라미터를 이용하여 테스트 데이터셋에 대한 정확도를 산출한다.

```
clf = SVC(C=21.54434690031882, kernel='poly',
          random_state=1234).fit(X_train, y_train)

y_pred = clf.predict(X_test)
print(f'테스트셋 정확도:{(y_pred == y_test).mean() * 100: .2f}%')
```

실행 결과

```
테스트셋 정확도: 98.89%
```

98.89%의 높은 정확도를 계산했다. 매우 높은 정확도처럼 보이지만, MNIST 데이터셋에서는 하이퍼파라미터 튜닝을 통해 더 높은 정확도도 산출할 수 있으므로 시간이 좀 걸리더라도 다양한 하이퍼파라미터 공간을 탐색하는 것이 바람직하다.

12장

12.1

334쪽

```
scaler = StandardScaler()
scaler = scaler.fit(X_train)

X_train_scaled = scaler.transform(X_train)
X_test_scaled = scaler.transform(X_test)

kmeans = KMeans(n_clusters=7, n_init=15, random_state=1234)
kmeans = kmeans.fit(X_train_scaled)
labels = kmeans.predict(X_test_scaled)

X_test['labels'] = labels
X_test['y'] = y_test

X_test.groupby(by='labels').mean()['y'].sort_values()
```

실행 결과

```
labels
6     97.285714
5    118.086957
1    139.343750
0    154.928571
2    164.736842
4    186.947368
3    249.555556
Name: y, dtype: float64
```

12.2

2부터 6까지의 군집 개수를 기준으로 각각 K-평균 군집화 모델을 학습하고 실루엣 계수를 계산한다.

```
range_n_clusters = [2, 3, 4, 5, 6]
for n_clusters in range_n_clusters:
    cluster_labels = KMeans(n_clusters=n_clusters,
                            random_state=1234).fit_predict(X)

    silhouette_avg = silhouette_score(X, cluster_labels)
    print(f'군집 개수: {n_clusters}, 실루엣 계수: {silhouette_avg:.4f}')
```

실행 결과

```
군집 개수: 2, 실루엣 계수: 0.5266
군집 개수: 3, 실루엣 계수: 0.5306
군집 개수: 4, 실루엣 계수: 0.6192
군집 개수: 5, 실루엣 계수: 0.7304
군집 개수: 6, 실루엣 계수: 0.6538
```

군집 개수가 5인 군집의 실루엣 계수가 최대인 것으로 확인되었다. 이에 따라 군집 개수 5를 대상으로 다시 군집화를 수행하고 문제의 지시에 답한다.

```
label = KMeans(n_clusters=5, random_state=1234).fit_predict(X)

df = pd.DataFrame(X, columns=['feature_' + str(i) for i in range(3)])
df['label'] = label

df[df['label'] == 2].mean()
```

실행 결과

```
feature_0    1.390601
feature_1    0.071269
feature_2   -9.715374
label        2.000000
dtype: float64
```

13장

13.1

349쪽

먼저 최적의 군집 개수를 결정한다. affinity='euclidean'과 linkage='ward'가 기본값이므로 추가로 하이퍼파라미터를 설정하지 않아도 된다.

```
for n_clust in range(5, 12):
    cluster_labels = AgglomerativeClustering(n_clusters=n_clust).fit_predict(X)
    print(n_clust, ":", silhouette_score(X, cluster_labels))
```

실행 결과

```
5 : 0.10103318852875223
6 : 0.105040304263116
7 : 0.10959850255254193
8 : 0.10588224751966079
9 : 0.1061350114934274
10 : 0.10998075776769138
11 : 0.10553043308856352
```

실루엣 계수가 최댓값인 7개의 군집화 모델을 사용한다.

```
X['label'] = AgglomerativeClustering(n_clusters=7).fit_predict(X)

X.groupby(by='label').mean()['bmi'].sort_values(ascending=False)
```

실행 결과

```
label
5    0.029383
1    0.028349
2    0.013293
0    0.011963
3   -0.019886
6   -0.037463
4   -0.050944
Name: bmi, dtype: float64
```

따라서 정답은 0.029383이다.

14장

14.1

368쪽

```
X = StandardScaler().fit_transform(X)

pca = PCA(n_components=2, random_state=1234)

X_extracted = pca.fit_transform(X)
X_extracted = pd.DataFrame(X_extracted, columns=['PC1', 'PC2'])

sns.scatterplot(data=X_extracted)
```

실행 결과

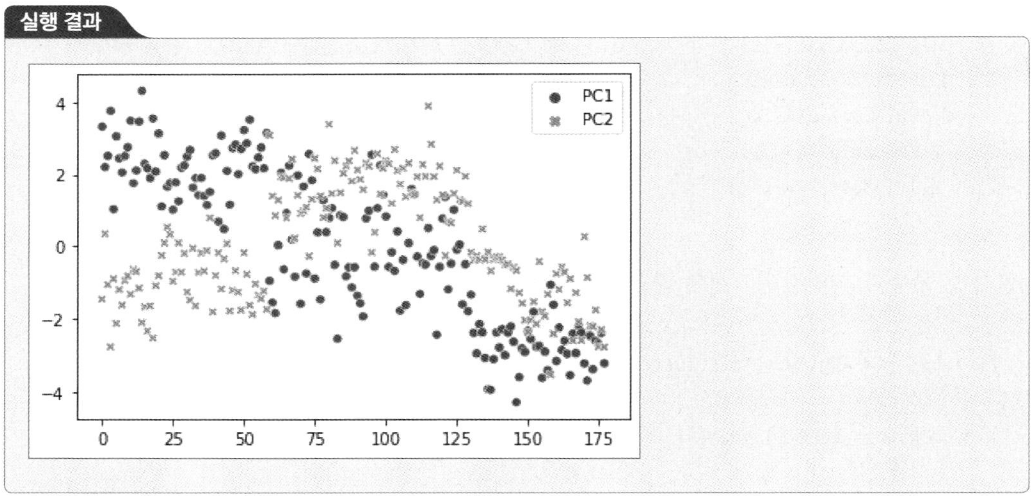

14.2

368~369쪽

```
pca = make_pipeline(StandardScaler(), PCA(n_components=2, random_state=1234))
mds = make_pipeline(StandardScaler(), MDS(n_components=2, random_state=1234))
isomap = make_pipeline(StandardScaler(), Isomap(n_components=2))
lle = make_pipeline(StandardScaler(),
                    LocallyLinearEmbedding(n_components=2, random_state=1234))
tsne = make_pipeline(StandardScaler(), TSNE(n_components=2, random_state=1234))
```

```
methods = [("PCA", pca), ("MDS", mds), ("Isomap", isomap), ("LLE", lle),
           ("TSNE", tsne)]

for (name, model) in methods:
    X_transformed = model.fit_transform(X)
    clf = LogisticRegression(random_state=1234).fit(X_transformed, y)
    y_pred = clf.predict(X_transformed)

    acc = (y == y_pred).mean() * 100
    print(f'{name} 모델의 정확도: {acc:.2f}%')
```

실행 결과

```
PCA 모델의 정확도: 64.44%
MDS 모델의 정확도: 65.56%
Isomap 모델의 정확도: 68.89%
LLE 모델의 정확도: 32.78%
TSNE 모델의 정확도: 76.11%
```

참고문헌

- Alman, J., & Williams, V. V. (2021). A refined laser method and faster matrix multiplication. In Proceedings of the 2021 ACM-SIAM Symposium on Discrete Algorithms (SODA) (pp. 522-539). Society for Industrial and Applied Mathematics.
- Bentley, J. L. (1975). Multidimensional binary search trees used for associative searching. Communications of the ACM, 18(9), 509-517.
- Bishop, C. M., & Nasrabadi, N. M. (2006). Pattern recognition and machine learning (Vol. 4, No. 4, p. 738). New York: springer.
- Breiman, L. (2001). Random forests. Machine learning, 45(1), 5-32.
- Breiman, L., Friedman, J.H., Olshen, R.A., & Stone, C.J. (1984). Classification And Regression Trees (1st ed.). Routledge.
- Chang, C. C., & Lin, C. J. (2011). LIBSVM: a library for support vector machines. ACM transactions on intelligent systems and technology (TIST), 2(3), 1-27.
- Chen, T., & Guestrin, C. (2016, August). Xgboost: A scalable tree boosting system. In Proceedings of the 22nd acm sigkdd international conference on knowledge discovery and data mining (pp. 785-794).
- Defazio, A., Bach, F., & Lacoste-Julien, S. (2014). SAGA: A fast incremental gradient method with support for non-strongly convex composite objectives. Advances in neural information processing systems, 27.
- Fan, R. E., Chang, K. W., Hsieh, C. J., Wang, X. R., & Lin, C. J. (2008). LIBLINEAR: A library for large linear classification. the Journal of machine Learning research, 9, 1871-1874. https://www.csie.ntu.edu.tw/~cjlin/papers/liblinear.pdf
- Freund, Y., Schapire, R.E. (1995). A desicion-theoretic generalization of on-line learning and an application to boosting. In: Vitányi, P. (eds) Computational Learning Theory. EuroCOLT 1995. Lecture Notes in Computer Science, vol 904. Springer, Berlin, Heidelberg. https://doi.org/10.1007/3-540-59119-2_166
- Friedman, J. H. (2001). Greedy function approximation: a gradient boosting machine. Annals of statistics, 1189-1232.

- Friedman, J., Hastie, T., & Tibshirani, R. (2010). Regularization paths for generalized linear models via coordinate descent. Journal of statistical software, 33(1), 1.
- Geurts, P., Ernst, D., & Wehenkel, L. (2006). Extremely randomized trees. Machine learning, 63(1), 3-42.
- Halko, N., Martinsson, P. G., & Tropp, J. A. (2011). Finding structure with randomness: Probabilistic algorithms for constructing approximate matrix decompositions. SIAM review, 53(2), 217-288.
- Hansen, P. C. (1987). The truncatedsvd as a method for regularization. BIT Numerical Mathematics, 27(4), 534-553.
- Kass, G. V. (1980). An exploratory technique for investigating large quantities of categorical data. Journal of the Royal Statistical Society: Series C (Applied Statistics), 29(2), 119-127.
- Ke, G., Meng, Q., Finley, T., Wang, T., Chen, W., Ma, W., ... & Liu, T. Y. (2017). Lightgbm: A highly efficient gradient boosting decision tree. Advances in neural information processing systems, 30.
- Lawson, C. L., & Hanson, R. J. (1995). Solving least squares problems. Society for Industrial and Applied Mathematics.
- Laurent, H., & Rivest, R. L. (1976). Constructing optimal binary decision trees is NP-complete. Information processing letters, 5(1), 15-17.
- Manning, C. D., Raghavan, P., & Schütze, H. (2008). Introduction to Information Retrieval. Cambridge University Press. https://nlp.stanford.edu/IR-book/html/htmledition/hierarchical-clustering-1.html
- Minka, T. (2000). Automatic choice of dimensionality for PCA. Advances in neural information processing systems, 13.
- Omohundro, S. M. (1989). Five balltree construction algorithms (pp. 1-22). Berkeley: International Computer Science Institute.
- Platt, J. (1999). Probabilistic outputs for SVMs and comparisons to regularized likehood methods. In Advances in Large Margin Classifiers. MIT Press. https://home.cs.colorado.edu/~mozer/Teaching/syllabi/6622/papers/Platt1999.pdf
- Quinlan, J. R. (1986). Induction of decision trees. Machine learning, 1(1), 81-106.
- Quinlan, J. R. (1993). C4. 5: programs for machine learning.
- Rousseeuw, P. J. (1987). Silhouettes: a graphical aid to the interpretation and validation of cluster analysis. Journal of computational and applied mathematics, 20, 53-65.
- Schmidt, M., Le Roux, N., & Bach, F. (2017). Minimizing finite sums with the stochastic average gradient. Mathematical Programming, 162(1), 83-112.

- Schölkopf, B., Smola, A. J., Williamson, R. C., & Bartlett, P. L. (2000). New support vector algorithms. Neural computation, 12(5), 1207-1245.
- Smola, A. J., & Schölkopf, B. (2004). A tutorial on support vector regression. Statistics and computing, 14(3), 199-222.
- Strassen, V. (1969). Gaussian elimination is not optimal. Numerische mathematik, 13(4), 354-356.
- Witten, I. H., Frank, E., & Hall, M. A. (2011). Data Mining, Burlington, MA.
- Wu, T. F., Lin, C. J., & Weng, R. (2003). Probability estimates for multi-class classification by pairwise coupling. Advances in Neural Information Processing Systems, 16. https://www.csie.ntu.edu.tw/~cjlin/papers/svmprob/svmprob.pdf
- 사이토 고키 (2017). 밑바닥부터 시작하는 딥러닝. 한빛미디어. (원본 출판 2016년)

한글

영어

Application Programming Course

앱 프로그래밍 코스

자바, 코틀린, 스위프트로 시작하는 앱 프로그래밍!
나만의 앱을 만들어 보세요!

김동형 | 856쪽

정재곤 | 800쪽

황영덕 | 680쪽

강성윤 | 720쪽

송호정, 이범근 | 696쪽

강성윤 | 712쪽

조준수 | 500쪽

전예홍 | 856쪽

김응석 | 576쪽

나는 어떤 코스가 적합할까?

A 빠르게 앱을 만들고 싶은 사람

- Do it! 안드로이드 앱 프로그래밍 — 개정 8판
- Do it! 깡샘의 안드로이드 앱 프로그래밍 with 코틀린 — 개정 2판
- Do it! 스위프트로 아이폰 앱 만들기 입문 — 개정 7판
- Do it! 플러터 앱 프로그래밍 — 개정판

B 앱 개발 실력을 더 키우고 싶은 사람

- Do it! 자바 완전 정복
- Do it! 코틀린 프로그래밍
- Do it! 리액트 네이티브 앱 프로그래밍
- Do it! 프로그레시브 웹앱 만들기
- Do it! 깡샘의 플러터&다트 프로그래밍

AI & Data Analysis Course

인공지능 & 데이터 분석 코스

인공지능, 데이터 분석도 Do it! 시리즈와 함께!
주어진 순서대로 차근차근 독파해 보세요!

박해선 | 328쪽

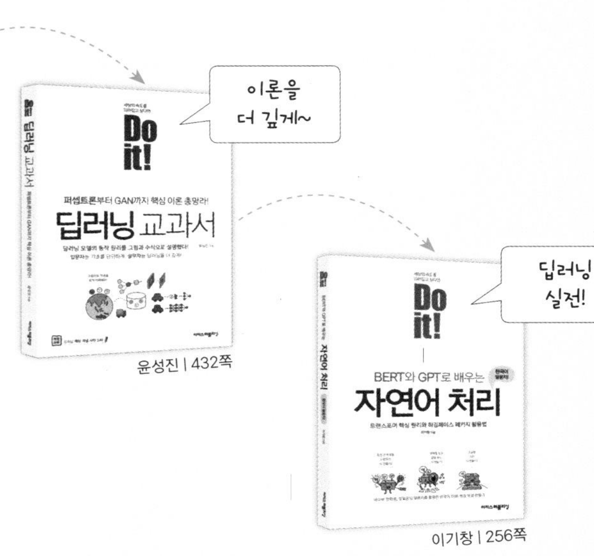

윤성진 | 432쪽

이기창 | 256쪽

김영우 | 376쪽

김영우 | 344쪽

김영우 | 472쪽

김철민 | 248쪽

나는 어떤
코스가
적합할까?

A 인공지능 개발자가 되고 싶은 사람

- Do it! 점프 투 파이썬
- Do it! 정직하게 코딩하며 배우는 딥러닝 입문
- Do it! 딥러닝 교과서
- Do it! BERT와 GPT로 배우는 자연어 처리

B 데이터 분석가가 되고 싶은 사람

- Do it! 쉽게 배우는 파이썬 데이터 분석
- Do it! 쉽게 배우는 R 데이터 분석
- Do it! 쉽게 배우는 R 텍스트 마이닝
- Do it! 데이터 분석을 위한 판다스 입문
- Do it! R 데이터 분석 with 샤이니
- Do it! 첫 통계 with 베이즈